D1755094

Interkulturelles Lernen im Unterricht Deutsch als Fremd- und Zweitsprache

Studien zur Multikulturalität

Herausgegeben von Ljubov Bugaeva (Sankt-Peterburg),
Alfred Gall (Mainz), Arkadiusz Lewicki (Wrocław),
Petr Szczepanik (Praha), Izabela Surynt (Wrocław)
und Marek Zybura (Wrocław)

Band 10

2024
Harrassowitz Verlag · Wiesbaden

Interkulturelles Lernen im Unterricht Deutsch als Fremd- und Zweitsprache

Konzepte, Methoden, didaktische Praxis

Herausgegeben von
Maciej Mackiewicz

2024
Harrassowitz Verlag · Wiesbaden

Abbildung auf dem Umschlag: © Jacek Połczyński

Gutachterin: Prof. Dr. Nicole Richter

Gefördert aus Mitteln der School of Languages and Literatures der Adam-Mickiewicz-Universität in Poznań (AMU), der Neuphilologischen Fakultät der AMU und des Instituts für Germanische Philologie der AMU.

Bibliografische Information der Deutschen Nationalbibliothek
Die Deutsche Nationalbibliothek verzeichnet diese Publikation in der Deutschen Nationalbibliografie; detaillierte bibliografische Daten sind im Internet über https://dnb.dnb.de abrufbar.

Bibliographic information published by the Deutsche Nationalbibliothek
The Deutsche Nationalbibliothek lists this publication in the Deutsche Nationalbibliografie; detailed bibliographic data are available on the internet at https://dnb.dnb.de.

Informationen zum Verlagsprogramm finden Sie unter
https://www.harrassowitz-verlag.de
© Otto Harrassowitz GmbH & Co. KG, Wiesbaden 2024
Das Werk einschließlich aller seiner Teile ist urheberrechtlich geschützt.
Jede Verwertung außerhalb der engen Grenzen des Urheberrechtsgesetzes ist ohne Zustimmung des Verlages unzulässig und strafbar. Das gilt insbesondere für Vervielfältigungen jeder Art, Übersetzungen, Mikroverfilmungen und für die Einspeicherung in elektronische Systeme.
Gedruckt auf alterungsbeständigem Papier.
Druck und Verarbeitung: Memminger MedienCentrum AG
Printed in Germany

ISSN 2749-7879 ISBN 978-3-447-12304-4
eISSN 2749-7887 eISBN 978-3-447-39618-9

*Für Jürgen Bolten (1955–2023)
in tiefer Dankbarkeit*

Inhalt

Maciej Mackiewicz
Interkulturelle DaF-/DaZ- und Literaturdidaktik – theoretische Überlegungen, Ansätze und Konzepte für die Praxis. Zur Einleitung 1

Antonina Balfanz
Interkulturalität in der Lehre – how to manage differences? 13

Jörg Roche
Das Prinzip der vollständigen Handlung im DaF-Unterricht: Linguistische, didaktische und lerntheoretische Grundlagen der Szenariendidaktik 23

Monika Janicka
Das Konzept der DACH-Landeskunde im interkulturellen Deutschunterricht ... 33

Zekun Wu, Yuan Li
Globale Kompetenz, Diskurskompetenz und digitale Kompetenz: neue Komponenten der integrativen Landeskunde für Kulturstudien im chinesischen Deutschstudium 47

Stephan Wolting
Interkulturelles Lernen als Co-Konstruktion von Lernenden und Lehrenden im akademischen DaF-Unterricht. Facetten eines möglichen Aufgabenprofils kultureller MittlerInnen 61

Hans Giessen
Professioneller mediengestützter Sprachen- und Kulturen-Kontakt – ein Projekt. Theoretische Vorüberlegungen und Präsentation des Vorgehens 73

Tina Claußen, Agnieszka Pawłowska-Balcerska
Potenzial und Schwierigkeiten interkulturellen Lernens in internationalen Seminarprojekten – ein Erfahrungsbericht 83

Maciej Mackiewicz
Internetbasierte interkulturelle Planspiele im akademischen DaF-Unterricht. Konzeptionelle Grundlagen und Potenzial für interkulturelles Lernen in kulturdiversen Teams 97

Sebastian Chudak
Politische Reden als Stimulus für Reflexionsprozesse über den
eigenkulturellen Hintergrund 111

Dorota Masiakowska-Osses
Didaktisches Potenzial der interkulturellen Migrationsliteratur im DaF-Unterricht . 129

Magdalena Pieklarz-Thien
Jeder kann Walerian sein... Über den Mehrwert der autobiographisch gespeisten
Migrationsliteratur für einen kultursensitiven DaF-Unterricht am Beispiel der
Schelmengeschichte von Radek Knapp *Der Mann, der Luft zum Frühstück aß* 141

Monika Wolting
Bilder multikultureller Gesellschaften und neue Identitätsentwürfe
in deutschsprachiger Gegenwartsliteratur 155

Bernadetta Matuszak-Loose
Ein Raum als ein Zwischenraum. Über Interpretationsmöglichkeiten des Romans
Das Mädchen, der Koch und der Drache von Luo Lingyuan
im interkulturellen Kontext 167

Adam Sobek
Interkulturelle Begegnungen in den Erzähltexten der
Deutschschweizer Autorinnen 183

Zichun Huang
Das Konzept der Erinnerungsorte als Impuls für interkulturelles Lernen
im DaF-/DaZ-Unterricht 199

Marjan Asgari
Metaphernfelder und Metonymie im interkulturellen DaF-Unterricht 213

Peter Ecke
Evaluation kulturellen Lernens und interkultureller Kompetenz 225

Autorinnen und Autoren 237

Interkulturelle DaF-/DaZ- und Literaturdidaktik – theoretische Überlegungen, Ansätze und Konzepte für die Praxis

Zur Einleitung

Maciej Mackiewicz

1 Vorbemerkungen

In einem kürzlich von mir geleiteten Seminar zur interkulturellen Kommunikation, in dem die TeilnehmerInnen über das Phänomen des sog. „Kulturschocks" kritisch reflektieren und ggf. über eigene Akkulturationserfahrungen bei längeren Auslandsaufenthalten berichten sollten, meldete sich ein polnischer Student mit seinem Erfahrungsbericht aus Deutschland. „Mir ist in Deutschland sehr schnell aufgefallen, dass die Türken anders sind, als ich vorher dachte. Mein früheres negatives Bild musste ich verifizieren und nun ist es durchaus positiv" – so ungefähr der Student in seiner ersten Reflexion. Abgesehen von Vorurteilen, die der Student gegen die Türken ursprünglich hegte, ist vor allem symptomatisch, dass der Student Deutschland in erster Linie nicht mit den „Deutschen", „typisch deutschen Werten und Regeln", „deutschen Kulturstandards" etc. assoziierte, sondern Menschen und Situationen heranzog, die ihm bei seinem Deutschland-Aufenthalt gerade schlichtweg wichtig erschienen und die doch als (inter)kulturelle Erlebnisse in und mit Deutschland zu verstehen sind. Auch wenn unbewusst oder unbeabsichtigt, war diese einfache Aussage ein indirektes Plädoyer gegen homogenisierendes Kulturverständnis (und bei dieser Gelegenheit vielleicht auch eine Bestätigung der „Kontakthypothese" von Allport?). Diese und ähnliche Erfahrungen konnten im Seminar weiter besprochen werden und waren ein Ausgangspunkt zu mehr fundierten Auseinandersetzungen etwa mit der Natur des Vorurteils, mit multikultureller Gesellschaft, mit Differenzen als (inter)kultureller Erfahrung oder mit der Prozesshaftigkeit der Kultur.

Dieses Beispiel aus der didaktischen Praxis zeigt deutlich, dass der Seminar- oder Klassenraum ein geeigneter Ort der interkulturellen Reflexion sein kann, in dem eine gewisse Synergie zwischen den authentischen Erlebnissen und Berichten der Lernenden mit der didaktischen und methodischen Leistung der Lehrkraft entsteht und interkulturelles Lernen fördert. Lehrveranstaltungen, die sich explizit und nominal mit der interkulturellen Kommunikation oder Kooperation beschäftigen, sind allerdings verhältnismäßig schwach vertreten, wenn man das ganze Spektrum des Lehrangebots an Schulen und Hochschulen betrachtet. Dafür aber ist der Fremdsprachenunterricht allgegenwärtig in den Lehrprogrammen für alle Bildungsstufen. Der Fremd- und Zweitsprachenunterricht oder etwa der Literaturunterricht im Rahmen eines Philologie-Studiums sind geeignete Orte, wo Erwerb interkultureller Kompetenz gezielt und methodisch gefördert und vorangetrieben werden kann.

2   Interkulturelle Kompetenz – Interkulturalität – Kulturreflexivität

Fremdsprachenkenntnisse können als eine Teilkompetenz der interkulturellen Kompetenz aufgefasst werden. Obwohl Fremdsprachenlernen nicht zwangsläufig eine Entwicklung der interkulturellen Kompetenz bedeutet, schaffen Fremdsprachenkenntnisse wichtige Grundlagen dafür:

> [Es] ist klar, dass interkulturelle Kompetenz nicht in der Beherrschung von Fremdsprachen aufgeht – obwohl dies ein sehr wichtiger Aspekt sein kann und so gut wie immer ist, da Sprachkompetenz eng mit der Möglichkeit verwoben ist, an einer fremden Praxis oder Lebensform teilzuhaben. Wer eine bestimmte Sprache zu sprechen vermag, sieht die Welt in besonderer Weise und hat auch praktisch einen besonderen Zugang zu ihr – einen Zugang, den er mit den Angehörigen eben dieser Sprachgemeinschaft teilt.[1]

Wenn das Fremdsprachenlernen von Kulturbewusstsein und Kulturreflexivität der Lernenden (aber auch der Lehrenden) begleitet wird, so ist Erreichung der Ziele einer interkulturellen Didaktik mehr als realistisch. Bedeutungen der fremdsprachlichen Wörter und Wendungen zu erschließen oder etwa auf effiziente Kommunikation vorzubereiten, ist ja nicht nur etwa Wörterbucharbeit oder Realisierung von Sprachübungen, sondern auch das Eintauchen in andere Kulturen und Welten. „Language carries more meanings than you ever dreamed, and culture is where you find them", so Michael Agar[2], und nicht nur der Zweitsprachenunterricht, der ja Teil einer größeren kulturellen Erfahrung im Zielsprachenland sein kann, sondern auch der Fremdsprachenunterricht außerhalb des Zielsprachenlandes können dieses Eintauchen in die Kulturen möglich machen. Arbeit mit literarischen Texten, ob als Lesetexte im Fremd-/ Zweitsprachenunterricht oder ein fundamentaler Teil eigenständiger Literaturseminare, bietet besonders große Chancen, Kulturen, samt ihrer Dynamik, Komplexität, Hybridität nahezu hautnah zu erleben und die Zielsprachenkenntnisse im breiten kulturellen, oft transkulturellen Kontext zu entwickeln.

Denkt man an Mediation, die neben Rezeption, Produktion und Interaktion im Konzept des Gemeinsamen Europäischen Referenzrahmens für Sprachen (GER)[3] eine von vier Sprachaktivitäten darstellt, so darf nicht übersehen werden, dass gerade Mediation von Texten ein wichtiger Bereich der Mediationsaktivitäten ist. Die Rolle der Mediation von u.a. literarischen Texten, als Teil der Kommunikationsmodi, scheint sogar mit der Zeit zu steigen, da der fast zwei Jahrzehnte später erschienene Begleitband zum Refe-

---

1   Straub et al. 2010, S. 20.
2   Agar 1994, S. 5.
3   Council of Europe 2001, S. 14.

renzrahmen („Companion Volume"⁴) gerade für *Mediation* erstmals validierte und kalibrierte Skalen und Deskriptoren bietet. Die Skalen für "Expressing a personal response to creative texts (including literature)" und "Analysis and criticism of creative texts (including literature)"⁵ mögen die Operationalisierung der Mediation auch der inter- und transkulturellen Literatur im Zweit- und Fremdsprachenunterricht erleichtern. Auch wenn wir von Beurteilung der Mediationsfähigkeiten der LernerInnen, die mit literarischen Texten arbeiten, absehen, liegt die Bedeutung dieses Ansatzes auf der Hand, was auch einige Beiträge in diesem Band beweisen. Sich mithilfe u.a. der literarischen Texte in einst unvertrauten (inter)kulturellen Kontexten mehr oder weniger sicher zu bewegen und effizient zu kommunizieren, ist das Ziel des interkulturellen Lernens.

Beim interkulturellen Ansatz in der Fremdsprachendidaktik geht es in erster Linie um Entwicklung interkultureller Kompetenz. Wie erfolgreich in dieser Hinsicht der interkulturell orientierte DaF- oder DaZ-Unterricht wird, hängt nicht zuletzt davon ab, wie „interkulturelle Kompetenz" von Methodikern und Lehrkräften überhaupt aufgefasst wird, da die Begriffsdefinition ja sowohl Lernziele wie auch Lern- und Lehrwege determiniert. Im Kontext der Fremdsprachendidaktik ist spätestens seit der Einführung des GER das Konzept der interkulturellen kommunikativen Kompetenz (*intercultural communicative competence*) von Michael Byram besonders einflussreich. Die interkulturelle Kompetenz ist in Byrams Modell eine von vier Komponenten der interkulturellen kommunikativen Kompetenz, zu der auch linguistische Kompetenz, soziolinguistische Kompetenz sowie Diskurskompetenz gehören⁶. Die interkulturelle Kompetenz umfasst in dieser Auffassung fünf grundlegende Komponenten: Haltungen, Wissen, zwei Gruppen von Fähigkeiten (Fähigkeit zu interpretieren und zu relativieren, Fähigkeit zu entdecken und zu interagieren) und kritisches Kulturbewusstsein/politische Bildung⁷.

Im Modell von Byram erscheint also interkulturelle Kompetenz als Mittel zur Erreichung bestimmter Kommunikationsziele und insofern ist kaum verwunderlich, dass sich gerade dieses Konzept im fremdsprachendidaktischen Kontext etabliert hat. Da sich aber im Laufe der letzten über zwei Jahrzehnte die Interkulturalitätsforschung weiterentwickelt hat und neue Konzepte sich mehr, so Bolten, an der „kulturellen Mehrfachmitgliedschaft von Akteuren, an der Unschärfe kultureller Grenzen, perspektivierten Kollektivdynamiken" orientierten und „stärker an Kohäsions- als an Kohärenzaspekten interessiert" waren⁸, mögen auch andere, den neueren Ansätzen gerechte Definitionen der interkulturellen Kompetenz in Bezug auf interkulturelle Didaktik herangezogen werden. Als richtungsweisend kann sich etwa die Definition von Rathje erweisen, die den kohäsionsorientierten Ansatz berücksichtigt:

> Interkulturelle Kompetenz kann (…) als die Fähigkeit betrachtet werden, die in interkultureller Interaktion zunächst fehlende Normalität zu stiften und damit

---
4   Council of Europe 2020.
5   Ebd. S. 106–108.
6   Byram 1997, S. 73.
7   Ebd. S. 34.
8   Bolten 2018, S. 124.

Kohäsion zu erzeugen. Nach dieser Vorstellung führt interkulturelle Kompetenz dazu, dass aus unbekannten Differenzen bekannte werden. (…) Interkulturelle Kompetenz kann also als Fähigkeit betrachtet werden, die durch Fremdheit gekennzeichnete „flüchtige" Interkultur in Kultur umzuwandeln, indem über Normalität Kohäsion erzeugt wird.[9]

Interkulturelle Interaktion als Anwendungsgebiet interkultureller Kompetenz, so Rathje weiter, muss „als Interaktion zwischen Individuen aus unterschiedlichen Kollektiven aufgefasst werden, die aufgrund mangelnder Bekanntheit des jeweiligen Differenzspektrums Fremdheitserfahrungen machen."[10] Versucht man dieses Verständnis der interkulturellen Kompetenz auf die Realien der Fremdsprachendidaktik zu übertragen, so heißt es wohl, dass die Lernenden in im Unterricht eingesetzten Dialogen, Videosequenzen, literarischen Textfragmenten, Simulationsspielen etc. eventuelle Differenzen zwar wahrnehmen, zugleich aber der Versuchung widerstehen können, diese Differenzen zu missachten, zu verharmlosen oder unreflektiert zu belassen. Diese im Nachhinein „bekannten Differenzen" konstruieren die in einem Individuum internalisierte Kultur quasi um. Es kommt also darauf an, Lernende stets zur Reflexion aufzufordern und dass sie nach oder während einer interkulturellen Interaktion nicht voreilig urteilen und somit wenig durchdachte Kommunikationsstrategien anwenden. Dass in der Phase der „flüchtigen" Interkultur auch Teilkompetenzen entwickelt werden, die in den Listenmodellen der interkulturellen Kompetenz aufgezählt werden, liegt auf der Hand: Ambiguitätstoleranz oder metakommunikative Fähigkeiten mögen hier als Beispiele dienen.

Folgt man diesem Konzept der interkulturellen Kompetenz, so ist die Heranziehung der von Nazarkiewicz vorgeschlagenen „Kulturreflexivität"[11] besonders angebracht. Mit diesem Begriff wird „Interkulturalität" neu aufgefasst. Die Idee der kulturreflexiven Interkulturalität lehnt sich u.a. an das Konzept von Jack Mezirow, einem einflussreichen amerikanischen Soziologen, der das Konzept des transformativen Lernens entworfen hat. In diesem Modell werden drei Reflexionsformen unterschieden[12]: (1) Gehaltsreflexion – Reflexion des Inhalts eines Problems (z. B. die Art und Weise unserer Wahrnehmung der Problemlage), (2) Prozessreflexion – die Verfahren und Strategien der Problemlösung (samt Methoden und einzelnen Lösungsschritten) werden reflektiert, (3) Prämissenreflexion – die eigenen, zugrunde gelegten Vorannahmen der Problemlösungsverfahren können bedacht werden. So verstandene Kulturreflexivität könnte durchaus den Postulaten des kohäsionsorientierten Ansatzes gerecht werden und interkulturelle Kompetenz der DaF- und DaZ-LernerInnen fördern, die mit Unschärfe kultureller Grenzen oder mehrfachen Kollektivzugehörigkeiten der KommunikationspartnerInnen konfrontiert werden.

---

9 Rathje 2006, S. 17.
10 Ebd. S.
11 Nazarkiewicz 2016.
12 Ebd. 24f.

3   Transkulturalität – Transdifferenz – Interkulturalität 2.0

Eine etwas andere Herangehensweise an die Interkulturalität, die folgerichtig auch den Fremdsprachenunterricht beeinflussen kann, ist das Konzept der „Transkulturalität". Der von Wolfgang Welsch propagierte Begriff der Transkulturalität wurzelt in einem Kulturverständnis, in dem zeitgenössische Kulturen extern stark miteinander verbunden und verflochten und intern weithin durch Hybridisierung gekennzeichnet sind[13]. Der „Transkulturalität" wohnt quasi eine implizite Kritik am homogenisierenden Kulturbegriff inne, demzufolge ist für Welsch der Begriff „Interkulturalität" überholt, da er gerade von diesem homogenisierenden Denken ausgeht, das wiederum dem Kugel-Modell der Kulturen (verstanden als Nationalkulturen) im Sinne Johann Gottfried Herders verpflichtet ist. Transkulturalität verwirft die alte Verfassung der Kulturen und Welsch merkt an, dass „die kulturellen Determinanten heute quer durch die Gesellschaften hindurchgehen, diese also durch Verflechtungen und Gemeinsamkeiten gekennzeichnet sind. Unser kulturtheoretisches Leitbild sollte nicht mehr das von Kugeln, sondern das von Geflechten oder Netzen sein."[14] Globalisierungs- und Internationalisierungsprozesse, Migration und Flüchtlingsbewegungen legitimieren durchaus Annahmen, dass wir mit zunehmender Durchdringung von Kulturen zu tun haben und Kulturen immer mehr „fuzzy" (Bolten), d.h. unscharf und logisch mehrwertig erscheinen[15]. Verliert aber der Begriff „Interkulturalität" an Aktualität und Stichhaltigkeit, so dass auch im Kontext der Fremdsprachendidaktik vom „transkulturellen Lernen" oder „transkultureller Kompetenz" gesprochen werden sollte? Diesem Dilemma werden einige Passagen in diesem Band gewidmet[16] und es gibt Argumente, die den Interkulturalitätsbegriff als nach wie vor überzeugend erscheinen lassen. Neuerdings gibt Welsch selber zu, dass der Unterschied zwischen der „Interkulturalität" und der „Transkulturalität" „allenfalls noch ein gradueller, kein essenzieller mehr" sei[17]. Bolten verteidigt den Interkulturalitätsbegriff und glaubt im Kontext der von Welsch konzipierten Transkulturalität, es erscheine nicht unbedingt plausibel, den Begriff „interkulturell" aufzugeben[18]. „Im Grunde zielt ein solcher Transkulturalitätsbegriff auf ähnliches wie der zur gleichen Zeit in kommunikations- und verhaltenswissenschaftlichen Diskursen bereits fest etablierte interaktionistisch und prozesshaft orientierte Begriff von Interkulturalität."[19]

In einem gewissen Konkurrenzverhältnis zur Transkulturalität steht der Transdifferenzbegriff. Die Grundannahmen der „Transdifferenz", die sich in der Didaktik ebenfalls implementieren lassen[20], wurden quasi als eine kritische Antwort auf das Konzept der Transkulturalität erarbeitet. „Der Begriff der Transdifferenz stellt die Gültigkeit binärer Differenzkonstrukte in Frage, bedeutet jedoch nicht die Aufhebung von Differenz. Das

---

13 Vgl. Welsch 2010.
14 Welsch 2020, S. 5.
15 Bolten 2013.
16 Siehe Beitrag von Claußen und Pawłowska-Balcerska.
17 Welsch 2020, S. 13.
18 Bolten 2020, S. 98.
19 Ebd. S. 93.
20 Vgl. Balfanz 2020 und Beitrag von Balfanz in diesem Band.

heißt, dass Differenz gleichzeitig eingeklammert und als Referenzpunkt beibehalten wird: Es gibt keine Transdifferenz ohne Differenz."[21] Differenz erscheint in dieser Konzeption nicht als Störfaktor, den es zu neutralisieren gilt, sondern als Herausforderung, mit der Heterogenität produktiv umzugehen. Und so ganz weit entfernt vom neuen, prozessorientierten Interkulturalitätsbegriff („Interkulturalität 2.0"[22]) liegt die „Transdifferenz" gar nicht, da sie auch prozess- und kohäsionsorientiert ist.

4 Tendenzen und Potenzial der interkulturellen DaF-/DaZ- und Literaturdidaktik im Spiegel der Beiträge

Je nachdem, welche Konzepte von interkulturellen Trainern oder Fremdsprach- und Literaturdidaktikern bevorzugt werden (oder wie sie interpretiert werden), kann nicht nur vom interkulturellen, sondern ggf. auch vom transkulturellen oder transdifferenten Ansatz in der Didaktik gesprochen werden. Dabei wird manchmal nicht scharf getrennt zwischen dem inter- und transkulturellen Ansatz oder beide Adjektive werden als komplementär angesehen und stehen attributiv nebeneinander. Auch in diesem Band ist z.B. von „inter-/ transkulturellem Lernen" oder „inter- bzw. transkultureller Kompetenz" die Rede.

Autorinnen und Autoren von Beiträgen zur DaF-/DaZ- und Literaturdidaktik folgen allen drei Ansätzen, wobei der jeweilige leitende Ansatz nicht immer explizit formuliert wird.

Auf die Idee der Transdifferenz beruft sich direkt Antonina Balfanz und schlägt ein Konzept des didaktischen Umgangs mit Heterogenität im akademischen Lehrbetrieb vor, das sie „transdifferente Lehre" nennt. Die transdifferente Lehre ist in der Vermittlung von Fremdsprachen, in Workshops und Kolloquien anwendbar. Die Analyse und Interpretation literarischer Texte basiert in diesem Konzept auf Erfahrungen der am Seminar Teilnehmenden und nutzt die Hybridität des Mediums Literatur.

Jörg Roche skizziert in seinem Beitrag die linguistischen, interkulturellen und multilingualen Grundlagen der Berufs- und Fachsprachen-Didaktik, die auf einer konsequenten Handlungsorientierung beruht. Mit der Szenariendidaktik und dem Prinzip der vollständigen Handlung als Grundlage moderner Lehrpläne in deutschen Berufsschulen lässt sich die Handlungsorientierung „auf natürliche Weise" gerade in beruflichen und fachlichen Kontexten operationalisieren und ist damit aber gleichzeitig ein Modell für jede Art von inhalts- und aufgabenbezogenem Sprachunterricht.

Zwei Beiträge thematisieren neu zu denkende Landeskunde-Konzepte. Monika Janicka geht auf theoretische Überlegungen zur Vermittlung der Landeskunde im interkulturell orientierten Deutschunterricht ein und präsentiert Ergebnisse einer Studie, die der Frage nachgeht, inwieweit die Landeskunde aller deutschsprachigen Länder im schulischen und universitären Deutschunterricht in Polen umgesetzt wird und inwiefern darin Anknüpfungspunkte zu kulturwissenschaftlichen Ansätzen zu vermerken sind. Ebenfalls auf die Problematik der Landeskunde im DaF-Unterricht gehen Zekun Wu und Yuan

---
21 Lösch 2005, S. 23.
22 Bolten 2020, S. 94.

Li ein und verfolgen das Ziel, das bestehende interkulturelle Kompetenzmodell der integrativen Landeskunde im chinesischen Deutschstudium zu überprüfen und es unter Berücksichtigung der neuen Anforderungen in China weiterzuentwickeln. Das Postulat ist, weitere Kompetenzen wie globale Kompetenz, Diskurskompetenz und digitale Kompetenz in die integrative Landeskunde aufzunehmen.

Stephan Wolting greift das Konzept der *Lernlandschaften* auf und versucht im Kontext des akademischen DaF-Unterrichts, an einem konkreten Beispiel Facetten eines Anforderungsprofils eines kulturellen Mittlers zu skizzieren. Neben der Entwicklung interkultureller Schlüsselkompetenzen wird in dem Beitrag vor allem die eigene Bias-Anfälligkeit in den Fokus genommen.

Auch um den akademischen Hintergrund geht es im Aufsatz von Hans Giessen, in dem ein Hochschulprojekt zum mediengestützten Sprachen- und Kulturen-Kontakt präsentiert wird. Anhand eines Webseite-Projekts im polnischen Kielce (mit auf die Heimatregion fokussierten Inhalten) wird dargestellt, wie man zu einem lernerfreundlicheren und effizienten Informationstransfer gelangen kann und wie Studierende der polnischen Germanistik durch autonarrative Darstellungsformen involviert werden. Während bei diesem Projekt Interkulturalität im Spannungsverhältnis zwischen den von polnischen Studierenden konzipierten und auf Deutsch verfassten Inhalten sowie den potentiellen deutschsprachigen Lesern/Usern entsteht, sind die von Tina Claußen und Agnieszka Pawłowska-Balcerska beschriebenen akademischen Projekte auf direkte interkulturelle Kommunikation ausgerichtet. Projekte zum interkulturell ausgerichteten Schreiben im E-Mail-Tandem und zu interkulturellen Begegnungen zwischen den Studierenden aus Poznań und Bielefeld sind Beispiele von internationalen Seminarprojekten, bei denen interkulturelles Lernen durch authentische Kontakte und Kooperationen gefördert wird. Echte Kontakte und damit echte interkulturelle Kommunikation werden ebenfalls durch internetbasierte interkulturelle Plan- und Simulationsspiele angeregt und realisiert. Maciej Mackiewicz erörtert die theoretischen Grundlagen und das didaktische Potenzial solcher Trainings, die in und mit kulturdiversen Teams eingesetzt werden. Die interkulturellen Online-Planspiele stellen authentische Interkulturalität (oder kulturreflexive Interkulturalität im Sinne Nazarkiewicz') her, die das interkulturelle Lernen im akademischen Fremdsprachenunterricht und damit auch Vermittlung interkultureller Kompetenz fördert.

Authentische interkulturelle Kommunikationssituationen sind nicht die einzige Möglichkeit, im Fremdsprachenunterricht über (je nach Ansatz) Fremd- und Eigenperspektive, Inter- und Transkulturalität oder Transdifferenz zu reflektieren. Es sind doch vor allem authentische Texte, auf die relativ einfach zugegriffen werden kann, darunter politische Ansprachen, mit denen sich in diesem Band Sebastian Chudak beschäftigt. In seinem Beitrag wird das Potenzial politischer Reden im Kontext der Sensibilisierung der Fremdsprachenlernenden für kulturelle Unterschiede erörtert. Als Beispiel wurden dabei die Neujahrsansprachen des polnischen Staatspräsidenten und der deutschen Bundeskanzlerin vom Silvesterabend 2018 sowie ihre Ansprachen zur COVID-19-Ausbreitung aus dem Jahr 2020 herangezogen.

Zu den authentischen Texten im fremdsprachendidaktischen Kontext sind auch literarische Texte zu zählen. Dass gerade fiktionale Prosa eine nicht zu überschätzende Rolle in der akademischen, interkulturell orientierten DaF- und Literaturdidaktik spielt, wird durch eine Reihe von einschlägigen Beiträgen belegt. So spricht Dorota Masiakowska-Osses das didaktische Potenzial der interkulturellen Migrationsliteratur im DaF-Unterricht direkt an und erinnert, dass die Migrationsliteratur neben der Reise-, Kolonial- und Exilliteratur, zu den „kulturreflexiven Gattungen" gehört. Den theoretischen Vorüberlegungen folgt ein Didaktisierungsvorschlag für den DaF-Unterricht, in dem das didaktische Potenzial der Migrationsliteratur an einem Kapitel des Buches *Polski Tango* von Adam Soboczynski demonstriert wird. Die Bedeutung der autobiographisch gespeisten Migrationsliteratur für einen kultursensitiven DaF-Unterricht zeigt auch Magdalena Pieklarz-Thien am Beispiel des Kurzromans von Radek Knapp *Der Mann, der Luft zum Frühstück aß*. Der Einsatz von derartigen Texten im germanistischen DaF-Unterricht bietet den Lernenden unterschiedliche Identifikationsmöglichkeiten, „indem sie Ausgrenzung, Befremdung, Heimatlosigkeit, und Identitäts- und Zugehörigkeitsfragen literarisch aufgreifen und bewältigen."[23]

Monika Wolting schreibt über Bilder multikultureller Gesellschaften und neue Identitätsentwürfe in deutschsprachiger Gegenwartsliteratur. Am Beispiel einiger Werke und Autoren (u.a. Grjasnowa, Prosser, Ohde, Aydemir, Khider), zeigt sie, dass Literatur mit dem Schwerpunkt Migration viele neue Bilder der deutschsprachigen Länder und ihrer Bewohner entwirft. Wolting zufolge, lasse sich in den neueren Werken nicht mehr von dualem System (Bilder des Eigenen und des Anderen) sprechen, „denn infolge der starken Migrationsprozesse und der multikulturellen Beschaffenheit der Gesellschaften lassen sich in literarischen Texten poliperspektivische Bilder ausmachen. Erzähler, Figuren nehmen transkulturelle Identitäten (Wolfgang Welsch) an und aus dieser Perspektive schildern sie die Welt, die sich ihnen darstellt oder in der sie agieren."[24]

Bernadetta Matuszak-Loose folgt in ihrem Beitrag dem Gedanken, dass „Multikulti" in der Küche funktioniert. Am Beispiel von Luo Lingyuans Roman *Das Mädchen, der Koch und der Drache*, reflektiert die Autorin darüber, in welcher Weise ein Chinarestaurant „Aufschluss über Prozesse kultureller Identitäten in der Migrantenliteratur, ferner über kulturelle Differenzen und Transformationen und schließlich auch über interkulturelle Fremdheitserfahrung geben kann."[25] Dass diese Art Literatur im Bereich der interkulturellen Literaturdidaktik eingesetzt werden kann, liegt auf der Hand. Genauso, wie das Werk von zwei Deutschschweizer Autorinnen, auf das Adam Sobek in seinem Beitrag eingeht. Ilma Rakusa und Irena Brežná, beide Migrationsautorinnen, verdeutlichen in ihrem Schaffen u.a., welchen identitätsstiftenden Prozessen sie ausgesetzt waren: „Sie verinnerlichten das Fremdheitsgefühl und die Alterität, um die Zugehörigkeit zum Aufnahmeland und dessen Kultur zu bejahen, auch wenn sie ihr Anderssein konservieren wollen und es ständig betonen. Jegliche Anpassungsversuche sowie -erwartungen lehnen

---

23 Pieklarz-Thien in diesem Band.
24 Wolting M. in diesem Band.
25 Matuszak-Loose in diesem Band.

sie ab, so lange ihre Haltungen und Verhaltensweisen gegen die Werte und Normen der Aufnahmekultur nicht verstoßen."[26] Derartige Positionen der Autorinnen erinnern etwa an die Postulate der Transdifferenz, die die Differenzkonstrukte intellektuell nicht auflöst. Damit wäre durchaus denkbar, diese Literatur im Rahmen eines transdifferent ggf. interkulturell orientierten Unterrichts zu didaktisieren.

Bereits vor mehreren Jahren wurde das Potenzial der Erinnerungsorte für den DaF-/DaZ-Unterricht erkannt[27] und gerade für die interkulturelle Didaktik ist die Thematisierung von Erinnerungsorten bestens geeignet. Zwei Beiträge gehen dieser Problematik nach. Zichun Huang lotet die Chancen bzw. Möglichkeiten des Konzepts der Erinnerungsorte für interkulturelles Lernen im DaF-/ DaZ-Unterricht aus. Am Beispiel des österreichisch-brasilianischen Erinnerungsortes „Casa Stefan Zweig" wird die Nutzbarmachung des Konzepts für interkulturelles Lernen in Brasilien und in China diskutiert. Der Beitrag von Marjan Asgari erörtert wiederum die Behandlung des Erinnerungsortes „Anne Frank Haus" im interkulturellen DaF-Unterricht unter Rückgriff auf Franks Metaphernfeld „das Hinterhaus" in ihrem gleichnamigen Romanfragment. An diesem Beispiel wird gezeigt, dass durch die textuellen wie auch topographischen Erkundungen im interkulturellen Deutschunterricht Text-Räume sowie reale Orte miteinander verbunden werden, wodurch das geschichtliche und das sprachliche Verständnis der SchülerInnen vertieft werden.

Der Band schließt mit dem Beitrag von Peter Ecke ab, in dem Möglichkeiten der Evaluation kulturellen Lernens und interkultureller Kompetenz (IKK) im DaF/DaZ-Unterricht erörtert werden. Es werden Richtlinien für die Anwendung und Entwicklung von Evaluationsinstrumenten sowie konkrete Evaluationsmöglichkeiten für kulturelles Lernen und IKK aufgezeigt (traditionelle Tests kulturellen Wissens, kritische Inzidenzen, Diskurs-Vervollständigungsaufgaben, Aufgaben- und Produkt-orientierte Evaluierung, Simulationen, kulturelle Portfolios, reflektierendes Schreiben, Selbst- und Peer-Bewertung). An einem Beispiel zum reflektierenden Schreiben werden mögliche Aufgabenstellungen, Kriterien und Rubriken für die Bewertung kulturellen Lernens illustriert.

5 Fazit

Allen in diesem Band vorgeschlagenen didaktischen Konzepten einer interkulturellen DaF-/ DaZ-Didaktik ist gemeinsam, dass sie zu interkulturellen Begegnungen und Erfahrungen anregen und zu (inter)kulturellen Reflexionen stimulieren, indem sie authentische Unterrichtsinhalte sowie Übungs- und Sozialformen anbieten, „mit denen interkulturelles Lernen auf kognitiver wie auch affektivemotionaler Ebene befördert werden kann"[28]. Es sind einerseits Konzepte, denen zufolge authentische, synchrone Kommunikation provoziert wird, die mündlich oder auch schriftlich (z.B. per Chat) verläuft. Auf der anderen Seite aber sind es authentische literarische oder politische Texte, die mit den Lesenden oder Hörenden (in unserem Fall DaF-/DaZ-Lernenden) ebenfalls in gewis-

---

26 Sobek in diesem Band.
27 Vgl. z.B. Schmidt/Schmidt 2007; Roche/Röhling 2014.
28 Apfelbaum 2007, S. 156.

sen, wenn auch asynchronen, „Dialog" treten und echte inter- oder transkulturelle Räume schaffen. In diesen Räumen kann vielerlei passieren: Die Lernenden werden oft mit Unvertrautem konfrontiert, wahrgenommene Differenzen können die Lernenden (evtl. vorübergehend) aus der Komfortzone vertreiben und kollektive (z.B. nationale oder sprachliche) Zugehörigkeit kann interkulturelle Interaktionen beeinträchtigen, sobald homogenisierendes „Container-Denken" (Ulrich Beck[29]) aktiviert wird. Es ist aber auch durchaus möglich, dass andere kollektive Identitäten ins Spiel kommen, die den interkulturellen Kommunikationsprozess geradezu fördern. Die Tatsache, dass sich Teilnehmer und Teilnehmerinnen einer Kommunikationssituation etwa als „Studenten" und „Studentinnen" oder „Europäer" und „Europäerinnen" identifizieren, lässt das eingangs zu erwartende Unvertraute doch als mehr oder weniger vertraut erscheinen. Worauf es in der interkulturellen Fremdsprachendidaktik besonders ankommt, sind Gespräche im Unterricht oder auch in der Evaluationsphase, in denen Bedeutungen ausgehandelt und Differenzen thematisiert werden, damit die Lernenden ihre Wahrnehmungs- und Handlungsperspektiven erweitern und mit Unbestimmtheits- oder Unsicherheitssituationen konstruktiv umgehen können.

Literatur

Agar, Michael: Language Shock. Understanding the Culture of Conversation, New York 1994.
Apfelbaum, Birgit: Interkulturelle Fremdsprachendidaktik, in: Handbuch Interkulturelle Kommunikation und Kompetenz. Grundbegriffe – Theorien – Anwendungsfelder, hg. von Jürgen Straub, Arne Weidemann und Doris Weidemann, Stuttgart 2007.
Balfanz, Antonina: Transdifferente Lehre. Über den didaktischen Umgang mit Heterogenität, Bielefeld 2020.
Beck, Ulrich: Was ist Globalisierung? Irrtümer des Globalismus – Antworten auf Globalisierung, Frankfurt am Main 1997.
Bolten, Jürgen: Fuzzy Cultures: Konsequenzen eines offenen und mehrwertigen Kulturbegriffs für Konzeptualisierungen interkultureller Personalentwicklungsmaßnahmen, in: Mondial – SIETAR Journal für interkulturelle Perspektiven (2013).
Bolten, Jürgen: Einführung in die Interkulturelle Wirtschaftskommunikation (3. Auflage), Göttingen 2018.
Bolten, Jürgen: Interkulturalität neu denken: Strukturprozessuale Perspektiven, in: Migration, Diversität und kulturelle Identitäten. Sozial- und kulturwissenschaftliche Perspektiven, hg. von Hans W. Giessen und Christian Rink, Berlin 2020.
Byram, Michael: Teaching and assessing intercultural communicative competence, Philadelphia, PA 1997.
Council of Europe: Common European Framework of Reference for Languages: Learning, teaching, assessment, Strasbourg 2001.
Council of Europe: Common European Framework of Reference for Languages: Learning, teaching, assessment – Companion volume, Strasbourg 2020.
Lösch, Klaus: Begriff und Phänomen der Transdifferenz: Zur Infragestellung binärer Differenzkonstrukte, in: Differenzen anders denken. Bausteine zu einer Kulturtheorie der Transdif-

---

29 Beck 1997.

ferenz, hg. von Lars Allolio-Näcke, Britta Kalscheuer und Arne Manzeschke, Frankfurt am Main 2005.

Nazarkiewicz, Kirsten: Kulturreflexivität statt Interkulturalität? Re-thinking cross-cultural – a culture reflexive approach, in: Interculture Journal (2016), 15/26, Sonderausgabe „(Inter-)Kulturalität neu denken! – Rethinking Interculturality!".

Rathje, Stefanie: Interkulturelle Kompetenz – Zustand und Zukunft eines umstrittenen Konzepts, in: Zeitschrift für Interkulturellen Fremdsprachenunterricht (2006), 11/3.

Roche, Jörg; Röhling, Jürgen (Hg.): Erinnerungsorte und Erinnerungskulturen. Konzepte und Perspektiven für die Sprach- und Kulturvermittlung, Baltmannsweiler 2014.

Straub, Jürgen; Nothnagel, Steffi; Weidemann, Arne: Interkulturelle Kompetenz lehren: Begriffliche und theoretische Voraussetzungen, in: Wie lehrt man interkulturelle Kompetenz? Theorien, Methoden und Praxis in der Hochschulausbildung. Ein Handbuch, hg. von Arne Weidemann, Jürgen Straub, Steffi Nothnagel, Bielefeld 2010.

Schmidt, Sabine; Schmidt, Karin: Erinnerungsorte. Deutsche Geschichte im DaF-Unterricht. Materialien und Kopiervorlagen, Berlin 2007.

Welsch, Wolfgang: Was ist eigentlich Transkulturalität?, in: Hochschule als transkultureller Raum? Beiträge zu Kultur, Bildung und Differenz, hg. von Lucyna Darowska, Claudia Machold und Thomas Lüttenberg, Bielefeld 2010.

Welsch, Wolfgang: Transkulturalität: Realität und Aufgabe, in: Migration, Diversität und kulturelle Identitäten. Sozial- und kulturwissenschaftliche Perspektiven, hg. von Hans W. Giessen und Christian Rink, Berlin 2020.

Interkulturalität in der Lehre – how to manage differences?

Antonina Balfanz

1 ‚inter' durch Vielfalt

Die Zeiten einer linearen Schulbildung, an die dann die Hochschulbildung lückenlos angeschlossen hatte, sind vorbei. Migrationen unterschiedlicher Art – Flucht, Vertreibung, Arbeitsmigration, aber auch schulische und akademische Austauschjahre, -semester oder Stipendienaufenthalte – tragen dazu bei, dass in einem Klassenzimmer oder in einer Seminargruppe Menschen versammelt sind, die manchmal nicht einmal eine gemeinsame Sprache sprechen, verschiedene kulturelle Codes und unterschiedliches Wissen mitbringen. Wie kann unter diesen Voraussetzungen im Hochschulbetrieb, insbesondere in philologisch und kulturwissenschaftlich orientierten Studiengängen gearbeitet werden, die auf Sprache und kulturellem Vorwissen basieren? Nehmen wir als Beispiel das Fach Interkulturelle Germanistik.

Die didaktische Arbeit in diesem Fach vereint mehrere Herausforderungen des zeitgenössischen Lehrbetriebs, der kulturelle Diversität zu berücksichtigen hat, und ist deshalb wert, sich über die einzelnen Aspekte näher zu beugen.

In den germanistischen Fachkreisen wird von verschiedenen Germanistiken gesprochen, so z.B. über Inlands- oder Auslandsgermanistik. Die eine betrachtet ihren Forschungsgegenstand von innen, d.h., die Studierenden sind in der Regel deutsche MuttersprachlerInnen und wollen ihr in der (meist deutschen) Schule erworbenes Wissen über deutschsprachige Kultur und Literatur erweitern und vertiefen. Die andere, die Auslandsgermanistik, betrachtet ihren Forschungsgegenstand von außen, d.h., die Studierenden sind in der Regel nicht-deutsche MuttersprachlerInnen und wollen ihr in der (meist nichtdeutschen) Schule erworbenes Wissen über deutsche Kultur und Literatur erweitern und vertiefen oder manchmal erst die Grundlagen erwerben.

Auch der Begriff der Nachbarschaftsphilologie existiert[1]. Diese widmet sich der Erforschung gegenseitiger Interferenzen in einem bestimmten kulturellen und sprachlichen Kontext, z.B. dem deutsch-polnischen.

Eine Germanistik, die sowohl Elemente der Inlands- als auch Auslandsgermanistik sowie den Gegenstand der Nachbarschaftsphilologie in breiteren Zusammenhängen betrachtet, ist die interkulturelle Germanistik. Sie ist ein Brennglas, in dem sie Phänomene der deutschsprachigen Kultur durch das Präfix ‚inter' beobachtet. Hochschuldidaktisch stellt das Fach die Lehrenden, aber auch die Studierendenden, vor besondere Herausforderungen. Allen voran die Sprache. Deutsch ist die Kommunikations- und

---

1 Vgl. Zduniak-Wiktorowicz 2022, S. 220.

Brückensprache, sie ist aber auch ein Instrument zur Erforschung der Objekte und ein Forschungsgegenstand zugleich. Die Deutschkenntnisse der Studierenden sind jedoch sehr different – vom muttersprachlichen Niveau, das ein Studieren mühelos erlaubt, bis hin zu einem Niveau, auf dem allein die Kommunikation in dieser Sprache Schwierigkeiten bereitet, was die Beschäftigung mit den eigentlichen Gegenständen – Texten, Phänomenen, Theorien – erheblich erschwert. Doch die interkulturelle Germanistik im hochschuldidaktischen Kontext steht nicht nur vor sprachlichen Herausforderungen. Eine nicht zu vernachlässigende Herausforderung ist die schulische Vorbildung. Da die Studierenden aus unterschiedlichen Sprach- und Kulturkreisen kommen, durchlaufen sie zuvor eine sehr unterschiedliche Schulbildung. Die einen sind AbsolventInnen deutscher Gymnasien, die anderen haben – eben: eine polnische, kroatische, kolumbianische oder eine chinesische Schule absolviert. Und es geht dabei nicht nur um das Vorwissen, was die Studierenden mitbringen, sondern auch um ihre Lernkulturen. Die einen sind hierarchischen Wissenstransfer von oben nach unten gewöhnt, die anderen mussten bereits in der Schule selbständig recherchieren, Quellen beurteilen und Wissenspuzzle zusammentragen. Die einen lernten Definitionen auswendig, durften keine Fragen stellen, die anderen wurden zu Diskussionen aufgefordert. Es ist nicht die Absicht dieses Textes, die Lernkulturen zu bewerten. Vielmehr soll veranschaulicht werden, mit welchen differenten Voraussetzungen die Studierenden der interkulturellen Germanistik zum Studium kommen und vor welche Herausforderungen sie das stellt.

Deutsch als Fremdsprache (DaF) hat eine besondere Stellung im Studium der interkulturellen Germanistik. Bei der Vermittlung gibt es hauptsächlich zwei Modelle – bei manchen Studiengängen wird das Fach als Fremdsprachenkurs an ein Sprachenzentrum delegiert, bei anderen ist es in das Curriculum eingebunden und thematisch an die Fachseminare angeschlossen. Letzteres ist eine gute Möglichkeit, das Gelernte sprachlich zu verorten und die Sprache zugleich im Gelernten zu kontextualisieren. Die Erkenntnis erscheint banal, doch die sprachlichen Kompetenzen müssen einmal aktiviert, praktisch angewandt werden, um sich zu verstetigen. Wie oft stehen Studierende vor der Situation, dass sie zwar in Rollenspielen im DaF-Seminar sehr gut arbeiten, doch im Fachseminar dann schweigen. Nicht, weil sie nichts zu sagen hätten, sondern weil ihnen die Worte fehlen, um das, was sie wissen, angemessen auszudrücken. Zudem sitzen in den Fachseminaren deutsche MuttersprachlerInnen, die sprachlich einfach viel schneller reagieren können. Zweifelsohne ist dies auch eine interkulturell-kommunikative Erfahrung und eine Situation, bei der eine sensible Moderation durch die lehrende Person notwendig ist. Die Variante der im Curriculum integrierten Deutschseminare bietet zudem verschiedene Möglichkeiten, Fach- und Sprachseminare im Sinne der Interdisziplinarität zu integrieren, co-teaching anzuwenden, kollaborativ (z.B. in studentischen Tandems) und kulturell sensibel zu arbeiten. Das Präfix ‚inter' hat in der didaktischen Arbeit im Fach interkulturelle Germanistik so manche, oft übersehene Bedeutung.

2   Literatur durch Sprache

Eine mögliche Verschränkung zwischen dem Erwerb der Fremdsprache und Wissensvermittlung ist eine kultursensible Literaturvermittlung. Die Verwendung von literarischen Texten im Fremdsprachenunterricht ist nicht neu und es gibt auch mehrere Theorien zum Umgang mit ihnen[2]. Neu seit einigen Jahren ist jedoch die Berücksichtigung der ‚Fremdsprachigkeit' der Studierenden in literaturwissenschaftlichen Seminaren, was sich in einer sensiblen Arbeit mit Differenzen äußert. Die ‚Fremdsprachigkeit' der Studierenden (und oft auch der Lehrenden) ist nur ein Merkmal, das ihr ‚Fremdsein', im Sinne von anders sein, beschreiben soll. Der Transparenz halber beschränke ich mich auf dieses Merkmal und versuche, einige Wege im didaktischen Umgang mit Differenzen in der Literaturvermittlung, die überdies Vermittlung der Sprache als Fremdsprache einbezieht, zu skizzieren.

Wie eingangs gesagt – das Erlernen einer Fremdsprache ist das Erwerben eines Instrumentes der Kommunikation, durch das (Instrument) eine andere Kultur erlebbar und erfahrbar wird[3]. Und so paradox das klingen mag, eignet sich für die Vermittlung dieses Instruments sehr gut gerade das, was Ziel dieser Vermittlung sein sollte – das Erleben und Erfahren der anderen Kultur, des Anderen. Denn ein Seminarraum ist ein Laboratorium der Begegnung, in dem Differenzen erkannt und produktiv eingesetzt werden können. Das geschieht in dem hier beschriebenen Fall durch interpersonale Erfahrungen bei der Arbeit an literarischen Texten als kulturelle Artefakte.

Literarische Texte schöpfen, unter anderem, aus der Handlungswelt und verarbeiten diese zum Abstraktum, schaffen fiktionale Welten. Dass fiktionale Texte kulturelles Wissen vermitteln, welches die lesende Person in ihrem individuellen Wissen verarbeitet, ist nachvollziehbar. Dieses individuelle Wissen geht dann in weiteren Austauschprozessen sowie Prozessen der Setzung in neuen Konstellationen in das kollektive kulturelle Wissen über. Literatur greife, nach Birgit Neumann, auf kulturell verfügbares Wissen zurück, bringe dieses im Medium der Fiktion mit ästhetischen Mitteln zur Darstellung und erzeuge in diesem Prozess neues, so in der Kultur bislang nicht da gewesenes Wissen[4].

Neumann unterscheidet zwei Kategorien kulturellen Wissens, in denen Literatur eine Rolle spielt. Zum einen sei es das ‚explizite kulturelle Wissen', das verbalisiertes oder ikonisch symbolisiertes Wissen über Entitäten, über Orte, Personen, Ereignisse oder gesellschaftliche Begebenheiten und Sachverhalte umfasse; es beinhalte Alltagswissen ebenso wie hoch spezialisiertes Wissen der Wissenschaft. Die andere von Neumann genannte Kategorie des durch Literatur beeinflussten kulturellen Wissens ist das ‚implizite kulturelle Wissen'. Es beziehe sich auf die Kenntnis von Normensystemen und Wertehierarchien, die auf das gesellschaftliche Leben regulierend wirken[5].

---

2 Vgl. z.B. Leskovec 2010, auch Dobstadt/Riedner 2011.
3 Vgl. Balfanz/Chołuj 2021, S. 55f.
4 Neuman, S. 46.
5 Ebd.

Beide Kategorien können mit dem Konzept der Interkulturalität im herkömmlichen Sinne verschränkt und für die didaktische Arbeit in literaturwissenschaftlichen Seminaren genutzt werden. Denn das Wissen über das Andere, das Literatur vermittelt, ist sogleich ein inter-kulturelles Wissen. Durch die Bewusstmachung dieses Aspekts erlaubt Literatur neue Perspektiven auf das Eigene und das Andere, schärft den Blick auf Differenzen und eröffnet einen Raum für ihre Reflexion.

Das Konzept vom kulturellen Wissen, das unter anderem durch Literatur vermittelt wird, sieht Wissen als dynamisches Phänomen. Es sei, nach Neumann, permanent im Wandel begriffen und reagiere auf sich verändernde gesellschaftliche Herausforderungen[6].

Dies ist auch die mediale Rolle der Literatur. Sie vermittelt Wissen über gesellschaftliche Veränderungen, was wiederum zu neuen Betrachtungsweisen von Phänomenen der realen Welt etc. führt. So nimmt Literatur die Rolle eines hybriden Mediums ein, indem sie nicht nur in der Verschränkung zwischen Realität und Fiktion fungiert, sondern auch bei der Vermittlung der Fiktion in die Lebenswelten von Lernenden, mit weiteren Folgen. Literatur gehört zur Kunst, mit sprachlichen Mitteln schafft sie Assoziationen, die die Fantasie und Erfahrung der lesenden Person ansprechen und Denkprozesse in Gang setzen. „Das Medium [Literatur-AB] vermittelt zwischen Kommunikation und Zeichen, Text und Interpretation, Interpretierbarkeit und Uninterpretierbarkeit, Sozialsystem und Symbolsystem."[7] Genau diese Funktion eines literarischen Textes als Medium wird in interkulturell zusammengesetzten Seminargruppen verwendet – um vorrangig den Text an sich zu untersuchen. Hintergründig passiert aber bei seiner Lektüre und Besprechung viel mehr.

3 Wissen durch Lesen

In diesem Beitrag möchte ich exemplarisch eine Methode vorstellen, mit der Belletristik als Medium der Wissensvermittlung über das Andere und vor allem der Sensibilisierung auf das Andere fungieren kann – über den Weg der Reflexion über das Eigene. Literatur wird in diesem Fall nicht nur als Medium der Reflexion und des Wissens, sondern auch als Instrument der didaktischen Arbeit mit interkulturellen Gruppen eingesetzt.

Ich gebe zu, die Nutzung eines literarischen Textes als didaktisches Instrument ist eine Reduzierung des Textes auf seine Funktionalität und das soll allen im Prozess der akademischen Wissensvermittlung bewusst sein. Auf der anderen Seite erlaubt die funktionale Herangehensweise eine Entwicklung von Kompetenzen, mit denen literarische Texte später nicht mehr auf ihre mediale Funktion beschränkt werden, sondern mit dem in diesem Prozess entstandenen Instrumentarium vielfältig analysiert und individuell interpretiert werden können.

Die Frage, wie Lehren und Lernen funktionieren oder wie es idealtypisch verlaufen soll, ist ein Forschungsgegenstand der Erziehungswissenschaften und wurde mehrfach beschrieben. Für das Konzept der didaktischen Arbeit mit Heterogenität in literaturwis-

---

6 Ebd.
7 Jahrhaus 2004, S. 194.

senschaftlichen Seminaren in der interkulturellen Germanistik orientiere ich mich an zwei Vorschlägen. Zunächst an dem allgemeinen Konzept der affirmativen Didaktik[8] von Monika Rogowska-Stangret. Die polnische Philosophin stützt ihr Konzept auf die Erkenntnisse der feministischen Forschung, u.a. Judith Butlers zur Normüberschreitung, und die Analysen Foucaults zu Überwachen und Strafen. Rogowska-Stangret postuliert die Anerkennung der gegenseitigen und nicht nur einer einseitigen, hierarchisch verlaufenden, Abhängigkeit zwischen Lehrenden und Lernenden. Sie sieht Relationalität der Positionen als Handlungsrahmen an.
Diese Relationalität ist auch für das Konzept der didaktischen Arbeit mit Heterogenität grundlegend, auf das ich im Folgenden eingehen werde[9].
Das zweite Konzept stammt von Alois Wierlacher, einem der BegründerInnen des Fachs Interkulturelle Germanistik. Nach Wierlacher soll Wissensvermittlung nicht linear verstanden und realisiert werden, sondern als Handlung verlaufen, an der möglichst die gesamte Seminargruppe teilnimmt. Dann lernen alle miteinander und voneinander und gleichzeitig steuert jedes einzelne Mitglied des Seminars seinen eigenen Wissenszuwachs individuell. Der Begriff Vermittlung hat nach Wierlacher eine offene, interkulturelle Bedeutung, die zu(r) anderen Sicht(en) auf ein Phänomen motiviert.[10] Die Anerkennung der Relationalität des Seminarraumes erlaubt die Wahrnehmung und Realisierung der Wissensvermittlung als einen Prozess der gemeinsamen Handlung, der gegenseitigen Übermittlung von Wissen, Beobachtungen, Gedanken und Erfahrungen zwischen Dozierenden und Studierenden und den Studierenden untereinander. Aber auch unter den Dozierenden, wenn sie z.B. im Co-Teaching arbeiten.
Ein literarischer Text als Artefakt kann ebenso relational betrachtet werden, unabhängig von Zeit und Raum. Eva Wiegmann schreibt in Anlehnung an die Theorie des dritten Raumes von Homi Bhabha einem literarischen Text die Funktion des dritten Raumes zu: „Da die von Bhabha als ‚dritter Raum' bezeichnete produktive Kontaktsphäre zwischen den Kulturen nicht territorial, sondern explizit als Artikulationsraum als ‚third space enuntiation' gedacht ist, kann man weiterführend auch den literarischen Text oder den poetischen Raum als intermediäres Feld begreifen, in dem sich ein dynamischer Prozess des Aushandelns von Bedeutung vollzieht."[11]
Seit der Einführung der Ideen von ‚spacial turn' bzw. ‚topographical turn' verfolgen Kulturwissenschaften, darunter auch Literaturwissenschaften, Raumkonzepte mit genuinem Interesse. Räume sind, wie auch schon Bhabha sagte, nicht topografisch zu verorten, sondern als ein „[…] gesellschaftlicher Produktionsprozess der Wahrnehmung, Nutzung und Aneignung, […]"[12] zu verstehen und zu untersuchen. Als solche können sie auch in der didaktischen Arbeit verwendet werden. Dieser Ansatz lässt die Lektüre im Seminar aus der lebensweltlichen und wissenschaftlichen Verankerung entkoppeln und sie in den Raum der Erfahrungen und Emotionen der Lesenden versetzen.

---

8 Vgl. Rogowska-Stangret 2016, S. 57–65.
9 Vgl. Balfanz 2020.
10 Vgl. Wierlacher 2003, S. 15–30.
11 Wiegmann 2016, S. 11.
12 Bachmann-Medick 2007, S. 292.

Dadurch entsteht eine Mitverantwortung aller Beteiligten – im Sinne der Handlung nach Wierlacher – für die Ergebnisse der gemeinsamen, Lektüre begleitenden Debatten, die zwar in der Gruppe ausgetragen, aber individuell erfahren werden: durch alle Beteiligten in einem Raum, in dem gegenseitiger Respekt, Inklusion, Sicherheit und Gemeinschaftsgefühl professionell abgesichert werden. Es geht hier nicht um eine Interpretation eines literarischen Textes im kanonischen Sinne[13], vielmehr um ein niedrigschwellig moderiertes *close reading*. Die Wirkung des Textes auf die Lesenden steht im Vordergrund. Der Text ist also nur ein Ausgangspunkt, denn er setzt eben den Prozess in Gang, der an die individuelle Erfahrung andockt und weiter unabhängig vom literarischen Text erfolgt.

An dieser Stelle sollte der Erfahrungsbegriff kurz angesprochen werden. Im anthropologischen Sinne ist Erfahrung etwas, was sich im Nachgang eines Erlebnisses oder eines Vorkommnisses bildet. Das Erlebnis wird kognitiv und emotional verarbeitet und in die individuellen Systeme (Denken, Wissen, Können) eingeordnet. Otto F. Bollnow schreibt in Bezug darauf, dass Erfahrung meistens nicht als gegenständliches Wissen gegeben sei, sondern als ein Können verfügbar, sie leite durch einen unausdrücklich mitgegebenen Verständnishorizont das Handeln[14]. Was jedoch in einem Seminar beabsichtigt wird, ist ein gewisser Vorgriff auf die Erfahrung – Assoziationen werden aufgerufen, meistens emotionaler Art, und es wird versucht, aus der vorhandenen Erfahrung neues Wissen zu generieren. Die Aufgabe ist also, „[…] die ausdrückliche begriffliche Entfaltung dessen, was untergründig und unbemerkt in unserem Bewußtsein gegeben ist."[15] Sich dessen gewahr zu werden und versuchen zu verstehen. Dieses Erwerben des Verstehens ist in meinen Augen ein Weg zur Erkenntnis, die aus individueller Erfahrung, der Wahrnehmung Erfahrungen anderer und aus dem Wissenstransfer (räumlich und reziprok) besteht.

4 Lernen durch Erfahren

Ein solches Vorgehen bedarf einer sensiblen Moderation, die die Aufmerksamkeit der Lernenden auf verschiedene Elemente, Zeichen, Zusammenhänge lenkt, die zum Verständnis des Textes unabdingbar sind. So wird die Lektüre zu einem Leseakt[16], bei dem das Erlernen und Anwenden einer (Fremd)Sprache zwar im Hintergrund läuft, weil der Text selbst immer mehr im Zentrum der Aufmerksamkeit steht. Doch die Sprache wird dabei gelernt, ganze Bedeutungskonglomerate werden erfasst und in den aktiven Sprachgebrauch überführt[17]. Das Gelesene, der Text, bietet eine sichere, weil neutrale, Basis für die gemeinsame Diskussion. Es bietet dafür einen Raum im Sinne des dritten Raumes. In der Seminargruppe wird das diskutiert, was individuell wahrgenommen wird. In strittigen Punkten kann immer wieder eine gemeinsame Verständniskorrektur mit dem Verweis auf entsprechende Textstellen vorgenommen werden. Individuelle

---

13 Vgl. Wrobel 2008, S. 24f.
14 Bollnow 2013, S. 37.
15 Ebd.
16 In Anlehnung an Iser 1990.
17 Vgl. Balfanz/Chołuj 2021, S 62.

Meinungen werden daraufhin geprüft, welche Interpretationsmöglichkeiten die Mehrdeutigkeit des Textes zulässt.

Dieses Konzept habe ich in mehreren literaturwissenschaftlichen Seminaren auf dem Bachelorniveau ausprobiert und es ‚transdifferente Lehre'[18] genannt. Es ist einer der möglichen Wege für den didaktischen Umgang mit Vielfalt. Es ist zugleich Konzept und Methode.

Eine zentrale Rolle für das Konzept der transdifferenten Lehre spielen zwei Komponenten: die individuelle Wahrnehmung von Differenzen unterschiedlicher, lebensweltlicher Art sowie die Berücksichtigung der Erfahrungen der AkteurInnen[19]. Differenzen sind etwas Dynamisches, in manchen Zusammenhängen kommen sie zum Vorschein, in anderen nicht. Durch den permanenten Wandel, den die Methode hervorruft – Anschauen, Nachfragen, Stolpern, Staunen, manchmal Ablehnen, kontrovers Diskutieren – unterliegen sie selbst Veränderungen. Daher habe ich mich des Begriffs Transdifferenz[20] in diesem Zusammenhang bedient. Die transdifferente Lehre versucht, den sich in verschiedenen Konstellationen zueinander bewegenden Differenzen bewusst zu begegnen und die in den Differenzen selbst und in ihren Interaktionen vorhandenen Potentiale zu nutzen.

Die transdifferente Lehre verändert den Seminar-Raum. Die hierarchische Achse Lehrende – Studierende wird aufgehoben und die lehrende Person wird zur moderierenden Person, wie es Rogowska-Stangret in der affirmativen Didaktik fordert. So übernehmen Lehrende eine andere Rolle als linear Wissen an die Studierenden Gebende. Ein ähnlicher Vorschlag zur Positionierung von Lehrenden im akademischen Lehrbetrieb findet sich bei Paul Mecheril und Birte Klingler: „Eine Lehrende, die die Idee der Universität ernst nimmt, kann einem Studierenden Wissensaussagen nicht schlicht beibringen, sondern nur offerieren."[21] Zweifelsohne haben Hochschullehrende einen Fachwissensvorsprung gegenüber den Studierenden. Für die Arbeit mit transdifferenter Lehre benötigen Lehrende über ihr Fachwissen hinaus vor allem fundierte Moderations- und Mediationskompetenzen. Das, sowie ein Wissen-Anbieten statt -Beibringen, verschiebt die Position der Lehrenden von einer Wissensinstanz zu einem Senior-Mitglied der Gruppe. In dieser Rolle setzt die moderierende Person einen Prozess von gemeinsamer Wissensproduktion in Bewegung und ist bedacht darauf, ihn differenzsensibel und kulturell bewusst zum Punkt einer neuen Erkenntnis zu begleiten.

Die Arbeit an Texten – um zum Beispiel zurück zu kommen - wird nicht nur durch Diskussionen realisiert. Sie kann sich verschiedener methodischer Instrumente bedienen. So bietet kollaboratives Lernen zum Beispiel eine gute Möglichkeit, die Differenzen

---

18 Vgl. Balfanz 2020.
19 Studierende und Lehrende.
20 Das Konzept der Transdifferenz wurde im Rahmen des Wissenschaftskollegs Kulturhermeneutik im Zeichen von Differenz und Transdifferenz an der Friedrich-Alexander-Universität Erlangen-Nürnberg erarbeitet.
Vgl. https://gepris.dfg.de/gepris/projekt/273297?context=projekt&task=showDetail&id=273297& [22.12.2022]. Vgl. auch Lösch 2005, S. 26–52.
21 Vgl. Mecheril/Klingler 2010, S. 87.

auf der Mikroebene zu beleuchten – immer mit einer sensiblen Meta-Moderation der lehrenden Person im Hintergrund. Aber auch andere Lernformate, wie forschendes Lernen (hier insbesondere intertextuelles Lesen, das den Text noch einmal durch Markierungen relationiert,[22] oder Lernen an außeruniversitären Orten (z.B. Literaturmuseen, Archive)[23] eignen sich sehr gut zur konkreten Umsetzung der transdifferenten Lehre. Diese bietet und sichert den Rahmen ab, schafft einen relationalen Raum für die Wissensvermittlung. Dadurch, dass die Vermittlung als Handlung realisiert wird, dass alle Beteiligten Einfluss auf die Lektürewahl und auf den Progress im Wissenserwerb haben, ist es kein langweiliges, passives Lesen und ‚herunterinterpretieren' von kanonischen Texten, sondern ein produktives Lesen, Diskutieren, Lernen. Ganz nebenbei entstehen persönliche Kontakte zwischen den Teilnehmenden. Das ist auch ein Weg und ein Ziel der Vermittlung von interkulturellen Kompetenzen und Interesse an Sprachen und Leben anderer. Wie Rudolf Camerer und Brita Godel schreiben:

> Außer der thematischen Arbeit im Rahmen akademischer Wissensvermittlung und verarbeitung sollten auch die kulturellen Vorverständnisse und persönlichen Erfahrungen der Beteiligten (Studierenden) thematisiert werden. Ziel ist ein vertieftes gegenseitiges Kennenlernen, was zu einem erhöhten Interesse aneinander sowie zur eigenen Identitätsfindung in der Lerngruppe beitragen kann.[24]

Aus den Erfahrungen Camerers und Godels, wie auch aus meinen eigenen, geht hervor, dass ein vertrauensvoller Umgang miteinander zu erhöhter Aufgeschlossenheit gegenüber dem anderen führt und die Bereitschaft, kulturell bedingte Sichtweisen zu ergründen, zu hinterfragen und zu erweitern, begünstigt. In einer offen und vertrauensvoll miteinander umgehenden Gemeinschaft (was eine vertiefte Diskussion über Konflikte und ggf. kultursensible Moderation von aufkommenden Konflikten einschließt) entfalte sich, so Camerer und Godel, eine Art kollektiver Intelligenz, die sich in individuelles Wissen verwandeln könne.[25]

Die Zeiten der linearen schulischen und hochschulischen Bildung sind vorbei. Auf der einen Seite stellt das tägliche Leben die Hochschulen vor die Aufgabe, Vielfalt zu berücksichtigen, einzubinden und von ihr zu profitieren. Die europäische Hochschulpolitik hat das erkannt und ist dabei, mit Konzepten wie diversity management und diversitätsorientiertes Lernen und Lehren einen institutionellen und ideellen Rahmen dafür zu schaffen. Wie dieser Rahmen dann mit Leben gefüllt wird, hängt von den Lehrenden und auch Studierenden ab. Die transdifferente Lehre bietet einige Ideen dafür. Sie kann mühelos und ohne materielle Ausgaben eingesetzt werden. Ihre Effekte sind zwar nicht sofort in ECTS und Noten quantizierbar, sie werden erst im langen Prozess der Persönlichkeitsbildung und der Erkenntnis individuell sichtbar. Diese Langfristigkeit ist

---

22 Vgl. Ceri 2009. S. 128f.
23 Vgl. Kapler/Kleinke 2022, S. 195–204.
24 Camerer/Godel 2016, S. 86.
25 Ebd. S. 86f.

jedoch allgemein der didaktischen und pädagogischen Arbeit eigen. Denn hier ist der Weg das Ziel.

5 Post Scriptum

Dieser Beitrag basiert auf praktischen Erfahrungen, die meine KollegInnen und ich im BA-Studiengang Interkulturelle Germanistik am Collegium Polonicum in Słubice täglich sammeln. Das Collegium Polonicum ist eine gemeinsame Lehr- und Forschungseinrichtung der Adam-Mickiewicz-Universität Poznań und der Europa-Universität Viadrina Franfurt (Oder). Es liegt auf (sic!) der Grenze und ist eine Art Labor der Begegnung von Menschen, Kulturen, Sprachen, ein Labor des Umgangs mit Differenzen, Stereotypen und Vorurteilen.

Literatur

Bachmann-Medick, Doris: Cultural Turns, Reinbeck 2006.
Balfanz, Antonina: Transdifferente Lehre. Über den didaktischen Umgang mit Heterogenität, Bielefeld 2020.
Balfanz, Antonina; Chołuj, Bożena: Literarische Texte und Fremdsprachenerwerb, in: Wege und Umwege zum Verstehen: Sprachmittlung und interkulturelle Mediation in Polnischunterricht, hg. von Ewa Bagłajewska-Miglus und Thomas Vogel, Düren 2021.
Bollnow, Otto F.: Der Erfahrungsbegriff in der Pädagogik, in: Erfahrung, Erfahrungen, hg. von Johannes Bilstein und Helga Peskoller, Wiesbaden 2013.
Camerer, Rudolf; Godel, Brigitta: Multikulturelle Lerngruppen & Communities of Practice, in: Interkulturalität und Wissensvermittlung. Didaktischer Umgang mit Differenzen, hg. von Antonina Balfanz und Bożena Chołuj, Frankfurt (Oder) / Słubice 2016. https://opac.europa-uni.de/00/bvnr/BV044351904 [abgerufen am 22.12.2022].
Ceri, Chiara: Das Modell der interkulturellen Lektüre am Beispiel der Zwischensprache von Gino Chiellino und Franco Bondi, in: Literatur-Kultur-Verstehen. Neue Perspektiven in der interkulturellen Literaturwissenschaft, hg. von Olga Iliassova-Morger und Elke Reinhardt-Becker, Duisburg 2006.
Dobstadt, Michael; Riedner, Renate: Überlegungen zu einer Didaktik der Literarizität im Kontext von Deutsch als Fremdsprache, in: Deutsch als Fremdsprache und Literaturwissenschaft. Zugriffe, Themenfelder, Perspektiven, hg. von Michael Ewert, Renate Riedner und Simone Schiedermair, München 2011.
Iser, Wolfgang: Der Akt des Lesens. Theorie ästhetischer Wirkung. München 1990.
Kapler, Astrid; Kleinke, Corinna: Eine Idee – ein erster Versuch – und wie weiter? Das Lern- und Lehrexperiment „Landeskunde – hautnah" in der interkulturellen Germanistik, in: (Um)Wege zum Wissen. Festschrift für Bożena Chołuj, hg. von Antonina Balfanz, Joanna Drejer, Corinna Kleinke et al., Berlin 2022.
Lösch, Klaus: Begriff und Phänomen der Transdifferenz: Zur Infragestellung binärer Differenzkonstrukte, in: Differenzen anders denken. Bausteine zu einer Kulturtheorie der Transdifferenz, hg. von Lars Allolio-Näcke, Britta Kalscheuer und Arne Manzeschke, Frankfurt am Main 2005.
Leskovec, Andrea: Vermittlung literarischer Texte unter Einbeziehung interkultureller Aspekte, in: Zeitschrift für Interkulturellen Fremdsprachenunterricht, Didaktik und Methodik im

Bereich Deutsch als Fremdsprache, Jahrgang 15, Nummer 2. Darmstadt 2010, https://zif.tujournals.ulb.tu-darmstadt.de/article/id/2440/ [abgerufen am 22.12.2022].

Mecheril, Paul; Klingler, Birte: Universität als transgressive Lebensform. Anmerkungen, die gesellschaftliche Differenz- und Ungleichheitsverhältnisse berücksichtigen, in: Hochschule als transkultureller Raum? Kultur, Bildung und Differenz in der Universität, hg. von Lucyna Darowska, Thomas Lüttenberg und Claudia Machold, Bielefeld 2010.

Neumann, Birgit: Kulturelles Wissen und Literatur. In: Kulturelles Wissen und Intertextualität. Theoriekonzeptionen und Fallstudien zur Kontextualisierung von Literatur, hg. von Marion Gymnich, Birgit Neumann und Ansgar Nünning, Trier 2006.

Jahraus, Olivier: Literaturtheorie, Tübingen/Basel 2004.

Rogowska-Stangret, Monika: Ku dydaktyce afirmatywnej [Zur affirmativen Didaktik], in: Annales Universitatis Paedagogicae Cracoviensis. Studia de Cultura VIII, 2016, http://studiadecultura.up.krakow.pl/issue/view/238 [abgerufen am 22.12.2022].

Wiegmann, Eva: Der literarische Text als dritter Raum. Relektüre Homi Bhabhas aus philologischer Perspektive, https://www.academia.edu/23320890/Der_literarische_Text_als_dritter_Raum_Relekt%C3%BCre_Homi_Bhabhas_aus_philologischer_Perspektive?email_work_card=view-paper [abgerufen am 22.12.2022].

Wierlacher, Alois: Was soll Vermittlung heißen: Zur Differenzierung der Lehr- und Präsentationsformen in den sprach- und textbezogenen Fremdkulturwissenschaften, in: Jahrbuch Deutsch als Fremdsprache 29, Mannheim 2003.

Wrobel, Dieter: Interkulturelle Literatur und Literaturdidaktik. Kanonbildung und Kanonerweiterung als Problem und Prozess, in: Germanistische Mitteilungen. Zeitschrift für Deutsche Sprache, Literatur und Kultur, hg. vom Belgischen Germanisten- und Deutschlehrerverband (2008), Nr. 68.

Zduniak-Wiktorowicz, Małgorzata: Czy germanistyka w Polsce interesuje kogoś jeszcze poza polskimi germanistami? [Interessiert Germanistik in Polen jemanden außer den polnischen Germanisten?], in: (Um)Wege zum Wissen. Festschrift für Bożena Chołuj, hg von Antonina Balfanz, Joanna Drejer, Corinna Kleinke et al., Berlin 2022.

Das Prinzip der vollständigen Handlung im DaF-Unterricht: Linguistische, didaktische und lerntheoretische Grundlagen der Szenariendidaktik

Jörg Roche

1 Einleitung

Der berufliche Handlungserfolg ist im Wesentlichen von Fachkenntnissen und präziser Kommunikation darüber abhängig. Diese präzise Kommunikation entsteht aus der Fähigkeit der Kommunikationspartner zur Anpassung an unterschiedliche pragmalinguistische Bedingungen. Und diese sind zunehmend mehrsprachig und interkulturell geprägt.

Wenn man sich Sprachprogramme, Sprachkurse, Lehrmaterial oder die Ausrichtung der Germanistiken an den Hochschulen ansieht, könnte man zu dem Schluss kommen, dass berufliche Kommunikation mit dem Fremdsprachenunterricht nicht viel zu tun hätte. Andererseits gibt es viele produktive Ansatzpunkte für eine stärkere Berücksichtigung berufssprachlicher oder gar berufsqualifizierender Angebote: Immersionsprogramme, fachsensibler Sprachunterricht und sprachsensibler Fachunterricht, Deutscher Fachunterricht (DFU) an den deutschen Auslandsschulen, um nur ein paar zu nennen. Projektarbeit, fallbasiertes Lernen und Kasuistik sind darüber hinaus Methoden, die in anderen Fachgebieten auch an Hochschulen sehr gut etabliert sind, namentlich in Jura oder Medizin und in der gesamten Ausbildung von Berufsschullehrerinnen und -lehrern. Dort ist das Prinzip der vollständigen Handlung das konkurrenzlos etablierte Leitmotiv. Nicht ohne Grund: Es dockt perfekt an den Gründungsgedanken des dualen Systems an, das um 1900 in München von Georg Kerschensteiner mit dem ersten Vorläufer der Berufsschule und der Handlungsorientierung begründet wurde und hauptsächlich dafür verantwortlich ist, dass theoretische und praktische Ausbildung symbiotisch zusammengeführt werden können und dafür sorgen, dass die niedrigste Arbeitslosenquote weltweit in den Ländern zu finden ist, die es übernommen haben.

2 Mehrdimensionale Mehrsprachigkeit

Das gesamte Feld der beruflichen Kommunikation kann man unter dem Begriff der „Berufssprache" zusammenfassen, einem Begriff, der allerdings inzwischen etwas unterschiedlich ausgefüllt wird. Während der Begriff als ein spezifisches Register im Fachsprachenkontinuum gefasst werden kann, kann man Berufssprache auch als Querschnittsbereich der Sprache betrachten. Dazu gehören dann alle Varietäten der Fach- und Bildungssprachen und auch der Alltagssprache, die in der beruflichen Ausbildung und Berufsausübung eine Rolle spielen. Dazu gehören auch Varietäten aus Forschungs- und Entwicklungskontexten, aus Lehrplänen und Unterrichtsmaterialien und aus Studiengängen[1]. Berufssprache umfasst demnach alle funktionalen und pragmatischen Schichtungen (auch Mischungen) der Fachsprache und der Alltagssprache, die für den Erwerb und die Ausführung beruflicher Aufgaben relevant sind. Dabei ist das berufssprachliche Variationsspektrum von unterschiedlichen Rollen in der Kommunikation und unterschiedlichen Gegenständen und Ereignissen abhängig. Hierzu gehören Kommunikationskontexte, in denen die Sprecher und Sprecherinnen etwa als Lehrperson/Meister und Meisterin, Praxisanleiter und Praxisanleiterin, Dozent und Dozentin, Pädagoge und Pädagogin, Forscher und Forscherin, Referent und Referentin oder Azubi agieren. Berufssprachen sind typischerweise Mischsprachen, die Texte aus unterschiedlichen Disziplinen nutzen, wie etwa gesetzliche Grundlagen/Arbeitsrecht, Arbeitsschutz, Mediennutzung oder Kommunikation. Auch bei hoher Spezialisierung im Beruf erfordert die berufliche Praxis neben den variierenden intraprofessionellen Kompetenzen verbreitet den interprofessionellen Zugang zu anderen Berufen und der allgemeinen Öffentlichkeit, etwa beim Kundenkontakt, dem Kontakt zur Patientenschaft und in der Ausbildung. Daher umfasst die Berufssprache auch unterschiedlich formalisierte und genormte Varietäten der mündlichen und schriftlichen Kommunikation, die zudem medial unterschiedlich übertragen werden. Schülerinnen und Schüler treffen im Unterricht und im Rahmen der betrieblichen Ausbildung auf dieses breite Spektrum und müssen lernen, damit je nach Beruf und Kontext umzugehen. Das verlangt die Förderung sowohl sprachlicher und fachlicher als auch methodischer, medialer und sozialer Schlüsselkompetenzen[2]. Warum sollten also Lerner von Deutsch als Fremdsprache von diesem essentiellen lebensweltlichen Kommunikationsparadigma ausgeschlossen sein?

Die berufssprachlichen Kompetenzen betreffen zudem nicht nur die Zielsprache Deutsch, sondern wegen der Globalisierung der Arbeitsmärkte zunehmend auch mehrsprachige und mehrkulturelle Kommunikationskontexte. Das liegt vor allem daran, dass durch Migrationsbewegungen das Arbeitsumfeld in vielen Berufen mehrsprachig und mehrkulturell geworden ist: im Inneren, das heißt in Bezug auf die Belegschaft und innerbetriebliche Abläufe, und im Äußeren, das heißt in Bezug auf die Kundschaft und Partnerorganisationen. Arbeitskräftemangel, das Erschließen neuer Märkte, aber auch Flucht und Vertreibung sind dafür die wichtigsten Ursachen. Ein Beispiel für die innerbetriebliche Vielfalt: Bei einem der größten Bodenabfertigungsbetriebe am Frankfurter Flughafen sind unter den 2000 Angestellten circa 90 Herkunftssprachen vertreten. Die Betriebssprache ist hier zwar Deutsch, ein kleiner Teil der Belegschaft kommuniziert in bestimmten Kontexten, zum Beispiel mit den Besatzungen ausländischer Fluglinien, aber auch auf Englisch und es ist davon auszugehen, dass auch die Herkunftssprachen der Belegschaft in diversen Kontexten im Sinne eines Codewechselns oder des Translanguaging aktiv verwendet werden. Oft ist diese Heterogenität dadurch potenziert, dass über wichtige Schnittstellen (Sprachmitt-

---

1 Siehe Abschnitt B im Handbuch von Efing/Kiefer 2018, S. 127–192 zu den kommunikativen Anforderungen verschiedener Berufszweige.
2 Roche/Terrasi-Haufe 2019, S. 170.

lung, Fortbildungspersonal) in weitere Sprachen und Kulturen vermittelt werden muss. In Aus- und Weiterbildungssituationen in deutschsprachigen Ländern ist es daher nicht ungewöhnlich, dass ein Mitarbeiter oder eine Mitarbeiterin mit der Fremdsprache Deutsch Lehrstoff an andere mit wieder anderen Herkunftssprachen vermittelt. So entsteht eine mehrdimensionale Mehrsprachigkeitssituation. Die Mehrsprachigkeit ist also in beruflichen Kontexten nicht grundsätzlich ein Problem, sondern stellt grundsätzlich kulturelles Kapital dar, das bisher viel zu wenig wertgeschätzt wird.

3 Kultur und Sprache

Sprache und Kultur gehören untrennbar zusammen. Sprache erwächst aus kulturellen Gegebenheiten und ist gleichzeitig daran beteiligt, sie zu schaffen. Mit Sprache benennen wir die für uns wichtigen Elemente und Perspektiven der Welt und erzeugen so mentale Modelle und Bilder, die den weiteren Spracherwerb und Gebrauch von Sprachen bestimmen. Wie sehr Sprache und Kultur in einem linguakulturellen System verwoben sind, lässt sich an Beispielen aus verschiedenen Sprachen zeigen, die jeweils andere Perspektiven ausdrücken, als sie im Deutschen konventionalisiert sind. Im Türkischen etwa hat die Leber als bildspendendes Körperorgan (Somatismus) eine ähnliche Bedeutung wie Herz oder Magen im Deutschen (Liebe geht durch den Magen, Herzblatt). Um große Wertschätzung auszudrücken, wird im Türkischen gerne Ciğerim (wörtlich ‚meine Leber, mein Schatz') benutzt. Dementsprechend finden bildhafte Bezeichnungen auch zum Ausdruck eines großen Schmerzes oder zum Ausdruck großer Sorge Verwendung (Ciğerim büyüdü ‚meine Leber wurde groß'; deutsch: ‚mir bricht das Herz'). Alle Bereiche der Sprache sind davon betroffen. Dabei werden sprachliche und außersprachliche Mittel von Sprecherinnen und Sprechern, die den Gebrauch dieser Mittel nicht gewohnt sind, meist vor dem Hintergrund der eigenen Sprach- und Konzeptwelt interpretiert. Die Folge: Es kommt im Kulturkontakt selbst durch einfache Begriffe und eingefahrenes Gesprächsmanagement zu gravierenden Kommunikationsproblemen. Die linguakulturellen Einflüsse machen sich unter anderem folgendermaßen bemerkbar:

- in den Erwartungen an individuelle und gemeinschaftliche Rechte und Pflichten,
- in den Erwartungen an eigenverantwortliches Handeln, zum Beispiel in der Übernahme von Verantwortung für die eigene Bildung und den beruflichen Erfolg,
- in Erwartungen an Rollen in Kommunikation, Bildung, Arbeits- und Berufskultur,
- in Raum- und Zeitkonzepten, zum Beispiel in Bezug auf die Intensität und Dauer eines beruflichen Qualifizierungsprozesses und die Einhaltung von Arbeitszeiten,
- in der Ausprägung und Institutionalisierung einer bestimmten Berufs- und Berufsbildungskultur, wie sie sich etwa im Dualen System (unter anderem auch der konstitutiven Beteiligung der Wirtschaft an der beruflichen Ausbildung) oder in allgemeinen Bildungskonzepten manifestiert,
- im Ausdruck von und Umgang mit Macht und Autorität in einer Gesellschaft (zum Beispiel im Umgang mit Vorgesetzten, dem Kollegium, Azubis),
- im Ausdruck von Akzeptanz, Toleranz und Erwartung von Kritik (zum Beispiel bei der Korrektur von beruflichen Fehlhandlungen),

- im Ausdruck von Höflichkeit (zum Beispiel gegenüber der Kundschaft oder beruflich Abhängigen),
- durch Strategien der Vermeidung von unsicherem Verhalten/Auftreten (z.B. bei der zielorientierten Lösung von Aufgaben),
- in geschlechts- oder altersspezifischem Kommunikationsverhalten,
- durch kulturell und religiös bedingte Rituale,
- im eigenen Rollenverständnis und vielem mehr.[3]

Auch wenn vieles davon nicht oder nur implizit ausgedrückt wird, sind zahlreiche kulturspezifische Einstellungen und Erwartungen in den Diskurs- und Denkkonzepten einer Linguakultur festgeschrieben. Die Sprache wird dabei bestimmt von konzeptuellen Schemata und mentalen Modellen, die über den Gebrauch und über Abstimmungsprozesse in Kommunikationskonventionen verstetigt (konventionalisiert) werden.
Zudem ist sie oft von außersprachlichen Zeichensystemen (Gestik, Mimik, Icons) begleitet. Kulturspezifische Ausprägungen von Textsorten und Diskursmustern sowie Grammatik und Lautkonventionen sind die Folge. Die Konventionen legen unter anderem fest, welche Themen ausgewählt oder besser vermieden werden, wie Tabuthemen behandelt werden, wie formelle oder informelle Stile vermittelt und angepasst werden, ob eher adressaten- oder sprecher-orientiert kommuniziert wird, wie sich kulturspezifische Merkmale auf Instruktionen, Handreichungen, fachliche Spezifikationen/Normen auswirken oder wieviel implizit bleiben kann.
In verschiedenen Studien zur beruflichen Kommunikation sind diese linguakulturellen Elemente exemplarisch bearbeitet worden, unter anderem in der Wissenschaftssprache, der elektronisch vermittelten Lehre, in der Arzt-Patienten-Kommunikation und in der Kommunikation in Institutionen.[4]

4 Wissen und Präzision

Da die Arbeitswelt, der Markt und die Gesellschaften mehrsprachig sind und immer mehrsprachiger werden, verlangt die berufssprachliche Kommunikation fremdsprachige und intersprachliche/interkulturelle Vermittlungskompetenzen. Im internationalen Produktionsprozess muss sprachübergreifend kommuniziert werden, fremdsprachige Zielgruppen müssen angesprochen und es müssen ihnen Funktionsweisen, Abläufe, Standards etc. erklärt werden. Bildliche Darstellungen, wie sie zunehmend zum Beispiel in Bauanleitungen u.ä. verwendet werden, können sprachliche Symbole nur bedingt ersetzen und operieren daher nur mit mäßigem Erfolg (vgl. Bauanleitungen für Möbel, Sicherheitshinweise in Flugzeugen).

---

3 Roche 2013.
4 Dentler et al. 2000.

5 Pragmatik

Das Spektrum mehrsprachiger Aspekte berufssprachlicher Kommunikation lässt sich an einem Beispiel aus der Pflege gut illustrieren, wenn etwa eine türkischstämmige Ärztin mit einer polnischen Pflege-Ausbilderin Pflegeschülerinnen aus zehn verschiedenen Linguakulturen in der Ausbildung begleitet, die mit Patientinnen aus bis zu hundert Linguakulturen und 8 Altersgruppen über dutzende von Krankheiten und Therapien kommunizieren. Auch wenn die Verkehrssprache dabei Deutsch ist, gibt es je nach Kompetenzstand der Beteiligten multiple Einflüsse aus deren Linguakulturen. Zudem sind regionale (dialektale) Varietäten zu berücksichtigen. Das heißt, die berufssprachlichen Varietäten müssen in der Regel mit Kommunikationserwartungen aus anderen Linguakulturen vereinbart oder in diesen realisiert werden. Eine internationale Lingua Franca, die nicht Zielsprache ist, kann dabei Lücken- oder Brückenfunktionen übernehmen, aber ihre Reichweite ist je nach Berufsbereich unterschiedlich. In Bereichen wie etwa dem Hotel- und Gaststättengewerbe gelingt die Brückenfunktion vor allem über Internationalismen, oft aber nur auf einem niedrigen (touristischen) Niveau und als Ersatz für eine von Gästen bevorzugte Ansprache in ihrer eigenen Linguakultur. In technischen Berufen ist die Reichweite einer Lingua Franca wegen der internationalen Normierung der Sachverhalte unter Umständen größer, im Bereich der Pflege ist sie eher gering. Jedoch zeigen Erhebungen zu den Fremdsprachenkompetenzen der Bevölkerung, dass selbst die langjährigen Bemühungen in den Schulen verbreitet nur zu geringem Erfolg führen.[5] Beschreibungen in einer vermeintlichen Lingua Franca wie dem Englischen haben daher in Wirklichkeit eine begrenzte Reichweite, weil es meist keine – oder nur in beschränkten Bereichen – verbindliche Kompetenzanforderungen oder Normen für die Kommunikation gibt. Daher geht die Lingua Franca-Forschung auch von Englishes (Plural) aus, also einem Variantenspektrum ähnlich instabilen Pidginvarietäten, die in jeder Kommunikationssituation neu geschaffen und aktualisiert werden und dabei mehr oder weniger stark die Ausgangssprachen der Sprecher in ein Pseudo-English („Bad Simple English") projizieren[6]. Andererseits werden in der Fremdsprachenvermittlung bisher die Potenziale der inneren Mehrsprachigkeit[7] kaum für den Erwerb einer äußeren Mehrsprachigkeit, also den Fremdsprachenerwerb, genutzt. Potenziale hierfür gäbe es vor allem bei Mischvarietäten/ Translanguaging, wie sie etwa in der Werbe-, Jugend-, Mode- und auch bestimmten Varietäten der Wirtschaftssprache vorliegen.

6 Berufsqualifizierung und Spracherwerb

Fachliche Kompetenzen sind eine effiziente Voraussetzung für einen zügigen Fremdsprachenerwerb, weil sie die Andockung an bestehendes Wissen erlauben. Diese Wissensbasis wird durch konzeptuelle Gemeinsamkeiten der Sprachen erheblich erweitert. Beispielsweise bieten Bildschemata in Zeit-, Raum- und anderen Basisdomänen, wie sie

---

5 First European Survey 2012.
6 Vgl. die Position von Ulrike Pölzl in Roche 2013.
7 Wandruszka 1979.

die Kognitive Linguistik und die Kognitive Sprachdidaktik verwenden, eine breite Basis für Andockungen in Fremdsprachen[8]. Die folgende Tabelle zeigt in der linken Spalte die wichtigsten Basisdomänen und in der rechten grundlegende Bildschemata, die allen Sprachkulturen zu Grunde liegen.

Tabelle 1: Basisdomänen und Schemata nach Evans & Green (2006: 190) in Roche & Suñer 2017, S. 58

Raum	oben-unten; vor-hinten; links-rechts; nah-entfernt; centre-periphery; Kontakt; gerade, Vertikalität
Containment	Behälter; draussen-drinnen; Oberfläche; voll-leer; Inhalt
Bewegung	Impuls/Eigendynamik; Ursprung-Weg-Ziel
Gleichgewicht	Achsen Gleichgewicht; Waage-Gleichgewicht; Gleichgewichtspunkt; Equilibrium
Kraft	Druck; Blockierung; Gegenkraft; Ableitung; Entfernung von; Anziehung; Widerstand
Unität; Multiplizität	Fusionierung; Sammlung; Trennung; Wiederholung; Teil-Ganzes; zählbar-unzählbar, Verbindung
Identität	Anpassung; Überlagerung
Existenz	Entfernung; begrenzter Raum; Zyklus; Objekt; Prozess

Diese Bildschemata stellen nicht die konkreten, sprachspezifischen Bezeichnungen dar, sondern bilden die dahinterstehenden Konzepte ab. Diese werden sprachspezifisch umgesetzt, wie z.B. der Ausdruck von Zeitmarkierungen durch räumliche Angaben: am Anfang/Ende einer Zeitspanne im Deutschen vs. am Kopf oder Fuß in asiatischen Sprachen.

Für Lernerinnen bedeuten sprachübergreifende Gemeinsamkeiten wie der Bezug auf räumliche Linearität (einmal vertikal, einmal horizontal), neben lexikalischen Internationalismen, einen enormen Lernvorsprung: ihr Fremdsprachenerwerb beginnt nicht bei Null, sondern könnte bei Nutzung des konzeptuellen Weltwissens viel höher ansetzen und schneller vorangehen. Vieles, was in Lerneräußerungen als grammatischer Fehler erscheint, lässt sich auf fehlerhafte konzeptuelle Übertragungen zurückführen[9] und ließe sich vermeiden, wenn die konzeptuellen Grundlagen stärker genutzt würden.

Da Spracherwerb am besten funktioniert, wenn er an Vorwissen andocken kann, bietet es sich an, nicht nur das konzeptuelle Wissen und Weltwissen, sondern auch das zuvor in anderen Sprachen erworbene Fachwissen im berufsbezogenen Fremdsprachenunterricht zu nutzen. Unter Umständen kann dies auch über einen mehrsprachigen Fachunterricht mit den Mitteln der mehrsprachig operierenden Diglott-Weave-Methode[10]

---

[8] Radden 2011; Roche/ Suñer 2017.
[9] Conceptual Transfer Theory, vergleiche hierzu Langacker 1999; Littlemore 2012; Roche 2017.
[10] Nemati/Maleki 2014.

oder der Interkomprehensionsdidaktik[11] geschehen. Mittels solcher Ansätze ließen sich berufssprachliche Kompetenzen effizient und elegant wie in einem „Huckepack-Verfahren" in verschiedenen Sprachen vermitteln. Realistische Möglichkeiten hierfür gibt es zum Beispiel, wenn im jeweiligen Berufsfeld ohnehin mehrsprachig kommuniziert wird, wie in der Gastronomie oder Hotellerie. Insofern ist es sinnvoll, in der Aus- und Weiterbildung auch mit vollständigen Handlungen in mehreren Sprachen zu arbeiten. Die berufsqualifizierende Sprachdidaktik (Szenariendidaktik) als Ergänzung der fachlichen Aus- und Weiterbildung bietet dafür einen leicht umsetzbaren und skalierbaren Rahmen und konkrete Umsetzungsanleitungen.[12]

7 Sprachkultur und Wettbewerb

Technologische, philosophische und weitere berufsrelevante Entwicklungen prägen eine Berufs- und Fachsprache. Daraus ergibt sich ein oft unterschätzter Export- und Wettbewerbsvorteil. Solche Entwicklungen befördern das Denken und Handeln und legen die Grundlagen für stimmige und produktive Konzepte und eine kompetitive Arbeits- und Ausbildungskultur. Da die Sprache eine essenzielle Rolle in all diesen Prozessen spielt, kommt auch ihrer Pflege und Weiterentwicklung eine essenzielle Rolle zu, nicht nur für die Sicherung von Arbeitsabläufen, sondern auch aus Effizienz- und Ökonomiegründen für die Generierung von Kreativitäts-, Produktivitäts- und Wettbewerbsvorteilen. Wenn dies kongruent in einem bestimmten ein- oder mehrsprachigen Sprachsystem geschehen kann, kann auch die Berufssprache zu einem Exportgegenstand oder Bezugsrahmen werden, so wie es die deutsche Rechtssprache in vielen Ländern geworden ist, in denen deutschsprachige Rechtsgrundlagen wie das BGB Pate standen (Portugal, Japan, Korea, Chile, Ungarn).[13]

Auch durch Remigration entstehen wertvolle Linguakultur-Importe beim Aufbau beruflicher Standards und Ausbildungssysteme in ihren Herkunftsländern. Mehrsprachigkeit schafft auch im beruflichen Bereich Chancen und Gleichheit. Einsprachige Hegemonie schafft dagegen Dominanz, Zensur, Entwicklungsverzögerungen und Animositäten.[14]

8 Integration

Mehrsprachigkeit ist ein zentrales soziales und motivationales Integrationsinstrument. Wenn Sprachen als kulturelles Kapital[15] betrachtet werden, haben sie einen Wert, der genutzt und investiert werden kann. Mehrsprachige berufssprachliche Kompetenzen erhöhen nicht nur die Kreativität, Effizienz und Produktivität des beruflichen Erfolgs, sie sind in diesem Sinne ein wichtiges, oft unterschätztes Kapital.

Die berufssprachliche Kommunikation profitiert also von vorhandenem Kapital, das effizient und gewinnbringend auch für den Erwerb einer oder mehrerer Fremdsprachen eingesetzt werden kann. Berufssprachliche Kompetenzen sind eine essentielle Bedin-

---
11 Klein/Rutke 2004, Meißner 2004.
12 Roche/Finkbohner 2021.
13 Auswärtiges Amt 2020.
14 Roche 2018.
15 Bourdieu 1983; Kramsch 1993; Roche/ Baros 2017.

gung für die Teilhabe am Arbeitsmarkt und an der Bildung – und damit für die gesellschaftliche Integration – und für effizientes berufliches Handeln. Komplexe oder auch einfache fachliche Handlungen werden von sprachlichen Handlungen in der Regel begleitet und vorbereitet und/oder sprachlich fixiert, und zwar in einem variantenreichen Spektrum von Textsorten. Dieses auch entsprechend fachsensibel, zielgerichtet, lernerleichternd und motivierend zu vermitteln, sollte vordringliche Aufgabe einer modernen Sprachdidaktik sein.

Literatur

Auswärtiges Amt: „120 Jahre Bürgerliches Gesetzbuch". Auch international einflussreich, 2020, https://www.auswaertiges-amt.de/de/aussenpolitik/themen/internationales-recht/120jahre-bgb/2291698 [abgerufen am 26.07.2021].

Bourdieu, Pierre: Ökonomisches Kapital, kulturelles Kapital, soziales Kapital, in: Soziale Ungleichheiten, hg. von Kreckel Reinhard, Sonderband. 2, Göttingen 1983.

Efing, Christina; Kiefer, Karl: Sprache und Kommunikation in der beruflichen Aus- und Weiterbildung, in: Ein interdisziplinäres Handbuch, hg. von Efing Christina und Kiefer Karl, Tübingen 2018.

Dentler, Sigrid; Hufeisen, Britta; Lindemann, Beate (Hg.): Tertiär- und Drittsprachen, Projekte und empirische Untersuchungen, Tübingen 2000.

Evans, Vyvyan; Green, Melanie (Hg.): Cognitive Linguistics, An Introduction, Mahwah, N. J. 2006.

European Commission, Education and Training: "First European Survey on Language Competence". Final Report, 2012, https://op.europa.eu/en/publication-detail/-/publication/42ea89dc-373a-4d4f-aa27-9903852cd2e4/language-en/format-PDF/source-116835286 [abgerufen am 29.07.2021].

Klein, Horst G.; Rutke, Dorothea (Hg.): Neuere Forschungen zur Europäischen Interkomprehension, Aachen 2004.

Kramsch, Claire J.: Context and Culture in Language Teaching, Oxford Univ. Press 1993.

Langacker, Roland W.: Grammar and Conceptualization, Berlin, Boston 1999.

Littlemore, Jeannette: Metaphor and the foreign language learner. 4th International Conference of German Cognitive Linguistics Association. Deutsche Gesellschaft für Kognitive Linguistik, Bremen 2012.

Nemati, Azadeh; Maleki, Ensieh: The Effect of Teaching Vocabulary through the Diglot –Weave Technique on Vocabulary Learning of Iranian High School Students, in: Procedia, Social and Behavioral Sciences 98, 2014.

Meißner, Franz-Joseph: Transfer und Transferieren, Anleitungen zum Interkomprehensionsunterricht, in: Neuere Forschungen zur Europäische Interkomprehension, hg. von Horst G. Klein und Dorothea Rutke, Aachen 2004.

Radden, Günter: Spatial time in the West and the East, in: Space and time in language, hg. von Mario Brdar, Frankfurt am Main 2011.

Roche, Jörg: Mehrsprachigkeitstheorien. Erwerb – Kognition – Transkulturation – Ökologie, Tübingen 2013.

Roche, Jörg; Baros, Wassilios: Der Capability-Ansatz in der Praxis – Skizze eines Modellprojekts zur talentfördernden, rapiden und berufsqualifizierenden Integration von unbegleiteten

Minderjährigen Flüchtlingen (TRIUMF), in: Sprache und Sprachbildung in der Beruflichen Bildung, hg. von Elisabetha Terrasi-Haufe und Anke Börsel, Münster, New York 2017.

Roche, Jörg; Finkbohner, Alexander: Berufssprache Deutsch als durchgängiges Konzept in der beruflichen Aus- und Weiter-Bildung – Zur fachpolitischen Bedeutung der neuesten KMK-Beschlüsse. in: Interkulturellen Fremdsprachenunterricht (2021), 26:1.

Roche, Jörg; Suñer Muñoz, Ferran (Hg.): Sprachenlernen und Kognition. Kompendium Deutsch als Fremdsprache/Deutsch als Zweitsprache, Bd. 1, Tübingen 2017.

Roche, Jörg: Sprachenlernen und Kognition, in: Kompendium Deutsch als Fremdsprache/Deutsch als Zweitsprache, hg. von Jörg Roche und Ferran Suñer Muñoz, Bd. 1, Tübingen 2017.

Roche, Jörg: Challenges of (Global) Migration for Language Policies and Language Teaching, in: Handbook of the Changing World Language Map, hg. von Stan Brunn und Roland Kehrein, New York 2018.

Roche, Jörg; Terrasi-Haufe, Elisabetta: Sprachkompetenzen fördern an beruflichen Schulen – Unterrichtsgestaltung im Spannungsfeld der Förderung sprachlicher Basiskompetenzen und Berufssprache, in: Heterogenität in der beruflichen Bildung, im Spannungsfeld von Erziehung, Förderung und Fachausbildung, Wirtschaft - Beruf - Ethik, hg. von Karin Heinrichs und Hannes Reinke, Bd. 36, Bielefeld 2019.

Wandruszka, Mario: Die Mehrsprachigkeit des Menschen, München 1979.

Das Konzept der DACH-Landeskunde im interkulturellen Deutschunterricht

Monika Janicka

1 Einleitung

Fremdsprachenlernen setzt immer eine Begegnung mit einer anderen Sprache und Kultur voraus. Insofern sind interkulturelles Lernen und Landeskunde integrale Bestandteile jedes Fremdsprachenunterrichts. Es besteht jedoch kein Konsens darüber, was im Rahmen des interkulturellen Lernens und des Landeskundeunterrichts vermittelt werden und auf welche Weise dies verlaufen soll. Die Tatsache, dass Deutsch eine plurizentrische Sprache ist, weil sie „in mindestens zwei Nationen verwendet wird, in denen sie einen offiziellen Status als Staatssprache, Co-Staatssprache oder regionale Sprache mit ihren eigenen [...] Normen hat"[1], macht die Aufgabe nicht leichter. Die Beantwortung der Fragen, wie viel Landeskunde den Lernenden zugemutet und im Rahmen des Deutschunterrichts vermittelt werden soll, bedarf eines theoretischen Rahmens.

In diesem Beitrag wird auf theoretische Überlegungen zur Vermittlung der Landeskunde im Deutschunterricht eingegangen. Im Anschluss an die Vorstellung der aktuellen Diskussion um diese Problematik werden die Ergebnisse der eigenen Studie präsentiert, die unter polnischen Lehrkräften auf allen Bildungsstufen durchgeführt wurde. Auf der Grundlage der erhobenen Daten soll eruiert werden, inwieweit die Landeskunde aller deutschsprachigen Länder im schulischen und universitären Deutschunterricht umgesetzt wird und inwiefern darin Anknüpfungspunkte zu kulturwissenschaftlichen Ansätzen zu vermerken sind.

2 Zum geschichtlichen Hintergrund des DACH-Prinzips

In der Bundesrepublik war bereits in den 80er Jahren des 20. Jahrhunderts Sprachpolitik ein Teil der Außenpolitik. Der Bundesregierung war es ein wichtiges Anliegen, über den Deutschunterricht und die Gestaltung der Lehrwerke ein positives Deutschlandbild zu vermitteln und Vorurteile gegenüber den Deutschen abzubauen. Bis zu den 1990er Jahren unterschied sich jedoch der Deutschunterricht je nach Herkunft der Lehrwerke sowie nach Ausbildung der Lehrkräfte. Die Verlage für Deutsch als Fremdsprache, die Lehrwerke für den westlichen Markt produzierten, waren hauptsächlich in der Bundesrepublik ansässig und vermittelten vor allem die Sprache und Kultur dieses Landes. Den Deutschlernenden aus dem Ostblock standen grundsätzlich Lehrwerke aus der DDR, die die Landeskunde dieses sozialistischen Landes präsentierten, zur Verfügung. Mate-

---

1 Shafer et al. 2020, S. 118.

rialien zu Österreich und der Schweiz tauchten gelegentlich in Lehrwerken auf, meist im Zusammenhang mit einem Unterricht über Wien oder Zürich. Der erste Versuch, diese Situation zu ändern, erfolgte im Jahre 1986, als in Ungarn ein landeskundliches Lesebuch erschien, in dem – mit Unterstützung des Internationalen Deutschlehrerverbandes (IDV) – Texte zur Bundesrepublik, der DDR, zu Österreich und der Schweiz veröffentlicht wurden. In demselben Jahr fand in Bern ein Kongress statt, wo jeweils drei Vertreter der Deutschlehrerverbände aus ABCD-Ländern (nach Autokennzeichen benannt: A – Österreich, B – Bundesrepublik, C – Schweiz, D – DDR) die sogenannten ABCD-Thesen zur Rolle der Landeskunde im Deutschunterricht entwickelten. Für die Bundesrepublik und die DDR war dieses Dokument eine Möglichkeit, einen Ausweg aus der gegenseitigen, feindseligen Haltung zu finden und für Österreich und die Schweiz bot sich die Gelegenheit, einen festen Platz im Rahmen der Landeskundevermittlung zu etablieren:[2]

> These 0: Landeskunde im Fremdsprachenunterricht ist ein Prinzip, das sich durch die Kombination von Sprachvermittlung und kultureller Information konkretisiert. […] bezieht sich exemplarisch und kontrastiv auf den deutschsprachigen Raum mit seinen nicht nur nationalen, sondern auch regionalen und grenzübergreifenden Phänomenen.
> These 5: Im Deutschunterricht und daher auch in Lehrwerken und Zusatzmaterialien müssen Informationen über den ganzen deutschsprachigen Raum berücksichtigt werden.[3]

Die ABCD-Thesen legten einen wichtigen Grundstein für die Zusammenarbeit der deutschsprachigen Länder. Bei der Entwicklung landeskundlicher Materialien wurde die Kooperation von Fachleuten aus den deutschsprachigen Ländern als notwendig erklärt. Nach dem Fall des Eisernen Vorhangs ist die DDR als Förderer von Deutsch als Fremdsprache weggefallen. Seit 1994 beteiligte sich aber Liechtenstein an der Kooperation, was für das Etikett DACHL sorgte. Da aber Liechtenstein nur punktuell an der Zusammenarbeit beteiligt ist, wird das L nicht immer berücksichtigt. Das Ziel der DACHL-Kooperation war eine ausgeglichene, gleichwertige Vermittlung der Landeskunde der deutschsprachigen Länder. Das Konzept wurde von dem IDV unterstützt, der die Verantwortung für regelmäßige DACHL-Landeskundeseminare, DACHL-Cafés sowie DACHL-Fenster während internationaler Tagungen übernahm. Dabei wurde das DACH-Prinzip neu definiert: „Das DACH-Prinzip geht von der grundsätzlichen Anerkennung und Vielfalt des deutschsprachigen Raumes im Rahmen des Unterrichts der deutschen Sprache, der Vermittlung von Landeskunde, der Produktion von Lehrmaterialien sowie der Aus- und Fortbildung von Unterrichtenden aus"[4] und bedeutet „die

---

2 Krumm 2021, S. 77ff.
3 Zit. nach Krumm 2021, S. 78.
4 Zit. nach Demmig, Hägi, Schweiger 2013, S. 11f.

gleichwertige Einbeziehung der unterschiedlichen sprachlichen und landeskundlichen Dimensionen des deutschsprachigen Raumes [...]."[5]

3 Der Ansatz der interkulturellen Fremdsprachendidaktik

Bei der Vermittlung von Landeskunde ist zwischen einer Reihe von Konzepten zu differenzieren. Klassische landeskundliche Ansätze sind bei der Vermittlung von Landeskunde vor allem auf Vermittlung der hohen Kultur und auf die Vergangenheit bezogenes Faktenwissen fixiert, wo der sog. „enge" Kulturbegriff auf das Politische (Nation), Geographische (Länderregion), Sprachliche (Sprachgemeinschaft) und Geistesgeschichtliche bezogen wird[6]. Interkulturelle Zugänge rücken die Kontraste zwischen der eigenen und der fremden Kultur in den Vordergrund und zielen darauf, Verschiedenheit in Sprache, Texten, in den Sprechern der anderen Sprache, denen man begegnet, auszuhalten, eigene Normen in Frage zu stellen und für andere Sprach- und Verhaltensformen als Ausdruck anderer kultureller Prägungen zu sensibilisieren[7]. Dies entspricht dem erweiterten Kulturbegriff. Das Konzept ist historisch-dynamisch, weil es eine Wechselwirkung mit der natürlichen Umgebung einschließt, lebensorientiert ist und alle „Reziprozitätsbeziehungen der Akteure"[8] wie Religion, Ethik, Technik, Kunst, Bildung, Umweltprobleme sowie alle materiellen und immateriellen Produkte umfasst. Während der enge Kulturbegriff der Gefahr von Generalisierungen ausgesetzt ist, versucht sich der erweiterte Kulturbegriff Wertungen zu entziehen. In diesem Ansatz umfasst interkulturelle Kompetenz das Wissen um die fremde Realität; die Fähigkeit, die Realität, die mit der eigenen und der fremden Kultur verbunden ist, zu analysieren; die Fähigkeit, die fremde Kultur vor dem Hintergrund der eigenen Kultur zu interpretieren, die eigene Einstellung zu analysieren, Missverständnisse zu interpretieren und schwierige Situationen zu meistern, sowie das eigene Wissen zu erweitern und bewusst mit der fremden Kultur umzugehen[9]. Massive gesellschaftliche, politische und ökonomische Veränderungen bleiben nicht ohne Einfluss auf die Kulturauffassung. Mobilität, die immer größere Eigendynamik der Individuen, Netzwerkseinbindung, und eine hohe Veränderungsdynamik scheinen die Rolle der Nationalstaaten und der Nationalgesellschaft zu verringern. Kulturen werden nun als offene Netzwerke verstanden, die sich keinesfalls aufgrund einer oberflächlichen Betrachtung beschreiben lassen. Interkulturalität bezieht sich demzufolge nicht auf abstrakte Nationen, sondern kann über Individuen vermittelt werden, wenn sie miteinander agieren und gemeinschaftlich handeln. Damit Prozesse interkulturellen Handelns zustande kommen können, bedarf es einer Kommunikation, denn „Ohne Kommunikation gibt es keine (Inter)Kulturen."[10] Um interkulturell handeln zu können, bedarf es neben einer Beschreibung auch einer kausalen Erklärung, sowie einer Kontextualisierung, die die Zusammenhänge erkennen lässt. Ohne Hintergrundinformationen, ohne histo-

---

5 Ebd. S. 12.
6 Bolten 2007, S. 16.
7 Krumm 2003, S. 141.
8 Bolten 2007, S. 13.
9 Myczko 2005, S. 34.
10 Bolten 2007, S. 23.

rische Untermauerung können Fehlinterpretationen und Missverständnisse entstehen. Interkulturelles Handeln bedarf verhaltensbezogener Kompetenzen wie Einfühlungsvermögen, Rollendistanz, Toleranz und Flexibilität.[11] Als Ergebnis der interkulturellen Begegnung kann eine neue Qualität entstehen.

4 Wendung zum kulturbezogenen Lernen

Der interkulturelle Ansatz, der die eigene Kultur der fremden Kultur gegenüberstellt und in dem es Widersprüche „auszuhalten" gilt, erlebt in der jüngsten Zeit eine kritische Weiterentwicklung, die sich aus einer neuen Perspektivierung ergibt. Die Globalisierung, die sich auch auf die Kultur auswirkt, führt dazu, dass die Menschen in einer Welt leben, die ihre Praktiken und ihre Sinnbildung nicht mehr über ihre nationalen oder lokalen Traditionen bezieht, sondern für weltweite kulturelle Einflüsse offen geworden ist. Im Zuge dieser Entwicklung geht es nicht mehr darum, dass die eigene Nationalkultur mit der fremden konfrontiert wird, um die Lernenden auf den Umgang mit der fremden Kultur zu sensibilisieren. Den Lernenden kann lediglich durch Begegnung mit Deutungsangeboten (in deutscher Sprache) die Gelegenheit eröffnet werden, „sich neue Möglichkeiten einer Partizipation an Diskursen zu erschließen".[12] Der kulturwissenschaftlichen Landeskunde liegt die Auffassung zugrunde, „dass wir es in der Landeskunde nicht mit einer objektiv bestehenden Welt und Wirklichkeit, sondern vor allem mit symbolischen Ordnungen und Sinnzuschreibungen und mit Prozessen eines diskursiven Aushandelns von Bedeutung zu tun haben".[13] Nicht die soziale, politische und historische Realität steht im Zentrum und es wird nicht angestrebt, sich einem Thema objektiv zu nähern. Das Ziel besteht darin, die diskursiven Deutungs- und Zuschreibungsprozesse sichtbar und rekonstruierbar zu machen, denn erst dank dessen können sich die Menschen über diese Realität verständigen. Menschen verfügen über sozial vermittelte und gelernte Wissensstrukturen, die ihnen die Deutungen der äußeren Welt ermöglichen. Es ist ein Repertoire an Wissen, das Menschen mit anderen teilen und das ihnen eine gemeinsame Weltdeutung ermöglicht. „Dieses Repertoire an Wissen, an symbolischer Ordnung, das uns für die gemeinsame Deutung von Welt und Wirklichkeit zur Verfügung steht – das ist eben die Kultur."[14] Da es keine homogenen Nationalkulturen gibt – denn wir gehören nicht mehr einer sozialen Gruppe, Nation oder Ethnie, sondern vielen an – kann man nicht mehr von der „deutschen Kultur" sprechen. Stattdessen ist der Begriff „kulturbezogenes Lernen" zu verwenden.

Diese Annahmen haben Konsequenzen für den Deutschunterricht sowie die Vermittlung der Landeskunde. Altmayer sieht das Ziel des Deutschunterrichts in der Förderung der Partizipation an Diskursen: der Erwerb von Fremdsprachenkenntnissen erweitert die Fähigkeit und die Möglichkeiten der Lernenden zur Diskurspartizipation und zu globaler Interaktion. Da landeskundliches Lernen ein hochgradig individueller Prozess

---

11 Ebd. S. 24ff.
12 Altmayer 2017, S. 14.
13 Altmayer 2013, S. 16.
14 Ebd. S. 19.

ist (dabei sind Parallelen zur konstruktivistischen Didaktik zu vermerken), sollte er an die kulturellen Deutungsmuster anknüpfen, die den Lernenden zur Verfügung stehen. Die eingesetzten Unterrichtsmaterialien sowie die im Unterricht initiierten Interaktionen sollten den Lernenden die Gelegenheit bieten, ihre eigenen Deutungsmuster zu erproben, zu reflektieren und untereinander auszutauschen.[15] Gegenstand der kulturwissenschaftlich geprägten Landeskunde sollte weder ein Land noch die kulturellen Unterschiede zwischen den einzelnen deutschsprachigen Ländern sein, sondern viel mehr „die in deutschen Diskursen verwendeten kulturellen Muster".[16]

5 Kulturbezogenes Lernen und die DACHL-Landeskunde

Die Vermittlung der DACH-Landeskunde, die bereits in ihrer Bezeichnung auf das Nationale hinweist, steht im Dissens zu den Prämissen des diskursiven Deutungslernens. Altmayer sieht das DACHL-Prinzip und seine Vermittlung im Deutschunterricht sehr kritisch. Die Umsetzung der ABCD-Thesen und des DACH-Prinzips führt dazu, dass Informationen über den ganzen deutschsprachigen Raum berücksichtigt werden, was zum additiven Nebeneinander der Landeskunden von Deutschland, Österreich und der Schweiz führt und eine homogenisierte Vorstellung von diesen Nationalstaaten präsentiert, während z.B. die ‚intra-intrakulturellen' Unterschiede[17], also Unterschiede zwischen den Regionen eines DACHL-Landes, kaum thematisiert werden. Deshalb schlägt er vor, die Landeskunde vom räumlich-territorialen zu lösen und den Begriff „Landeskunde der deutschsprachigen Länder" durch die „Kultur deutschsprachiger Diskurse" zu ersetzen. Dazu werden „die kulturellen Muster und Deutungsressourcen, die in deutschsprachigen Diskursen (implizit oder explizit) zur deutenden Herstellung einer jeweils geteilten ‚Wirklichkeit' verwendet […], die aber jederzeit zum Gegenstand kontroverser diskursiver Deutung werden können"[18]. Landeskunde soll von generativen Themen ausgehen, die auf kulturelle Muster verschiedener Art bauen, wie Männer – Frauen, Stadt – Land, Jahreszeiten, Erinnerungsorte, Menschenwürde, Luxus oder Müll. Die generativen Themen sollen sich auf die Erfahrungswelt der Lernenden beziehen, auf ihre Kenntnisse zurückgreifen, unterschiedliche Perspektiven zulassen und auf diesem Wege die Vielfalt der deutschsprachigen Länder erfahrbar machen. Ein Beispiel eines DACHL-spezifischen Deutungslernens wäre demnach nicht, wie die Schweiz ist, sondern wie in Zeitungen, Fernsehen, Werbung, Politik, Literatur, Kunst etc. ein spezifisches Bild der Schweizer konstruiert wird.[19] Das DACHL-Prinzip, das dem interkulturellen Ansatz der Landeskundevermittlung zuzuordnen ist, ist nach Altmayer nicht mehr zeitgemäß.

Allerdings wird die kulturwissenschaftliche Perspektive, die sich zum Ziel setzt, die Kultur ohne den nationalen Rahmen diskursiv zu behandeln, ebenfalls kritisch hinterfragt. Krumm argumentiert, dass Globalisierung, Migration und Digitalisierung die

---

15 Ebd. S. 20ff.
16 Ebd. S. 26.
17 Ebd. S. 25.
18 Ebd. S. 26.
19 Tonsern 2020, S. 29.

Nationalstaaten nicht einfach verschwinden lassen, sondern zu noch stärkerer Betonung von Grenzen und Unterschieden führen. Selbst die Förderung der deutschen Sprache ist an nationale (deutsche, österreichische und schweizerische) Institutionen gebunden und der Medien- und Literaturbetrieb ist eher länderspezifisch organisiert. Darüber hinaus haben Lernende, die Deutsch fern vom deutschen Sprachraum lernen, einen gewissen Bedarf an konkretem Wissen über deutschsprachige Länder.[20] Fornoff und Koreik argumentieren in ähnlichem Ton, dass die Entwicklung der letzten Jahrzehnte trotz „globalisierungsbedingter kultureller Angleichungsprozesse" nicht erkennen lässt, „dass Nationalstaaten in naher Zukunft ausgedient hätten."[21] Diese Entwicklung bestätigt z.B. der Brexit – die Briten wollten nicht mehr Teil der Europäischen Union sein, um sich besser vor Zuwanderung zu schützen und vom Einfluss der EU zu befreien und ziehen sich stärker zum Nationalen zurück. Der andauernde Krieg in der Ukraine und der Kampf um jeden Kilometer des Landes zeigt noch deutlicher, wie groß die Bedeutung von Grenzen nach wie vor ist. Fornoff und Koreik betonen, dass sich Landeskunde nicht ungeachtet des Nationalen unterrichten lässt, zumal beispielsweise Deutsche, Österreicher und Schweizer unterschiedliche kollektive Erinnerungen und Geschichtsbilder haben. Wird der Bezug zur Nation aufgegeben, so geht eine relevante Wirklichkeitsebene verloren. Es ist auch nicht klar, wie sich deutschsprachige Diskurse und in diesen Diskursen verwendete deutschsprachige kulturelle Muster wirklich konsequent außerhalb nationalstaatlicher Kategorien beschreibbar machen lassen.[22] Ein zusätzliches Problem bei der Umsetzung des kulturbezogenen Lernens besteht darin, dass es einer ausgeprägten Diskurskompetenz in deutscher Sprache bedarf, während der größte Teil der Deutschlernenden nicht mehr als das A2-Niveau erreicht. Für sie wäre eine Partizipation an diskursiven Prozessen der Bedeutungszuschreibung und Aushandlung in der fremden Sprache eher utopisch. Junge Lernende verfügen auch nicht über ein solches Maß an Weltwissen, um diskursiv kompetent zu handeln.[23]

Ein Versuch, den Widerspruch in Vermittlung der DACH-Landeskunde im Rahmen kulturbezogenen Lernens zu überwinden, wird in der Freiburger Resolution zur Sprachenpolitik in These 5 unternommen: „Als diskursive Landeskunde basiert das DACH-Prinzip auf einem offenen und dynamischen, text- und bedeutungsbezogenen Verständnis von Kultur, für das nicht Nationen und Regionen der Bezugsrahmen sind, sondern deutschsprachige Diskurse."[24] Unklar bleibt jedoch, wie dieses Prinzip methodisch-didaktisch im Unterricht konkretisiert werden soll.

Als unterrichtsaffin könnte das von Pierre Nora stammende Konzept der Erinnerungsorte gelten, die nicht auf historische oder kulturelle Fakten gerichtet sind, sondern Aspekte des Symbolischen und Imaginären in den Fokus rücken. Sie können als „Kristallisationspunkte"[25] des kollektiven Gedächtnisses von Nationen und anderen

---

20 Krumm 2021, S. 85.
21 Fornoff/Koreik 2020, S. 43.
22 Tonsern 2020, S. 31.
23 Fornoff/Koreik 2020, S. 58f.
24 Freiburger Resolution zur Sprachenpolitik 2017, S. 228.
25 François/Schulze 2003, S. 18.

sozialen Gruppen gelten, sie sind keine statischen, sondern dynamische, sich ständig verändernde Träger von Bedeutung, sie bündeln identitäts- und selbstbildbezogene Diskurse und machen diskursive Aushandlungsprozesse sichtbar, was jedoch die Sphäre des Faktischen nicht ausschließt. Nach Fornoff und Koreik eignet sich das Konzept der Erinnerungsorte besonders gut, um die Plurizentrik der DACHL-Landeskunde bewusst zu machen. Dank Erinnerungsorten können „die Divergenzen und Konvergenzen, die strukturellen Verschränkungen und gegenseitigen Abhängigkeiten sowie die vielfältigen und z.T. äußerst komplexen transnationalen Verschiebungen und Interferenzen zwischen den verschiedenen nationalen Erinnerungskulturen"[26] sichtbar gemacht werden. Wenn man verschiedene Erinnerungsorte auf die Gedächtniskulturen der DACH-Länder anwendet, wird deutlich, dass sich das kollektive Gedächtnis in Deutschland, Österreich und der Schweiz voneinander unterscheidet.[27] Der Vorteil der Arbeit mit Erinnerungsorten liegt darin, dass als Erinnerungsorte Gebäude, Persönlichkeiten, Straßennamen, Texte und Bilder, sowie z.B. topographische Orte gelten können. Die Wahl der zur diskursiven Analyse bestimmten Erinnerungsorte kann an die sprachlichen Kompetenzen der Lernenden sowie an ihre Interessen und Vorkenntnisse angepasst werden.

Shafer schlägt vor, das DACH-Prinzip entweder implizit zu vermitteln, indem Inhalte, Themen, Hör- und Lesetexte vorgestellt werden, ohne dass auf ihre Herkunft hingewiesen wird, oder auf dem expliziten Wege: Gemeinsamkeiten und Unterschiede der deutschsprachigen Staaten werden unter kulturell-binnenkontrastiven Gesichtspunkten thematisiert und reflektiert. Plurizentrik der deutschen Sprache und Kultur könnte z.B. konkret, bezogen auf das Hörverstehen, auf die Rezeption von Texten, die mit unterschiedlichen Akzenten gesprochen werden, vermittelt werden.[28] Eine Chance, das DACH-Prinzip an die Deutschlernenden zu vermitteln, sieht Badstübner-Kizik in der Aus- und Fortbildung der Lehrkräfte, denen (1) eine grundsätzliche Akzeptanz für die sprachliche und kulturelle Vielfalt des deutschsprachigen Raumes samt Argumenten vermittelt wird, (2) methodologisches Handwerkszeug, mit dem sie ihr Orientierungswissen ausbauen und zuverlässige Recherchemöglichkeiten nutzen, an die Hand gegeben wird, sowie (3) ein Repertoire an Arbeitsformen vermittelt wird, wie Elemente der Text-, Film-, Musik- oder Projektdidaktik, die es möglich machen, das DACH-Prinzip in einem konkreten didaktischen Kontext umzusetzen.[29]

Die bisherigen Erwägungen zeigen deutlich, dass Kultur und Landeskunde der deutschsprachigen Länder vom DaF-Unterricht nicht wegzudenken sind. Die Vorstellungen, was und auf welche Weise vermittelt werden soll, weichen jedoch stark voneinander ab. Auf diesem Gebiet herrscht Forschungsbedarf, aus dem sich konkrete methodisch-didaktische Lösungsvorschläge für die Unterrichtspraxis ergeben würden.

---

26 Fornoff/Koreik 2020, S. 53f.
27 Ebd. S. 54f.
28 Shafer 2020, S. 94.
29 Badstübner-Kizik 2020, S. 16f.

6 Vermittlung vom DACH-Prinzip in Polen – eine Umfrage

Vor dem Hintergrund der skizzierten Befundlage sollen in diesem Beitrag Ergebnisse der eigenen Umfrage präsentiert werden, in der zwei Fragen nachgegangen wurde: inwieweit das DACH-Prinzip in Polen im schulischen und universitären Kontext umgesetzt wird und inwiefern darin Anknüpfungspunkte an die interkulturelle Landeskunde bzw. an kulturwissenschaftliches Lernen zu vermerken sind. Um die Antwort auf diese Fragen zu erfassen, wurde im September 2022 über Google-Forms eine quantitative Studie mit Kommentaroption durchgeführt. Die Umfrage richtete sich an Deutschlehrkräfte in Polen, die an verschiedenen Bildungsinstitutionen beschäftigt sind, und die den Fragebogen online und anonym ausfüllen sollten.

6.1 Teilnehmende der Umfrage

An der Umfrage haben sich 80 Personen beteiligt, von denen 87,3 % Frauen und 12,7 % Männer waren, was die Geschlechterverteilung im Lehrerberuf in Polen gut widerspiegelt. 52,5 % der Befragten waren im Alter von 41–50 Jahren, weitere 31,3 % waren zwischen 51 und 60 Jahre alt. Unter 30 war lediglich eine Person, was ebenfalls die Altersstruktur der Lehrkräfte in Polen deutlich erkennen lässt. Die überwiegende Mehrheit der Befragten (47,5 %) war an Oberschulen tätig (in Polen ist das nach der obligatorischen Grundschule die zweite Bildungsetappe), 36,3 % waren an Grundschulen, 11,3 % an Hochschulen und Universitäten und 5 % an privaten Sprachschulen tätig.

6.2 Ergebnisse der Umfrage

77,5 % der Befragten halten Vermittlung von Informationen aus dem Bereich Kultur für einen wichtigen Bestandteil des Deutschunterrichts, 15 % stimmen dieser Feststellung teilweise zu. Das zeigt, dass für die überwiegende Mehrheit Landeskunde einen festen Platz in der Unterrichtslandschaft hat. In der Umfrage wurde erfasst, inwiefern die polnischen Deutschlehrkräfte das DACH-Prinzip, das als gleichwertige Einbeziehung der unterschiedlichen sprachlichen und landeskundlichen Dimensionen des deutschsprachigen Raumes verstanden wird, in ihrem Deutschunterricht umsetzen. Die Umfrageergebnisse zeigen die deutliche Dominanz von Vermittlung der Landeskunde der Bundesrepublik Deutschland. Über die Hälfte der Befragten gab an, dass zwischen 60 % und 100 % der Landekundevermittlung in ihrem Unterricht Deutschland gewidmet wird. Die restliche, für den Landeskundeunterricht vorgesehene Zeit, wird zwischen Österreich, der Schweiz und – ganz selten – Liechtenstein verteilt.

Diese Verteilung dürfte aus der Tatsache resultieren, dass die Mehrheit der Befragten der Feststellung voll bzw. teilweise zustimmt, dass es zu wenige Unterrichtsstunden gibt, um die Landeskunde aller deutschsprachigen Länder zu thematisieren. Die Befragten sollten angeben, mit welchem Ziel sie die landeskundlichen Inhalte vermitteln, wobei bei dieser Frage mehrere Antworten markiert werden konnten. Die meisten (86,3 %) gaben an, sie möchten ihren Lernenden/Studierenden objektives Wissen über die deutschsprachigen Länder vermitteln. An zweiter Stelle standen gleichwertig mit 71,3 % zwei weitere Ziele „Ich möchte meine SchülerInnen/StudentInnen auf die Vielfalt der deutschsprachigen

Länder sensibilisieren" und „Ich möchte meine SchülerInnen/StudentInnen zur Reflexion über die fremde und die eigene Kultur anregen".

An dritter Stelle mit 68,8 % stand die Antwort: „Ich möchte meine SchülerInnen/StudentInnen auf interkulturelle Unterschiede sensibilisieren". Überraschend wenige Antworten (22,5 %) verweisen auf das Ziel „Es muss als Teil des Curriculums thematisiert werden". Es ist insofern erstaunlich, als dass dieses Ziel im Curriculum sowohl für die Grund- als auch für die Oberschule festgeschrieben ist. Die Lehrkräfte scheinen aber dazu ein lockeres Verhältnis zu haben. 31,3 % der Befragten gaben an, sie wollten ihren SchülerInnen/StudentInnen die aktuellen Diskurse in den deutschsprachigen Ländern näherbringen. Die Antworten der Befragten legen die Vermutung nahe, dass das Konstrukt „objektives Wissen um die deutschsprachigen Länder" in den Überzeugungen der Lehrkräfte fest verankert ist. Weitere vertiefende Fragen zeigen, dass die meisten Befragten eher traditionelle, auf faktisches Wissen fixierte Landeskunde vermitteln und überzeugt sind, die Lernenden sollten über ein Basiswissen über die deutschsprachigen Länder, wie typische Begrüßungsformeln, typische Speisen oder bekannte Orte verfügen. 73,8 % der Befragten stimmen dieser Feststellung voll und 21,3 % teilweise zu. Mit der Feststellung, dass es im Zuge der Globalisierung Konstrukte wie „typisch deutsch" oder „typisch österreichisch" nicht mehr gibt, stimmen lediglich 7,6 % voll zu und 30,4 % sind mit der Feststellung teilweise einverstanden. Die Gefahr einer Stereotypisierung, die man bei der Vermittlung von Landeskunde laufen kann, sieht eine knappe Mehrheit der Befragten entweder kaum oder überhaupt nicht, was Abbildung 1 dokumentiert. In der Abbildung entsprechen die Zahlen den folgenden Feststellungen: 1 – stimme überhaupt nicht zu, 2 – stimme teilweise nicht zu, 3 – weiß nicht, 4 – stimme teilweise zu, 5 – stimme voll zu.

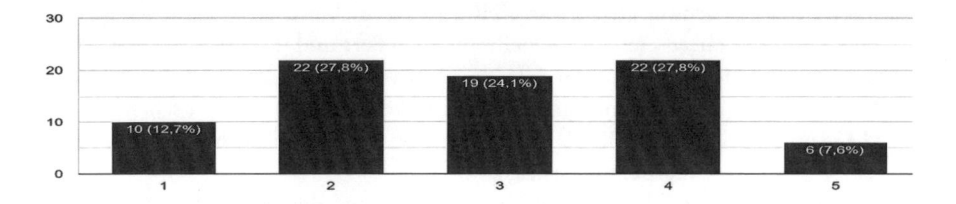

Abb. 1 Verteilung der Antworten auf die Feststellung „Bei jedem Versuch, das Wissen über deutschsprachige Länder zu vermitteln, besteht die Gefahr der Stereotypisierung".

Eine ganze Gruppe von Items war in der Umfrage dem Methodenrepertoire gewidmet, mit dessen Hilfe die Befragten ihren Lernenden das landeskundliche Lernen ermöglichen. Dabei wurden Methoden genannt, die den Lernenden nach Prinzipien der konstruktivistischen Didaktik ermöglichen, individuelle Zugänge zu landeskundlichen Themen zu finden und ihr Wissen in diesem Bereich selbständig aufzubauen sowie einen Rekurs auf kulturwissenschaftliches Lernen zu nehmen vermögen. Zu den Methoden wurde Projektarbeit gezählt, z.B. in Form von Webquests, die individuelle Recherchen im Internet ermöglicht, Arbeit am authentischen Text- oder Bildmaterial, das als Ausgangspunkt zur Deutung der Wirklichkeit dient, Erkundung von Erinnerungsorten oder Arbeit an außerschulischen Lernorten, z.B. während des Schüleraustausches. Die Ergebnisse der Umfrage dokumentieren, dass zu den häufigsten Methoden, die dem landeskundlichen Lernen dienen, folgende gehören:

- SchülerInnen/StudentInnen arbeiten im Unterricht an authentischem Bildmaterial (Fotos, Filmen, etc.), das gemeinsam besprochen und interpretiert wird: 25 % - regelmäßig, 21,3 % - oft, 35 % - von Zeit zu Zeit;
- SchülerInnen/StudentInnen machen Projekte (z.B. über typische Speisen, Feste und Feiern, Regionen, etc.) und präsentieren sie in der Klasse: 10,1 % tun das regelmäßig, 29,1 % - oft, 40,5 % gaben an, Projektarbeit von Zeit zu Zeit einzusetzen;
- SchülerInnen/StudentInnen suchen nach Informationen im Internet, z.B. in Form von Webquests: 11,3 % machen das regelmäßig, 23,8 % - oft, 41,3 % nutzen diese Methode von Zeit zu Zeit.

Viel seltener wird an Texten gearbeitet, was daran liegen kann, dass mehr als ein Drittel der Befragten an Grundschulen tätig war, wo sprachliche Kompetenzen der Lernenden auf elementarem Niveau sind. Auch an Oberschulen, wo Deutsch als zweite Fremdsprache nach Englisch unterrichtet wird, etabliert sich die am Ende der Ausbildung zu erreichende Sprachkompetenz auf Niveau A2/A2+ des Europäischen Referenzrahmens für Sprachen. Arbeit an authentischen Lese- und Hörtexten kommt im Unterricht seltener vor:

- Die Lehrperson bringt in den Unterricht authentische Texte mit ein (z.B. deutsche, österreichische, schweizerische u.a. Zeitungsartikel, literarische Texte, Lieder, Annoncen, Speisekarten etc.), die gemeinsam analysiert und diskutiert werden: 11,3 % machen das regelmäßig, 16,3 % - oft, 26,3 % - von Zeit zu Zeit;
- Hörtexte mit verschiedenen Varianten (Standardvarietäten) der deutschen Aussprache werden lediglich von 3,8 % regelmäßig, von 7,5 % oft und von 26,3 % von Zeit zu Zeit im DaF-Unterricht präsentiert;
- Erinnerungsorte (z.B. Straßennamen mit Bezug auf die Geschichte, Ortsnamen, Gebäude, Nationaldichter, Persönlichkeiten, Kunstwerke etc.) werden nur selten im DaF-Unterricht thematisiert: 25 % der Befragten machen das nie und 35 % nur selten. Auch kulturelles Lernen an außerschulischen Lernorten (z.B. beim Schüleraustausch) kommt sehr selten vor: bei 27,5 % ist es noch nie vorgekommen, bei weiteren 27,5 % - nur selten.

Für 15 % der Lernenden ist das Lehrwerk die Hauptinformationsquelle, 32,5 % nutzen das Lehrwerk oft als Quelle des landeskundlichen Wissens, 37,5 % nutzen es von Zeit zu Zeit. Auch 60 % der befragten Lehrpersonen gaben zu, dass für sie selbst das Lehrwerk eine wichtige Quelle der landeskundlichen Informationen sei und nach dem Internet (96,3 %) mit 60 % zu der zweithäufigsten Quelle des landeskundlichen Wissens gehört.

6.3 Zusammenfassung der Ergebnisse

Die Ergebnisse der Umfrage zeigen eindeutig, dass im DaF-Unterricht in Polen die Landeskunde von Deutschland eine vorrangige Stellung hat. Einen Erklärungsversuch dazu liefert die Aussage einer der Befragten, die auf die Themenverteilung in den Lehrwerken als den Hauptgrund dafür hinweist:

> Polnische Lehrwerke für die Schule konzentrieren sich zu stark auf Deutschland, wenig auf andere deutschsprachige Länder – das finde ich sehr schade. Die Schüler haben sehr oft keine Ahnung von der Schweiz und geschweige denn von Liechtenstein. Die Schüler sind sich auch nicht bewusst, dass eine Sprache lernen auch Landeskunde bedeutet und was diese Landeskunde ist.

Die Qualität der Materialien zum landeskundlichen Lernen wird in einer der Aussagen thematisiert:

> Für mich ist Landeskunde ein wichtiger Bestandteil des Unterrichts. Die Texte, oder Materialien im Kursbuch sind oft zu kompliziert und für die Schüler unattraktiv. Es gibt auch wenig Zeit im Laufe des Jahres, um das Thema intensiver zu bearbeiten. Ich suche leichte, interessante und aktuelle Materialien.

Zu den beliebtesten Methoden gehört Projektarbeit, darunter auch in Form von Webquests, die den Lernenden eine selbständige Recherche im Netz ermöglichen. Relativ häufig wird authentisches Bildmaterial eingesetzt, das zur Diskussion und Reflexion anregen soll. Was die Befragten vermissen, sind vor allem Materialien für junge Lernende und Anfänger:

> Es fehlt mir an Schulungen über die Landeskunde der deutschsprachigen Länder und auch an interessanten authentischen Materialien besonders für jüngere Schüler. Deswegen vermittle ich nicht so oft die Informationen im Unterricht.

7 Diskussion und Desiderata

Die Ergebnisse der Umfrage dokumentieren, dass die Deutschlehrkräfte in Polen davon überzeugt sind, dass Landeskunde ein wichtiger Bestandteil des Unterrichts ist. Vertiefende Analysen zeigen jedoch, dass weder das DACH-Prinzip noch die aktuellen kulturwissenschaftlichen Ansätze von der Mehrheit der Lehrkräfte auf eine bewusste und komplexe Weise umgesetzt werden. Wenn es um das DACH-Prinzip geht, sind die meisten der Meinung, dass es zu wenige Unterrichtsstunden gibt, um Informationen über alle deutschsprachigen Länder zu vermitteln. Es fehlt auch an landeskundlichen Lehr-Lernmaterialien, die einen attraktiven, interessanten und die Diskurskompetenz fördernden Deutschunterricht möglich machen würden. Auch die Aus- und Fortbildung der Lehrkräfte scheint in diesem Bereich zu kurz zu kommen. In den Aussagen der Befragten gibt es mehrere Anklänge an den interkulturellen Ansatz der Landeskundevermittlung, indem angegeben wird, die Lernenden auf die Vielfalt der deutschsprachigen Länder und auf die interkulturellen Unterschiede sensibilisieren zu wollen. Die Mehrheit der Befragten ist davon überzeugt, dass man objektives Wissen um deutschsprachige Länder vermitteln kann, was zu der Annahme führen dürfte, dass die Effekte der kulturellen Globalisierung den polnischen Deutschunterricht nicht zu stark beeinflusst haben und das kulturwissenschaftliche Lernen bisher einen stark begrenzten Weg in die Praxis des DaF-Unterrichts gefunden hat.

Die meisten Befragten haben das Studium längst hinter sich. Man kann vermuten, dass darin die Landeskunde auf eine traditionelle Weise vermittelt wurde. Essentiell für die Popularisierung des DACH-Prinzips wären deshalb Fortbildungsseminare, die den Lehrkräften konkrete Methoden an die Hand geben würden, wie man mit z.B. Erinnerungsorten arbeiten kann oder wie man Lernende zur Diskurspartizipation befähigt. Die bisher organisierten Seminare zu dieser Thematik haben ein zu enges Publikum erreicht. Diesen Stand soll das neue Seminarkonzept zur DACHL-Landeskunde, das vom DACHL-Gremium entwickelt wurde, ändern. Darin sollen Multiplikatoren ausgebildet werden, die das Konzept nach der Fortbildungsphase im jeweils eigenen Land verbreiten. Es besteht auch Bedarf an Materialien, die deutschsprachige Diskurse in den Mittelpunkt rücken würden und zugleich aber für Lernende auf eher elementarem Sprachniveau bestimmt wären.

Eine gewisse Schwierigkeit, die kulturwissenschaftliche Landeskunde im polnischen Bildungskontext umzusetzen und die diskursiven Kompetenzen der Lernenden zu fördern, sind die aktuell forcierten Bildungsrichtlinien, eine bevorzugte Version der Geschichte zu vermitteln und Tabuthemen aus dem Unterricht auszugrenzen. Das sind keine guten Prognosen dafür, dass in naher Zukunft Förderung von diskursiven Lernprozessen, insbesondere bei Themen wie Erinnerungsorte in dem polnischen Bildungssystem auf Anerkennung stoßen. Eine geringe Stundenzahl für Deutsch als Fremdsprache an polnischen Schulen und ein überwiegend niedriges sprachliches Niveau der Deutschlernenden tragen ebenfalls dazu bei, dass die Kultur deutschsprachiger Diskurse kaum Chancen hat, Eingang in den Deutschunterricht in Polen zu finden.

Literatur

Altmayer, Claus: Die DACH-Landeskunde im Spiegel aktueller kulturwissenschaftlicher Ansätze, in: DACH-Landeskunde. Theorie - Geschichte – Praxis, hg. von Silvia Demmig, Sara Hägi und Hannes Schweiger, München 2013.

Altmayer, Claus: Landeskunde im Globalisierungskontext: Wozu noch Kultur im DaF-Unterricht?, in: Kulturelles Lernen im DaF/DaZ-Unterricht. Paradigmenwechsel in der Landeskunde, hg. von Haase, Peter; Höller, Michaela, Göttingen 2017.

Badstübner-Kizik, Camilla: Das DACH-Prinzip im Kontext DaF-Erfahrungen und Desiderata, in: Weitergedacht. Das DACH-Prinzip in der Praxis, hg. von Naomi Shafer, Annegret Middeke, Sara Hägi-Mead und Hannes Schweiger, Göttingen 2020.

Bolten, Jürgen: Interkulturelle Kompetenz, Erfurt 2007.

Demmig Silvia, Hägi Sara, Schweiger Hannes. (Hg.): DACH-Landeskunde. Theorie – Geschichte – Praxis, München 2013.

Fornoff, Roger/Koreik, Uwe: Ist der kulturwissenschaftliche und kulturdidaktische Bezug auf die Nation überholt? DACH-Landeskunde, Globalisierung und Erinnerungsorte. Eine Intervention, in: Weitergedacht. Das DACH-Prinzip in der Praxis, hg. von Naomi Shafer, Annegret Middeke, Sara Hägi-Mead und Hannes Schweiger, Göttingen 2020.

François, Etienne/ Schulze, Hagen: Einleitung, in: Deutsche Erinnerungsorte, hg. von Etienne François und Hagen Schulze, Bd. 1, München 2001.

Krumm, Hans-Jürgen: Curriculare Aspekte des interkulturellen Lernens und der interkulturellen Kommunikation, in: Handbuch Fremdsprachenunterricht, hg. von Karl-Richard Bausch, Herbert Christ und Hans-Jürgen Krumm, Tübingen und Basel 2003.

Krumm, Hans-Jürgen: Sprachenpolitik Deutsch als Fremd- und Zweitsprache. Eine Einführung, Berlin 2021.

Myczko, Kazimiera: Kompetencja interkulturowa jako cel kształcenia językowego, in: Dydaktyka języków obcych a kompetencja kulturowa i komunikacja interkulturowa, hg. von Maciej Mackiewicz, Poznań 2005.

Shafer, Naomi: Das DACH-Prinzip sprachlich weiter_gedacht, in: Weitergedacht. Das DACH-Prinzip in der Praxis, hg. von Naomi Shafer, Annegret Middeke, Sara Hägi-Mead und Hannes Schweiger, Göttingen 2020.

Tornsen, Clemens: Die Grenzen des Diskurses: Zu den Möglichkeiten einer kulturwissenschaftlichen Grundlegung des DACH-Prinzips, in: Weitergedacht. Das DACH-Prinzip in der Praxis, hg. von Naomi Shafer, Annegret Middeke, Sara Hägi-Mead und Hannes Schweiger, Bd. 103, Göttingen 2020.

Globale Kompetenz, Diskurskompetenz und digitale Kompetenz: neue Komponenten der integrativen Landeskunde für Kulturstudien im chinesischen Deutschstudium

Zekun Wu, Yuan Li

1 Problemstellung

Die institutionelle Beschäftigung mit der deutschen Sprache, Literatur und Kultur in China geht auf die Einführung des Deutschunterrichts in Tongwen-Guan im Jahr 1871 in Beijing zurück[1]. 1919 wurde die Dewen Xi (Abteilung für deutsche Literatur) an der Yenching University (heute: Beijing Universität) eingerichtet, welche die erste deutschsprachige Ausbildung in China einführte[2]. Seitdem hat sich das Deutschstudium in China weiterentwickelt und die Anzahl der Fachbereiche hat kontinuierlich zugenommen und sich auf ein breiteres geografisches Gebiet ausgedehnt. Im Laufe der Zeit ist die traditionelle sprachorientierte Ausbildung des Deutschstudiums, welches ausschließlich auf der „Beherrschung der deutschen Sprache" basiert, den gesellschaftlichen Bedürfnissen nicht mehr gerecht geworden[3]. Aus diesem Grund wurden die Inhalte und Methoden des Deutschunterrichts in China reformiert. „Beim Sprachenlernen kommt man an der Kultur nicht vorbei"[4]. Die Integration des kulturellen Aspekts in den Sprachunterricht wird betont und dadurch das Augenmerk auf die Förderung der interkulturellen Kompetenz der Lernenden gerichtet.

Im deutschsprachigen Diskurs wurde der Begriff Landeskunde als Herangehensweise an die Kultur eines Landes aufgrund seiner größeren Sachbezogenheit und Wissenschaftlichkeit aus der Geographie übernommen[5]. Mit den gesellschaftlichen und geschichtlichen Veränderungen sind die unterschiedlichen landeskundlichen Ansätze und entsprechenden didaktischen Konzepte im Fach Deutsch entstanden. Aber es fehlt an Differenzierungen der Landeskundedidaktik nach unterschiedlichen Lernkonstellationen[6]. Aus diesen Ansätzen hat Li[7] nützliche Komponenten extrahiert und mit Ergänzungen ein differenziertes, integratives landeskundliches Konzept zur spezifischen Lernkonstellation im DaF-Unterricht in China vorgestellt. Seitdem sind jetzt mehr als zehn Jahre vergangen. Es stellt

---

1 Zhu 2019, S. 8.
2 Zhao 2019, S. 21.
3 Vgl. Liu 2020, S. 2.
4 Ciepielewska-Kaczmarek et al. 2020, S. 31.
5 Vgl. Altmayer 2017, S. 4.
6 Vgl. Thimme 1995.
7 Li 2007, 2011.

sich daher die Frage, ist Lis Konzept heute noch für Deutsch als Fremdsprache in China zeitgemäß?

In den letzten Jahren hat sich der Globalisierungsprozess weiter beschleunigt. Die Vernetzung und Abhängigkeit über Ländergrenzen, Regionen und Kulturen hinweg hat somit zugenommen. Waren, Personen, Dienstleistungen, Kapital und dergleichen bewegen sich schnell über die ganze Welt hinweg, was einerseits die Entstehung einer komplexen und vielfältigen Welt fördert und den teilnehmenden Ländern viele Entwicklungschancen bietet, andererseits aber auch eine Reihe von Herausforderungen mit sich bringt, wie zum Beispiel kulturelle Konflikte und mehr globale Herausforderungen wie Klimawandel und Krankheitsausbrüche. Zu ihrer Bewältigung ist eine globale Zusammenarbeit erforderlich. Darüber hinaus hat sich die Digitalisierungstechnologie mit der rasanten Entwicklung von Informations-, Netzwerk- und Computer-Technologie allmählich in allen Bereichen des menschlichen Lebens und der Gesellschaft durchgesetzt, was Produktions-, Denk- und Kommunikationsweisen der Menschen, die Wahrnehmung und Werturteile über die Welt und das ursprüngliche Überlebens- und Entwicklungsmodell der Menschheit tiefgreifend verändert. Insbesondere hat die Corona-Pandemie die digitale Transformation der globalen Gesellschaft, Wirtschaft und Bildungssysteme beschleunigt. Damit ist die Menschheit nun in jeder Hinsicht in das digitale Zeitalter eingetreten.

China bemüht sich, auf die sich ständig verändernde globale Lage zu reagieren, und hat eine Reihe von Reformmaßnahmen ergriffen. Zum einen wurden die Kulturstudien/Regionenstudien als unabhängige Disziplin in die Disziplinenliste aufgenommen, um der vertieften kulturellen, politischen und wirtschaftlichen Zusammenarbeit mit anderen Ländern im Rahmen des Globalisierungsprozesses gerecht zu werden. Somit eröffnet sich durch die Kulturstudien eine neue Ära. Fremdsprachenlernen und Kulturstudien überschneiden sich. Gemeinsam sollen sie die disziplinäre Entwicklung in Richtung interkultureller Integration erforschen und die Fachkräfteförderung im Einklang mit den gesellschaftlichen Bedürfnissen stärken[8]. Zweitens wird in China zunehmend die Bedeutung des Konzepts der Allgemeinbildung bekräftigt. Im Rahmen der bildungspolitischen Reform wurde hierzulande ein neuer Begriff „Hexin-Suyang" im Bildungsstandard für Deutsch an allgemeinbildenden Mittelschulen (Ausgabe 2017, im Jahr 2018 offiziell veröffentlicht) eingeführt[9], unter dem man „die wesentlichen Persönlichkeitsmerkmale und die Schlüsselkompetenzen, über welche die Schüler verfügen sollten, um den Bedürfnissen des lebenslangen Lernens und der gesellschaftlichen Entwicklungen gerecht zu werden" versteht[10]. Drittens wird das Mehrsprachigkeitskonzept an allgemeinbildenden Mittelschulen in China in die Tat umgesetzt[11]. Die Stellung der deutschen Sprache in China hat sich dadurch verändert. Deutsch gilt somit in China nicht mehr als „kleine Sprache" oder „nicht allgemein gebrauchte Fremdsprache"[12],

---

8 Vgl. Yang et al. 2023.
9 Vgl. Li/Li 2019.
10 Vgl. Chinesisches Bildungsministerium 2018.
11 Ebd.
12 Su 2017, S. 3.

sondern ist nun in ganz China verbreitet, sogar in den wirtschaftlich verhältnismäßig unterentwickelten Binnenregionen in Nordost- und Westchina[13].

Das Deutschstudium in China wird damit vor grundlegend neue Herausforderungen gestellt. All diese neuen Entwicklungen haben die soziokulturellen und anthropologisch-psychologischen Rahmenbedingungen für das Deutschstudium in China verändert. Die Kulturstudien im Deutschstudium müssen deswegen aus heutiger chinesischer Sicht hinterfragt und auf ihre Aktualität sowie Adäquatheit überprüft werden. Der vorliegende Beitrag wird daher auf die folgenden zwei Fragen eingehen:

(1) Ist das von Li aufgestellte Konzept der integrativen Landeskunde heutzutage noch aktuell?
(2) (Wie) sollte sich das Konzept weiterentwickeln?

2 Rückblick auf die integrative Landeskunde

Der Begriff „integrative Landeskunde" ist nicht ganz neu, da es bereits integrative Ansätze wie das Tübinger Modell, das DACH-Konzept und die erlebte Landeskunde gibt, die in den 1990er Jahren von der Fachwelt eingeführt wurden. Diese Ansätze werden explizit oder implizit als integrativ bezeichnet. In diesem Zusammenhang hat Li ebendiesen Begriff verwendet, ihn jedoch mit anderen Inhalten belegt.

Das Konzept einer integrativen Landeskunde bezieht Komponenten verschiedener Ansätze mit ein und ist somit nicht nur auf die Integration von Fremdsprachenlernen in die Landeskunde beschränkt. Der Begriff der Integration umfasst hierbei auch die Förderung von Fachkompetenzen in Verbindung mit fächerübergreifenden Qualifikationen auf der einen Seite und die (integrierende) interkulturelle Komponente auf der anderen Seite, um die Lernenden die Landeskunde sachorientiert, fachintegriert, interdisziplinär und interkulturell lernen zu lassen, nämlich „eine dreifach integrierende Landeskunde"[14].

Dieses Konzept liegt dem Kompetenzmodell von Lehmann und Nieke (Abb. 1) zugrunde, in dem Handlungskompetenz als Schnittmenge von vier Teilkompetenzen – Fach-, Methoden-, Sozial- und Selbstkompetenz – konzipiert ist. Die Handlungskompetenz steht im Mittelpunkt des Kompetenzmodells, was wiederum aus den sprachlichen Wurzeln des Begriffs Kompetenz abgeleitet wird: „Kompetent sein heißt, in einer bestimmten Handlungssituation bestehen können"[15].

Basierend darauf hat Li im Jahr 2006 ein weiteres Modell aufgestellt (Abb. 2). Li kombiniert in diesem Modell die Sozial- und Selbstkompetenz unter Berücksichtigung ihrer Unterordnung, Interaktion sowie der unterschiedlichen Gewichtung in der chinesischen und deutschen Kultur. Durch die Darstellung von überlappenden Kreisen verdeutlicht Li, dass diese Kompetenzen nicht voneinander abhängig, sondern miteinander verbunden sind.

---

13 Vgl. He 2020.
14 Li 2011, S. 51.
15 Vgl. Lehmann/Nieke 2000, S. 7.

Abb. 1: Das Kompetenzmodell von Lehmann/Nieke[16].

Später hat Li dieses Modell (Abb. 3) weiterentwickelt. Das übergeordnete Lernziel besteht darin, „Handlungskompetenz im interkulturellen Kontext"[18] zu erlangen, welche – im Gegensatz zu interkultureller Kompetenz – nicht als separate (Teil-)Kompetenz, sondern jeweils als „integrierte interkulturelle Dimension"[19] von Fach-, Methoden-, Sozial- und Selbstkompetenz betrachtet wird. In diesem Modell wird unter Fachkompetenz das Wissen über die deutschsprachigen Länder in Bezug auf China verstanden. Mit Methodenkompetenz sind autonomer Wissenserwerb und Reflexionsfähigkeit gemeint. Unter den Sozial- und Selbstkompetenzen sind Offenheit, Toleranz, Empathie und Fähigkeit zur Identitätsaushandlung zu verstehen.

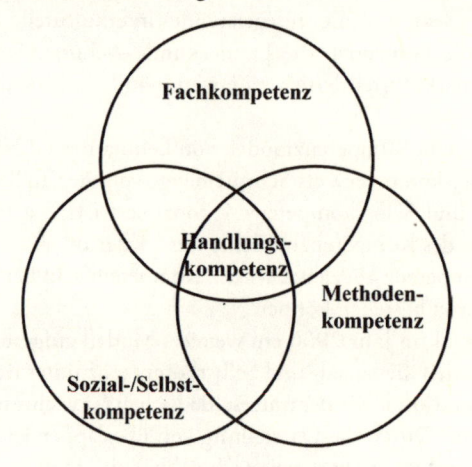

Abb. 2: Das Kompetenzmodell von Li 2006[17].

---

16 Lehmann/Nieke 2000, S. 2.
17 Li 2006, S. 237.
18 Li 2007, S. 133.
19 Li 2011, S. 58.

Das vorliegende Kompetenzmodell der integrativen Landeskunde ist kein additiver, sondern ein integrierter Ansatz, d.h., die Kompetenzen werden im Ensemble mit dem Fachwissen gefördert[21]. Die Teilkompetenzen (Fach-, Methoden-, Sozial- und Selbstkompetenz) sind gleichwertig in der integrativen Landeskunde integriert, wobei sie selten in reiner Form auftreten, sondern miteinander verzahnt sind. Das Zusammenspiel der Teilkompetenzen ist besonders wichtig für die Handlungskompetenz im interkulturellen Kontext, und daher werden die drei Blöcke im Diagramm (Abb. 3) mit fließenden Grenzen dargestellt. Es kam laufend zu Um- und Neuorientierungen und dabei zu einer Aufwertung des Kompetenzmodells der integrativen Landeskunde.

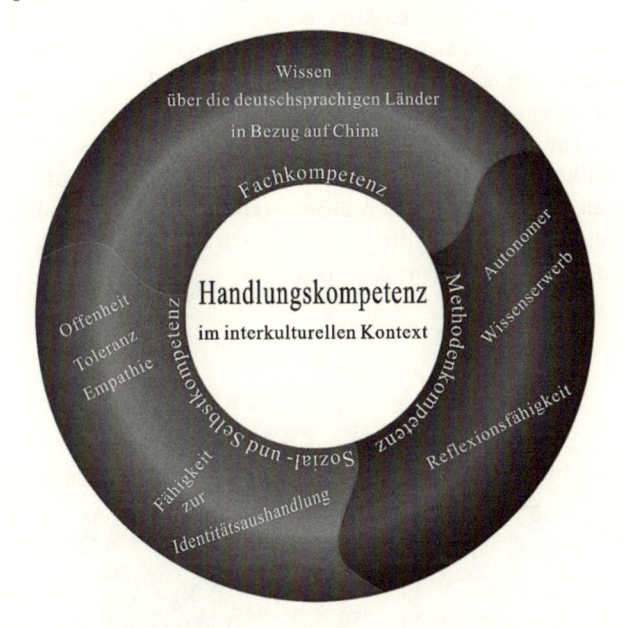

Abb. 3: Das Kompetenzmodell der integrativen Landeskunde von Li 2007[20].

Im Jahr 2011 entwickelte Li ein erweitertes kompetenzorientiertes Modell (Abb. 4) an der Schnittstelle zwischen theoretischer Fundierung und praktischer Umsetzung, das sich aus dem alten Kernmodell und zusätzlichen Erweiterungen zusammensetzt[22]. Was die Erweiterungen in Lis neuem kompetenzorientierten Modell 2011 anbelangt, wird als Erstes die Kompetenz in der deutschen Sprache in die Fachkompetenz einbezogen. In der Landeskunde geht es nicht nur um landeskundliches Wissen, sondern auch um

---

20 Li 2007, S. 228.
21 Vgl. Lorbeer et al. 2000, S. 23f., zit. nach Yu 2008, S. 67.
22 Vgl. Li 2011, S. 15.

die Integration des sprachlichen Aspekts. Bei der Umsetzung des interkulturellen Lernens besteht nämlich die Gefahr, dass nur affektive Komponenten betont werden, die auf Kosten anderer Lernziele gehen, was „eine anti-grammatische und anti-sprachliche Sicht"[24] impliziert. Dagegen wird bei Lis Modell 2011 argumentiert, dass die Kompetenz in der deutschen Sprache „Voraussetzung und Basis für alle Formen des internationalen Transfers und des Erwerbs von international verwertbarem Know-how"[25] ist. Obwohl Sprachkompetenz im Sinne von Sprachanwendung nicht die einzige Voraussetzung für Handlungskompetenz im interkulturellen Kontext ist, kann sie definitiv dazu beitragen, die Erfolgschancen zu verbessern. Zusätzlich zur integrativen Landeskunde sind zwei landeskundlich spezifische Kompetenzen von großer Bedeutung: die kritische Auseinandersetzung mit Stereotypen und der reflektierende Kulturvergleich. Es ist unvermeidlich und notwendig, sich mit Stereotypen auseinanderzusetzen, wenn man einer fremden Kultur begegnet. Gleichzeitig ist der Kulturvergleich ein zentrales Verfahren und eine unbewusste Denkweise. Beide sind „sowohl Produkt als auch Prozess"[26]. Sie stellen selbst Teilkompetenzen dar, bieten aber auch Wege und Methoden zu anderen Teilkompetenzen und schließlich zum übergeordneten Ziel der Handlungskompetenz im interkulturellen Kontext. Allerdings lassen sie sich nicht eindeutig der Fach-, Methoden-, Sozial- oder Selbstkompetenz zuordnen.

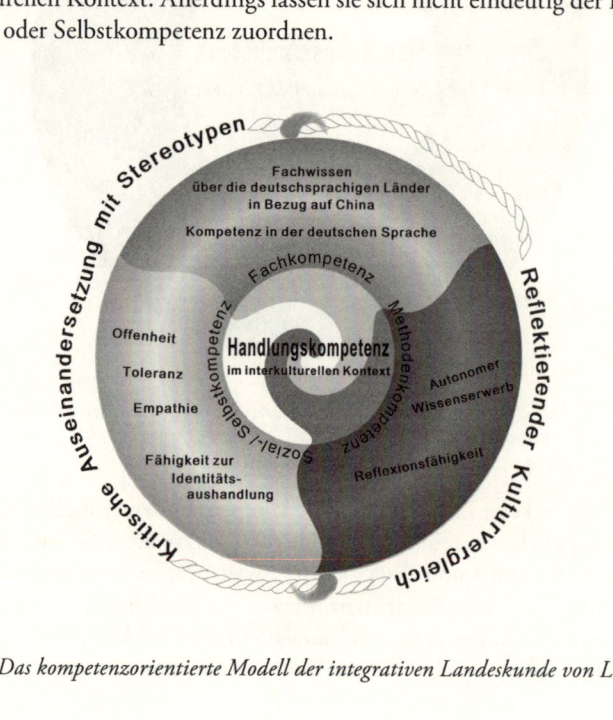

Abb. 4: Das kompetenzorientierte Modell der integrativen Landeskunde von Li 2011[23].

---

23 Li 2011, S. 59.
24 Vgl. House 1997, S. 3.
25 Steinmüller 2009, S. 78.
26 Li 2011, S. 85.

Vielmehr entstehen sie durch die Interaktion der Teilkompetenzen und fördern gleichzeitig die Entwicklung dieser. Somit tragen sie zum Erfolg im interkulturellen Handeln bei. Das ständig weiterentwickelte interkulturelle Kompetenzmodell der integrativen Landeskunde leistet einen wichtigen Beitrag zur Entwicklung der Kulturstudien des Deutschstudiums in China. Die integrative Landeskunde ist auch in der heutigen Zeit aus drei Gründen noch äußerst relevant und nützlich:

- (1) Bedarfsorientierung: Die integrative Landeskunde ist eng mit der Zeitentwicklung verbunden. Angesichts des gesellschaftlichen Wandels gilt die Vermittlung des rein theoretischen Wissens nicht mehr als ausreichend und die Forderung nach zusätzlichen Qualifikationen wird immer zentraler. Seit der Jahrtausendwende erlebt man in China einen Paradigmenwechsel von Wissensorientierung zur Kompetenzorientierung. In diesem Kontext hat Li landeskundliche Lehr- und Lernziele kompetenztheoretisch umformuliert und eine dreifach integrierende Landeskunde entworfen. Mit der Handlungskompetenz im interkulturellen Kontext im Mittelpunkt setzt Li im Modell der integrativen Landeskunde mehrere außersprachliche Komponenten in Beziehung, z.B. autonomer Wissenserwerb, Reflexionsfähigkeit und andere fächerübergreifende und fächerunabhängige Qualifikationen, was nicht nur im schulischen, universitären und beruflichen Kontext von Bedeutung, sondern auch im persönlichen und gesellschaftlichen Leben relevant ist und zur Persönlichkeitsentwicklung beiträgt. Dies passt auch gut zu später entwickelten Konzepten wie „Hexin-Suyang" und „New Liberal Arts".
- (2) Kontextorientierung: Es wird immer wieder behauptet, dass „nicht ein einheitliches oder ein mit dem Kulturbegriff eingefärbtes DaF-Konzept überall gilt, sondern umgekehrt, dass das regional, gesellschaftlich und institutionell Variable eine adäquate DaF-Didaktik bestimmt"[27]. Vor diesem Hintergrund fokussiert Li die bestimmte Lernkonstellation im DaF-Unterricht im Ausland, nämlich im Reformstudiengang German Studies an der Zhejiang Universität in China und entwickelt das Modell der integrativen Landeskunde „vor Ort", d.h. auf nationaler, regionaler oder lokaler Ebene situationsorientiert und stets an die konkreten Rahmenbedingungen und Lernkontexte angepasst.
- (3) Lernerorientierung: Das von Li vorgeschlagene integrative Landeskundekonzept orientiert sich in reichem Maße an engagierten Lernergruppen. Es eignet sich nicht nur für fortgeschrittene DaF-Lernende, sondern auch für Anfänger. Angesichts des beschränkten deutschen Sprachniveaus der Lernenden ist die integrative Landeskunde gegebenfalls in der Muttersprache durchzuführen[28]. Und nach Li sollte die Landeskundedidaktik „methodisch vielfältig und insofern lernerorientiert gestaltet werden, so dass die Lernenden aktiv und kreativ beteiligt werden und sich ihren eigenen Lernprozess bewusst machen können"[29].

---

27 Fan/Li 2009, S. 14.
28 Vgl. Li 2011, S. 71f.
29 Ebd., S. 69.

Jedoch erzwingen auch die weltweiten und gesellschaftlichen Entwicklungstrends sowie insbesondere die veränderten Qualifizierungsanforderungen in China eine Umorientierung des Modells der integrativen Landeskunde.

Als problematisch ist vor allem anzusehen, dass ein einziges Verständnis der zielsprachlichen und muttersprachlichen Kultur in der heutigen Zeit sich schon nicht mehr als ausreichend darstellt, um die Herausforderungen der Globalisierung zu bewältigen. „Es scheitert am oft von Lernenden nicht ausreichend mitgebachten Weltwissen"[30]. Es besteht ein dringender Bedarf an der Bildung von Fachkräften, die über einen globalen Horizont sowie über globale Kompetenz verfügen.

Ein weiterer Punkt ist, wie chinesische Deutschlernende in der Ära der digitalen Globalisierung, in der Echtzeitkommunikation und vielfältige Dialoge allgegenwärtig stattfinden, effektiv diskursiv kompetent werden können. Sie müssen in unterschiedlichen Sprachkontexten und kulturellen Mustern besser zurechtkommen und verschiedene Bedeutungen in der Kommunikation mit verschiedenen sozialen Gruppen vermitteln. Auch wichtig ist, dass sie ihre eigene Haltung und Denkweise zeigen können.

Weiterhin ist anzumerken, dass die traditionellen einfachen Lese- und Schreibfähigkeiten den Anforderungen neuer Zeiten nicht mehr gerecht werden. Wie können chinesische Deutschlernende in einer digitalen und künstlerisch-intelligenten Umgebung effektiv Technologien nutzen, um effizient Wissen zu erwerben und Kompetenzen zu entwickeln? Dies ist auch ein neuer Schwerpunkt. Die digitale Kompetenz wird zu einem Schlüsselaspekt in der integriert vielfältigen Kompetenzentwicklung von Fremdsprachenlernenden. Diese Problemlage, die man ins Auge fassen sollte, stellt gleichzeitig neue Anforderungen an die Ausbildung im chinesischen DaF-Bereich.

3 Weiterentwicklung der integrativen Landeskunde

Um die oben genannten Probleme zu beheben und somit neuen Anforderungen gerecht zu werden, bahnen sich Erweiterungen auf der Basis von Lis Kompetenzmodell der integrativen Landeskunde an. In diesem Beitrag werden drei neue Punkte, die dem Modell hinzugefügt werden sollen, vorgestellt. Im Rahmen dessen erfolgt eine Erweiterung der Fachkompetenz um globale Kompetenz, der Methodenkompetenz um Diskurskompetenz sowie der digitalen Kompetenz.

3.1 *Globale Kompetenz*

„Globale Kompetenz ist ein wichtiger Indikator für Hexin-Suyang von Fachkräften im 21. Jahrhundert"[31]. Bereits im Jahr 1988 stellte die American Association of International Educators den Begriff der „globalen Kompetenz" im Bereich der Hochschulbildung vor, um den Studierenden zu helfen, ihre Verbindung zur Welt zu stärken, die Veränderungen der Welt zu verstehen und effektiv am globalen Arbeitsmarkt teilzunehmen. Nach dem Eintritt in das 21. Jahrhundert hat der Begriff der „globalen Kompetenz" allmählich an Bedeutung gewonnen und wurde weiterentwickelt. Im Juli 2010 stellte

---

30 Fornoff/Koreik 2020, S. 63.
31 Hu/Hao 2019, S. 1.

das chinesische Bildungsministerium in seinem Nationalen mittel- und langfristigen Plan zur Bildungsreform und -entwicklung (2010–2020) fest, dass „eine große Anzahl von internationalisierten Fachkräften mit globaler Perspektive, Kenntnissen globaler Regeln, die an internationalen Angelegenheiten und internationalen Wettbewerben teilnehmen können, ausgebildet werden sollten, um den Anforderungen der nationalen Wirtschaft und Gesellschaft gerecht zu werden". Die globale Kompetenz wurde offiziell in das Bildungssystem für Fachkräfte in China aufgenommen. Im Dezember 2017 veröffentlichte die Organisation für wirtschaftliche Zusammenarbeit und Entwicklung (OECD) offiziell den Rahmen für die Bewertung der „globalen Kompetenz" für PISA 2018 und gab eine offizielle Definition für globale Kompetenz bekannt: „Global competence is the capacity to examine local, global and intercultural issues, to understand and appreciate the perspectives and world views of others, to engage in open, appropriate and effective interactions with people from different cultures, and to act for collective well-being and sustainable development."[32]

Gemäß dieser Definition unterteilt PISA die globale Kompetenz in vier Dimensionen, die in einem geschlossenen und eng vernetzten Kreislauf strukturiert sind. Keine Dimension der globalen Kompetenz ist ohne die Unterstützung durch Wissen, Einstellungen und Werte sowie Fähigkeiten vollständig.

Die erste Dimension bezieht sich auf die Wissens- und Verständniskompetenz. Die globale Kompetenz erfordert nicht nur, dass junge Menschen die interkulturelle Kommunikation zwischen China und Deutschland aus einer globalen Perspektive verstehen, sondern auch, dass sie ein Verständnis für globale Probleme entwickeln und deren Ursachen und Entwicklungstrends kritisch reflektieren können. Es erfordert auch höhere Lernziele, indem grundlegende kognitive Fähigkeiten und Vorstellungskraft organisch verbunden werden, um durch Wissenstransfer kontinuierlich „effektives Wissen" zu ergänzen, umfassende Fähigkeiten zu verbessern und eine autonome Wissenskonstruktion im globalen Kontext zu erreichen.

Die zweite Dimension betrifft Einstellungen und Werte. Eine offene Einstellung zu haben, die Welt bewusst zu erkunden und kulturelle Vielfalt zu erleben, sind wichtige Fähigkeiten, um effektiv mit unterschiedlichen Menschen und Wertvorstellungen zu interagieren. Dabei ist es entscheidend, die Würde des Menschen und die Vielfalt der Kulturen zu respektieren.

Die dritte Dimension entspricht Fähigkeiten und der Handlungskompetenz. Jeder Einzelne ist heute eine wichtige Kraft für die Teilnahme am globalen Betrieb. Personen mit globaler Kompetenz sollten nicht nur über statisches Wissen und Fähigkeiten verfügen, sondern sie auch in dynamischen Situationen anwenden können, also als Handlungskompetenz einbringen. Die Fähigkeit zur Lösung globaler Probleme ist das wichtigste Ziel der globalen Kompetenz.

Chinesische Deutschlernende sollten auf der Grundlage bestimmter Wissensbestände eine rationale Kenntnis der multikulturellen Welt erlangen, interkulturelle Themen ef-

---

32 OECD 2018, S. 7.

fektiv analysieren und in verschiedenen kulturellen Hintergründen effektiv interagieren, um ihre Verantwortung als lokale Fachkräfte und globale Bürger erfüllen zu können.

3.2 Diskurskompetenz

Diskurs ist nicht nur Text, sondern auch eine Form der Interaktion[33]. Anders gesagt ist Diskurs nicht nur ein einfaches Kommunikationswerkzeug, sondern hat auch soziale Konstruktionsmerkmale. Fairclough[34] betont die Beziehung zwischen Diskurs und Gesellschaft, wobei Diskurs durch physische, soziologische, kulturelle und psychologische Faktoren eingeschränkt wird, aber gleichzeitig auch diese Faktoren formt und beeinflusst. Im gesamten Diskursmechanismus kann „Diskurs sowohl Instrument als auch Effekt von Macht sein, aber auch ein Hindernis, ein Stolperstein, ein Widerstandspunkt und ein Ausgangspunkt für eine gegnerische Strategie[35].

Die hier genannte Diskurskompetenz zielt darauf ab, dass Lernende angemessene Strategien zur Konstruktion von Diskursen in verschiedenen Situationen nutzen können, um die Vielfalt der Kräfteverhältnisse, die in der spezifischen Situation immanent sind, umzuwandeln, zu stärken oder umzukehren und somit bestimmte kommunikative Ziele zu erreichen. Die Fähigkeit zur diskursiven Konstruktion bei zeitgenössischen Studierenden beeinflusst alle Aspekte von Aufbau und Entwicklung.

Die Diskurskompetenz kann anhand von drei Elementen entwickelt werden: der Ausdrucksfähigkeit, den diskursiven Zielen und den diskursiven Kommunikationsmitteln, die sich gegenseitig unterstützen und eng miteinander verbunden sind.

Um die Ausdrucksfähigkeit zu verbessern, müssen notwendige sprachliche Theorien und Kenntnisse vorhanden sein. Es ist wichtig, die Besonderheiten und Funktionen der deutschen Sprache sowie die ideellen Funktionen der Sprache (Darstellung der äußeren und inneren Welt durch Sprache), die interpersonalen Funktionen der Sprache (Herstellung und Aufrechterhaltung verschiedener Beziehungen durch Sprache) und die textuellen Funktionen der Sprache (Produktion von vollständigen und organisierten Sprachstrukturen) klar zu verstehen, um Diskurse und Kontexte zu gestalten, die der kognitiven und sprachlichen Gewohnheit der Interaktionspartner entsprechen.

Im Prozess der diskursiven Konstruktion ist das Diskursziel bzw. das kommunikative Ziel von entscheidender Bedeutung. Auf der einen Seite muss der Diskursakteur die Rezipienten vollständig verstehen. Die Bedeutungskonstruktion der Sprache wird direkt durch die situationellen Bedingungen und indirekt durch den kulturellen Kontext beeinflusst. Daher ist es notwendig, die kulturellen Hintergründe der Interaktionspartner eingehend zu analysieren, um geeignete Ziele in einem makro-kulturellen Kontext und einer konkreten Situation setzen zu können. Auf der anderen Seite ist es notwendig, das Verständnis der Wertvorstellungen von Diskursen bei den Lernenden zu fördern, um ihr Selbstbewusstsein in Bezug auf die Diskurswerte zu stärken und somit die effektive und vollständige Umsetzung des Diskursziels zu gewährleisten.

---

33 van Dijk 1988, S. 29.
34 Fairclough 2000.
35 Foucault 1990, S. 101.

In der neuen Ära besteht das Risiko, dass traditionelle Informationsübertragungsmedien in gewissem Maße marginalisiert werden. Die Optimierung und Innovation von Diskursträgern und Übertragungsmethoden ist daher äußerst wichtig. Durch die Entwicklung von Websites, Online Videos, Social-Media und anderen multimodalen Medien sowie die Förderung interaktiver, dienstleistungsorientierter und erlebnisorientierter Übertragungsmethoden lässt sich eine umfassende Abdeckung von Inhalten in verschiedenen Bereichen erreichen. Dadurch können alle Teilnehmenden im Diskursraum die Informationen direkt und einfach übermitteln und die Diskursziele erreichen.

3.3 Digitale Kompetenz

Die digitale Kompetenz ist eine der acht Kernkompetenzen für lebenslanges Lernen, die vom Europäischen Parlament und vom Rat der Europäischen Union (2006) vorgeschlagen wurden. Sie wird definiert als die Kompetenz der Bürger des 21. Jahrhunderts, „sicher, kritisch und kreativ Informations- und Kommunikationstechnologien (ICT) zu nutzen, um Ziele in Bezug auf Arbeit, Beschäftigungsfähigkeit, Lernen, Freizeit, Inklusion und/oder Teilnahme an der Gesellschaft zu erreichen"[36]. Im Jahr 2013 veröffentlichte die EU den „Europäischen Referenzrahmen für die digitalen Kompetenzen der Bürgerinnen und Bürger (DigComp)" und aktualisiert diesen seitdem kontinuierlich. Darüber hinaus hat die EU speziell den „Europäischen Rahmen für die digitale Kompetenz Lehrender (DigCompEdu)" entwickelt, um die Entwicklung der digitalen Kompetenz von BürgerInnen und Lernenden in der EU zu fördern. Es ist offensichtlich, dass die digitale Kompetenz als eine Kernkompetenz zukünftiger Fachkräfte in der Bildungsarbeit von großer Bedeutung sein wird.

Die Entwicklung und Erforschung der digitalen Kompetenz chinesischer BürgerInnen befindet sich derzeit noch am Anfang und wird nicht genügend beachtet. Insbesondere im Bildungsbereich besteht bei chinesischen Lehrenden und Lernenden im internationalen Vergleich noch ein erheblicher Unterschied in der digitalen Kompetenz, welche dringend verbessert werden muss. DigComp 2.2 (2022) stellt fünf „Kompetenzbereiche" vor, nämlich 1) Informations- und Datenkompetenz, 2) Kommunikation und Zusammenarbeit, 3) Digitale Inhalterstellung, 4) Sicherheit und 5) Problemlösung. Dabei fließen Innovationen ein, die im Rahmen des EU-Rahmenwerks für digitale Kompetenzen und Kernkompetenzen für lebenslanges Lernen über mehr als zehn Jahre entwickelt wurden und somit als Paradebeispiel für digitale Kompetenzrahmenwerke weltweit gelten. Folglich wird versucht, in Anbetracht dieser fünf Perspektiven zu erörtern, wie chinesische Deutschlernende ihre digitale Kompetenz fördern und verbessern können.

Was Informations- und Datenkompetenz (Bereich 1) betrifft, sollten die Lernenden in einer Zeit der Informationsüberflutung in der Lage sein, ihre Informationsbedürfnisse zu analysieren und relevante Technologien auszuwählen, um effektiv und präzise nach benötigten Daten, Informationen und Inhalten zu suchen. Sie sollten auch in der Lage sein, wissenschaftlich genaue Urteile zu treffen und Datenressourcen kritisch zu analysieren, zu vergleichen und zu bewerten. Im Bereich der Kommunikation und Zu-

---

36 Ferrari 2013, S. 2.

sammenarbeit (Bereich 2) sollten Lernende fähig sein, nicht nur digitale Geräte, Ressourcen, Strategien usw. für kooperatives Lernen, Erfahrungsaustausch und interaktive Aktivitäten zu nutzen, sondern auch die kulturelle Vielfalt der digitalen Umgebung zu erkennen, um ihre einzelnen oder mehrfachen Identitäten im Netzwerk zu erstellen und zu verwalten. Bei der digitalen Inhaltserstellung (Bereich 3) sollten Lernende digitale Technologien nutzen, um vielfältige digitale Inhalte zu modifizieren und zu schaffen, wie Aufbau von Multimedia-Lernressourcen, Korpora, Online-Lernplattformen und Lern- und Forschungssoftware. Dadurch wird auch ihre Kompetenz zur Wissensgenerierung verbessert. Im Bereich der Sicherheit (Bereich 4) sollten Lernende gefördert werden, digitale Technologien auf eine professionelle und moralisch korrekte Weise sicher und verantwortungsbewusst zu nutzen. Sie sollten sich über die kulturellen, ethischen, wirtschaftlichen, rechtlichen und sozialen Probleme bewusst werden, die durch den Einsatz von digitalen Technologien entstehen können, um physische und psychische Schäden so weit wie möglich zu vermeiden. Die Kompetenz, Probleme zu lösen, ist der fünfte Aspekt. Lernende sollten in der Lage sein, digitale Technologieprobleme effizient zu erkennen, zu bewerten und zu lösen und diese Kompetenz auf die Lösung anderer Probleme zu übertragen.

Um die Entwicklung und Verbesserung dieser fünf Aspekte voranzutreiben, könnte das chinesische Deutschstudium versuchen, gemeinsam Kurse oder Seminare mit anderen Disziplinen wie KI-gestütztes Sprachlernen, Audio- und Videobearbeitung, Kursmaterialherstellung, kollaborative Forschung, Netzwerksicherheit, wissenschaftliche Recherche und Netzwerkverhaltensregeln zu gestalten.

4   Fazit

Dieser Beitrag verfolgt das Ziel, das bestehende Kompetenzmodell der integrativen Landeskunde von Li im chinesischen Deutschstudium auf den Prüfstand zu stellen und es unter Berücksichtigung der neuen Anforderungen in China weiterzuentwickeln. Es wird vorgeschlagen, globale Kompetenz, Diskurskompetenz und digitale Kompetenz in Lis Modell zu integrieren. Es muss darauf hingewiesen werden, dass diese drei Kompetenzen, wie auch zuvor, nicht voneinander zu isolieren und klar abzugrenzen sind. Sie sind untereinander und mit den zuvor genannten Kompetenzen verbunden, interdependent und sich gegenseitig unterstützend.

Die Deutschlehrenden sollten sich einerseits bemühen, die Kompetenzentwicklung ihrer Lernenden zu fördern. Andererseits sollten sie selbst ermutigt werden, diese Kompetenzen ihrerseits proaktiv und gezielt zu entwickeln, um die Ziele der integrativ kompetenzorientierten Deutschausbildung wirklich umzusetzen.

Literatur

Altmayer, Claus: Landeskunde im Globalisierungskontext: Wozu noch Kultur im DaF-Unterricht?, in: Kulturelles Lernen im DaF/DaZ-Unterricht, hg. von Peter Haase und Michaela Höller, Göttingen 2017.

Chinesisches Bildungsministerium: Bildungsstandard für Deutsch an allgemeinbildenden Mittelschulen (Ausgabe 2017), Beijing 2018.

Ciepielewska-Kaczmarek, Luiza; Jentges, Sabine; Tammenga-Helmantel, Marjon: Landeskunde im Kontext. Die Umsetzung von theoretischen Landeskundeansätzen in DaF-Lehrwerken, Göttingen 2020.

Fairclough, Norman: Discourse, social theory, and social research: The discourse of welfare reform, in: Journal of Sociolinguistics (2000), Nr. 4/2.

Fan, Jieping; Li, Yuan: Vorwort, in: Deutsch als Fremdsprache aus internationaler Perspektive. Neuere Trends und Tendenzen, hg. von Jieping Fan und Yuan Li, München 2009.

Ferrari, Anusca: DIGCOMP: A Framework for Developing and Understanding Digital Competence in Europe, Luxembourg 2013.

Fornoff, Roger; Koreik, Uwe: Ist der kulturwissenschaftliche und kulturdidaktische Bezug auf die Nation überholt? DACH-Landeskunde, Globalisierung und Erinnerungsorte. Eine Intervention, in: Weitergedacht. Das DACH-Prinzip in der Praxis, hg. von Naomi Shafer, Annegret Middeke, Sara Hägi-Mead und Hannes Schweiger, Göttingen 2020.

Foucault, Michel: The history of sexuality, vol. 1: an introduction, übersetzt von Robert Hurley, New York 1990.

He, Jun: Eine sprachenpolitische und vergleichende Betrachtung der deutschen Sprache in Japan, Korea und China. Geschichtlicher Überblick, Gegenwartssituation und Zukunftsperspektive, in: Muttersprache (2020), Nr. 130/3.

House, Juliane: Zum Erwerb Interkultureller Kompetenz im Unterricht des Deutschen als Fremdsprache, in: Zeitschrift für Interkulturellen Fremdsprachenunterricht (1997), Nr. 1/3.

Lehmann, Gabriele; Nieke, Wolfgang: Zum Kompetenz-Modell, 2000, http://sinus.uni-bayreuth.de/fileadmin/sinusen/PDF/modul10/text-lehmann-nieke.pdf [abgerufen am 09.03.2023].

Li, Yuan: Eine integrative Landeskunde am Beispiel von Werbung, in: Umbrüche. Materialien Deutsch als Fremdsprache, hg. von Hans Barkowski und Armin Wolff, Bd. 76, Regensburg 2006.

Li, Yuan: Integrative Landeskunde. Ein didaktisches Konzept für Deutsch als Fremdsprache in China am Beispiel des Einsatzes von Werbung, München 2007.

Li, Yuan: Das kompetenzorientierte Modell der Integrativen Landeskunde: Vom theoretischen Konstrukt zur didaktisch-methodischen Umsetzung, München 2011.

Li, Yuan; Li, Xinchi: Der Hexin-Suyang-orientierte Bildungsstandard des Faches Deutsch an chinesischen Schulen, in: Jahrbuch für Internationale Germanistik (2019), Nr. 51/2.

Liu, Qisheng: Teaching Guide for Undergraduate German Major and Disciplinary Turn of German Major, in: Foreign Language Research (2020), Nr. 216/5.

Ministry of Education of the People's Republic of China: Outline of China's National Plan for Medium and Long-term Education Reform and Development (2010–2020), Beijing 2010.

OECD: Preparing our Youth for an Inclusive and Sustainable World. The Oecd Pisa global competence framework. Paris 2018.

OECD: A Guide to Action for Future Youth in the World: How PISA Assesses Global Competence, übersetzt von Min Hu und Fuhe Hao, Beijing 2019.

Steinmüller, Ulrich: Deutsch als Fremdsprache in der internationalen Kooperation: Interkulturelle Kompetenz, interkulturelle Kommunikation und Fachsprachen, in: Standpunkte und

Sichtwechsel. Festschrift für Bernd Müller-Jacquier zum 60. Geburtstag, hg. von Gerd Ulrich Bauer, München 2009.

Su, Yingying: Thinking and exploration on the talent training mode of less commonly taught languages of the Belt and Road, in: Foreign Language Education in China (Quarterly) (2017), Nr. 10/2.

Thimme, Christian: Interkulturelle Landeskunde. Ein kritischer Beitrag zur aktuellen Landeskunde-Diskussion, in: Deutsch als Fremdsprache (1995), Nr. 32/3.

van Dijk, Teun A.: News As Discourse, New York 1988.

Vuorikari, Riina; Kluzer, Stefano; Punie, Yves: DigComp 2.2: The Digital Competence Framework for Citizens. With new examples of knowledge, skills and attitudes, Luxembourg 2022.

Yang, Bo; Zhang, Fan; Jiang, Shixue; Ding, Long; Xin, Qiang; Sheng, Wenzhong; Yuan, Xun: The Construction of the Autonomous Knowledge System of Area Studies in China: its Situation, Paths and International Reference, in: International Review (2023), Nr. 23/1.

Yu, Xuemei: Lernziel Handlungskompetenz. Entwicklung von Unterrichtsmodulen für die interkulturelle und handlungsorientierte Vorbereitung chinesischer Studienbewerber auf das Studium in Deutschland, München 2008.

Zhao, Zhiyong: Deutschdidaktik und -methodik in China – Entwicklungen und Erfahrungen, in: Informationen Deutsch als Fremdsprache (2019), Nr. 46/1.

Zhu, Jianhua: Perspektiven zur Didaktik und Methodik für Deutsch als Fremdsprache (DaF) in China – am Beispiel „Hochschuldeutsch", in: Informationen Deutsch als Fremdsprache (2019), Nr. 46/1.

Interkulturelles Lernen als Co-Konstruktion von Lernenden und Lehrenden im akademischen DaF-Unterricht

Facetten eines möglichen Aufgabenprofils kultureller MittlerInnen

Stephan Wolting

> Ich habe von den Menschen, mich eingeschlossen, immer das Schlechteste angenommen, und ich bin selten enttäuscht worden.
>
> Johann Nestroy

1 Einleitung

Innerhalb des Beitrags werden Facetten des Aufgaben- und Ausbildungsprofils eines kulturellen Mittlers[1] anhand konkreter Fallbeispiele aus dem akademischen DaF-Unterricht genauer betrachtet. Schon 2011 entwickelte die GIZ (Gesellschaft für Internationale Zusammenarbeit) bzw. die AIZ (Akademie für Internationale Zusammenarbeit) ein mit dem Preis für Innovation in der Internationalen Erwachsenenbildung ausgezeichnetes Konzept der *Lernlandschaften* für den Bereich der Vorbereitung von Expatriates auf den Auslandseinsatz. Die Spezifika interkultureller Kompetenzentwicklung wurden darin mit einer systemischen Didaktik verbunden. Im Sinne eines komplexen und ganzheitlichen Ansatzes wurde der Begriff der inter- bzw. transkulturellen Kompetenz durch internationale Diversitätskompetenz ersetzt.

Dieses Konzept aufgreifend und darüberhinausgehend wird innerhalb des Beitrags am Beispiel des akademischen DaF-Unterrichts versucht, an einem konkreten Beispiel Facetten eines Anforderungsprofils eines kulturellen Mittlers zu skizzieren. Dabei wird hier neben der Entwicklung interkultureller Schlüsselkompetenzen wie eigenkulturelle Bewusstheit, Perspektivenwechsel, Systemvergleich mit dem Ziel der Co-Konstruktion vor allem die eigene Bias-Anfälligkeit in den Fokus genommen. Obwohl das Konzept innerhalb der Pädagogik schon seit den 1980er Jahren existiert[2], findet es in den FSU bzw. DaF-Unterricht oder Interkulturellen Trainings immer noch zu wenig Beachtung. Diesem Umstand sollte in Zukunft Abhilfe geschaffen werden. Nur die Erkenntnis und das Bewusstsein der eigenen Voreingenommenheit im besten und doppelten Sinne einer Selbstkritik kann eine Form der Co-Konstruktion überhaupt erst ermöglichen. Im Sin-

---

1 Wolting 2016, S. 51.
2 Derman-Sparks 1989.

ne von Wolf Lepenies, dem ehemaligen Leiter des Berliner Wissenschaftskollegs, geht es darum, von einer „Belehrungs- zu einer (Selbst-)Lernkultur"[3] zu kommen.

2 Methodische Vorbemerkungen: Das Eigene Fremde – Fremde als Normalitätserwartung – Das Unterstellen oder Unterlegen der Fremde

> (…) die Angst, sich zuzugeben, das ist die Angst aus der Provinz.
> Andre Heller, Mein Herr

Und im Folgenden wird aufzuzeigen zu sein, zum einen die eigene Position, den Standort bzw. den Standpunkt[4] klar erkennen, kantianisch gesprochen, die Bedingungen der Möglichkeiten der Erkenntnis, aufzuzeigen, zum anderen das Verhältnis von Eigenem und Fremdem im Sinne eines anti-hermeneutischen Ansatzes auszuweisen.

Dabei stand das bekannte Zitat von Goethe Pate: „Im Auslegen seid frisch und munter, legt ihr's nicht aus, so legt was unter."[5] Letztendlich geht es darum, so weit wie möglich zu spezifizieren, was wir auch als Lehrende etwa in einem Kommunikationsvorgang einem oder einer anderen an Fremdheit unterlegen, also um das Unterstellen der Fremdheit. Dabei kommt die eigene Position in den Fokus sowie die Beziehung zum anderen in Hinblick auf den heuristischen Begriff einer *Normalitätserwartung*, die wir an andere anlegen oder aufbauen. Diese theoretischen Vorgaben werden versucht in einer Art close reading aufzuzeigen. Methodisch wird hier eine Methodenpluralität im Sinne Claude Lévi-Straus der Bricolage[6] durch die Verbindung verschiedener Ansätze unterschiedlicher Wissenschaftsprovenienzen unter Einbezug von: Anti- Bias-Ansätzen versucht, um der eigenen Vorurteilsanfälligkeit bzw. Voreingenommenheit zumindest ansatzweise auf die Schliche zu kommen, durch kommunikative Analyse des Unterstellens von Fremdheit in der Auslegung. Darüber hinaus wird auf Erkenntnisse der Kollektivforschung zurückgegriffen (Hansen[7]) und (frei nach Schleiermacher) auf eine Art „negativer Hermeneutik": „Wir wissen, dass wir uns nicht verstehen, das müssen wir besser verstehen."[8] Unter gleichzeitiger Berücksichtigung der Prozesshaftigkeit und des Versuchs der Vermeidung jeglichen Kulturalismus' wird nun versucht, das Verhältnis von Fremdem und Eigenem genauer auszuloten. Diese Methodik wird hier schwerpunktmäßig, aber nicht ausschließlich, angewendet, die anderen methodischen Voraussetzungen werden in der Interpretationstabelle besonders herausgestellt.

Das Ziel schließlich besteht in einer Art von Co-Konstruktion: über kulturelle Unbewusstheit, Vergleich, Perspektivenwechsel, (kulturelle, kommunikative) Systemerkennt-

---

3 Lepenies 1997, S. 7.
4 Zum Unterschied vgl. Wierlacher2020, S. 87.
5 Goethe 1960 ff., S. 648–661.
6 Lévi-Strauss, 1968.
7 Hansens Kritik am Ansatz Hofstedes bestand in erster Linie darin, nicht ausreichend gewisse Gruppenzugehörigkeiten ausdifferenziert zu haben, vgl. Hansen 2009, S. 37.
8 Schleiermacher1838, S. 59ff.

nis zur Co-Konstruktion zu kommen⁹. Um dies zu erreichen, ist noch einmal auf die Voraussetzungen, das Feststellen des „fremden Eigenen" zurückzukommen.

3 Zur Schwierigkeit des Verstehens des eigenen Fremden

Zur Verdeutlichung der Virulenz des Themas der eigenen Fremde sei an einen Satz von Dostojewski erinnert, wo es da heißt:

> Jeder Mensch hat Erinnerungen, die er niemandem außer vielleicht seinen engsten Freunden erzählt. Er hat außerdem Gedanken, die er nicht einmal seinen Freunden, sondern nur sich selbst und insgeheim offenbart. Darüber hinaus gibt es Dinge, bei denen man es sich nicht einmal traut, sie sich selbst einzugestehen. Jeder normale Mensch hält eine Vielzahl solcher Dinge in seinem Kopf verborgen.[10]

Womit hängt dies nun zusammen: Erstens sind wir nicht immer dazu bereit, unsere persönlichen Einstellungen anderen mitzuteilen. Zweitens sind wir uns möglicherweise unserer eigenen Einstellungen nicht bewusst. Als Ziel kann nun gelten uns im Sinne einer Selbstkontrolle, vor allem uns dies bewusst zu machen. Dazu lässt sich auf Erkenntnisse der Antibias-Forschung zurückgreifen. Insgesamt sind inzwischen über 18 Bias bekannt von denen die bekanntesten die *Déformation professionelle*, der *Anchor-Bias* oder der *Affirmation-Bias* sind.

Zur Feststellung unserer eigenen Voreingenommenheit oder Vorurteilsanfälligkeit ist der Harvard IAT Test am bekanntesten geworden. Dieser Test liegt in vielen Sprachen vor und jede/r kann ihn unentgeltlich im Netz selbst für sich durchführen. Das Prinzip des Tests liegt im Messen einer bestimmten Reaktionszeit, um unsere eigene Anfälligkeit für bestimmte Vorurteile herauszufinden. Dabei werden verschiedene Themen bzw. Bereiche behandelt wie z.B. einzelne Länder im Vergleich, Geschlecht vs. Karriere, Alter, Sexualität, Hautfarbe, das Verhältnis Wessi-Ossi etc. Anhand all dieser Themen können wir unsere Bias testen. In der Abbildung 1 findet sich eine vereinfachte Darstellung der Tests (IAT-Test und Anti-Bias):

> Beim IAT sind zwei Konzepte (z.B. „jung" und „gut" oder „alt" und „gut") zu verbinden. Je enger Sie die beiden Konzepte assoziiert werden, desto einfacher wird es sein, diese als eine Einheit zu reproduzieren. Wenn man „jung" mit „gut" oder „stark" verbindet, wird es einfacher zu reagieren sein, wenn für beide Konzepte die gleiche Antwort gegeben werden muss und man kann deshalb schneller reagieren. Wenn „alt" and „gut" nicht so stark assoziiert wird, wird es schwerer, schnell zu reagieren, wenn beide Merkmale verbunden sind. Daraus kann ein Maß gebildet werden, wie stark zwei Konzepte im Vergleich zu einer anderen

---

9 Nach dem Konzept der Entwicklung internationaler Diversitätskompetenz. Vgl. GIZ/AIZ, „Lernlandschaften", vgl. Krewer/Uhlmann, 2014.

10 Dostojevskij2013, S. 56.

Kombination assoziiert sind: Je stärker die Assoziation, desto kürzer die durchschnittliche Reaktionszeit.[11]

Abb. 1: Vereinfachte Darstellung der Tests (IAT-Test und Anti-Bias).

Innerhalb früherer Ansätze zu interkulturellen Projekten im akademischen Bereich wird diese Position nicht oder unzureichend berücksichtigt, wenn wir etwa an das bekannte, von der Volkswagenstiftung unterstützte *MUMIS-Projekt* (Multikulturalität und Mehrsprachigkeit im Studium) denken[12]. Das *MUMIS-Projekt* hat eine große Datenbank von critical incidents bereitgestellt und diese 164 Fälle sehr systematisch nach Irritationsaspekten, Situationen/Typen oder Nationalitäten aufgelistet.

Es geht darum aufzuzeigen, dass dies in einer bestimmten Zeit ein durchaus angemessener Ansatz war, der aber fortan um die Bias-Ansätze ergänzt werden sollte. Das Problem bei diesem Ansatz war, dass nur versucht wurde, die Studierenden auf die Position der Zielkultur zu bringen und die Ausgangskultur unzureichend bis gar nicht berücksichtigt wurde. Im Folgenden ein kurzer Ausschnitt eines kurzen Beispiels aus dieser Konzeption, *MUMIS*, als früheres Beispiel vom Beginn der 2000er Jahre.

---

11 Implizierter Assoziation Test IAT, in: https://.implicit.harvard.edu/implicit/germany/takeat, (abgerufen am 10.01.2023).
12 MUMIS, in: https://uni-kassel.de/mumis/www.mumis-projekt.de/mumis/index-2.html, (abgerufen am 10.01.2023).

4 Konkretes Beispiel A

A15 Ewa / Polen / Germanistik
Interaktionspartner: deutsche Studierende
Erhebungszeitpunkt: WS 09/10

Ewa ist eine polnische Erasmus-Studentin, die ein Studienjahr in Deutschland verbringt. An das deutsche Studiensystem kann sie sich nur schwer gewöhnen. Sie hat den Eindruck, dass hier jeder Studierende ein Einzelkämpfer ist, weil es keine festen Jahrgangsgruppen gibt und jeder, zumindest in den Geisteswissenschaften, seinen individuellen Studienplan hat. Ewa gelingt es nicht, Kontakte zu deutschen Studierenden aufzubauen, denn in jedem Kurs trifft sie auf andere Kommilitonen. Sie sehnt sich nach dem polnischen Studiensystem zurück, bei dem man sein gesamtes Studium in allen Kursen mit denselben Kommilitonen zusammensitzt. Als sie eines Tages eine deutsche Studentin auf die Individualisierung des Studiums an deutschen Universitäten anspricht, reagiert diese mit Erstaunen: „Aber das ist doch gerade das Gute an unserem System! Man hat Wahlfreiheiten und kann eigene Schwerpunkte setzen!"[13]

4.1 Externer Kommentar

In der „Auflösung" geht es nun darum, das Verhalten der Studenten der polnischen Studentin in Konfrontation mit dem deutschen Hochschulsystem zu „erklären". Damit wird an Untersuchungen von Galtung oder Münch etc. zu interkulturellen Stilen[14] angeknüpft.

- „1. Wie lässt sich die negative Einstellung der polnischen Studentin zum deutschen Studiensystem erklären?
- 2. Welchen Stellenwert haben die genannten Vorteile Wahlfreiheit und Schwerpunktsetzung im deutschen Studiensystem?

- Zu 1.) Ewa kennt aus Polen ein Studiensystem, bei dem die Studierenden zu Jahrgangsgruppen zusammengefasst werden. Jeder Studierende gehört zu einer festen Gruppe, die einen einheitlichen Stundenplan hat. Auf diese Weise entstehen im Verlauf des Studiums Gruppenidentitäten und starke persönliche Bindungen. Die Individualisierung des deutschen Studiensystems führt aus Ewas Sicht zu Vereinzelung und fördert egoistische Verhaltensweisen, bei denen jeder nur noch an sein eigenes Fortkommen denkt.
- Zu 2.) Im deutschen Studiensystem spielt die Möglichkeit, persönliche Studienschwerpunkte zu setzen und sich seine Kurse im Rahmen einer gewissen Wahlfreiheit innerhalb vorgegebener Studienpläne selbst zusammenzustellen, eine wichtige Rolle. Sie hat das Ziel, die Studierenden zu einer bewussten Auseinandersetzung

---

13 Ebd.
14 Galtung 1985, S.151–193; Münch 1990, S. 54-94; Bolten 2002, S. 103–124; Schroeter 1995, S. 150–180.

mit den Fachinhalten anzuregen und ein eigenes Profil zu entwickeln. Dass es auf diese Weise schwieriger ist, engere Beziehungen und echte Freundschaften zu anderen Studierenden des Studiengangs aufzubauen, wird in Kauf genommen. Für die polnische Studentin, die aus ihrer Heimatkultur und Heimatuniversität eine starke Beziehungsorientierung gewohnt ist, stellt dies jedoch ein großes Problem dar. Schlagworte: Einheitliches Curriculum, Heterogene Kurszusammensetzung, Wahlfreiheiten im Studium"

5   Konkretes Beispiel B

Die Erklärungen stehen deutlich in der Tendenz, die internationalen Studierenden dem deutschen Studiensystem anzupassen. An dieser Stelle wird ein darüberhinausgehender Versuch vorgestellt. Dazu wird ein literarischer Text von Olga Grasnowa[15] als Vorlage genommen, den der Verfasser selbst mit Studierenden auf der Basis der vorher dargestellten methodischen Voraussetzungen zum Thema der Analyse gemacht hat. Im Folgenden wird der Text zitiert und zudem stehen in den Klammern die jeweils gemeinsam erarbeiteten Analysen beziehungsweise Interpretationen. Der Ausgangstext lautet:

> Mein Professor bat mich in seine Sprechstunde zu kommen. Während des gesamten Studiums hatte ich keine schlechtere Note als eine 1,5 bekommen, und diese war aus Versehen aus dem ersten Semester. Heute Nachmittag würde er mir gegenübersitzen, und in seiner blauen Tasse rühren und mich zur Arbeit ermahnen. Dann würde er sich nach den Weinanbaugebieten in Aserbaidschan erkundigen und mich wegen meiner spät erworbenen Mehrsprachigkeit bedauern, ich sei eben keine Muttersprachlerin, da ließe sich nichts machen. Und ich wiederum würde schweigend in meinem ungesüßten Tee rühren und ihm nicht von dem ausgezeichneten Kognak aus der Region um Gänschä erzählen, denn diesen Kognak gibt es weder in einer eleganten Flasche noch in einem Feinschmeckergeschäft in der Fressgass, sondern nur in Gänschä und auch nur in Kanistern, die ausschließlich an Kenner und enge Verwandte verschickt werden. Und ich würde ihm nicht sagen, dass ich Aserbaidschanisch vielleicht nicht von meinen Eltern gelernt habe, aber von unsern Nachbarn, und dass ich es fließend und ohne Akzent sprach, bis wir nach Deutschland immigrierten und ich keine Sprachpraxis mehr hatte. Genauso wenig, wie ich ihm sagen würde, dass ich in Aserbaidschan seit meinem fünften Lebensjahr einen Privatlehrer für Englisch und einen für Französisch gehabt hatte und dass meine Mutter für diesen Unterricht einen Diamantring ihrer Mutter verkaufen musste. Ich würde ihm auch nicht sagen, dass Menschen, die ohne fließendes Wasser leben, nicht zwangsläufig ungebildet sind, aber mein Professor war mein Professor und hatte Patenkinder in Afrika und Indien. Sein Multikulturalismus fand in Kongresshallen, Konferenzgebäuden und teuren Hotels statt. Integration war für ihn die

---

15 Olga Grasnowa war als eine der Vertreterinnen deutschsprachiger Literatur auf der IDT, Internationale Tagung der Deutschlehrer und Deutschlehrerinnen in Wien vom 15./20. August 2022 eingeladen.

Forderung nach weniger Kopftüchern und mehr Haut, die Suche nach einem exklusiven Wein oder einem ungewöhnlichen Reiseziel.

Freßgass ist die Bezeichnung der Frankfurter Bevölkerung und ansässiger Medien für den Straßenzug *Kalbächer Gasse* und *Große Bockenheimer Straße* zwischen Opernplatz und Börsenstraße in Frankfurt/Main. Seit 1977 heißt sie auch offiziell so.[16]

5.1 Analyse

In dem Beispiel gebenden Text wird eine Identifikation der Leserschaft mit der Studentin zu erzeugen versucht, es wird von den LeserInnen quasi mit ihren Augen auf den Professor geschaut. Im hermeneutischen Sinne könnte man jetzt noch einmal die Perspektive wechseln, indem man mit „fremden Augen" auf die Aussagen der Studentin schaut. Zunächst geht es aber darum, das Eigene fremdzustellen.
Die Analyse erfolgt nun durch ein Close-Reading und wird Satz für Satz bzw. Satzteil für Satzteil analysiert. Tabellarisch wird auf Basis der methodischen Vorbemerkungen die Interpretation durchgeführt, zusätzlich wurden methodische Anleihen bei Bourdieu und Elias in Bezug auf Habitusformen genommen. Insgesamt lässt sich von einer besonderen Art misslungener Kommunikation sprechen. Versucht man nun diese beschriebene offensichtlich psychologische oder gar moralische, im Kulturalismus befangene Schwäche zu einer „methodischen" Tugend zu machen, so lässt sich die Position des Lehrenden selbst-kritisch hinterfragen und damit auch die eigene Rolle des Lesers als Dozent. Nimmt man nun das Missverständnis als Voraussetzung, wie es schon Watzlawick tat[17], so lassen sich auf den Text bezogen folgende Interpretationspunkte exemplarisch festhalten[18]:

Satzteil	Systematik/Methodische Hinweise	Erläuternde Bemerkungen
Mein Professor	Anredeformen Höflichkeitsformen	Pragmatik, Sprechakte
bat mich in seine Sprechstunde	Normalitätserwartung (heuristischer Begriff)	Welche Vorstellung/Erwartung von Sprechstunde ist hier impliziert?
zu kommen	Asymmetrie der Kommunikation	Die Initiative ging vom Professor aus, er bat die Studentin zu kommen.
Während des gesamten Studiums hatte ich keine schlechtere Note	soziales Distinktionskriterium	Betonung der guten Leistung
als eine 1,5 bekommen	Problem der Deontologie, der kulturell angemessenen Beurteilung	---

---

16 Grjasnowa 2013, S. 32f.
17 Watzlawick/Beavin/Jackson 1990.
18 Diese Aspekte sind in universitären Unterrichtsprojekten erarbeitet worden.

Satzteil	Systematik/Methodische Hinweise	Erläuternde Bemerkungen
und diese war aus Versehen aus dem ersten Semester	Institutionenkunde	Das akademische Jahr ist hier in Semestern unterteilt, in den NL beispielsweise Trimester, in PL eher „Studienjahr"
Heute Nachmittag würde er mir gegenübersitzen, und in seiner blauen Tasse	Symbolisches Kapital im Sinne von Bourdieu? Oder im semiotischen Sinne Symbol als konventionalisiertes Zeichen für was?[19]	Benutzung des Konjunktivs
rühren und mich zur Arbeit ermahnen	---	Das ist offensichtlich die Aufgabe in der Fremd- und „Selbstbeschreibung" eines deutschen Professors.
Dann würde er sich nach den Weinanbaugebieten in Aserbaidschan erkundigen und mich wegen meiner spät erworbenen Mehrsprachigkeit bedauern	Machtpotential nach Max Weber, asymmetrisches Kommunikationsverhältnis nach Paul Watzlawick in der Sprechstunde	---
ich sei eben keine Muttersprachlerin	---	Exklusion, Unterstellen der Fremde, Priorität eines bestimmten Kollektivs bzw. einer Gruppe, der deutschen Muttersprachlerinnen und Muttersprachler.
da ließe sich nichts machen. Und ich wiederum würde schweigen in meinem ungesüßten Tee	Kommunikationsindikator, stellt die Sinnlosigkeit der Kommunikationssituation heraus	---
rühren und ihm nicht von dem ausgezeichneten Kognak aus der Region um Gänschä	---	für den „Westprofessor" zu exotisch
erzählen	---	in der Kommunikationssituation ihre Reaktion
denn diesen Kognak gibt es weder in einer eleganten Flasche noch in einem Feinschmeckergeschäft	2x symbolisches Kapital	---
in der Fressgass, sondern nur in Gänschä und auch nur in Kanistern	kulturelles Zeichen, aber auch gesellschaftlicher Indikator	---
die ausschließlich an Kenner und enge Verwandte	kulturell: Beziehungen markieren	---

---

19 Vgl. Keller 1995; Müller-Jacquier 2008, S. 21–36.

Satzteil	Systematik/Methodische Hinweise	Erläuternde Bemerkungen
verschickt werden. Und ich würde ihm nicht sagen, dass ich Aserbaidschanisch vielleicht nicht von meinen Eltern gelernt habe, aber von unsern Nachbarn, und dass ich es fließend und ohne Akzent	Bildungsindikatoren	---
sprach, bis wir nach Deutschland immigrierten	sozialer Status	---
und ich keine Sprachpraxis mehr hatte	die „Anerkennung" im Sinne von Paul Ricoeur[20] der Marginalisierung der Studierenden seitens des Professors	---
Genauso wenig, wie ich ihm sagen würde, dass ich in Aserbaidschan seit meinem fünften Lebensjahr	frühkindlicher Sprachunterricht	---
einen Privatlehrer	---	hoher Wert der Bildung in Aserbaidschan, allerdings nicht für alle, soziales und ökonomisches Gefälle: zudem Vorstellung, dass man für Bildung bezahlen müsse
für Englisch und einen für Französisch	---	„Modernität", moderne „westliche" Fremdsprachen
gehabt hatte und dass meine Mutter für diesen Unterricht einen Diamantring	---	ökonomisches Kapital, symbolisches Kapital, Wert der Bildung
ihrer Mutter verkaufen musste	---	Verkauf der „Familiengeschichte", auch im Sinne der Narration und Identität
Ich würde ihm auch nicht sagen, dass Menschen, die ohne fließendes Wasser	---	vgl. Norbert Elias, „Über den Prozess der Zivilisation"[21], andere Vorstellung von Zivilisation, ein „deutscher Begriff"
leben, nicht zwangsläufig ungebildet sind	---	den Professor nicht aufklären wollen über sich und ihn
aber mein Professor war mein Professor	---	Autorität? Zugehörigkeit zum Uni-Kollektiv oder dem akademischen System?
und hatte Patenkinder in Afrika und Indien	charity als symbolisches Kapital	---

---

20 Ricoeur 2022.
21 Elias 1979.

Satzteil	Systematik/Methodische Hinweise	Erläuternde Bemerkungen
Sein Multikulturalismus	---	political correctness muss ja nach außen hin gewährt bleiben, Stichwortgeber, Deutungshoheit
fand in Kongresshallen, Konferenzgebäuden und teuren Hotels	Pierre Bordieu[22]	symbolisches und ökonomisches Kapital
statt. Integration	---	politisch korrekt
war für ihn die Forderung nach weniger Kopftüchern		mangelnde Toleranz, nationalistisch, vielleicht sogar rassistisch
und mehr Haut	Genderaspekt, Sexismus	---
die Suche nach einem exklusiven Wein	symbolisches Kapital	---

6 Fazit

Innerhalb des Beitrags wurde versucht anhand des obigen Textes einige Aspekte eines neuen Ansatzes vorzustellen, der Ergebnisse unterschiedlicher Wissenschaftsbereiche in Verbindung setzt und in die interkulturell akademische Praxis umzusetzen versucht: das (implizite) Fremde in uns selbst erkennen, d. h. das Fremde nicht als ontologische Entität, sondern als (u.a. meine) eigene Konstruktion erkennen (womit ich jemanden „fremdstelle"). Auf dieser Basis des Standortes wie Standpunktes wurde dann darum das Fremde als hermeneutische Grundlage virulent. Dabei scheint es im Sinne einer Fremd- oder Antihermeneutik besser, zunächst am Nicht-Verständnis anzusetzen und zu versuchen, dieses verständlicher zu machen im Sinne von: Was hindert uns daran, dass wir uns verstehen? (siehe den Beispieltext)

Paradox ausgedrückt, wird dadurch, dass ich mit in meinem Verständnis methodisch, nicht psychologisch oder ethisch, fremd werde versucht, am Verständnis des Anderen anzusetzen und dieses miteinzubeziehen (im Sinne der erwähnten Co-Konstruktion). Auf diese Weise lässt sich auch von einer Kooperation mit „dem Fremden" sprechen. Diese Art von Co-Konstruktion, korreliert mit den bekannten Lernzielen interkultureller Kommunikation wie Metakommunikation, Rollendistanz, Ambiguitätstoleranz, Weiterentwicklung der Empathiefähigkeit etc. Dabei muss konzediert werden, dass im Sinne der Kollektivforschung Identität nicht auf die kulturelle Identität zu reduzieren ist (Gefahr des Kulturalismus). Daneben muss die von Bolten für Kulturen herausgestellte ontologische Verfassung der Unschärfe („fuzzy") in der Trennung von Kulturen sowie die Prozesshaftigkeit (das berühmt-berüchtigte „Aushandeln"[23]) berücksichtigt bleiben. Daraus wiederum ergeben sich konkrete Forderungen für die akademische Praxis (etwa in Hinblick auf Notengebung, Erwartungshaltung z.B. Sprechstunde, E-Mail-Kommunikation, Vortrag Beispiel(e): Eröffnungsvortrag etc.[24]). Die Überlegungen beziehen sich

---

22 Bourdieu 1992, S. 49–80.
23 Habermas 1981 (vor allem Band 1).
24 Vgl. Leggewie, Claus u.a. 2007.

in erster Linie auf den universitären DaF-Unterricht und auf akademische Kulturen[25], die Frage nach der Anschlussfähigkeit für andere berufliche Bereiche bleibt aber virulent. Davon ist als Beschreibung des Aufgabenprofils eines kulturellen Mittlers an anderer Stelle gehandelt worden[26].

Literatur
Arnold, Rolf; Siebert, Horst: Konstruktivistische Erwachsenenbildung. Von der Deutung zur Konstruktion, Baltmannsweiler 1997.
Bolten, Jürgen: Kultur und kommunikativer Stil, in: Deutsche Sprachgeschichte nach 1945, hg. von Martin Wengeler, Hildesheim/ Zürich/ New York 2002.
Bourdieu, Pierre: Ökonomisches Kapital – Kulturelles Kapital – Soziales Kapital. In: Pierre Bourdieu: Die verborgenen Mechanismen der Macht, Hamburg 1992.
Derman-Sparks, Louise u. a.: Anti-Bias-Curriculum: Tools for Empowering Young children, Washington D.C. 1989.
Dostojewskij, Fjodor: Aufzeichnungen aus dem Kellerloch. Deutsch von Swetlana Geier, Stuttgart 2013,
Elias, Norbert: Über den Prozess der Zivilisation, 2 Bände, Frankfurt/M. 1979.
Galtung, Johann: Struktur, Kultur und intellektueller Stil. Ein vergleichender Essay über sachsonische, teutonische, gallische und nipponische Wissenschaft, in: Das Fremde und das Eigene, hg. von Alois Wierlacher, München 1985.
Goethe, Johann Wolfgang von: Zahme Xenien II Gedichte, Zahme Xenien (1827), in: Goethe, Johann Wolfgang von: Berliner Ausgabe. Poetische Werke [Band 1–16], Band 1, Berlin 1960.
Grjasnowa, Olga: Der Russe ist einer, der Birken liebt, München 2013.
Grjasnowa, Olga: Die Macht der Mehrsprachigkeit. Über Herkunft und Vielfalt. Duden Sachbuch, Berlin 2022.
Habermas, Jürgen: Theorie des kommunikativen Handelns, 2 Bände, Band 1: Handlungsrationalität und gesellschaftliche Rationalisierung, Bd. 2: Zur Kritik der funktionalistischen Vernunft, Frankfurt/M. 1981.
Hansen, Klaus P.: Kultur, Kollektiv, Nation, Passau 2009.
Hiller, Gundula Gwenn; Wolting, Stephan: Akademische Wissensproduktion als interkulturelles Forschungsfeld, in: Intercultural Journal (2012), Nr. 16.
Keller, Rudi: Zeichentheorie: Zu einer Theorie semiotischen Wissens, Tübingen 1995.
Kosko, Bart: Fuzzy-Logisch. Eine neue Art des Denkens, Hamburg 1993.
Krewer, Bernd; Uhlmann, Adelheid: Modelle zur internationalen Kompetenzentwicklung. Das Didaktik-Konzept der Akademie für Internationale Zusammenarbeit, Bonn 2014.
Leggewie, Claus; Mühlleitner, Elke: Die akademische Hintertreppe. Kleines Lexikon des wissenschaftlichen Kommunizierens, Frankfurt/M. 2007.
Lepenies, Wolf: Benimm und Erkenntnis. Über die notwendige Rückkehr der Werte in die Wissenschaften, Frankfurt/M. 1997.
Lévi-Strauss, Claude: Das wilde Denken. Übersetzung von Hans Naumann, Frankfurt/M. 1968.
Münch, Richard: Code, Struktur und Handeln: Soziale Milieus der Wissensproduktion, in: Haferkamp, H. (Hg.): Sozialstruktur und Kultur, Frankfurt/M. 1990.

---

25 Vgl. Wolting 2016, S. 50–57.
26 Ebd.

MUMIS, in: https://uni-kassel.de/mumis/www.mumis-projekt.de/mumis/index-2.html, (abgerufen am 10.01.2023).

Schleiermacher, Friedrich: Hermeneutik und Kritik, Berlin 1838. In: Deutsches Textarchiv, in: www.deutschestextarchiv.de/schleiermacher_hermeneutik_1838>, (abgerufen am 28.09.2022).

Ricoeur, Paul: Anerkennung. Wege der Anerkennung: Erkennen, Wiedererkennen, Anerkanntsein, Frankfurt/M. 2022.

Schroeter, Hartmut: Der Stil wissenschaftlichen Schreibens zwischen Disziplin, Kultur und Paradigma - Methodologische Anmerkungen zur interkulturellen Stilforschung, in: Schroter, Hartmut: Stilfragen, Berlin 1995.

Schurz, Robert: Negative Hermeneutik. Zur sozialen Anthropologie des Nicht-Verstehens, Wiesbaden 1995.

Wierlacher, Alois: Hingabe und Vertragsstiftung. Lessings «Emilia Galotti» und Goethes «Iphigenie auf Tauris» als Dramen bibelkritischer bzw. rechtspolitischer Sicherung menschlichen Lebens und Zusammenlebens. Mit einem fachstrategischen Beitrag über die Weiterentwicklung der im globalen Kontext unterschiedlich aufgestellten und standortbewusst agierenden Germanistik(en) zu einer multilateralen Regionalistik der deutschsprachigen Welt, Heidelberg 2020,

Watzlawick, Paul; Beavin, Janet H.; Jackson, Don D.: Menschliche Kommunikation. Formen, Störungen, Paradoxien, Göttingen 1990.

Wolting, Stephan: Kultureller Mittler. Überlegungen zum Aufgabenprofil interkultureller Wissens- und Dienstleistungsberufe, in: Berliner Debatte Initial, Berlin 2016.

Wolting, Stephan (Hg.): Kultur und Kollektiv. Festschrift für Klaus P., Berlin: Wissenschaftlicher Verlag 2015.

Wolting, Stephan: Subkollektiv: „Universität": Akademische Stile und Wissensproduktion – einige eher theoretische und essayistische Überlegungen, in: Wolting, Stephan: Kultur und Kollektiv. Festschrift für Klaus P. Hansen, Berlin 2015.

Wolting, Stephan: „Die Veranstaltungen der ausländischen Dozenten sind ganz anders…" Anderer Stil – Falscher Stil – Schlechter Stil – Überlegungen zu akademischer Kommunikation in unterschiedlichen kulturellen Kontexten, in: Moosmüller, Alois: Interkulturalität und kulturelle Diversität. Münster 2014.

Wolting Stephan: Akademische Kulturen im europäischen Vergleich – Überlegungen zu einer Online-Ringvorlesung basierend auf einer deutsch-polnischen Initiative und ihre Grundlagen, in: Wissenschaftsmobilität und Interkulturelle Kommunikation im deutsch-polnisch-tschechischen akademischen Kontext, hg. von Alois Moosmüller, Marburg 2013.

Wolting Stephan: Lehr- und Lernkulturen im deutsch-polnischen Vergleich – Bemerkungen zu einem interkulturellen Forschungsprojekt, in: Multikompetent – multimedial – multikulturell? Aktuelle Tendenzen in der DaF-Lehrerausbildung, hg, von Sylwia Adamczak-Krysztofowicz (Hg.) u.a., Frankfurt/M. 2012, S. 257–266.

Zadeh, Lotfi A.: Outline of a New Approach to the Analysis of Complex Systems and Decision Processes, in: IEEE Transactions on Systems, Man, and Cybernetics 3/1873, H. 1.

Professioneller mediengestützter Sprachen- und Kulturen-Kontakt – ein Projekt

Theoretische Vorüberlegungen und Präsentation des Vorgehens

Hans Giessen

1 Einleitung

Das Bildungswesen und mithin auch der Sprachunterricht orientiert sich häufig immer noch an der nachrichtentechnisch orientierten klassischen Kommunikationstheorie von Claude Shannon und Warren Weaver[1], auch wenn schon lange auch andere pädagogische Modelle diskutiert werden (nur als Beispiele: Bréal[2], Montessori[3] und verschiedene andere; seit der zweiten Hälfte des letzten Jahrhunderts wurden konstruktivistische Theorien entwickelt, um angemessen reagieren zu können[4]). Heutige Kommunikationstechniken entsprechen in ihrer Konzeption aber in der Regel nicht mehr der Spezifizität *point-to-multipoint*, die Shannon und Weaver dazu veranlasst hat, ihr Modell zur Lösung vor allem technischer Probleme zu formulieren. In der Spezifizität *point-to-multipoint* und damit eben auch im klassischen, die Diskussionen prägenden Kommunikationsmodell von Shannon und Weaver tendiert ein *Sender* notwendigerweise dazu, die Informationen zu normieren. Die dahinterliegende Absicht ist nachvollziehbar und (normativ) begrüßenswert, denn sie sollen von möglichst allen *Empfängern* erfasst werden können.

Pädagogen – und nicht nur die hier beispielhaft genannten Bréal oder Montessori – haben aber immer wieder darauf hingewiesen, dass ‚Empfänger' sehr unterschiedlich auch mit normierten Botschaften umgehen. Howard Gardner etwa spricht von unterschiedlichen Lernertypen, die jeweils unterschiedliche Kompetenzen aufweisen, welche bei den Lernenden die Informationsaufnahme prägen[5]. Damit ist fraglich, ob das Kommunikationsmodell, das im Übrigen auch heute dominierende Kommunikationswege *multipoint-to-multipoint* nicht beschreibt, samt seiner Implikationen für den Bildungsbereich sinnvoll ist.

Der Hinweis auf das Kommunikationsmodell von Shannon und Weaver erfolgte auch noch aus einem weiteren Grund, denn natürlich können auch (nach wie vor oder gar

---

1 Shannon/Weaver 1949.
2 Bréal 1882.
3 Montessori 1909.
4 Überblick: Glasersfeld 1995.
5 Gardner 2009.

mehr denn je) Medien eingesetzt werden, um Informationen zu übermitteln. Aber es ist auch in diesem Kontext heute nicht mehr nötig bzw. möglich, einen solchen Medieneinsatz mit Hilfe der Spezifizität *point-to-multipoint* zu gestalten. Im Folgenden soll ein Weg dargestellt und beschrieben werden, explizit mit Hilfe moderner digitaler Medien und ihrer Spezifizität *multipoint-to-multipoint* einen erfolgreichen Informationstransfer zu ermöglichen und damit auch den pädagogischen Impulsen der oben genannten Autoren gerecht zu werden. Im Beitrag soll anhand eines konkreten Beispiels dargestellt werden, wie man zu einem lernerfreundlicheren sowie (deshalb) durchaus effizienten Informationstransfer gelangen kann. Das beschriebene Vorgehen versucht, die Lernenden durch autonarrative Darstellungsformen zu involvieren.
Der Beitrag beginnt mit theoretischen Vorüberlegungen, bevor das Beispiel eines entsprechenden Vorgehens dargestellt wird.

2 Methodologische Überlegungen

Unterricht kann als Konzept interpretiert werden, um Information und Wissen auf der einen Seite, sowie die Lernenden auf der anderen Seite in Beziehung zueinander treten zu lassen. Im Rahmen eines solchen Begegnungsprozesses werden Bedeutungen und Werte vermittelt. Unterricht bedeutet demnach zwangsläufig nicht nur eine Präsentation, sondern auch eine Interpretation der Informationen, um sie den Lernenden intellektuell zugänglich zu machen. Dabei ist entscheidend, dass der Zusammenhang zwischen Information und Lernendem notwendigerweise Verständnis und Einsicht impliziert. Dies wiederum wird zumindest erleichtert, wenn die Lernenden mit Interesse bei der Sache sind. Interesse kann gefördert werden – oder auch nicht.
Natürlich gibt es Basiskenntnisse, die zunächst ohne Interesse gelernt werden müssen, weil ein System (zum Beispiel eine Sprache; hierzu zählt etwa grammatisches Basiswissen) nicht alltagstauglich benutzt werden kann, wenn die entsprechenden Informationen eben nicht vorhanden sind. Dennoch ist es wichtig, möglichst früh auch Interesse und einen Eindruck der Alltagsbedeutung des entsprechenden Wissens entstehen zu lassen. In Abwandlung eines häufig zitierten Satzes der deutschsprachigen Kommunikationswissenschaft soll deshalb das Augenmerk auf die Effekte gelenkt werden, die entstehen, wenn man nicht nur berücksichtigt, was der Unterricht mit den Lernenden macht, sondern auch, was die Lernenden mit und aus dem Unterricht und seinen Angeboten machen[6]. Dies impliziert, dass sich die Lernenden zu Partnern im Kommunikationsprozess entwickeln bzw. entwickeln können – wenn denn Interesse geweckt wird.
Einschränkend sei darauf hingewiesen, dass Unterrichten nicht immer das Ziel hat, Informationen und Wissen zu vermitteln (es gibt natürlich auch noch andere Aufgaben des Unterrichts, angefangen vom ‚Verwahren' insbesondere von Jugendlichen bis hin zur formalen Zertifizierung eines Workloads zur Ermöglichung beruflichen Fortkommens). Bezüglich des Ziels, Wissen und Kenntnisse zu vermitteln, ist aber unumgänglich, Informationen kognitiv zu teilen. In diesem Kontext ist eine aktive Teilhabe erstrebenswert.

---

6 Analog zu Sturm/von Haebler/Helmreich 1972.

Um gleich ein Missverständnis auszuschließen: Dies bedeutet nicht, den Informationsvorsprung und damit auch das Gefälle zwischen Lehrenden und Lernenden zu ignorieren. Die Lehrenden entscheiden zumindest darüber, welche Informationen relevant sind. Damit sind sie nach wie vor *gatekeeper* in einem Prozess, in dessen Rahmen deklaratives und prozedurales Wissen übermittelt, aufgenommen und idealerweise verinnerlicht wird.

Unterricht ist mithin ein komplexes Kommunikationssystem, da eine inhomogene Gruppe von ‚Empfängern' – in der Regel auch unterschiedliche Lernertypen – Informationen aus unterschiedlichen Kontexten aufnehmen soll[7]. Nichtsdestotrotz kann versucht werden, Unterricht in einem Modell darzustellen, das die Aspekte des Senders, des Mediums und des Empfängers umfasst. Demnach sind die Lehrenden die *Sender*; sie wenden sich an die Lernenden, die mithin in der Rolle der *Empfänger* agieren. Die Lehrenden sind dabei für die Inhalte und die Kenntnisse verantwortlich, die übermittelt werden sollen. Sie determinieren auch die Form, in der die Lerninhalte aufzunehmen sind. Durch ihre Auswahl belegen die Lehrenden gleichzeitig, dass sie auch den nonverbalen Code des intendierten Informationstransfers erkennen und ihn einsetzen. Ein effektiver Informationstransfer berücksichtigt also stets, dass die Lernenden das spezialisierte Fachwissen der Lehrenden noch nicht teilen.

Die Einbeziehung der Lernenden ist also zunächst nur ein Mittel, das den Lernenden dabei hilft, die nonverbale Sprache der Informationen dekodieren zu können. Idealerweise handelt es sich um ein besonders effektives Mittel; dies setzt aber entsprechende Bemühungen der Lehrenden voraus. Die Lernenden erhalten die primäre Botschaft, welche Kenntnisse und Informationen vermittelt werden sollen. Dazu wird idealerweise eine Umgebung strukturiert, in deren Rahmen Störeinflüsse reduziert und dennoch die Vorerfahrungen und -kenntnisse der Lernenden mit berücksichtigt werden. Wichtig ist mithin stets, dass die Lernenden die Lernziele und die eingesetzten Mittel verstehen und akzeptieren. Dies setzt Überzeugungsarbeit voraus. Wenn dabei aber Interesse generiert werden kann, werden immanent nicht nur spezifische Informationen und Fachwissen übermittelt, sondern auch weitere, damit verbundene Fähigkeiten auf der kommunikativen, kulturellen und fachlichen Ebene.

Es handelt sich also um die Akzeptanz, dass ein Lernprozess stets ein komplexer Akt ist, der durch den Versuch, ihn mit Interesse und Emotionalität zu modulieren, erleichtert werden soll. Indem die Lernenden aktiv werden, lernen sie, Komplexität zu akzeptieren; gerade dazu bedarf es aber auch einer ergänzenden, didaktischen Unterstützung. Der Aspekt des Umgangs mit Komplexität ist vor allem beim interkulturellen Sprachenlernen von Bedeutung, der sich nicht nur auf linguistische Lernziele, sondern auf kulturelles Wissen bezieht.

Entsprechend der oben genannten, heute dominierenden Spezifizität *multipoint-to-multipoint* sollten die Lernenden aber auch eine Möglichkeit zur Rückkopplung erhalten. Kommunikation ist auch im Kontext des Unterrichts ein zwei- oder mehrseitiger Prozess. Botschaften gehen zunächst von der einen Seite aus, aber die andere Seite muss

---

7   Giessen 2019.

sie nicht nur empfangen, sondern auch aufnehmen und verarbeiten. Aus diesem Grund ist es so wichtig, stets zu berücksichtigen, was die Lernenden als interessant empfinden, oder wie sie sich einem Thema nähern können, damit es ihnen sinnvoll und wichtig erscheint.

Konstruktivistische Lerntheorien gehen daher davon aus, dass der Unterricht eine gemeinsame Geschichte konstruieren soll. Die Lehrenden verfügen über das nötige Fachwissen, um diese Geschichte zu erzählen. Sie müssen vor allem versuchen, dass die Lernenden ihre Geschichten erfahren möchten.

Die Spezifizität *point-to-multipoint* spielt insoweit immer noch eine Rolle, als es unmöglich ist, stets die jeweils eigene Agenda eines jeden Lernenden zu berücksichtigen. Dennoch sollte der Lernprozess eben keine Einbahnstraße sein. Wenn sie Interesse entwickeln, werden die Lernenden auch ein entsprechendes Feedback geben und zumindest im Rahmen des angesichts von Zeitzwängen, von Gruppenzwängen (und auch von Bewertungs- und Notenzwängen) Möglichen auf die sie interessierenden Aspekte eingehen.

Diese Aussage impliziert die These, dass rückkoppelndes, auf Interesse fußendes Lernen erfolgreicher sei als ein hierarchischer Frontalunterricht. Diese These soll daher kurz diskutiert werden.

Die Hirnforschung hat in den vergangenen Jahren belegen können, dass Informationen und Wissen in Abhängigkeit zur jeweiligen emotionalen Befindlichkeit unterschiedlich verarbeitet werden[8]. Informationen, die mit angenehmen Emotionen verbunden sind, werden demnach mittels des Hippocampus aufgenommen und dann in der Gehirnrinde gespeichert und verarbeitet. Dagegen ist ein hierarchischer Unterricht tendenziell kontraproduktiv, da in diesem Kontext eine andere Hirnregion stärker aktiviert wird: die Amygdala. Sie wird vor allem bei Angst und Bedrohungen aktiv. Evolutionsbiologisch spielt dabei eine Rolle, dass die Amygdala Blutdruck und Puls erhöht und zu einer allgemeinen Muskelanspannung führt; dies ist bei Gefahr oder einem Konflikt von Bedeutung. Gerade in solchen Situationen waren evolutionsgeschichtlich schnelle Reaktionen notwendig, während eine reflektierende Wissensaufnahme in solchen Situationen gar kontraproduktiv sein kann. Die neurologischen Bedingungen sind noch immer die gleichen. In der Folge kennen wir das Phänomen, dass in Stress- und Prüfungssituationen selbst grundsätzlich vorhandenes Wissen nicht abgerufen werden kann. Die Amygdala hilft also nicht bei der Verarbeitung von Wissen, beim Lernen, oder bei der Suche nach grundsätzlich bereits erworbenem Faktenwissen. Ein erfolgreicher Informationstransfer bedarf also einer Aktivierung des Hippocampus.

3 Rahmenbedingungen

All dies sollte erreicht werden, indem die Studierenden gemeinsam an einem Projekt arbeiten, das idealerweise ihren Interessen entspricht. Im Rahmen des Projekts sollte gemeinsam eine Website über die Heimatregion erstellt werden. Das Ergebnis ist im Internet abrufbar und damit weltweit einsehbar: interessantesauskielce.wordpress.com.

---

8 Aktuelle Übersicht: Roth/Prinz 2022.

Die Fokussierung auf die Heimatregion erfolgte, da in der Regel eine emotionale Verbundenheit mit ihr existiert. Gleichzeitig sollte eine gewisse Ernsthaftigkeit erreicht werden, indem das Resultat der studentischen Bemühungen veröffentlicht werden sollte.
Dabei lag eine Veröffentlichung auf Deutsch nahe, da das Projekt im Germanistikstudium angesiedelt war. Das eigentliche Lernziel war die möglichst intensive Beschäftigung mit der deutschen Sprache. Mit der Veröffentlichung im Internet waren die Studierenden Teil des deutschsprachigen Mediendiskurses und mussten mit ihren Projektergebnissen formal wie sprachlich die Mindeststandards bezüglich der im deutschen Sprachraum abrufbaren Webseiten erfüllen.
Dies implizierte die Beschäftigung mit medienimmanenten Charakteristika und Standards, denn der Informationstransfer ist nur effizient, wenn er medienadäquat erfolgt[9]. In jedem Fall müssen die Informationen fokussiert aufbereitet werden.
Ein Aspekt ist die Aufwertung visueller Elemente. Die visuelle Komponente ermöglicht es, dass emotionale Beziehungen zu Informationsgegenständen sowie Entwicklungen im Zeitverlauf besser herausgearbeitet werden. Mit der Fokussierung auf Relationen verändert sich aber gleichzeitig die Art und Weise der Darstellung von Inhalten. Insbesondere sind Beziehungen und Verbindungen regelmäßig mit Emotionen gekoppelt; dies ist bei analytischen Texten anders. Dies bedeutet, dass im Kontext einer Webseite komplexere Argumentationsstränge schwerer herausgearbeitet werden können als etwa bei Aufsätzen. Dagegen – und damit schließt sich der Kreis – ist es leichter und eben medienadäquater, narrative und emotionale Aspekte zu nutzen. Die Produktion von Websites erleichtert also den Einsatz narrativer und emotionaler Vorgehensweisen und ermöglich daher quasi immanent die Stimulierung des Hippocampus. Die Zwänge einer digitalen Produktion führen mithin zu aus neurodidaktischer Sicht fast automatisch zu den erwünschten didaktischen Mehrwerten.
Wir haben also aus jeweils medienimmanenten Gründen zwei parallele Entwicklungen: die teilweise Abwertung der Abstraktion bei gleichzeitig erleichterter Darstellung gesellschaftlicher, kultureller oder historischer Inhalte, und eine emotionale Verbundenheit mit dem (dann aber eben auch weniger komplex darstellbaren) Inhalt. Bezüglich des Sprachenlernens und der interkulturell orientierten Landeskunde erscheint die beschriebene inhaltliche Gewichtung aber von Vorteil; dass sie im Kontext anderer Inhalte auch sehr problematisch sein kann, ist natürlich ebenfalls zu konzedieren.
Emotionen bleiben zudem länger erhalten als reines Faktenwissen, da ein aktiver Hippocampus dafür sorgt, dass die aufgenommenen Informationen in der Gehirnrinde abgespeichert werden. Mit Emotionen verbundene Informationen lassen sich daher leichter behalten oder reaktivieren.

---

9   Giessen 2004

4 Narrative Vermittlung

Ein narratives Vorgehen korrespondiert mithin mit traditionellen und weit verbreiteten Vermittlungsformen von Informationen und Wissen, die sich in jeder menschlichen Kultur wiederfinden[10]. Heiden, Räder und Fassbender schreiben:

> The success of E-Learning often suffers from a lack of motivation for self-conducted studies [...]. Motivation, however, can be improved by making things fun and playful [...] and the reception of a well-told narrative can result in a high degree of emotional involvement. Such a captivatingly told story often triggers the motivation to learn more about the background facts, especially in a historical, scientific, or technological context. Hypermedia-based E-Learning environments are well-suited to fulfill the desire for background information directly related to narrative content.[11]

Charakteristisch ist insbesondere ein subjektiver Blick, der die Informationen interessant aufzubereiten hilft. Primärziel im universitären Germanistikunterricht ist, dass die Produzenten (die Lernenden) von ihrer eigenen Geschichte und dem Prozess der Narration begeistert sind, dass sie aber auch als Sekundärziel bestrebt sind, für die Rezipienten (die potentiellen Nutzer der Webseiten insbesondere aus dem deutschen Sprachraum) eine fesselnde und lebendige Geschichte zu erzählen. Damit sollen beide – aus jeweils unterschiedlichen Motiven – von der Geschichte fasziniert sein. Die subjektive Perspektive soll sich als Attraktivitätsfaktor erweisen.

Problematisch könnte sein – insbesondere im akademischen Kontext –, dass die damit einhergehende Subjektivität den Anspruch auf allgemeine, theoretische, übergreifende oder andere mit dem Versuch der Objektivierung und der Herausarbeitung übergreifender Tendenzen einhergehender Informationseinheiten zuwiderläuft. Dieser Einwand mag im Bereich der Sprachvermittlung weniger relevant sein; wohl aber spielt er bei der Kulturvermittlung eine große Rolle. So sei auf diese Gefahr verwiesen, die Murray schon früh festgestellt hat: „A story is an act of interpretation of the world, rooted in the particular perceptions and feelings of the writer"[12]. Zumindest ist es problematisch, im Rahmen eines narrativen Vorgehens zu früh verallgemeinernde Aussagen treffen zu wollen.

Dies impliziert, dass die Lehrenden teilweise ihre Interpretationshoheit zurückstellen müssen. Es bedeutet aber in keinem Fall, nicht das Ziel der Weitergabe maßgeblicher und verlässlicher Information festzuhalten. Vielmehr wird eine Weitergabe mit Bezug auf lediglich eine einzige Perspektive mit scheinbar objektivierter Quelle aufgegeben. Natürlich bleibt die durchaus hervorgehobene Perspektive, die alleine durch die institutionelle Anbindung, aber auch durch die Bewertungshoheit und -notwendigkeit im Rahmen einer universitären Lehrveranstaltung deutlich wird. Das konkrete Vorgehen der Studierenden stellt aber nur eine mögliche Vorgehensweise und mithin Geschichte

---

10 Spierling/Hoffmann 2010; Spierling 2012.
11 Heiden/Räder/Fassbender 2010: 216 f.
12 Murray 1997: 204

unter vielen dar, die sich aber natürlich daran orientiert, was die Lernenden als offiziell anerkannte Version vermuten – was daher hermeneutisch auch häufig der Fall ist, so dass dennoch ein Ergebnis erzielt wird, das normalerweise einen allgemeinen gesellschaftlichen Konsens widerspiegelt, auch wenn der sich wandeln kann.

In unserem Fall bedeutet dies, dass dieser Konsens kulturell unterschiedlich sein kann, so dass die kulturelle Einschätzung der – polnischen – Produzenten von derjenigen der – deutschsprachigen – Rezipienten durchaus differieren kann. Auch dies muss im Kontext der Produktion im Unterricht aufgegriffen werden.

Dennoch impliziert all dies einen zumindest partiellen Verzicht auf die traditionelle Interpretationshoheit der Lehrenden. Nochmals: Dies bedeutet nicht, dass die Lehrenden ihren Anspruch auf Vermittlung verlässlicher und maßgeblicher Informationen aufgeben müssen oder auch nur sollen. Allerdings impliziert dieses Vorgehen doch eine Zurücknahme der Interpretationshoheit. Die institutionellen Gegebenheiten führen dennoch und stets dazu, eine besondere Rolle beizubehalten.

In der Folge oszilliert die Arbeit an einem solchen narrativen Projekt zwischen Objektivität und einem gewissen Relativismus. In jedem Fall spielen auch subjektive Deutungen eine Rolle. Da die landeskundlichen Aspekte aber auch als reale Objekte vorhanden sind, ist ein völliger Relativismus nahezu ausgeschlossen. Vielleicht sollte man, wie Danker und Schwabe, von einem „Kriterium der Offenheit" sprechen: „Die Darstellung sollte so erfolgen, dass die Rezipienten durch die Präsentation diverser und kontroverser Quellen in die Lage versetzt werden zu einer eigenen, argumentativ begründbaren Deutung des Sachverhalts zu gelangen."[13]

Im Kontext der Erarbeitung dieser divergierenden Perspektiven sehen Danker und Schwabe die Narration in einer zielgruppengerecht „verständlicher, ansprechender und trotzdem hinreichend präziser Form und Sprache sowie klarer und nachvollziehbarer Argumentation"[14] als Möglichkeit eines didaktisch anspruchsvollen und ergiebigen Unterrichts.

5 Beispiel

Anhand des Projekts *www.interessantesauskielce.wordpress.com* soll im Folgenden gezeigt werden, wie dies aussehen kann. Es wurde mit Studierenden der Jan-Kochanowski-Universität in Kielce (Woiwodschaft Heiligkreuz, Polen) erarbeitet und weist mithin eine ausgeprägt regionale Komponente auf. Das Projekt bezieht sich explizit auf die Stadt Kielce und die Region. Die Herkunft der Studierenden sollte als autonarrativer Aspekt stets mit einbezogen sein. Die Studierenden durchliefen bei der Produktion einen metanarrativen Prozess, indem sie ihre Heimat den Internetnutzern, die über eine Google-Suche auf die Website stoßen, ‚erzählen'. Dabei wurde der Produktionsprozess so weit wie möglich in die Präsentation eingebaut. Die Studierenden sollten präsentieren, was ihnen an ihrer Heimat gefällt, was ihnen spannend und interessant erschien; dies sollten sie darstellen und Hintergründe dazu erarbeiten. Dabei war stets klar, dass die Website

---

13 Danker/Schwabe 2007: 8f.
14 Danker/Schwabe 2007: 9.

international auffindbar und für alle (zum Beispiel aus touristischen Gründen) nach der Region Suchenden auch genutzt werden kann.

Die Studierenden waren also mit ihren persönlichen Erfahrungen aktiv eingebunden. Ihre Erfahrungen sollten sie narrativ einbauen – aus didaktischen Gründen, aber auch, um die Nutzer anzusprechen. Der ebenfalls didaktisch wichtige Aspekt, dass das Projekt überall auffindbar und von deutschen Muttersprachlern genutzt werden kann und soll, ist daher bezüglich der sprachlichen wie kulturellen Professionalität ebenfalls als Motivator gedacht.

Da die Webseite von interessierten deutschsprachigen Surfern aufgefunden werden kann, muss sie konzeptionell und sprachlich auf die Nutzung von Muttersprachlern ausgelegt sein. Die Sprache darf Muttersprachler zumindest nicht irritieren; sie muss gleichzeitig die Inhalte allgemeinverständlich und kulturell adäquat präsentieren. Dazu gehören auch kulturelle – vom Dozenten als Input erarbeitete – Informationen, welches Wissen bei deutschsprachigen Lesern vorausgesetzt werden kann, und welche Formen der Informationsübermittlung kulturell üblich sind. Auch medienbezogene Informationen wurden den Studierenden zur Verfügung gestellt.

Die Themenbereiche orientieren sich an Printpublikationen. Es gibt eine Einleitung; dann folgen die Schwerpunkte *Politik, Wirtschaft, Soziales, Kultur, Sport, Lernen und Studieren in Kielce* sowie – aus regionalen Gründen, da dies auf ein auch touristisch wichtiges und interessantes Alleinstellungsmerkmal verweist – ein spezielles Dossier über das Thema *Geologie*. Die studentischen Autoren besuchen die entsprechenden Personen und Orte und beschreiben ihre Recherche auf metanarrative Art und Weise.

6   Zusammenfassung

Überlegungen aus der Hirnforschung und der Pädagogik weisen auf die Bedeutung emotionaler und narrativer Produktionseinheiten für den Lernprozess hin; dies scheint insbesondere beim Sprachenlernen in einem interkulturellen Kontext sinnvoll zu sein, da dort prozedurales Wissen benötigt wird. Das Beispiel zeigt, wie dabei vorgegangen werden kann. Ziel war, die Lernenden nicht nur kognitiv zu fordern, sondern ihnen auch emotionale und handlungsorientierte Erfahrungen zu ermöglichen, da Wissen und Informationen besser und vor allem nachhaltiger aufgenommen werden, wenn es mit Eigenhandlungen sowie mit emotionalen Konnotationen verknüpft ist. Das Ziel einer Einbeziehung der Rezipienten ist ein grundlegender Aspekt der Hypertexttheorie[15] und damit quasi automatisch Bestandteil der Konzeptionen zum virtuellen Storytelling[16]. In jedem Fall handelt es sich um den Versuch, die Lücke zwischen Engagement und Lernen mit einem vorzeigbaren Produkt zu überwinden[17].

---

15 Landow 1991, Hess-Lüttich 1997
16 Fletcher/Cambre 2009; Rossiter/Garcia 2010
17 Ramaley/Zia 2005

Literatur

Bréal, Michel: Excursions pédagogiques, Paris 1882.
Danker, Uwe; Schwabe, Astrid: Historisches Lernen im Internet, in: Geschichte in Wissenschaft und Unterricht (2007), Nr. 1.
Fletcher, Christopher; Carolina Cambre: Digital Storytelling and Implicated Scholarship in the Classroom, in: Journal of Canadian Studies (2009), Nr. 1.
Gardner, Howard: Ausblick: Fünf Kompetenzen für die Zukunft, in: Medienpädagogik: Emotionale Intelligenz in der Schule. Unterrichten mit Geschichten, hg. von Hans Giessen, Weinheim – Basel 2009.
Giessen, Hans W.: Medienadäquates Publizieren. Von der inhaltlichen Konzeption zur Publikation und Präsentation, Heidelberg – Berlin 2004.
Giessen, Hans W.: Wie das Medium den Inhalt verändert. Filmproduktionen für Kino, Fernsehen, Computer, Smartphone und Tablet, in: Universitas (2019), Nr. 1.
Glasersfeld, Ernst von: Radical Constructivism, A Way of Knowing and Learning, London 1995.
Heiden, Wolfgang; Räder, Matthias; Fassbender, Eric: Interactive Storytelling in Academic Teaching, in: Interactive Storytelling. ICIDS 2010. Lecture Notes in Computer Science, vol 6432, hg. von Ruth Aylett, MeiYii Lim, Sandy Louchart, Paolo Petta und Mark Riedl, Berlin – Heidelberg 2010.
Hess-Lüttich, Ernest W. B.: HyperTextTheorie, in: Differenz und Integration: die Zukunft moderner Gesellschaften, Band 2, hg. von Karl-Siegbert Rehberg, Opladen 1997.
Landow, George P.: Hypertext: The Convergence of Contemporary Critical Theory and Technology, Balitmore 1991.
Montessori, Maria: Il metodo della pedagogia scientifica applicato all'educazione infantile nelle case dei bambini, Città di Castello 1909.
Murray, Janet H.: Hamlet on the Holodeck. The Future of Narrative in Cyberspace, New York, NY 1997.
Ramaley, Judith; Zia, Lee: The Real Versus the Possible: Closing the Gaps in Engagement and Learning, in: Educating the Net Generation, hg. von Diana G. Oblinger und James L. Oblinger, Boulder, CO 2005.
Rossiter, Marsha; Garcia, Penny A.: Digital Storytelling: A New Player on the Narrative Field, in: New Directions for Adult and Continuing Education (2010), Vol. 126.
Roth, Gerhard; Prinz, Wolfgang: Kopf-Arbeit. Gehirnfunktionen und kognitive Leistungen, Heidelberg 2022.
Shannon, Claude E.; Weaver, Warren: The Mathematical Theory of Communication, Urbana, IL 1949.
Spierling, Ulrike; Hoffmann, Steve: Exploring Narrative Interpretation and Adaptation for Interactive Story Creation, in: Interactive Storytelling. ICIDS 2010. Lecture Notes in Computer Science, hg. von Ruth Aylett, MeiYii Lim, Sandy Louchart, Paolo Petta und Mark Riedl, Berlin – Heidelberg 2010.
Spierling, Ulrike: Implicit Creation - Non-Programmer Conceptual Models for Authoring in Interactive Digital Storytelling, Plymouth 2012.
Sturm, Herta; von Haebler, Ruth, Helmreich, Reinhard. Medienspezifische Lerneffekte, München 1972.

Potenzial und Schwierigkeiten interkulturellen Lernens in internationalen Seminarprojekten – ein Erfahrungsbericht

Tina Claußen, Agnieszka Pawłowska-Balcerska

1 Einleitung

Internationale Seminarprojekte im Rahmen von Lehrkooperationen lassen sich dank digitaler Medien technisch und organisatorisch immer leichter realisieren und werden mittlerweile an vielen Universitäten durchgeführt. Oftmals werden solche Projekte als Ausgangspunkt für interkulturelles Lernen betrachtet. Ausgehend von unseren Erfahrungen, die wir als Lehrende in Seminarprojekten mit Germanistikstudierenden der Adam-Mickiewicz-Universität Poznań und Studierenden im Studiengang des Deutschen als Fremd- und Zweitsprache an der Universität Bielefeld gesammelt haben, zeigen wir in unserem Beitrag einerseits das Potenzial solcher Veranstaltungen für das interkulturelle Lernen auf, gehen andererseits aber auch auf Probleme ein, die in solchen Kooperationen auftreten können. Nicht zuletzt möchten wir mit unserem Beitrag auch dazu ermuntern, eigene Projektideen für grenzüberschreitendes Lehren und Lernen zu entwickeln und diese in die Praxis umzusetzen.

2 Internationale Seminarprojekte im Rahmen von akademischen Lehrkooperationen

Internationale Lehrkooperationen gehören seit vielen Jahrzehnten in vielen DaF-/DaZ-Studiengängen in den deutschsprachigen Ländern und in der (Auslands-)Germanistik zum akademischen Selbstverständnis dieser Abteilungen und das bereits schon bevor der Faktor „Internationalisierung" für die Evaluation und Rankings von Studiengängen an Bedeutung gewann. Diese Kooperationen reichen von Unipartnerschaften über Institutspartnerschaften bis hin zu Kooperationen innerhalb von Lehrveranstaltungen, um die es in diesem Beitrag gehen soll.

Für diesen Beitrag folgen wir der Definition von Adamczak-Krysztofowicz/Jentges/Stork 2014, die mit Bezug auf Boockmann/Klee 2010 unter „[…] einer Lehrkooperation im Hochschulbereich eine vereinbarte, also von den Partnern explizit gewollte Zusammenarbeit mit Fokus Lehre, unabhängig davon, welche Funktionen die Partner dieser Vereinbarung in den Hochschulen einnehmen und die institutionalisiert sein kann, aber nicht muss, [verstehen, T.C.]."[1] An einer solchen Kooperation beteiligt sind mindestens zwei Partner aus unterschiedlichen Ländern[2].

---

1 Adamczak-Krysztofowicz/Jentges/Stork 2014, S. 492.
2 Ebd.

Kooperationen auf der Ebene von Lehrveranstaltungen sind in den vergangenen Jahren in verschiedenen Publikationen behandelt worden[3]. Wir verwenden in unserem Beitrag den Begriff des *internationalen Seminarprojektes* und nicht der *Lehrkooperation*, da die hier behandelten Projekte in Veranstaltungen eingebettet waren, die an jedem Standort auch noch weitere Ziele verfolgten bzw. weitere Inhalte/Themen behandelten[4].

Unabhängig davon, ob sich die Zusammenarbeit über ein ganzes Semester erstreckt oder einen kürzeren Zeitraum und auch davon, welche Inhalte fokussiert werden, ist vielen der in der Literatur beschriebenen Seminare und Projekte gemein, dass sie u.a. darauf abzielen, interkulturelle Lernprozesse anzustoßen. Da der Begriff des *interkulturellen Lernens* zunehmend kritisch betrachtet wird, soll im nächsten Abschnitt dargelegt werden, was wir in unseren Seminarprojekten unter interkulturellem Lernen verstehen und aus welchen Gründen wir diesen Begriff für unsere Projekte und auch für diesen Beitrag gewählt haben[5].

3 Inter- oder transkulturelles Lernen als ein Ziel internationaler Kooperation und Projekte

Seit der Hochzeit des Konzeptes der *Interkulturalität* in den 1990er und frühen 2000er Jahren ist der Begriff *interkulturell* vor allem in Kombination mit Wörtern wie Lernen, Kommunikation etc. mittlerweile auch in der Allgemeinsprache etabliert und wird daher ähnlich wie der Begriff *international* auch ohne weitere Klärung, Einordnung oder Kritik verwendet – die Bedeutung sollte doch allen klar sein. Allerdings wird in unterschiedlichen Fachdisziplinen vermehrt Kritik an diesem Begriff laut und es lässt sich zudem beobachten, dass dieser von einigen Autoren „umschifft" oder durch den Begriff *transkulturell* ergänzt oder ersetzt wird.

Kritisiert wird am Begriff der Interkulturalität hauptsächlich das zugrundeliegende eher monolithische und zum Teil an Nationen gebundene Kulturverständnis, welches bereits in den 1990er Jahren u.a. von Wolfgang Welsch in einer globalisierten Welt als nicht mehr zeitgemäß eingeschätzt wurde, da die Struktur gegenwärtiger Kulturen „[…] durch Verflechtungen und Gemeinsamkeiten gekennzeichnet […]" sei[6]. Als Alternative führt er den Begriff der *Transkulturalität* ein, der die Hybridität heutiger Kulturen betonen soll. Mittlerweile wird Transkulturalität in Publikationen im Bereich der Fremdsprachendidaktik und -forschung ähnlich wie interkulturell oft als ein feststehender Begriff verwendet, der entweder gleichberechtigt neben interkulturell steht oder ohne

---

3 Vgl. exemplarisch Albert/Adamczak-Krysztofowicz/Jentges 2017 sowie zwei Hefte der Zeitschrift Info DaF (2014 Heft 5 und 6) mit dem Themenschwerpunkt *Internationale Lehrkooperationen in der Lehre im Fach Deutsch als Fremdsprache*.

4 An dieser Stelle sei darauf hingewiesen, dass sich als Oberbegriff für internationale Online-Projekte, E-Tandems, virtuelle Austausche etc. der Begriff *Virtual Exchange* durchzusetzen scheint (siehe für einen Überblick Würffel/Schumacher 2022).

5 Der Anstoß, sich in diesem eher praxisorientierten Beitrag mit der Diskussion um die Begriffe Trans- und Interkulturalität zu beschäftigen, kommt von einer Studentin aus Bielefeld, die an einem Seminarprojekt mit dem Titel „Interkulturelle Begegnungen" teilnahm und kritisch hinterfragte, warum für das Projekt und das Seminar nicht der Begriff *transkulturell* gewählt wurde.

6 Welsch 2010, S. 42.

weitere Klärung gebraucht wird. So ist beispielsweise im 2020 erschienenen *Handbuch Methoden im Fremdsprachenunterricht*[7] ein Beitrag mit dem Titel *Methoden des inter- und transkulturellen Lernens*[8] zu finden, in dem es vor allem um die Förderung der interkulturellen Kompetenz geht. Hier werden die Begriffe des transkulturellen Lernens und der Transkulturalität eingeführt, da sie der „[...] Hybridität, Dynamik und Heterogenität sowie [den, T.C.] Ähnlich- und Gemeinsamkeiten von Kulturen [...]"[9] Ausdruck verleihen. Ansonsten wird in dem Beitrag selbst hauptsächlich der Begriff interkulturell verwendet. Ähnliches lässt sich für das Kapitel *Interkulturelle Kompetenzen – interkulturelles Lernen* in der Einführung in die Fremdsprachendidaktik von Decke-Cornill/ Küster aus dem Jahr 2015 feststellen, in dem ebenfalls ein Absatz zur Transkulturalität zu finden ist. Auch hier wird erwähnt, dass der Begriff transkulturell „[...] die wachsende Heterogenität kultureller Sphären [unterstreicht, T.C.]"[10] und „[...] der Blick auf interne Heterogenität gerichtet [...]"[11] wird. Dennoch wird hier wie in dem Artikel von Eberhardt[12] der Begriff der Interkulturalität mehrheitlich genutzt. Sicherlich sind diese beiden Beispiele nicht repräsentativ, aber auch die Durchsicht weiterer eher einführender Publikationen lässt vermuten, dass sich im Bereich der Fremdsprachendidaktik der Begriff der Transkulturalität nicht durchgesetzt hat. Diesen Schluss legen auch verschiedene Curricula für Fremdsprachen nahe, in denen mehrheitlich von interkultureller Kompetenz die Rede ist[13].

Interessant ist zudem, dass das Konzept/Konstrukt der Transkulturalität wiederum kritisch hinterfragt wird, u.a. von Altmayer[14], der im Übrigen vermutet, dass der Begriff der Transkulturalität moderner klingt als Interkulturalität[15] und daher von einigen Autoren favorisiert wird, „[...] ohne dass damit wirklich grundlegend neue Inhalte transportiert würden"[16]. Sein Hauptkritikpunkt an dem Begriff der Transkulturalität ist aber, dass „[...] bei Welsch und anderen der Begriff der ‚Transkulturalität' zu einer geschichtsphilosophischen Kategorie mit globalem normativen Geltungsanspruch aufgeblasen

---

7 Hallet/Königs/Martinez (Hrsg.), 2020.
8 Eberhardt 2020.
9 Ebd., S. 179.
10 Decke-Cornill/Küster 2015, S. 226.
11 Ebd.
12 Eberhardt 2020.
13 Vgl. dazu exemplarisch die Kernlehrpläne Französisch, Englisch und Spanisch an Sekundarschulen in Nordrhein-Westfalen für die Sekundarstufe 1 und 2 an den verschiedenen Schulformen (alle abrufbar unter: https://www.schulentwicklung.nrw.de/lehrplaene/lehrplannavigator-s-i/gesamtschule/index.html), Rahmenplan Deutsch als Fremdsprache an Deutschen Schulen im Ausland (abrufbar unter: https://www.auslandsschulwesen.de/Webs/ZfA/DE/Deutsch-lernen/DaF-Rahmenplan/daf-rahmenplan_node.html), sowie die Kernlehrpläne für moderne Fremdsprachen an Oberschulen und Grundschulen (Klasse 4 bis 8) in Polen (abrufbar unter: https://podstawaprogramowa.pl/Liceum-technikum/Jezyk-obcy-nowozytny und https://podstawaprogramowa.pl/Szkola-podstawowa-IV-VIII/Jezyk-obcy-nowozytny, siehe jeweils die Abschnitte X). Dort wird allerdings der Begriff der interkulturellen Sensibilität (wrażliwość międzykulturowa) verwendet.
14 Altmayer 2020.
15 Ebd., S. 388.
16 Ebd.

wird"[17]. Ähnlich argumentiert auch Rogge[18]: An dem Begriff der Transkulturalität kritisiert er vor allem, dass er kulturelle Unterschiede als überwunden ansieht und eine „[…] weltumspannende, radikale Hybridität […]" postuliert[19], die für viele Menschen, die sich durchaus selbst kulturellen Kontexten (auch Nationalkulturen) zuordnen, weder realistisch noch erstrebenswert scheint. Mit Bezug auf Delanoy (2006) betrachtet Rogge Inter- und Transkulturalität nicht als „[…] binäre Gegensätze […]"[20], sondern ordnet diese Begriffe eher auf einem Kontinuum an[21].

Für unseren Beitrag und unsere Projekte ist der Begriff der Transkulturalität aus den hier umrissenen Gründen keine überzeugende Alternative und wir haben uns daher entschieden, den in der Fremdsprachendidaktik und der Auslandsgermanistik immer noch geläufigeren Ausdruck der Interkulturalität beizubehalten. Wie im nächsten Kapitel deutlich wird, wurde in unseren Projektaufgaben auch Bezug auf verschiedene Nationalstaaten (z.B. auf Nationalstereotype), insbesondere auf Polen und Deutschland, genommen, was gerade für DaF-Lernende – die sich ja außerhalb der deutschsprachigen Länder die deutsche Sprache aneignen – sinnvoll erscheint, da sie nach einem Orientierungsrahmen suchen, den u.a. auch ein mit Nationen und Regionen verbundener Kulturbegriff bieten kann. Wichtig ist unseres Erachtens, dass Lernende nicht auf dieser Stufe stehen bleiben, sondern sich der Komplexität des Kulturbegriffs bewusst werden, indem sie u.a. für intrakulturelle Unterschiede sensibilisiert werden und ein eher monolithisches Verständnis von Kultur zunehmend in Frage stellen. In diesem Zusammenhang sind Aufgaben zu erwähnen, die dazu anregen, kultur- oder gruppenübergreifend Gemeinsames zu entdecken, was nach Honnef-Becker[22] bereits „[…] als eine grundlegende Komponente *transkultureller Kompetenz* betrachtet werden [könnte, T.C.]".[23] Vor diesem Hintergrund wäre zu überlegen, ob für künftige Projekte nicht auch das Kompetenzmodell von Reimann zugrunde gelegt werden kann, da es die in vielen Curricula angestrebte interkulturelle Kompetenz um eine transnationale und -kulturelle Komponente erweitert[24].

In den im folgenden Kapitel beschriebenen Projekten sollten interkulturelle Lernprozesse zum einen mittels direkter Begegnungen und persönlicher Kontakte angestoßen werden, durch die sich die Studierenden auch durch Kommunikation außerhalb des Seminarprojektes (und der Kontrolle durch die Lehrkräfte) mit ihren und anderen Lebenswelten auseinandergesetzt haben. Zum anderen trugen Aufgabenstellungen, die eine Beschäftigung mit Auto- und Heterostereotypen in Bezug auf Nationen und andere Zugehörigkeiten sowie mit nationalen und regionalen Gegeben- und Gepflogenheiten erforderten, dazu bei, interkulturelle Kompetenz anzuwenden und zu erweitern.

---

17 Ebd., S. 388.
18 Rogge 2014.
19 Ebd., S. 157.
20 Ebd.
21 Ebd., S. 160.
22 Honnef-Becker 2021.
23 Honnef-Becker 2021, S. 283, Hervorhebung im Original.
24 Reimann u.a. 2015.

4 Interkulturelles Lernen in internationalen Seminarprojekten – Möglichkeiten und Grenzen

„Not macht erfinderisch" lautet eine alte Weisheit, die in gewissem Sinne auch auf die unten vorgestellten Seminarprojekte zutrifft. Denn (auch) im philologischen Studium mangelt es nicht selten an Möglichkeiten, (oft mühsam) erworbene (außer-)sprachliche Kenntnisse in der Praxis zu erproben, indem man – von echten Schreib- bzw. Sprechanlässen ausgehend – mit Zielsprachesprechern agiert, um gemeinsam studien- aber auch berufsrelevante Aufgaben zu bewältigen und damit interkulturelle Lernprozesse anzustoßen. Um die genannte Lücke zu schließen, haben wir uns dazu entschlossen, mehrere Projekte für unsere Studierenden zu organisieren. Im Folgenden wird auf zwei gemeinsame Vorhaben eingegangen, an denen Germanistikstudierende der Adam-Mickiewicz-Universität Poznań (Koordinatorin: Agnieszka Pawłowska-Balcerska) und Studierende im Studiengang des Deutschen als Fremd- und Zweitsprache an der Universität Bielefeld (Koordinatorin: Tina Claußen) teilgenommen haben.

4.1 „Interkulturell ausgerichtetes Schreiben im E-Mail-Tandem" und „Interkulturelle Begegnungen – Poznań – Bielefeld" – Charakteristik der Projekte

An dem im Wintersemester 2016/2017 zwischen der Fakultät für Linguistik und Literaturwissenschaft der Universität Bielefeld und dem Institut für germanische Philologie der Adam-Mickiewicz-Universität Poznań veranstalteten und über fünf Wochen dauernden Projekt „Interkulturell ausgerichtetes Schreiben im E-Mail-Tandem"[25] haben sich insgesamt 14 Studierende im Bachelor beteiligt.

Für die beiden Projektseiten galt ein interkultureller Austausch als übergeordnetes Ziel, wobei auch die Förderung der fremdsprachlichen Schreibfertigkeit auf einem B2-Niveau nach dem Gemeinsamen Europäischen Referenzrahmen[26] genauso wie Ausprobieren unterschiedlicher Korrekturverfahren sowie Sammeln von Erfahrungen in Bezug auf die Vorbereitung, Durchführung und Evaluation internationaler Projekte angestrebt wurden.

Die Hauptaufgabe der Poznaner Studierenden bestand darin, einen Text „So sehe ich meine Landsleute" (ca. 300 Wörter) zu verfassen. Die Bielefelder Projektteilnehmenden sollten dagegen zu den schriftlichen Produktionen Stellung nehmen und sie korrigieren. Die Aufgabenverteilung wurde im E-Mail-Tandemprojekt folgendermaßen gestaltet:

- Erste Kontaktaufnahme (Poznaner und Bielefelder Studierende),
- Verfassen eines Textes „So sehe ich meine Landsleute" (Poznaner Studierende),
- Stellungnahme zum Textinhalt (Bielefelder Studierende),
- Antworten auf die E-Mails aus Bielefeld (Poznaner Studierende),
- Reflexion über potentielle Korrekturmöglichkeiten von Texten (Bielefelder Studierende),
- Präsentation von Texten und Diskussion darüber (Poznaner und Bielefelder Studierende),
- Verschicken überarbeiteter Texte an die Poznaner Studierenden (Bielefelder Studierende),

---

25 Zu den Projekteinzelheiten siehe Claußen/Pawłowska-Balcerska 2018 sowie Pawłowska-Balcerska 2019, 2022.
26 Trim/North/Coste 2001.

- Reflexion über die Bielefelder Korrekturverfahren und Antworten auf die E-Mails aus Bielefeld (Poznaner Studierende),
- Projektevaluation (Poznaner und Bielefelder Studierende).

Das vorgeschlagene Thema des Textes hat die Poznaner und Bielefelder Studierenden zu einer kritischen, distanzierten Reflexion (nicht nur) über die weit verbreiteten stereotypen Vorstellungen von Polen (z.B. Autodiebstahl oder hoher Alkoholkonsum) verleitet. Ganz im Gegenteil: Sowohl in den schriftlichen Arbeiten als auch in dem sie begleitenden E-Mail-Austausch wurde auf die Allgegenwärtigkeit, Merkmale und den Wahrheitsgehalt von Stereotypen hingewiesen, wobei oft vor Generalisierungen oder allzu weitgehenden Vereinfachungen bzw. Schlüssen gewarnt wurde:

> Text-Auszug 1 (PL): „Alles was genannt wurde, sind nur Stereotype. Die Menschen bilden sich Meinungen über andere Menschen ohne sie zu kennen und auf Grundlage von Geschichten, welche sie gehört haben"[27].
>
> Mail-Auszug 1(PL): „Es ist schwer, ein ganzes Land auf ein paar Eigenschaften und Besonderheiten zu reduzieren".

Darüber hinaus haben die beiden Seiten auch die gängigsten Stereotype über Deutsche (u.a. Humorlosigkeit, Pünktlichkeit) thematisiert und mit jenen über Polen verglichen. Eines der interessantesten Verdienste der Aufgabe war allerdings die Möglichkeit, auf die Suche nach Gemeinsamkeiten zu gehen, statt ausschließlich stets Unterschiede zwischen Polen und Deutschen zu betonen:

> Mail-Auszug 2 (DE): „Für äußerst spannend halte ich, dass Großpolen mehrere Entlehnungen aus dem Deutschen in ihrem Dialekt haben. Bitte nenn mir ein paar Beispiele!"
>
> Mail-Auszug 3 (PL): „Du hast auch nach deutsche Entlehnungen gefragt. Hier gibt's ein paar Beispiele:
>
> hajcować – heizen
> szrot – der Schrott
> fyrtel – das (Stadt)viertel
> lajsnąć sobie coś – sich etwas leisten
> glaca – die Glatze
> eka – die Ecke
> pana – die Panne
> leberka – die Leberwurst"

Zwar gelten Stereotype als ein schwieriges, komplexes oder von manchen sogar als heikel empfundenes Thema, aber ihre Präsenz im Kontakt mit fremden Sprachen und Kulturen ist doch unvermeidbar. Didaktisch gut aufbereitet und in ein Seminarprojekt

---

27 Alle Studentenaussagen wurden im Originalwortlaut in den Beitrag übernommen.

eingebettet können stereotype Vorstellungen zur Reflexion über sich selbst und über andere verleiten. Dies kann wieder zum Reduzieren stereotyper Bilder und zu einem Hinterfragen nationaler Bilder und Zuschreibungen generell beitragen.

Das Projekt „Interkulturelle Begegnungen – Poznań – Bielefeld", an dem sich insgesamt 13 Personen aus Polen und Deutschland[28] beteiligt haben, wurde dagegen im Wintersemester 2019/2020 veranstaltet[29]. Folgende Ziele wurden im Rahmen des Vorhabens realisiert:

- Förderung des interkulturellen Austauschs (Poznaner und Bielefelder Studierende),
- Erproben eines internationalen Projekts zum interkulturellen Lernen (Studierende, die einen Lehrerberuf anstreben),
- Förderung der kommunikativen Kompetenz (Poznaner Studierende).

Das polnisch-deutsche Seminarprojekt bestand aus folgenden Phasen:

- Erstellen eines Vorstellungsvideos (Poznaner und Bielefelder Studierende),
- Verfassen eines Textes „Drei Dinge, die ich von Menschen, die in Deutschland leben, gern wissen möchte" (Poznaner Studierende) bzw. Verfassen eines Textes „Drei Dinge, die ich von Menschen, die in Polen leben, gern wissen möchte" (Bielefelder Studierende) und schriftliche Stellungnahme zu den Fragen des jeweiligen Partners,
- Gemeinsames Sammeln von interkulturellen Witzen und Memes als Stereotypenträger (Poznaner und Bielefelder Studierende),
- Erstellen eines gemeinsamen Produkts zum Thema „Studieren in Poznań und Bielefeld" (Poznaner und Bielefelder Studierende),
- Präsentation der obigen Produkte im Poznaner Seminar (Poznaner und Bielefelder Studierende),
- Evaluation des Vorhabens im Seminar (Poznaner und Bielefelder Studierende).

Alle Aufgaben bildeten einen Ausgangspunkt von regen Diskussionen sowohl unter den Projektpartnern als auch im Poznaner und Bielefelder Seminar. Sie erlaubten eine vertiefte Reflexion über sprachlich-kulturelle Phänomene im eigenen Land genauso wie über jene im Nachbarland vorzunehmen – auch aus der Sicht internationaler Bielefelder Studierender, die nicht in Deutschland geboren wurden. Zu einer besseren Veranschaulichung werden unten zwei „Briefwechsel" Poznaner und Bielefelder Studierender zur Aufgabe „Drei Dinge, die ich von Menschen, die in Polen/Deutschland leben, gern wissen möchte" präsentiert:

> Aussage 1 (PL): „Einen wichtigen Schwerpunkt unserer Seminare und somit auch des Projekts bilden Stereotype, die die Bewohner des jeweiligen Landes betreffen. In der Mentalität vieler Polen (aber sicherlich nicht nur) ist ein Bild des pünktlichen, ordentlichen und sich immer an Regeln und Vorschriften hal-

---

28 Darunter waren sechs polnische Studierende im Bachelorstudium und sieben deutsche Studierende im Bachelor- und Masterstudium.
29 Aus Platzgründen wird auch auf dieses Projekt nicht ausführlich eingegangen. Mehr dazu siehe in Pawłowska-Balcerska 2020 und Claußen 2022.

tenden Deutschen sehr tief verankert. Kannst du das bestätigen? Sehen sich die Deutschen auch so? Ich habe schon einige Erfahrungen gesammelt, aber ich möchte dich danach fragen als Person, die schon länger in Deutschland wohnt."

Aussage 2 (DE): „Man hört von diesen von dir aufgelisteten Stereotypen fast immer, wenn man mit dem Land selber nicht viel zu tun hat bzw. das erste Mal nach Deutschland kommt. Nach einer Weile redet man aber gar nicht mehr darüber, denn man nimmt es endlich wahr, dass das wirklich nur Stereotypen sind. Man könnte vielleicht eventuell von sogenanntem „ordentlich sein" reden. Das wäre dann aber auch eher im Sinne von Bürokratie. Vieles ist ganz klar getrennt und strukturiert in Deutschland. Wenn du mehr über Pünktlichkeit erfahren möchtest, würde ich an deiner Stelle mir die sogenannte „Deutsche Bahn" anschauen. Mir fällt gerade nicht auf, wann ein Zug das letzte Mal pünklich gekommen war, auf den ich gewartet hatte. Die Pünktlichkeit ist, glaube ich, das, was man am meisten übertreibt. Ich denke, dass man sich in Deutschland an die Regeln genauso viel/ wenig hält wie in einem anderen europäischen Land aber da fehlt mir die Erfahrung."

In diesem Beispiel zeigt sich, dass ein gängiges Klischee über „die Deutschen" von einer Person, die in Bielefeld lebt, relativiert und hinterfragt wird. Ähnliches wird auch in dem folgenden Beispiel deutlich:

Aussage 3 (PL)[30]: „Hat man als Deutsche wirklich den Eindruck, dass man im reichsten Land Europas lebt? Ist das für eine Person die in Deutschland lebt wirklich spürbar, dass die Lebenskosten so niedrig sind? Vielleicht außerhalb Miete und Dienstleistungen […]. Wie spürt man das persönlich.

(Ich meine alle Aspekte die sich auf Ökonomie, Lebensstandard beziehen. In Polen ist es schon häufig frustrierend, dass die Preise von Produkten gehen langsam sogar nach oben und die Löhne nicht so.

Beispielsweise, ein Cappuccino in Polen kostet 10 zlotys, manchmal sogar 11/12 das entspricht dem Preis - 2,50€ oder 3€. Problem liegt nur daran, dass die Löhne viermal niedriger sind. […]."

Aussage 4 (Teil 1) (DE): „Die Frage ist wirklich spannend aber schwer zu beantworten, denn man muss sehr viele Aspekte beachten, um diese Frage zu beantworten und da ich schon viele Stunden mit der Frage verbracht habe, aber keine richtige Antwort habe, gehe ich nun doch von mir aus […]. Reichtum oder Armut können nur in Relation gesehen werden. Da es in unserem Zusammenhang „Polen, Deutschland und Europa" nicht zielführend ist, über Reichtum und Armut zu sprechen, während es Menschen in der Welt gibt, die ihre Grundbedürfnisse nicht einmal befriedigen können und an Nahrungsmangel sterben,

---

30 Dieses Beispiel wird auch in Claußen 2022 angeführt, allerdings weniger stark gekürzt.

werde ich diesen Aspekt ausklammern (müssen). [...] Deutschland ist zwar auf Platz 4 der Länder nach Gesamtvermögen nach den USA, China und Japan. Wenn aber das Pro-Kopf-Vermögen betrachtet wird, ist Deutschland auf Platz 21. Betrachtet man die ganze Welt, ist das weit oben. [...]."

Im weiteren Verlauf ihres dreiseitigen Textes beschreibt die Bielefelder Studentin ihre persönliche finanzielle Situation und schlussfolgert:

> Aussage 4 (Teil 2) (DE): „Ich möchte damit nur aufzeigen, dass der Reichtum eines Landes nicht zwingend etwas mit der persönlichen Situation eines Menschen zu tun hat. Nicht alle Unternehmen haben Gewerkschaften oder Tarifverträge. [...]. Persönlich kenne ich keine reichen oder wohlhabenden Menschen mit riesigen Häusern, teuren Autos, die Markenkleidung tragen und in schicken Hotels Urlaub machen. Ich habe aber manchmal das Gefühl, dass Ausländer diese Vorstellungen von Deutschland haben und dann enttäuscht sind, dass alles ganz anders ist, wenn sie hier wohnen möchten."

Die gestellten Aufgaben ermöglichen es somit, die in der jeweiligen Gesellschaft zum Teil fest verankerten Vorstellungen von sich selbst bzw. vom Nachbarland unter einem breiteren, beidseitigen Blickwinkel einer Analyse zu unterziehen, um diese letztendlich zu bestätigen oder – ganz im Gegenteil – zu relativieren und zu hinterfragen.

4.2 Interkulturelles Lernen in internationalen Projekten im Hochschulbereich – eine Bilanz von Chancen und Problemen

Bei einer näheren Betrachtung der oben präsentierten Projekte kann man viele Gemeinsamkeiten zwischen den beiden aufdecken. Im Folgenden werden sowohl das Potenzial als auch die Schwierigkeiten beleuchtet, die mit der Organisation, Durchführung und Nachbereitung der beiden Projekte verbunden waren.

Alle internationalen Seminarprojekte erfordern von ihren Koordinierenden, organisatorische Fragen zu klären. Dadurch können die einzelnen Projektphasen, die Aufgabenverteilung sowie Termine festgelegt werden. Für die meisten Studierenden kann dies als eine ihre Arbeit erheblich erleichternde Orientierungshilfe gelten. Manche können allerdings einen detailliert ausgearbeiteten, festen Ablaufplan als Einschränkung empfinden. Andererseits können gerade die zeitliche Undiszipliniertheit, unsystematischer Kontakt oder unregelmäßige Arbeit an den einzelnen Aufgaben nicht nur zu Verschiebungen bzw. Verspätungen bei der Projektrealisierung führen, sondern auch bei motivierten Projektteilnehmenden Frustrationen auslösen, wie die folgenden Aussagen zeigen:

> Aussage 5 (2019/2020, PL): „Wenn es um Schwächen geht, war die Kommunikation zwischen uns und unseren Partnern sehr oft problematisch."

Darüber hinaus kann auch der Grad der Offenheit dem Partner gegenüber für den (Miss-)Erfolg der Zusammenarbeit ausschlaggebend sein:

> Aussage 6 (2016/2017, PL): „[…] man sollte ein bisschen persönlich zu schreiben, nicht nur offiziell (das macht eine bessere Atmosphäre)."
>
> Aussage 7 (2016/2017, PL): „Die Teilnahme an dem Schreibprojekt macht keinen Spaß, wenn einer der Tandempartner keine Lust hat, sich zu engagieren."

Das Einbetten des Projekts in das jeweilige Seminar gehört wegen unterschiedlicher Fachcurricula und verschiedener Vorlesungszeiten in den kooperationswilligen Ländern eher zu den schwierigen Aufgaben. Andererseits ermöglicht es aber die Teilnahme am Projekt zu einer obligatorischen Komponente des Unterrichts zu machen und damit für eine konstante Teilnehmerzahl zu sorgen. Allerdings lässt sich nie voraussehen, wie viele Personen sich in das Seminar eintragen und damit mit welcher Gruppenstärke auf der jeweiligen Projektseite zu rechnen ist. Darüber hinaus erlaubt das Integrieren des Projekts in das Seminar, systematische Reflexionsphasen einzuplanen, die ein unentbehrlicher Bestandteil eines jeden Projekts sein sollten:

> Aussage 8 (2019/ 2020, PL): „Seminare haben auch zu den zahlreichen Diskussionen geführt, die leider an polnischen Universitäten nicht immer offensichtlich sind."

An dieser Aussage zeigt sich, dass Projekte Freiräume für Inhalte eröffnen können, die von den Lehrenden nicht geplant und vorgegeben werden, sondern sich aus der Interaktion mit den Projektpartnern entwickeln können. In unserem Projekt im Wintersemester 2019/20 wurden derartige Themen von den Studierenden oftmals auch unabhängig von den geplanten Inhalten und Aufgaben im Seminar meist über digitale soziale Netzwerke wie Facebook oder WhatsApp diskutiert. Auf diese Kommunikation haben wir als Lehrende keinen Zugriff und es können daher keine konkreten Beispiele angeführt werden, allerdings flossen Inhalte aus diesem eher informellen Austausch teilweise in die Seminargespräche ein.

Eine nicht geringe Aufmerksamkeit gebührt auch den Projektaufgaben selbst, die durch sprachlich-kulturell-fachdidaktisches Potenzial gekennzeichnet werden und damit in vielerlei Hinsicht lernförderlich wirken sollten. Auch Studierende stellen zahlreiche Anforderungen an Aufgaben bzw. an das Projekt selbst:

> Aussage 9 (2016/2017, DE): „Die Aufgaben sollen den Lernern Spaß machen, damit die Motivation auch vorhanden ist."
>
> Aussage 10 (2016/2017, PL): „Mir gefällt, dass man nicht nur praktische Sachen lernt, sondern auch kulturelle Sachen kennenlernen kann."
>
> Aussage 11 (2019/2020, DE): „Das Projekt hat mir nach einer langen theoretischen Phase in meinem Studienverlauf wieder einen praktischen Bezug vermittelt."

Die Heterogenität der jeweiligen Gruppe in Bezug auf Erstsprachen und Herkunftsländer kann zweifelsohne zu einer bereichernden Horizonterweiterung führen:

Aussage 12 (2019/2020, PL): „Zusätzlich erweitert die Arbeit mit Menschen aus unterschiedlichen Kulturkreisen die Möglichkeiten. Dank der Zusammenarbeit können Sie überraschende, umfassendere und interessante Ergebnisse erzielen."

Allerdings wiesen in Einzelfällen Studierende aus Bielefeld, deren Erstsprache nicht Deutsch ist, sprachliche Defizite im Bereich der Lexik und Grammatik auf, die sich auf die Zusammenarbeit und Projektergebnisse teilweise negativ auswirkten. Da sich die Poznaner Studierenden von der Zusammenarbeit auch individuelles Feedback zur sprachlichen Korrektheit ihrer mündlichen und schriftlichen Äußerungen erhofften und Bielefelder Studierende schriftliche Korrekturverfahren im ersten Projekt kennenlernen und erproben sollten, ist bei der Zusammensetzung von Paaren bzw. Gruppen darauf zu achten, dass mindestens eine Person entweder Deutsch als Erstsprache erworben hat oder über Deutschkenntnisse auf einem C2-Niveau nach dem Gemeinsamen Europäischen Referenzrahmen[31] verfügt.

Keinesfalls erheben wir einen Anspruch auf Vollständigkeit der oben präsentierten Liste von Potenzialen und Schwierigkeiten internationaler Seminarprojekte, da jedes Projekt eine gewisse Spezifik aufweist und demzufolge mit unterschiedlichen Vor- und Nachteilen verbunden ist. Wir plädieren allerdings mit Nachdruck für solche Vorhaben, denn diese lassen sich in den Hochschulalltag ohne finanziellen Aufwand integrieren und liefern Lehrenden genauso wie Lernenden zahlreiche wertvolle Impulse für den didaktischen Prozess, ohne die dieser nur unvollständig bleibt.

5 Schlussfolgerungen

Wie wir bereits bemüht waren, zu veranschaulichen, liegt in internationalen Seminarprojekten viel Potenzial, das allerdings didaktisch durchdacht aufbereitet werden muss, damit Studierende davon profitieren können. Derartige Projekte – wie sicherlich auch alle anderen Projekte im Hochschulbereich – verlangen Koordinierenden neben einem gewissen „Erfindungsgeist" auch viel Flexibilität und Kompromissbereitschaft ab. Sie ermöglichen es, über die räumlichen Grenzen hinweg hinauszugehen und durch vielfältige, studien- und berufsbezogene Aufgaben, eine Brücke zwischen der Theorie und Praxis zu schlagen sowie interkulturelle Lernprozesse anzustoßen.

Wie bereits dargelegt, wäre es auf einer eher theoretischen Ebene für weitere Projekte sinnvoll, das jeweilige Verständnis von Kultur und Interkulturalität zu klären und zu differenzieren, da so Projektziele trennschärfer formuliert werden können und auf einer solchen Grundlage ggf. das Erreichen dieser Ziele besser evaluiert werden könnte. Wie bereits in Abschnitt 3 dieses Beitrags erwähnt, wäre es unter Umständen auch sinnvoll, das interkulturelle Lernen um eine transkulturelle Perspektive nach dem Verständnis von Rogge[32] oder Reimann[33] zu erweitern.

---

31 Trim/North/Coste 2001.
32 Rogge 2014.
33 Reimann 2015.

Eins ist allerdings unbedingt hervorzuheben: Da das Lernen im Projektrahmen nicht vorhersagbar, nur bedingt steuerbar und von außen eingeschränkt planbar ist[34], müssen Koordinierende stets mit Schwierigkeiten rechnen, die beim Vorbereiten, Begleiten und Nachbereiten von Projekten auftreten können und des Öfteren ad hoc bewältigt werden müssen. Gerade in der heutigen Zeit sollten u.E. diese Mühen allerdings nicht gescheut werden und es bleibt zu hoffen, dass auch künftig Curricula, weitere Anforderungen und administrative Vorgaben Lehrenden und Studierenden genügend Freiräume eröffnen, um offen Gemeinsamkeiten und Unterschiede zwischen Individuen und Gruppen im direkten Austausch wahrzunehmen, sich mit ihnen auseinanderzusetzen und miteinander im Dialog zu bleiben.

Literatur

Albert, Ruth; Adamczak-Krysztofowicz, Sylwia; Jentges, Sabine: Hochschulen international vernetzen. Internationale Lehrkooperationen in der Germanistik und in Deutsch als Fremdsprache, Baltmannsweiler 2017.

Altmayer, Claus: Interkulturalität, in: Handbuch Deutsch als Fremd- und Zweitsprache, hg. von Claus Altmayer, Katrin Biebighäuser, Stefanie Haberzettl und Antje Heine, Stuttgart 2020.

Adamczak-Krysztofowicz, Sylwia; Jentges, Sabine; Stork, Antje: Internationale Kooperationen in der Lehre im Fach Deutsch als Fremdsprache - ein Überblick, in: Info DaF 5 (2014), Nr. 41.

Bechtel, Mark: Interkulturelles Lernen beim Sprachenlernen im Tandem, Tübingen 2003.

Boockmann, Bernhard; Klee, Günther, unter Mitarbeit von Vera Brücher, Sarah Hofmann, Anela Kirenz, Raphaela Koch, Valeska Lauer und Bettina Schaupp: Kooperation der Hochschulen im Bereich der Wirtschaftswissenschaften in der Metropolregion Stuttgart. Abschlussbericht an die IHK Reutlingen und die IHK Region Stuttgart durch das Institut für Angewandte Wirtschaftsforschung e. V. (IAW), Tübingen Abschlussbericht an die IHK Reutlingen und die IHK Region Stuttgart, 2010, https://www.iaw.edu/team-directors-and-management/bernhard-boockmann.html?file=files/dokumente/iaw_studie_hochschulkooperationen_april_2010.pdf [abgerufen am 12.09.2024].

Claußen, Tina: Begegnungen in internationalen Seminarprojekten, in: Berufung DaF/DaZ. Festschrift zum 65. Geburtstag von Prof. Dr. Uwe Koreik. Band 1, hg. von Nazan Gültekin-Karakoç und Roger Fornoff, Göttingen 2022.

Claußen, Tina; Pawłowska-Balcerska, Agnieszka: Internationale Lehrkooperationen am Beispiel eines deutsch-polnischen E-Mail-Tandems mit fortgeschrittenen Deutschlernenden und angehenden DaF-Lehrenden, in: InfoDaF (2018), Nr. 5 (45).

Decke-Cornill, Helene; Küster, Lutz: Fremdsprachendidaktik. Eine Einführung. 3. vollst. überarb. und erw. Auflage, Tübingen 2015.

Delanoy, Werner: Transculturality and (inter-)cultural learning in the EFL classroom, in: Cultural studies in the EFL classroom, hg. von Werner Delanoy, Laurenz Volkmann, Heidelberg 2006.

Eberhardt, Jan-Oliver: Methoden des inter- und transkulturellen Lernens, in: Handbuch Methoden im Fremdsprachenunterricht, hg. von Wolfgang Hallet, Frank G. Königs und Hélène Martinez, Hannover 2020.

---

34 Vgl. auch Bechtel 2003.

Hallet, Wolfgang; Frank G. Königs und Hélène Martinez (Hg.): Handbuch Methoden im Fremdsprachenunterricht, Hannover 2020.

Honnef-Becker, Irmgard: Von der Interkulturalität zur Transkulturalität als neuer Perspektive in der Fachdidaktik Deutsch, in: Deutsch als Zweitsprache. Inter- und transdisziplinäre Zugänge, hg. von Inci Dirim und Anke Wegner, Opladen, Berlin, Toronto 2021.

Pawłowska-Balcerska, Agnieszka: Stereotypen geht es gut. Ein Beitrag zu stereotypischem Denken polnischer und deutscher Studierender am Beispiel eines E-Mail-Tandemprojekts, in: Glottodidactica (2019), Nr. XLVI/2.

Pawłowska-Balcerska, Agnieszka: Komunikacja interkulturowa na przykładzie polsko-niemieckiego projektu "Interkulturelle Begegnungen – Poznań – Bielefeld" („Spotkania interkulturowe – Poznań – Bielefeld") – możliwości i ograniczenia, in: Rola języków w komunikacji międzykulturowej, hg. von Ilona Koutny, Ida Stria und Michael Harris, Poznań 2020.

Pawłowska-Balcerska, Agnieszka: „Es ist schwer, ein ganzes Land auf ein paar Eigenschaften und Besonderheiten zu reduzieren" – Zu nationalen Stereotypen polnischer und deutscher Studierender, in: Germanica Wratislaviensia (2022), Nr. 147.

Reimann, Daniel: Methoden des interkulturellen Fremdsprachenlernens, in: Handbuch Methoden im Fremdsprachenunterricht, hg. von Wolfgang Hallet, Frank G. Königs und Hélène Martinez, Hannover 2020.

Reimann, Daniel: Inter- und transkulturelle kommunikative Kompetenz, 2015, https://www.uni-due.de/imperia/md/content/prodaz/reimann_intertranskulturelle_kompetenz.pdf [abgerufen am 12.09.2024].

Rogge, Michael: Going beyond the limitations of one's own culture – Inter- und transkulturelle Lernerfahrungen in fremdsprachlichen Begegnungsprojekten, in: Transkulturelles Lernen im Fremdsprachenunterricht. Theorie und Praxis, hg. von Frauke Matz, Michael Rogge und Philipp Siepmann, Frankfurt a.M. 2014.

Trim, John; North, Brian; Coste, Daniel: Gemeinsamer Europäischer Referenzrahmen für Sprachen: lernen, lehren, beurteilen, Berlin 2001.

Welsch, Wolfgang: Was ist eigentlich Transkulturalität?, in: Hochschule als transkultureller Raum? Beiträge zu Kultur, Bildung und Differenz, hg. von Lucyna Darowska, Claudia Machold und Thomas Lüttenberg, Bielefeld 2010.

Würffel, Nicola; Schumacher, Nicole: Virtual Exchanges in Deutsch als Fremd- und Zweitsprache, in: Deutsch als Fremdsprache. Zeitschrift zur Theorie und Praxis des Faches Deutsch als Fremdsprache (2022), Nr. 3.

Internetbasierte interkulturelle Planspiele im akademischen DaF-Unterricht

Konzeptionelle Grundlagen und Potenzial für interkulturelles Lernen in kulturdiversen Teams

Maciej Mackiewicz

1 Einleitung

Als im Sommersemester 2012 das erste internationale Online-Planspiel „Interculture 2.0" gestartet ist, das ich mit Jürgen Bolten, dem Autor des Konzepts, mitkoordinierte, war die direkte interkulturelle Kommunikation der SpielteilnehmerInnen (TN) via „Virtual Classroom" eine frappierende Neuheit und eine völlig neue Erfahrung sowohl für die Studierenden wie auch DozentInnen. Sieben 3- bis 4-stündige Runden des damals sehr innovativen Planspiels, die Studierende aus Hamburg, Urbino, Warschau und Poznań zwei Monate lang intensiv beschäftigten, genossen schon deshalb eine Sonderstellung unter den Lehrveranstaltungen, als dass sie an allen vier Universitäten die einzigen waren, die fast ausschließlich Instrumente des E-Learning einsetzten und eine internetbasierte internationale Kooperation vorsahen. Auch wenn die einzelnen Teams damals jeweils in einem Seminarraum zusammentrafen und die Intergruppen-Kommunikation in Präsenz, Face-to-Face stattfand, wurden alle anderen, internationalen und interkulturellen, Aktivitäten auf Online-Modus umgestellt. In den folgenden Jahren war dieser Modus im europäischen Hochschulwesen eher Ausnahme als Regel. Und dann kam Anfang 2020 die COVID-19-Pandemie und auf Anhieb wurden Online-Planspiele „nur" ein Teil des gesamten Online-Lehrangebots. Virtuelle Meetings sind zur Alltäglichkeit geworden und man hätte denken können, dass auch Online-Planspiele an einem gewissen Reiz verloren haben. Doch alles in allem machen nicht die technologischen Faktoren und digitale Lernumgebung interkulturelle Simulationen und Planspiele so wertvoll und attraktiv, sondern die authentische Interkulturalität, die durch solche Spiele hergestellt wird und dabei interkulturelles Lernen (auch im DaF-Unterricht) und damit auch Vermittlung interkultureller Kompetenz fördert. Die durch interkulturelle Planspiele erzeugte Interkulturalität kann als „kulturreflexiv" bezeichnet werden. Diese Kulturreflexivität, im von Nazarkiewicz[1] postulierten Sinne, kann einer-

---

1 Nazarkiewicz 2016. Mehr zu diesem Konzept bei Mackiewicz im einleitenden Beitrag in diesem Band.

seits als methodologischer Ansatz wie auch als Lernziel der interkulturellen Planspiele schlechthin verstanden werden.

2 Planspiele und Simulationen als Teil des interkulturellen E-Learning

Internetbasierte Plan- und Simulationsspiele sind in den letzten Jahrzehnten zu wichtigen Lehr- und Lernmethoden in der Hochschuldidaktik geworden und ihre Entwicklung und Implementierung ist positiv mit der Entwicklung von Web 2.0 und dem Paradigmenwechsel der virtuellen Interaktion korreliert. Die Internet-User selbst haben seitdem mehr zu sagen und sind in größerem Maße Mitgestalter der Inhalte, Akteure in der virtuellen Welt und Auslöser von Interaktionen. Der rasche technologische und infrastrukturelle Fortschritt und die Verbreitung schnellen Breitbandinternets hat dazu beigetragen, dass die synchron verlaufende Kommunikation mit Ton und Bild in HD-Qualität sich immer mehr an die Standards einer Face-to-Face-Begegnung nähert. Interkulturelle Planspiele, auch die im Dienste der Fremdsprachendidaktik, können davon nur profitieren.

Plan- und Simulationsspiele versuchen „bestimmte abstrakte Merkmale der Realität einzufangen, die für die angestrebten Lernziele (…) wichtig erscheinen: Komplexität (großer Umfang und hohe Vernetztheit), Dynamik (sowohl durch die selbständige Veränderung der Spielwelt als auch durch die Interaktion mehrerer Spieler), Intransparenz (d.h. unvollständige Information) und damit Entscheidungsunsicherheit"[2]. Bei interkulturellen Planspielen muss naturgemäß Interkulturalität vorhanden sein und sie kann direkter, indirekter oder impliziter Natur sein[3]. Bei der direkten Interkulturalität sind verschiedene, reale oder fiktive Kulturen ein integraler Bestandteil des Spielkonzepts, indirekt ergibt sich Interkulturalität aus der sprachlichen und kulturellen Vielfalt der Spielenden und bei der impliziten Interkulturalität entstehen eventuelle Konfliktsituationen nicht oder nicht nur aus den kulturellen Unterschieden der Spielenden, sondern aus den im Spieldesign angelegten konfligierenden Rolleninteressen sowie Machtdifferenzen und Ressourcenungleichheiten[4].

Interkulturelle Spiele, in denen Interkulturalität durch Einbeziehung von fiktiven Kulturen erzeugt wird, erinnern in gewissem Maße an Rollenspiele, also eine Technik, bei der sich die Lernenden oder TrainingsteilnehmerInnen in vordefinierte Rollen hineinversetzen und entweder nach vorgegebenen Spielregeln oder hinsichtlich eines zu erreichenden Ziels interagieren[5]. Allerdings zeichnen sich Planspiele und Simulationen, im Gegensatz zum Rollenspiel, vor allem dadurch aus, dass Gruppen von TeilnehmerInnen als Handlungsträger in wechselnden Szenen und Situationen agieren[6].

Bei solchen Simulationen, in denen die Rollen den ausgedachten Kulturen verpflichtet sind, handelt es sich um vereinfachte und abstrakte Konventionen, die den TeilnehmerInnen als Kulturen präsentiert werden, die sich von den aus dem Alltag bekannten

---

2 Strohschneider 2010, S. 242.
3 Vgl. Rebane/Arnold 2021, S. 100.
4 Ebd., S. 100f.
5 Rathje 2010, S. 220.
6 Ebd., S. 221.

komplexen Systemen unterscheiden. Die jeweiligen kulturellen Skripte sind durch die Spielregeln vorgegeben, es handelt sich also in diesen Fällen um direkte Interkulturalität. Die Kultur, die die SpielerInnen vertreten sollen, verlangt, dass sie einige ihrer einfachen Regeln erlernen, um sie dann in Interaktionen sowohl mit den „Eigenen" wie mit den „Fremden" frei anwenden zu können. Das Hauptziel solcher Simulationen besteht darin, mit der Andersartigkeit einer anderen Kultur in Kontakt zu kommen und die Schwierigkeiten zu erleben, die sich daraus ergeben. Die Schwierigkeiten sind sowohl kognitiver (Unverständnis) als auch emotionaler Natur (Gefühl, ignoriert zu werden, unangenehme Überraschungen, Beunruhigung und Unsicherheit)[7].

Das Wesentliche an dieser Art von Spielen ist der starke Kontrast zwischen den Kulturen, in die sich die TeilnehmerInnen versetzen. Die Identifikation mit der ‚eigenen' Kultur führt zu Beginn des Spiels in der Regel zu ethnozentrischen Haltungen, die in realen interkulturellen Kontakten so typisch sind, um in den Endphasen und beim Abschluss die Fähigkeit zu isomorphen Attributionen[8] zu erlangen, d. h. das Verhalten der Partner aus der ‚fremden' Kultur entsprechend ihrer Intentionen und auf der Grundlage des fremdkulturellen Orientierungssystems interpretieren zu können. Als eins der Beispiele für ein Simulationsspiel mit Phantasie-Kulturen kann das Spiel BaFá BaFá genannt werden, bei dem die TN in die Alpha- und die Beta-Kultur eingeteilt werden[9]. Die „Alphas" sind patriarchalisch organisiert[10] und beziehungsorientiert, sie erinnern an „High-Context-Kulturen" im Sinne von Edward T. Hall[11]. Die „Betas" stellen dagegen eine extrem kompetitive Kultur dar, in der die Menschen nach ihrem wirtschaftlichen Erfolg definiert werden. Bei allen Vorteilen von solchen Simulationen mit fiktiven Kontexten, die ja auf allgemeinem Niveau interkulturelle Erlebnisse ermöglichen und über Interkulturalität reflektieren lassen, können auch negative Aspekte genannt werden[12]: Die Spiele werden häufig nicht ernst genommen und so können die TN die Verantwortung für Misserfolge nicht richtig einsehen oder übernehmen und falls fiktive exotische Kulturen Bezüge zu tatsächlich existierenden Kulturen nahe legen, kann es zu unbeabsichtigten Vorurteilsverstärkungen kommen. Bei solchen Risiken ist die Rolle der ModeratorInnen nicht zu unterschätzen, denn gerade „Facilitators" (in der interkulturellen DaF-Didaktik sind das die DaF-Lehrkräfte) gehen der Aufgabe nach, bestimmte Schlüsselmomente auszuwerten, Einstellungen, Haltungen, Handlungen und Reaktionen der TN in Debriefing- oder Evaluationsphasen zu besprechen und Probleme oder Fehlinterpretationen zu thematisieren.

---

7 Vgl. Boski 2010, S. 591–592.
8 Vgl. Triandis 1975.
9 Vgl. Dukes/Fowler/Dekoven 2011.
10 Die neueste Version der BaFá BaFá-Simulation ist geschlechtsneutral und die patriarchalische Gesellschaft wird durch Hierarchie ersetzt (vgl. Informationen auf der Webseite von Simulation Training Systems, dem offiziellen Herausgeber des Spiels: https://www.simulationtrainingsystems.com/schools-and-charities/products/bafa-bafa - abgerufen am 19.05.2023).
11 Hall 1989, S. 105–116.
12 Siehe Bolten 2012, S. 139.

Die im Folgenden näher erörterten interkulturellen Planspiele gehen grundsätzlich nicht von fiktiven Kulturen aus, auch wenn sie fiktive, etwa geographische oder wirtschaftliche Kontexte berücksichtigen und fiktive Narrative heranziehen. Die einbezogenen Kulturen sind insofern authentisch, als sie ja Kulturen der Spielenden selbst sind. Bilden die TN eine kulturheterogene Gruppe, so ergibt sich daraus indirekte Interkulturalität. Interkulturelle Interaktionen, Handlungen und Kooperationen resultieren wiederum aus dem methodischen Ansatz. Interkulturelle Online-Trainings können einem der drei Nutzungsszenarien entsprechen[13]: (1) Distributive/ instruktive Ansätze (*learning by distributing, teaching by instruction*), die eher lehrzentriert sind; (2) Interaktive Methoden (*learning by interacting*) mit einer stärkeren Betonung des Lernprozesses und der Teilnehmerinteraktion; (3) Kollaboratives Lernen (*learning by collaboration*) auf der Basis offener, projektorientierter Lehr- und Lernszenarien. Da die interkulturellen Planspiele naturgemäß sehr stark handlungs- und kooperationsorientiert sind, sind sie sowohl dem interaktiven als auch kollaborativen Lernen verpflichtet. Weg und Ziel solcher internetbasierten Planspiele ist interkulturelle virtuelle Teamarbeit: „Von virtueller Teamarbeit kann dann gesprochen werden, wenn die Interaktionsbeziehungen zwischen räumlich verteilten Teams *überwiegend* mit Hilfe digitaler Informations- und Kommunikationsmedien realisiert werden."[14] Die konzeptionelle Komplexität der Spiele erlaubt es allerdings auch, vom instruktiven Ansatz zu sprechen, weil in den Anfangsrunden ggf. kurze Vorträge zum Kulturbegriff und interkulturellen Aspekten der Kommunikation präsentiert werden können.

3 Charakteristik der Planspiele „Interculture 2.0", „Megacities" und „Bilangon"

„Interculture 2.0", „Megacities" und „Bilangon" sind interkulturelle Planspiele, die seit mehreren Jahren im Rahmen von Glocal Campus[15] erfolgreich international eingesetzt werden. Glocal Campus ist ein akademisches Netzwerk, das von Universitäten und Hochschulen aus der ganzen Welt zur Förderung der interkulturellen Didaktik gegründet und von der Friedrich-Schiller-Universität in Jena koordiniert wurde. Spiele, die unter anderem auf die Entwicklung interkultureller Kompetenz abzielen, konfrontieren die TeilnehmerInnen schon früh mit interkulturellen Herausforderungen: Wie koordiniert man die Arbeit von drei oder vier Teams, die in verschiedenen Bildungssystemen und nach unterschiedlichen Semesterplänen arbeiten? Wie findet man sieben („Interculture 2.0") oder vier ggf. fünf („Megacities", „Bilangon") gemeinsame Termine für 3–4-stündige Spielrunden? Nicht zu unterschätzen ist auch der kulturelle Kalender (verschiedene Feste und Feiertage), der manchmal die Einplanung von Spielrunden erschwert. Simulationsspiele, die eine Online-Verbindung erfordern, stellen die TN und insbesondere die für organisatorische Fragen zuständigen KoordinatorInnen vor erhebliche Herausforderungen, wenn SpielerInnen beispielsweise einen unterschiedlichen religiösen Hintergrund haben. Die polnischen Teams, deren Spiel ich koordiniert habe,

---

13 Vgl. Bolten 2010a, S. 400; Bolten, 2010b, S. 265–270; Bolten 2016, S. 84.
14 Bolten/Berhault 2018, S. 108f.
15 https://glocal-campus.org

hatten zum Beispiel Schwierigkeiten bei der Planung von Treffen mit ihren Partnern in Sofia, als sich herausstellte, dass auf die polnischen Ferien und die Osterfeiertage nach dem julianischen Kalender eine Ferienpause folgte, die mit dem orthodoxen Osterfest in Bulgarien zusammenhing. Das Team aus Kairo wiederum akzeptierte die für die polnische Seite sehr günstigen Freitagstermine nicht, da dies ein gesetzlicher Feiertag in Ägypten ist und das Universitätsgebäude an diesem Tag geschlossen ist. Als Gegenvorschlag der ägyptischen PartnerInnen gab es stattdessen Sonntagstermine, die vom polnischen Team entschieden abgelehnt wurden. Dilemmas dieser Art sind eine Art kognitiver Bonus, der nur beiläufig auftritt, aber den TN die Möglichkeit bietet, direkt etwas über (fremd)kulturelle Spezifik in Bezug auf die Organisation der Arbeitswoche oder religiöse und gesetzliche Feiertage zu lernen. Die Spiele selbst ermöglichen bereits die Entwicklung von Kompetenzen auch in der konativen oder affektiven Dimension, worauf noch eingegangen wird.

Bei dem Spiel „Interculture 2.0" treffen vier Teams über eine E-Learning- oder Kollaborationsplattform (wie z.B. Zoom oder MS Teams) im virtuellen Seminarraum aufeinander, wobei jedes Team eine andere Hochschule repräsentiert.

Das Spiel basiert auf einem Szenario, das den Wettbewerb auf dem Markt für die Herstellung von Trinkflaschen betrifft. Jedes Team gründet ein Unternehmen, das Trinkflaschen herstellt, und gibt ‚seinem' Unternehmen zu Beginn einen Namen und formuliert sein Konzept. Dem Szenario zufolge besteht das dringende Problem für die Unternehmen darin, dass sie gegenüber einem anderen Konzern, der die Weltmärkte entscheidend beherrscht, immer weniger wettbewerbsfähig sind. Das Sanierungsprogramm sieht daher vor, dass die kleineren Hersteller internationale Unternehmenskooperationen eingehen. So entstehen nach intensiven Verhandlungen aus vier zwei Unternehmen, für die nun jeweils zwei Teams zusammenarbeiten müssen. Die TN entscheiden selbst über die Aufteilung der Fachkompetenzen, wählen z. B. MitarbeiterInnen der Finanzabteilung, bilden ein PR-Team und treffen innerhalb dieser Bereiche bestimmte Entscheidungen. Das Szenario sieht eine dynamische Situation auf den Weltmärkten vor, und nach jeder Runde erhalten die TeilnehmerInnen Informationen über den aktuellen Stand. Es zeigt sich dann, ob z.B. die verstärkte Expansion auf einem bestimmten Markt eine gute Entscheidung war oder ob sie Verluste verursachte. Obwohl die Gewinne oder Verluste des Unternehmens nur virtuell sind, ist der Erfolgsdrang ein starker Motivationsfaktor. Das Spielkonzept berücksichtigt verschiedene Aspekte der Unternehmenstätigkeit, so dass man nicht nur ‚harte' Fähigkeiten, z. B. im Finanzbereich, sondern auch „Soft-Skills" im Bereich der sozialen oder interkulturellen Kompetenz unter Beweis stellen kann.

Während das Spiel „Interculture 2.0" ein optimales Trainingsangebot z.B. für BWL-Studierende oder Unternehmensmitarbeiter zu sein scheint, weil es verschiedene Aspekte der interkulturellen Wirtschaftskommunikation behandelt und die Möglichkeit bietet, Grundkenntnisse in Finanzen, Buchhaltung, PR oder Marketing anzuwenden, könnten die Spiele „Megacities" und „Bilangon" eine breitere Anwendung finden. Auch bei diesen Spielen geht es darum, interkulturelle kommunikative Kompetenz oder Verhandlungsgeschick in einem interkulturellen Umfeld zu entwickeln, aber diese Spiele erfordern keine spezifischen Fachkompetenzen und können leicht in Schulungen mit unterschiedlichen Zielgruppen, auch im DaF-Unterricht, eingesetzt werden. Die Anzahl der teilnehmenden Teams, die 2–3 betragen kann, und die kürzere Durchführungszeit (vier oder ggf. fünf Spielrunden je 3 Stunden) machen das Spiel relativ leicht einsetzbar, z.B. als Teil eines akademischen Seminars zur interkulturellen Kommunikation oder eines DaF-Kurses.

Das Wesen des Spiels „Megacities" besteht in der Zusammenarbeit von drei oder zwei ‚Städten', um eine völlig neue Stadt zu gründen, die auf einem Brachland errichtet wird, das diesen Städten von einem wohlhabenden Spender vermacht wurde. Die Bedingung für die Spende des Landes ist, dass die drei Städte die Fläche gemeinsam für Projekte nutzen sollen, die ihnen allen gleichermaßen zugutekommen werden. Wenn man davon ausgeht, dass jede Stadt, die von einem Team mit unterschiedlichen kulturellen Hintergründen vertreten wird, (vielleicht) andere Werte vertritt, andere Entwicklungsschwerpunkte setzt und andere Prioritäten in den Bereichen Wirtschaft, Bildung, Kultur oder Sport hat, stellt die Einigung auf eine kohärente Vision für die neue Stadt eine große interkulturelle Herausforderung dar. In der ersten Spielphase hat jedes Team die Möglichkeit, die Spezifik seiner ‚Stadt' genau zu definieren, sowohl in materieller Hinsicht als auch in Bezug auf ihre wirtschaftliche und kulturelle Bedeutung sowie ihre axiologischen oder rechtlichen Bestimmungen (Was kann man tun? Was soll man tun? Was muss man unbedingt tun und welche Regeln sollten unbedingt befolgt werden?). Auf der theoretischen Ebene knüpfen diese von der Spielkonzeption angeregten Überlegungen an das Sandberg-Kulturmodell von Jürgen Bolten an[16].

Die Einigung auf solche Schlüsselinformationen in jedem Team prägt die ‚Identität' jeder Stadt und beeinflusst die formulierten Vorschläge für die zukünftige gemeinsame Stadt. Die Diskussion über die Vision für die neue Stadt nimmt somit die Merkmale einer interkulturellen Verhandlung an, in der sich idealerweise nicht nur unterschiedliche Erwartungshaltungen, sondern auch unterschiedliche Kommunikationsstile oder Haltungen gegenüber den Verhandlungspartnern widerspiegeln.

Das Spiel „Bilangon" folgt einem ähnlichen methodisch-didaktischen Paradigma. Auch in seinem narrativen Grundkonzept ist es in einiger Hinsicht dem Spiel „Megacities" ähnlich. Eine wohlhabende ältere Dame besitzt eine kleine Insel, die vor Jahren durch eine Unwetterkatastrophe nahezu vollständig zerstört worden ist. Die Besitzerin möchte den Tourismus auf der Insel wiederbeleben und lädt drei Consulting-Agenturen ein, Entwürfe für den Neuaufbau von je einer der drei zerstörten Regionen auszuarbeiten. Die Agenturen könnten sogar die jeweilige Region geschenkt bekommen, für die sie ein Konzept erarbeiten, die Bedingung allerdings ist, dass sie ein regionenübergreifendes ganzheitliches touristisches Konzept für die Insel entwickelt haben. Dabei sollen Bewohner des unversehrt gebliebenen Dorfes Bilanmohe unter Wahrung ihrer sozialen und ökonomischen Eigenständigkeit in dieses Konzept einbezogen werden. Bilanmohe, als ein wichtiger Akteur, „(…) sorgt im Spiel für Disruptionen und für Reflexionen, wie schnell es zu Zuschreibungen kommt. Oft werden das Dorf und seine EinwohnerInnen zunächst als wenig entwickelt interpretiert,

---

16 Vgl. Bolten 2018, S. 86f.

wobei sich im Spiel herausstellt, dass dies eine vorschnelle Einordnung war. Daraus kann sich eine Auseinandersetzung über kognitive Verzerrungen und wie diese unser Handeln beeinflussen, anschließen"[17]. Das Planspiel, im Gegensatz zum Konzept von „Megacities", stellt nicht die Zugehörigkeit zu einem kulturellen Akteursfeld in den Vordergrund, sondern die Expertise jedes/r Einzelnen[18].

Sowohl für „Megacities" wie auch für „Bilangon" wurde aus trainingskonzeptioneller Sicht als Ausgangsbasis des jeweiligen Spiels ein „positive incident" gewählt: „Anders als bei den in interkulturellen Trainings häufig verwendeten ‚critical incidents' lässt sich auf diese Weise das Chancenpotential von Interkulturalität betonen und ein entsprechender Handlungsrahmen vorgeben."[19] Dies bedeutet allerdings nicht, dass diese Spiele einer naiven Vorstellung vom ausschließlich positiven Potenzial interkultureller Kooperation folgen und dass kritische Interaktionssituationen während der Spiele nicht stattfinden. Wenn dies der Fall ist, resultieren diese ‚critical incidents' ggf. aus der jeweiligen authentischen Kommunikationssituation und werden oft im Nachhinein im Debriefing oder in der Evaluation thematisiert und reflektiert.

4 Zum Potenzial der Online-Planspiele für die Fremdsprachendidaktik und interkulturelle Didaktik

Die Ziele interkultureller Planspiele in Bezug auf die Entwicklung der interkulturellen Teilkompetenzen, wie Sensibilisierung für kulturelle Unterschiede, Ambiguitätstoleranz, Abbau von Ethnozentrismus, Beseitigung von Vorurteilen oder metakommunikative Fähigkeiten, werden von den TN in unterschiedlichem Maße erreicht. Unsere bisherigen Beobachtungen und die Evaluationen nach den Planspielen (u.a. mit Verwendung von Reflexionsbögen) bestätigen, dass die Entwicklung der einzelnen interkulturellen Teilkompetenzen unter den polnischen TN mit dem Grad der Beherrschung der deutschen Sprache (als Kommunikationssprache) positiv korreliert ist. Studierende mit sehr guten Fremdsprachenkenntnissen (B2/ C1), z.B. aus philologischen Studiengängen, erzielten durch die Teilnahme am Planspiel bessere Ergebnisse beim interkulturellen Lernen als solche mit geringeren Sprachkenntnissen (z.B. A2). Dies ist in erster Linie darauf zurückzuführen, dass sich sprachlich weniger fortgeschrittene TN auf die mündliche Sprachperformanz und Rezeption konzentrierten und dabei mit sprachlichen Hemmungen zu kämpfen hatten, was nicht nur komplexere Aussagen und Dialoge, sondern auch metakommunikative und interkulturelle Achtsamkeit der TN beeinträchtigte. Mangelnde Sprachbeherrschung und der damit verbundene Sprachstress erscheinen somit als bedeutender Störfaktor in der Entwicklung der interkulturellen Kompetenz.

Mit „Ergebnissen beim interkulturellen Lernen" sind allerdings in geringerem Maße konkrete interkulturelle Fähigkeiten, Einstellungen oder (inter)kulturelles Wissen gemeint, sondern vielmehr der Grad der interkulturellen Reflexivität, die aus den Reflexionsbögen und Debriefing-Gesprächen hervorgeht. Selbstverständlich bedeutet eine

---

17 Nietzel 2023, S. 421.
18 Vgl. ebd.
19 Bolten/Berhault 2018, S. 108.

hohe Reflexivität auch ein größeres Bewusstsein von erworbenen oder nach wie vor fehlenden Fähigkeiten und Wissen oder eine Selbstreflexion über eigene sich verändernde oder ggf. konstante Einstellungen. Dennoch betrachte ich die interkulturelle Reflexivität als primäres Lernergebnis, aus dem erst sekundäre Lerneffekte wie Entwicklung von interkulturellen Teilkompetenzen resultieren.

Um die positive Korrelation zwischen einer hohen Sprachkompetenz und einer großen interkulturellen Reflexivität zu illustrieren, gilt es an dieser Stelle größere Fragmente aus dem Reflexionsbogen einer polnischen Germanistik-Studentin aus dem Master-Studiengang an der Adam-Mickiewicz-Universität in Poznań anzuführen, die ihr Bachelor-Studium in Deutschland abgeschlossen hat[20].

> *Wie war für dich die Teilnahme am Planspiel?*
> Ich fand die Teilnahme sehr nützlich, vor allem war es interessant zu sehen, wie sich andere Kulturen in verschiedenen Aufgabenbereichen verhalten haben. In Gruppenarbeiten oder Diskussionen war ich sehr gespannt auf die Reaktionen der Mitglieder aus Deutschland und Frankreich, aber auch auf die Reaktion meiner polnischen Kolleginnen, da ich bisher nur mit deutschen Studenten zusammengearbeitet habe. Außerdem fand ich es gut, dass ich mich mit meiner eigenen Reaktion auseinandersetzen konnte. Die Teilnahme hat mir gezeigt, wie viel interkulturelle Handlungskompetenz ich besitze und in welchen Bereichen ich noch arbeiten muss. (POZ/01)
>
> *Was nimmst du persönlich aus dieser Erfahrung mit? (Über dich? Über Zusammenarbeit? Über Kommunikation? Usw.)*
> Persönlich ist mir bewusst geworden, dass ich bereits über interkulturelle Kompetenz verfüge. Ich habe mich selber „beobachtet" und gemerkt, dass ich bestimmte Situationen (in denen ich anders gehandelt hätte) analysiert und mich gefragt habe, wieso die betroffene Person ausgerechnet SO reagiert und wie man dieses Verhalten erklären kann. (POZ/01)

Kommentar: In den beiden Antworten wird u.a. deutlich, dass die Studentin die Fähigkeit erworben (oder weiterentwickelt) hat, sich von der Außenperspektive her in ihrem Handeln beobachten zu können. Damit wird die Rollendistanz praktiziert. Vernehmbar ist hier auch der Versuch, eine ethnozentrische Haltung aufzugeben und kulturspezifische Wertungen zu relativieren (im Sinne des Polyzentrismus).

> *Sowohl dein Team als auch die ganze Gruppe waren sehr vielfältig. Welche Unterschiede hast du beobachtet?*

---

20 Alle Zitate entstammen den Reflexionsbögen, die im Januar 2023 im Rahmen der Evaluation des Planspiels „Megacities" an der Adam-Mickiewicz-Universität in Poznań ausgefüllt wurden. Das Spiel selbst wurde im Wintersemester 2022/2023 an Universitäten in Poznań (Polen), Nantes (Frankreich) und Jena (Deutschland) durchgeführt. Alle Aussagen werden im Originalwortlaut angeführt.

> Ehrlich gesagt habe ich in der französischen Gruppe keinen richtigen Unterschied erkannt, die Gruppe hat mich ein wenig an unsere polnische Gruppe erinnert, da dort auch eine Teilnehmerin war, die sehr engagiert war und viel Redearbeit übernommen hat. [...] Generell waren die französischen Teilnehmer etwas engagierter als die polnische Gruppe. Die deutsche Gruppe war am aktivsten, dort hatte ich den Eindruck, dass sich jeder Teilnehmer gleich viel beteiligt hat. (POZ/01)

Kommentar: Die Aussagen über die Arbeitsweise jeweils des französischen und des deutschen Teams sind unvoreingenommen, beruhen auf direkten Beobachtungen und berufen sich nicht auf kulturelle Klischees.

> *Welche Vor- und Nachteile haben Unterschiede und Gemeinsamkeiten für die Zusammenarbeit?*
> Vorteile: breiteres Spektrum an Ideen, vielfältige Lösungen, Perspektivenwechsel, Kulturaustausch, Kompromissbereitschaft. Nachteile: Missverständnisse, Unsicherheit, Meinungsverschiedenheiten, in einigen Fällen auch Ausgrenzung? Wenn man z.B. die einzige Person einer anderen Kultur ist, kann man sich schnell ausgeschlossen fühlen. (POZ/01)

Kommentar: Dieser Aussage ist ein hohes Bewusstsein sowohl der Chancen wie auch Gefahren zu entnehmen, die eine interkulturelle Kooperation mit sich bringt. Unter den Vorteilen nennt die Probandin Faktoren, die allesamt auf das Synergiebewusstsein und die Prozessorientierung interkulturellen Handelns hinauslaufen.

> *Was denkst du, welche Kompetenzen hast du erworben? Was kannst du besser als vor dem Spiel?*
> Zum einen versuche ich mich seit dem Projekt viel mehr in andere Personen hineinzuversetzen. Ich höre aufmerksamer zu. Somit habe ich auch meine Ambiguitätstoleranz verbessert, ich habe reflektiert, ob die Person nun genervt ist oder sie wirklich nur auf die Zeit achtet? Ich habe gelernt, Unterschiede zu respektieren. Ich habe viel mehr Wert auf meine Wahrnehmung anderer Teilnehmer gelegt, aber auch mit mir selbst habe ich mich beschäftigt. (POZ/01)

Kommentar: Hier wird auf weitere interkulturelle Teilkompetenzen hingewiesen. Neben der ausdrücklich genannten Ambiguitätstoleranz (was auch von soliden Grundlagen auf der Metaebene zeugt), bezeugt die Studentin ein hohes Maß an Empathie und interkultureller Lernbereitschaft.

> *Planspiel als sprachliche Erfahrung*
> *a) Wie beurteilst du die Kommunikation mit deutschen Muttersprachlern?*
> „Sehr gut." (POZ/01)

> *b) Wie beurteilst du die Kommunikation mit französischen Teilnehmerinnen?*
> Ebenfalls sehr gut, die französischen Teilnehmer waren sehr aufmerksam und haben gut mit uns kommuniziert. (POZ/01)

c) Hattest du sprachliche Probleme? Wenn ja, welcher Natur? (Sprechen, Schreiben, Hören, Lesen)

> Eher nicht, alle TeilnehmerInnen waren klar und deutlich verständlich. Auch wenn einige TeilnehmerInnen Probleme mit der Wortwahl hatten, konnte man anhand des Kontextes genau verstehen, um was es ging. (POZ/01)

Kommentar: Als erfahrene Deutschsprachlerin schreibt die Studentin von keinerlei sprachlichen Problemen oder Herausforderungen. Übrigens: sie konzentriert sich auf potentielle Kommunikationsstörungen, die nicht auf ihre eigene Sprachproduktion, sondern evtl. auf sprachliche Schwierigkeiten der anderen TN zurückzuführen wären. Dem gesamten Reflexionsbogen ist zu entnehmen, dass ihre exzellenten Deutschkenntnisse und uneingeschränkte Kommunikationsfähigkeit mehr Freiraum für Reflexionen und fundierte Bemerkungen zur interkulturellen Kooperation boten.

Etwas weniger sprachlich fortgeschrittene polnische TN schreiben u.a. vom Sprachstress und verweisen darauf, dass ein kommunikatives Gleichgewicht, ja eine Chancengleichheit, nicht gehalten werden konnte:

> Ich hatte Schwierigkeiten zu sprechen. Dies war auf Stress und eine Sprachbarriere zurückzuführen. Manchmal brauchte ich mehr Zeit, um richtige Sätze auf Deutsch zu bilden, während die deutschen Teilnehmer sich frei äußern konnten. (POZ/02)

> Was die Kommunikation betrifft, so habe ich festgestellt, dass etwas geringere Sprachkenntnisse als die der anderen in der Gruppe eine Ursache für Schüchternheit sind und dazu führen, dass die Person in der Gruppe etwas passiv ist und weit weniger die Initiative ergreift. (POZ/05)

Eine andere Probandin sieht in diesen Unterschieden im Sprachniveau der TN geradezu einen Störfaktor der interkulturellen Kommunikation:

> Lassen Sie mich zunächst sagen, dass die Kommunikation in einer interkulturellen Gruppe definitiv schwieriger ist. Der wichtigste Aspekt, der dazu beiträgt, ist das Niveau der Fremdsprachenkenntnisse. Aus diesem Grund übernahmen die Deutschen den größten Teil der Moderation, da sie keine Probleme hatten, das auszudrücken, was sie mitteilen wollten. […] Was mich betrifft, ich brauche keine Angst zu haben. Wenn man die Sprache einigermaßen beherrscht, kann man viel übermitteln, und wenn es nötig ist und man nette Leute in der Gruppe hat, wird einem jemand helfen. (POZ/03)

In der obigen Aussage geht die Studentin zwar von negativen Aspekten der ungleichen Sprachkenntnisse der PartnerInnen aus, deutet aber gleich an, dass diese Schwierigkeiten durch entsprechende Strategien (z.B. Kompensationsstrategien) einigermaßen behoben werden können. Im Grunde genommen schreibt die Probandin von der strategischen Kompetenz, die die fremdsprachliche Kommunikation fördern kann. Ihre Kommilitonin legt nahe, dass die Metakommunikation beim Planspiel auch fundamental ist, obwohl sie den Begriff ausdrücklich nicht nennt:

> Außerdem ist es wichtig immer zu prüfen, ob alles klar ist und die Personen, die keine Muttersprachler sind, alles verstanden haben. (POZ/04)

Polnische TN berichten übrigens an mehreren Stellen von Merkmalen oder Haltungen ihrer deutschen PartnerInnen, die von ihrer interkulturellen Kompetenz zeugen. So ein Beispiel:

> Dabei wurde mir klar, wie wichtig Geduld, Verständnis und Mut bei der Teilnahme an einem solchen Projekt sind. Ein weiteres positives Beispiel ist, dass die deutsche Gruppe (ebenfalls in Gruppenarbeit) ihre Offenheit und Freude am Erlernen ihrer Sprache durch Menschen aus anderen Ländern zeigte. Das gab mir die Motivation und den Mut, auf Deutsch zu kommunizieren. Eine Person aus der deutschen Gruppe sagte: *Ich weiß, dass Deutsch schwierig ist, aber ich bin sehr froh, dass ihr es lernt. Ich lerne selbst gerade Französisch und weiß, wie schwer das ist.* (POZ/02)

Wie die letzte Passage der obigen Aussage belegt, wurde gelegentlich auch Perspektivenwechsel, bedeutend für eine effektive interkulturelle Kooperation, eingesetzt und Einfühlungsvermögen gezeigt. Der Perspektivenwechsel war manchmal auch auf der semantischen Ebene vonnöten und wurde durch Verwendung seitens der polnischen TN der anscheinend verständlichen Begriffe erzwungen, die z.B. im deutschen politisch-historischen Kontext nach der NS-Zeit etwas andere Bedeutungen mit sich tragen. So wurde z.B. der Begriff „Lebensraum" von polnischen Studentinnen in Bezug auf die auf dem Brachland zu errichtende Stadt gebraucht:

> Interessant war die Situation, in der das Wort *Lebensraum* vorkam. Ich habe darüber in Geschichte gelernt, aber es ist immer noch für mich nur ein Wort und ich wusste nicht, dass es in der Gegenwart eine solche Bedeutung hat. Für deutsche Muttersprachler gab es damit so deutliche Konnotationen, dass wir es nicht benutzen sollten. Das hat mich auf solche Probleme in der interkulturellen Kommunikation aufmerksamer gemacht. (POZ/06)

Da aus Platzgründen nur ein kleiner Einblick in die interkulturellen Reflexionen der polnischen TN verschafft werden kann, sei noch auf zwei letzte Aussagen zu verweisen, die von einer auf Ähnlichkeiten und nicht auf Unterschiede orientierten Einstellung zeugen. Auch wenn einige Überlegungen dem inzwischen überholten Verständnis von Kulturen als „Nationalkulturen" mehr oder weniger verpflichtet sind und kulturelle Unterschiede betonen, belegen die folgenden Zitate das Potenzial der interkulturellen Planspiele, eine aufgeschlossene, unvoreingenommene Haltung und positive Einstellung zum interkulturellen Agieren und Kooperieren zu fördern:

> Ich habe keinen großen Unterschied im Verhalten der Teilnehmer aus Deutschland und Frankreich im Vergleich zur polnischen Gruppe festgestellt. Ich denke, dass heutzutage dank des Internets und der Möglichkeit des Reisens diese Unterschiede im Verhalten junger Menschen kleiner werden. (POZ/07)

> Persönlich hat mich am meisten bewegt, dass wir und die ausländischen Studenten sehr ähnliche Werte hatten, was den Einfluss der Globalisation auf uns sehr deutlich hervorgehoben hat. Vor dem Spiel dachte ich, dass wir während des Spiels Unterschiede aufweisen würden in unseren Werten, Perspektiven und Denkweisen. Es ergab sich, dass wir eine gemeinsame Vision und ähnliche Ideen für das Brachland hatten. Deshalb waren die Verhandlungen darüber ziemlich ungestört. (POZ/06)

Ein großes Potenzial von interkulturellen Planspielen wie „Interculture 2.0", „Megacities" oder „Bilangon" ist die den Spielen innewohnende integrierte Sprach- und interkulturelle Bildung. Dabei kann dieses Potenzial auch zwischen den einzelnen Spielrunden wahrgenommen werden. Innerhalb des jeweiligen Teams gibt es die Möglichkeit der Einplanung von zusätzlichen Treffen (vor dem eigentlichen Kickoff-Meeting, zwischen den Runden und nach der finalen Runde) zur Einführung und Festigung des Fachwortschatzes (z.B. aus dem Bereich der Wirtschaft, Management, Marketing) und/oder der Theorie der interkulturellen Kommunikation. Die Simulation selbst provoziert authentische Reaktionen (Freude, Irritation, Unsicherheit) und fordert zu verbalen, nonverbalen und paraverbalen Reaktionen auf. Dabei verlassen Studierende oder Kursteilnehmende ihre Komfortzone (z.B. auf dem A2-Level) und müssen mit einer nichtstandardisierten Kommunikationswirklichkeit zurechtkommen, was allerdings auch Frust verursachen kann, die ggf. im Debriefing thematisiert werden sollte.

Die Spiele bieten die Möglichkeit der Entwicklung von allen vier Sprachfertigkeiten:

- Leseverstehen – Arbeitsblätter für jede Runde mit einer Beschreibung der jeweiligen Situation und einer kurzen theoretischen Reflexion über die Besonderheiten der interkulturellen Kommunikation;
- Schreiben – Unternehmens-/Stadtpräsentation, Pressemitteilung, Stellenangebot für einen Praktikanten in der Firma, Unternehmensleitsätze, aktuelle Chat-Nachrichten;
- Hörverstehen der anderen TN und des/der Moderators/Moderatorin (mit Berücksichtigung der Kommunikationsstörungen: schlechte Internetverbindung, unterschiedliche Aussprache der TN usw.);
- Sprechen – Übermittlung im Forum der Teamvereinbarungen, Verhandlungen.

Erfahrungen aus dem Spiel (Beobachtungsformulare, Reflexionsbögen, Videoaufzeichnungen) stellen ein interessantes Analysematerial sowohl für FremdsprachendidaktikerInnen und -methodikerInnen als auch interkulturelle TrainerInnen dar und können auch für wissenschaftliche Projekte genutzt werden. Die Aufzeichnungen einzelner Spielrunden liefern z.B. viel Stoff für eine Gesprächs- und Konversationsanalyse[21].

---

21 Zur Auswertung der interkulturellen Kommunikationssituationen aus gesprächs- und konversationsanalytischer Perspektive siehe Hausendorf 2007, S. 403–415. Als Beispiel einer Konversationsanalyse anhand von Kommunikationssituationen während des Spiels „Megacities" siehe Bolten/Berhault 2018.

5 Fazit

Die TeilnehmerInnen der interkulturellen Planspiele erreichen (in verschiedenem Grade) Lernziele, die zur Entwicklung oder Festigung der interkulturellen Kompetenz beitragen. Sie werden sowohl auf Kulturunterschiede wie auf Gemeinsamkeiten sensibilisiert, wobei ihre Aufmerksamkeit im Falle von wahrgenommenen Kulturunterschieden eher auf das Chancenpotenzial von interkulturellen Interaktionen und Kooperationen gelenkt wird. Damit wird das Synergiebewusstsein der interkulturell Agierenden gefördert. Entwickelt werden Ambiguitätstoleranz, Reduzierung der ethnozentrischen Haltung, Abbau von Vorurteilen, Reflexion über Stereotype, Sprachkompetenz (v.a. sprachliche und strategische Kompetenzen in der Fremdsprache), interkulturelle kommunikative Kompetenz oder metakommunikative Fähigkeiten.

Der bewusste Umgang mit „Vertrautheit" und „Unvertrautheit" sind Kernlernziele der interkulturellen Simulationen. So steht auf kognitiver Ebene „die Reflexion der eigenen Normalitätsannahmen, das Realisieren der eigenen, vertrauten Kulturalität im Vordergrund"[22]. Auf der verhaltensbezogenen Ebene lernen die Teilnehmenden, mit unvertrauten Kontexten umzugehen und im affektiven Bereich geht es darum, Unvertrautheit zunächst einmal auszuhalten und dann konstruktiv damit umzugehen[23].

Den Einsatz der Online-Planspiele im interkulturell orientierten DaF-Unterricht kann man auch im motivationalen Kontext betrachten. Simulationsspiele helfen, Hemmungen bei der mündlichen Kommunikation zu überwinden, dadurch vermögen sie die Motivation zu stärken. Erfolgsstreben (v.a. bei „Interculture 2.0") fördert die Kommunikationsbereitschaft mit den PartnerInnen und motiviert zur größeren Kreativität. Verhandlungsaufgaben erzwingen, einen klaren Standpunkt einzunehmen, diesen auf Deutsch zu formulieren und in einen Dialog einzutreten. In einigen Fällen besteht allerdings auch die Gefahr der Demotivation der TN, wenn sie z.B. ein relativ niedriges Sprachniveau im Vergleich zu viel besseren Sprachkompetenzen der GruppensprecherInnen repräsentieren. In einem solchen Fall ist mit der Übernahme der gesamten Kommunikationslast durch die GruppensprecherInnen (oft einschließlich des Entscheidungsaspekts) zu rechnen.

Last but not least: Die moderierende Lehrkraft muss den gesamten Prozess der Kommunikation im Spiel beobachten, sie muss selbst aufmerksam und reflexiv sein. Die moderierende Person sollte für die (manchmal unvorhersehbare) Weiterentwicklung des Spiels offen sein, sie lernt quasi mit und darf nicht als die höchste Autorität fungieren, die geplante Resultate einzelner Aktivitäten, die das Spiel- und Lernszenario vorsieht, strengstens abverlangt. Das Unerwartete oder Verblüffende gehören auch zum Spiel und sind Teil interkultureller Erfahrungen. Das Spiel ist extrem lernerzentriert und handlungsorientiert, so wird eine Lehrkraft, die das Spiel moderiert, mehr zum interkulturellen Coach als einem/einer allwissenden LehrerIn oder TrainerIn.

---

22 Nietzel 2023, S. 420.
23 Ebd.

Literatur

Bolten, Jürgen: E-Learning, in: Wie lehrt man interkulturelle Kompetenz? Theorien, Methoden und Praxis in der Hochschulausbildung. Ein Handbuch, hg. von Arne Weidemann, Jürgen Straub und Steffi Nothnagel, Bielefeld 2010a.

Bolten, Jürgen: Kompetencja interkulturowa w e-learningu, in: Kompetencja interkulturowa w teorii i praktyce edukacyjnej, hg. von Maciej Mackiewicz, Poznań 2010b.

Bolten, Jürgen: Interkulturelle Kompetenz (Neuauflage), Erfurt 2012.

Bolten, Jürgen: Interkulturelle Trainings neu denken, in: Interculture Journal (2016), Nr. 15/26.

Bolten, Jürgen: Einführung in die Interkulturelle Wirtschaftskommunikation (3. Auflage), Göttingen 2018.

Bolten, Jürgen; Berhault, Mathilde: VUCA-World, virtuelle Teamarbeit und interkulturelle Zusammenarbeit, in: Digitalisierung und (Inter-)Kulturalität. Formen, Wirkung und Wandel von Kultur in der digitalisierten Welt, hg. von Katharina von Helmolt und Daniel Ittstein, Stuttgart 2018.

Boski, Paweł: Kulturowe ramy zachowań społecznych. Podręcznik psychologii międzykulturowej, Warszawa 2010.

Dukes, Richard L.; Fowler, Sandra M.; Dekoven, Bernie: R. Garry Shirts Simulation Gaming Exemplar, in: Simulation & Gaming (2011), Nr. 42/5.

Hall, Edward T.: Beyond Culture, New York 1989.

Hausendorf, Heiko: Gesprächs-/ Konversationsanalyse, in: Handbuch interkulturelle Kommunikation und Kompetenz. Grundbegriffe – Theorien – Anwendungsfelder, hg. von Jürgen Straub, Arne Weidemann und Doris Weidemann, Stuttgart/ Weimar 2007.

Nazarkiewicz, Kirsten: Kulturreflexivität statt Interkulturalität? Re-thinking cross-cultural – a culture reflexive approach, in: Interculture Journal (2016), 15/26, Sonderausgabe „(Inter-)Kulturalität neu denken! – Rethinking Interculturality!".

Nietzel, Barbara: Planspiele zum Erwerb interkultureller Kompetenzen. Das Beispiel *Bilangon*, in: Mehrsprachigkeit ≠ L1+L2+...+Ln. Mehrsprachigkeit ist keine Formel, sondern ein gelebtes Modell. Dokumentation der 32. AKS-Arbeitstagung vom 2.-4. März 2022 an der Technischen Universität Darmstadt, hg. von Karen Fleischhauer, Katrin Koeppl, Stefanie Nölle-Becker, Barbara Stolarczyk und Sandra Sulzer, Bochum 2023.

Rathje, Stefanie: Training/ Lehrtraining, in: Wie lehrt man interkulturelle Kompetenz? Theorien, Methoden und Praxis in der Hochschulausbildung. Ein Handbuch, hg. von Arne Weidemann, Jürgen Straub und Steffi Nothnagel, Bielefeld 2010.

Rebane, Gala; Arnold, Maik: ‚Experiment D' – Planspiel zur Förderung interkultureller Kompetenz. Konzept, Inhalte und Erfahrungen, in: Interculture Journal (2021), Nr. 20/34.

Strohschneider, Stefan: Planspiele und Computersimulationen, in: Wie lehrt man interkulturelle Kompetenz? Theorien, Methoden und Praxis in der Hochschulausbildung. Ein Handbuch, hg. von Arne Weidemann, Jürgen Straub und Steffi Nothnagel, Bielefeld 2010.

Triandis, Harry C.: Culture Training, Cognitive Complexity and Interpersonal Attitudes, in: Cross-Cultural Perspectives on Learning, hg. von Richard W. Brislin, Stephen Bochner und Walter Lonner, New York 1975.

Politische Reden als Stimulus für Reflexionsprozesse über den eigenkulturellen Hintergrund

Sebastian Chudak

1 Einleitung

Die Entwicklung *interkultureller kommunikativer Kompetenz* gilt bereits seit längerer Zeit als Ziel des modernen Fremdsprachenunterrichts[1]. An diesem Ziel kann auf differenzierte Art und Weise gearbeitet werden. (Authentische) Texte unterschiedlicher Art, die den Lernenden einen Einblick in die fremd- und gleichzeitig zielkulturelle Welt ermöglichen und eine multiperspektivistische Darstellung des Fremd- bzw. Zielkulturellen liefern sowie Aufgaben, Aktivitäten und Arbeitsformen, die das Interesse der Lernenden an und ihre Reflexion über Fremd- bzw. Zielkulturelles und den Vergleich mit dem eigenen kulturellen Hintergrund stimulieren[2], gehören fest zum Repertoire der zur Verfügung stehenden didaktischen Mittel von Lehrenden. Im Sprachunterricht wird aber – vor allem abhängig von der Sprachbeherrschungsstufe der Lernenden – dem vieldimensionalen Aspekt *Kultur* mal mehr, mal weniger Aufmerksamkeit gewidmet[3]. In der schulischen Unterrichtspraxis werden viele Informationen zwar implizit in (Lehrbuch)Texten vermittelt, mit denen Lernende arbeiten, es wird jedoch über die jeweils präsentierten Inhalte erfahrungsgemäß nicht ausreichend reflektiert. Die Verarbeitungstiefe ist entsprechend gering. Der Fokus ist häufig hauptsächlich auf die sprachlichen Kompetenzen der Lernenden gerichtet, was z.B. im polnischen Kontext durch die Prüfungsanforderungen bedingt ist. Was in Abschlussprüfungen (am Ende der Grundschulausbildung und auch in der Abiturprüfung) getestet wird, sind hauptsächlich die rezeptiven und produkti-

---

1 S. Europarat 2001/2020. Im „Gemeinsamen europäischen Referenzrahmen" (Europarat 2001), der als eine Empfehlung für den Sprachunterricht gilt, die einzelnen Stufen der Sprachbeherrschung beschreibt und eine gemeinsame Basis für die Entwicklung von zielsprachlichen Lehrplänen, curricularen Richtlinien, Lehrwerken und Qualifikationsnachweisen in der europäischen Spracharbeit darstellt, sowie im „Begleitband" (Europarat 2020) dazu wird unter den Zielen einer mehrsprachigen und interkulturellen Bildung neben „plurilingualer Kompetenz" gleichzeitig auch die „plurikulturelle Kompetenz" genannt (s. dazu auch Studer 2020, S. 10–13). S. auch die polnischen Rahmenrichtlinien für den Fremdsprachenunterricht, z.B. unter https://podstawaprogramowa.pl/Liceum-technikum/Jezyk-obcy-nowozytny (abgerufen am 20.06.2023).
2 S. z.B. Bachmann/Gerhold/Wessling 1996, Roche 2001, Chudak/Mackiewicz 2022.
3 Zum Verständnis des Begriffs *Kultur* im Kontext der Förderung interkultureller Kompetenz und der interkulturellen (Wirtschafts)Kommunikationsforschung s. z.B. Bolten (2018, S. 37ff.) oder Wilczyńska/Mackiewicz/Krajka (2019, S. 17ff.).

ven Sprachfertigkeiten sowie der Beherrschungsgrad von Lexik und Grammatik[4]. Auch der Zeitrahmen des Unterrichts lässt es nicht zu, der Auseinandersetzung mit *Kultur* ausreichend Raum zu geben. Wenn Deutsch als zweite Fremdsprache unterrichtet wird (DaFnE ist in Polen momentan die meistens vorkommende Variante), umfasst beispielsweise der Unterricht an polnischen Grundschulen lediglich zwei Unterrichtsstunden à 45 min pro Woche. Bestimmte Teilkompetenzen der interkulturellen Kompetenz werden zwar möglicherweise auch im Unterricht der ersten Fremdsprache entwickelt, für die Auseinandersetzung mit dem Kulturraum DACHL steht den Lernenden aber wenig Zeit zur Verfügung. Nicht ohne Bedeutung sind in diesem Zusammenhang auch das Problembewusstsein und Engagement der Lehrenden sowie das Niveau ihrer eigenen interkulturellen Kompetenz. Schließlich sind sie im Unterricht nicht nur für die Auswahl von Inhalten und Aktivitäten verantwortlich, sondern agieren auch selbst als Vermittler von Kultur und Mittler zwischen Kulturen[5].

Eine andere Erfahrung macht man im universitären Sprach- und Fachunterricht, in dessen Rahmen man sich explizit mit *Kultur* beschäftigen darf und dem Sprachtraining selbst deutlich weniger Aufmerksamkeit widmen muss, da die Studierenden bereits ein relativ hohes Beherrschungsniveau der jeweiligen Zielsprache erreicht haben (B2+/C1). Ein Beispiel davon ist das Seminar *Interkulturelle Wirtschaftskommunikation* (poln. *Komunikacja interkulturowa w biznesie*, Unterrichtsfach-ID: 09-kbKIB-DU11), das im Rahmen des Magisterstudiengangs im 2. Semester am Institut für Germanische Philologie an der Adam-Mickiewicz-Universität in Poznań angeboten wird. In den Jahren 2019–2022 haben daran insgesamt 58 Studierende (2019/20–23, 2020/21–22, 2021/22–13 Teilnehmer) teilgenommen. Im Rahmen des genannten Seminars sollen die Studierenden – so das aktuelle Studienprogramm – u.a. über Begriffe wie *Kultur*, *Interkulturalität, interkulturelle Kommunikation* und *interkulturelle Kompetenz, Kulturdimensionen* und *-standards* reflektieren, sich mit dem Zusammenhang zwischen Nationalkulturen und Unternehmenskulturen, der Spezifik interkulturellen Managements und Marketings auseinandersetzen. All das soll u.a. dazu führen, dass sie

- allgemeine Kultur- und Kommunikationstheoriekenntnisse erwerben,
- sich des Einflusses des kulturellen Hintergrunds ihrer potenziellen Mitarbeiter oder Geschäftspartner, der kulturellen Vielfalt, der sie evtl. in ihrem Berufs- bzw. Geschäftsalltag begegnen, auf die Effizienz der Kommunikation und des gemeinsamen Handelns mit ihnen bewusst werden,
- Kultur in ihren unterschiedlichen Ausprägungen analysieren können und schließlich auch
- die charakteristischen Merkmale polnischer und deutscher Unternehmenskultur (er)kennen.

---

[4] S. Beispiele von Prüfungsbögen für „egzamin ósmoklasisty" und die Abiturprüfung in DaF unter: https://arkusze.pl/jezyk-niemiecki-egzamin-osmoklasisty/ und https://arkusze.pl/matura-jezyk-niemiecki-2023-maj-poziom-podstawowy/ (abgerufen am 31.05.2023).

[5] S. Chudak 2013b, S. 221ff.; Karpińska-Musiał 2015.

In diesem Zusammenhang wird im Folgenden auf die Reflexionsfähigkeit als die zentrale Teilkompetenz der interkulturellen Kompetenz eingegangen. Anschließend werden die Ziele eigen- und fremdkultureller Reflexion erörtert sowie die Möglichkeiten ihrer Förderung mithilfe authentischer Texte, am Beispiel politischer Reden diskutiert. Schließlich werden ausgewählte Reden präsentiert und die sich darin manifestierenden kulturellen Unterschiede analysiert mit dem Ziel, die Eignung dieser Reden zum Unterrichtseinsatz (auch im Rahmen des oben erwähnten Unterrichts) zu prüfen und zu diskutieren.

2 Reflexionsfähigkeit als Grundstein interkultureller Kompetenz

Im fachdidaktischen Diskurs ist *Reflexion* bzw. *Reflexionsfähigkeit* spätestens seit den 1980er Jahren stark präsent, der Zeit also, in der u.a. unter dem Einfluss psychologischer Forschung das Interesse an bzw. das Bewusstsein der Bedeutung der Förderung von Lernerautonomie und der Fähigkeit zur Selbstregulation des Lernprozesses geweckt wurde[6]. *Reflexion* wird mittlerweile als „Schlüsselphänomen der gegenwärtigen Fremdsprachendidaktik"[7] bezeichnet und eindeutig mit Lernerfolg assoziiert:

> Dieses Vorgehen [bewusstes Reflektieren] kann weitere kognitive Aktivitäten des Lerners bewirken, die einerseits zum Hinterfragen des Lerngegenstands führen und sich auf die Sprachbewusstheit an allen Dimensionen beziehen können, andererseits zur kritischen Selbstreflexion anleiten und in den metakognitiven Entscheidungen, Handlungen zu planen und Handlungsabläufe zu kontrollieren, neue Entscheidungen zu treffen, münden.[8]

Im Kontext der Arbeit an dem Lehr- und Lernziel *interkulturelle Kompetenz*[9] gewinnt *Reflexion* eine neue Dimension. Sollen Lernende nämlich in interkulturellen Kommunikationssituationen adäquat und effizient handeln können, so benötigen sie nicht nur Wissen (allgemeine Kulturkenntnisse, Kenntnisse der individuellen und sozialen Interaktion oder Einsicht in die Art und Weise, auf die Kommunikation in ihrer nonverbalen, verbalen und paraverbalen Ebene von Kultur beeinflusst wird) zu akkumulieren, sondern eine Einstellung zu entwickeln, die durch Offenheit, Neugierde, (Ambiguitäts-) Toleranz, Sensibilität, Empathiefähigkeit, Flexibilität und Bereitschaft, die eigene Perspektive zu relativieren, gekennzeichnet ist. Sie müssen auch lernen, auf eine bestimmte Art und Weise zu handeln. Bolten weist in diesem Zusammenhang auf Folgendes hin:

> Interkulturelles Handeln unterliegt freilich nicht den Gesetzen *intra*kulturellen Alltagshandelns, weil eine Fraglosigkeit der Handlungsvoraussetzungen etwa in einem gemeinsamen ‚kulturellen Gedächtnis' gerade nicht gegeben ist. Von da-

---

6 Chudak/Przybył 2022.
7 Myczko 2010.
8 Ebd., S. 9.
9 Zur Definition des Begriffs *interkulturelle Kompetenz* s. z.B. Bolten 2007. S. auch die Übersicht unterschiedlicher Konzepte *interkultureller Kompetenz* bei Wilczyńska/Mackiewicz/Krajka 2019, S. 587ff.

her ist das In-Frage-Stellen und Thematisieren sowohl der jeweils eigenen Handlungsvoraussetzungen als auch das derjenigen der fremdkulturellen Partner Bedingung, um den Erfolg interkulturellen Handelns langfristig zu sichern: Die Reflexion des Dissenses, die Fähigkeit, die Spannung zwischen Unvereinbarem aushalten, Gegensätzlichkeiten akzeptieren zu können, ist damit Bedingung einer tragfähigen interkulturellen Handlungsbasis.[10]

Interkulturell kompetent zu sein, bedeutet demnach, dass man dazu fähig ist,

- die Realität und Interaktion zwischen Menschen zu beobachten,
- sich mit dem jeweils Beobachteten (vielleicht auch selbst Erlebten) reflektierend auseinanderzusetzen (d.h. bewusst metakognitive Strategien einzusetzen), es zu deuten und dabei das Neue, Fremdkulturelle zu erkennen, zu hinterfragen, zu verstehen und zu beurteilen,
- auf diese Art und Weise Kenntnisse über fremde Kulturen zu erwerben und diese in der Kommunikation und Interaktion angemessen anzuwenden (auch um potenziellen Konflikten vorzubeugen oder – falls es zu ihnen kommt – sie zu lösen).

Der Versuch, die Lernenden mit einer bestimmten Menge an Informationen auszustatten, die es ihnen erlauben würden, in interkulturellen Kommunikationssituationen problemlos zu handeln, ist in Anbetracht der Vielfalt und Unvorhersehbarkeit dieser Situationen von vornherein zum Scheitern verurteilt. Es ist nicht möglich, alle Bereiche oder Kontexte abzudecken, in denen sie nach dem Abschluss eines Lehrgangs, Kurses oder Seminars in ihrem (Berufs)Leben agieren und mit Menschen kommunizieren, interagieren oder zusammenarbeiten werden, die einen anderskulturellen Hintergrund haben als sie selbst und entsprechend anders wahrnehmen, empfinden, denken, interpretieren, beurteilen und handeln. Eben die Fähigkeit zum aufmerksamen Beobachten und zur Reflexion über das jeweils Beobachtete und Erlebte, „Kulturreflexivität"[11] ist somit die Grundlage kompetenten Handelns in interkulturellen Kommunikationskontexten. Es ist aber zu betonen, dass sich das Reflektieren keineswegs allein auf fremdkulturelle Phänomene beschränken darf, sondern dass es auch den eigenkulturellen Hintergrund der jeweils reflektierenden Person berücksichtigen muss.

3   Eigenkulturelle Reflexion

Im Kontext dessen, was im Abschnitt 2 skizziert wurde, gilt im *interkulturell* ausgerichteten Fremdsprachen- oder Fachunterricht als Ziel auch die Bewusstmachung der Eigenperspektive der Lernenden durch die Thematisierung ihrer eigenen kulturellen Identität[12]. Genauer gesagt bedeutet das, dass sie

- lernen sollen, den Einfluss ihres eigenen kulturellen Hintergrunds, ihrer eigenkulturellen Vorgeprägtheit auf ihr Denken und Handeln wahrzunehmen;

---

10 Bolten 2007, S. 73.
11 Nazarkiewicz 2016.
12 Zum Zusammenhang von Kultur und Identität s. Wilczyńska/Mackiewicz/Krajka 2019, S. 50ff.

- sich mit ihm auseinandersetzen, indem sie ihn beschreiben, analysieren, erklären und verstehen;
- begreifen, dass das ihnen jeweils Bekannte und Vertraute (inkl. Normen, Werte, Überzeugungen und Verhaltensweisen) für andere Menschen fremd sein kann und von ihnen entsprechend anders wahrgenommen und interpretiert bzw. bewertet werden kann[13].

So schafft man eine Grundlage für die Auseinandersetzung mit dem Fremden, für einen bewussten Vergleich von Eigen und Fremd.
Der Mensch wird durch die Kultur, in der er aufwächst und lebt wesentlich geprägt. Das Hineinwachsen einer Person in ihre Kultur, die in Folge dieses Prozesses stattfindende Übernahme der kollektiven Werte- und Normensysteme und schließlich die Internalisierung dieser Werte, Normen, Verhaltensstandards und sozialer Rollen bedeuten den Enkulturationsprozess, der wiederum die individuelle Identität eines Individuums mitgestaltet[14]. Das bestätigt auch Kaikkonen, die gleichzeitig dazu aufruft, die Reflexion über die eigenkulturelle Identität der Lernenden im Rahmen des Fremdsprachenunterrichts zu fördern:

> Jedes Individuum wird in einer Kulturumgebung geboren. Dieser Kulturkreis schenkt ihm anfänglich seine Sprache, seine Kommunikations- und Interaktionsweisen und -modelle sowie seine Einstellungen der realen Welt gegenüber. Die Identität des Individuums gewinnt ihren besonderen Charakter durch die Eigenkultur. Sie ist maßgebend für die Verhaltensgrundlagen des Individuums, sie prägt sein Verhalten, seine Kommunikation, zum Teil seine Emotionen und seine Einstellungen. Sie legt sein Weltbild an und bestimmt bis zu einem gewissen Punkt dessen Richtung. Daher ist es für den Fremdsprachenunterricht dringend erforderlich, den kulturbezogenen Hintergrund des Fremdsprachenlernenden zu berücksichtigen. Fremdes betrachtet man immer mit einer eigenkulturell geprägten Brille.[15]

Da die eigene Kultur – so Keller[16] – aus konstruktivistischer Sicht ein kognitives Bezugssystem für die Wahrnehmung fremder Kulturen darstellt und dadurch den Vergleich des Fremd- und Eigenkulturellen unerlässlich macht, da es unmöglich ist, dieses Bezugssystem auszublenden, sich seiner kulturellen Prägung zu entziehen, ist es umso wichtiger, sich seinen Einfluss auf die eigene Wahrnehmung und Bewertung vom Neuen und Fremden bewusst zu machen, sich – wie Hanenberg[17] postuliert – Klarheit darüber zu verschaffen, ob und wieweit die eigene Kultur prägenden Einfluss auf uns hat. Um dieses Fundament für die Auseinandersetzung mit fremdkulturellen Phänomenen zu schaffen, ist es im Unterricht notwendig, die Lernenden vor einen Spiegel zu stellen, in

---

13 Vgl. Bolten 2007, S. 86.
14 Vgl. Chudak/Mackiewicz 2018, S. 38; Waszau 2020, S. 228ff.
15 Kaikkonen 1997, S. 78f.
16 Keller 1996, S. 233.
17 Hanenberg 2009, S. 105.

dem sie sich betrachten und dank dem ihre Aufmerksamkeit auf solche Aspekte ihrer Ausgangskultur gelenkt wird, über die sie bis dahin vielleicht gar nicht oder nicht ausreichend intensiv reflektiert haben. Gemeint sind damit Aktivitäten und Aufgaben, wie z.B. Gespräche über ihre kulturelle Identität oder über kulturkontrastive Erfahrungen, die sie bereits in ihrem Leben gemacht haben[18], *Case Studies*[19] oder Analysen von Alltags- oder Kulturtexten[20].

4 Politische Reden als Stimulus zur Reflexion über kulturelle Unterschiede?

Wie bereits im Abschnitt 3 angedeutet, finden im Kontext der Förderung von Reflexionsprozessen über Kulturen u.a. Texte ihren Einsatz – insbesondere diejenigen, deren Autoren zum Gegenstand ihrer eigenen Reflexion die Ausgangskultur der Lernenden machen und andererseits aber auch fremdkulturelle Erscheinungen thematisieren. Als geeignete Beispiele können hier Reiseliteratur (wie z.B. *Dojczland* von Andrzej Stasiuk, 2007; *Viva Polonia. Als deutscher Gastarbeiter in Polen* von Steffen Müller, 2009), Essaysammlungen (wie z.B. *Meine Lieben Deutschen* von Krzysztof Wojciechowski, 2000) oder Spielfilme (wie z.B. *Polnische Ostern*, Reg. Jakob Ziemnicki, 2010; *Am Ende kommen Touristen*, Reg. Robert Thalheim, 2007) dienen. Die Begegnung mit ihnen hat zur Folge, dass die sie rezipierenden Lernenden in einen Dialog treten – mit sich selbst und mit dem Fremden. Sowohl Lesetexte als auch filmische Texte fördern die Begegnung mit eigen- und zielkulturellen Phänomenen und Gewinnung von Informationen und Erkenntnissen. Sie haben aber auch das Potenzial dazu, Irritationen zu verursachen, z.B. wenn ihre Rezipienten mit Stereotypen, Vorurteilen oder Darstellungen konfrontiert werden, die bei ihnen (nicht immer positive) Emotionen auslösen, und sie dadurch zum Nachdenken, Hinterfragen, Prüfen und Nachforschen anregen[21].

Allerdings neigen Lernende erfahrungsgemäß auch dazu, die Perspektive des Autors/der Autorin, seine/ihre Erklärung, Interpretation bzw. Beurteilung von im jeweiligen Text geschilderten Situationen oder Verhaltensweisen zu übernehmen. Vor allem das, worüber sie lesen, so wie es dargestellt wird, nehmen sie (besonders dann, wenn der Umfang ihrer eigenen Erfahrungen nicht sehr groß ist) für bare Münze und stellen es nicht immer in Frage, überprüfen es nicht. Ein etwas besseres Ergebnis erreicht man eventuell bei der Arbeit mit filmischen Texten, da das jeweils gezeigte Bild, das die Vision des Regisseurs/der Regisseurin darstellt oder seine/ihre spezifische Sichtweise widerspiegelt, FilmrezipientInnen z.T. irritiert und eher eine kritische Auseinandersetzung mit dem Gesehenen einleitet als im Fall von Lesetexten, die anscheinend mit Expertenwissen assoziiert werden. Optimal für die Konfrontation und den Vergleich, scheint daher der Einsatz von unkommentiertem Rohmaterial in Form von Berichten über oder Aufnahmen von Situationen, in denen handelnde ProtagonistInnen aus unterschiedlichen Kul-

---

18 S. Chudak/Mackiewicz 2018, S. 46ff.
19 S. Thomas u.a. 2003, Hiller 2016/2021.
20 S. Adamczak-Krysztofowicz 2003; Chudak 2013a, S. 23f.
21 S. Beispiele von Filmen und Meinungen der Lernenden zu ihrem Potenzial bei Chudak (2018).

turräumen gezeigt werden, die in einem bestimmten gleichen oder ähnlichen situativen Kontext agieren. Dadurch entsteht eine Vergleichsbasis.

Ein gutes Beispiel davon stellen m.E. Reden von PolitikerInnen dar, die zu bestimmten Anlässen gehalten werden, wie beispielsweise Weihnachts- oder Neujahrsansprachen oder Ansprachen anlässlich wichtiger Ereignisse, Jahrestage o.Ä.: Das, worüber PolitikerInnen sprechen, wie und wo sie das tun, gibt einen Einblick nicht nur in ihre Denkweisen oder Ansichten, sondern es verrät auch viel über ihre kulturelle Geprägtheit, die sich einerseits in der von ihnen verwendeten Sprache (z.B. Adressierung der Rede, Benutzung von Metaphern, Verwendung gemeinsprachlicher Formulierungen oder auch juristischer oder fremdsprachiger Ausdrücke, Auswahl rhetorischer Mittel usw.) und andererseits auch darin manifestiert, wie sie die Themen ihrer Reden entfalten[22]. Was Letzteres betrifft, geht es vor allem um die Perspektivierung, d.h. die Art und Weise, wie die SprecherInnen bestimmte Informationen, Ereignisse oder Standpunkte präsentieren, ob und wie sie Informationen filtern und interpretieren, welche Topoi sie wählen, um eine bestimmte Wirkung auf das Publikum zu erzielen, eine bestimmte Botschaft zu vermitteln oder ein/ihr Narrativ aufzubauen, um Emotionen zu wecken, ihre Glaubwürdigkeit zu erhöhen oder das Publikum zu beeinflussen und gewünschte Reaktionen hervorzurufen[23].

Von Interesse ist hier auch der situative Kontext, der Rahmen, in dem die jeweilige Rede gehalten wird. Scheurle[24], der Medienauftritte von PolitikerInnen als „theatrale Aufführungen" betrachtet, verweist darauf, dass „politische Akteure" es stets absichtsvoll versuchen, „durch bestimmte Darstellungsstrategien [...], den Wähler von ihrer Weltsicht, ihren politischen Programmen und letztlich von sich selbst zu überzeugen"[25]. Besondere Bedeutung schreibt Scheurle ihren TV-Auftritten zu,

> denn im Fernsehen verkörpert der Politiker mehr seine Politik, als dass er sie argumentativ fundiert. Sein ganzes Auftreten, seine Erscheinung, sein Körper und sein Gebaren werden zum Ausweis seiner politischen Kompetenz. In einem Satz: Um der *Inszenierungsform* gerecht zu werden, muss er *Figur* machen.[26]

Er merkt in diesem Zusammenhang an, dass hier – neben der Erscheinung des Menschen, mit seinen Ausdrucksmöglichkeiten, wie Stimme, Bewegung und Mimik[27] – auch räumliche Bedingungen (der Ort des Geschehens) eine Rolle spielen und die Wahrnehmung und Beurteilung durch das Publikum beeinflussen[28]. Interessant scheint im

---

22 Schreiber 2015, S. 64ff.; Klein 2019, S. 39ff.; Burkhardt 2019, S. 2f.
23 Mehr dazu bei Klein 2019a, S. 127ff./2019b; Sarcinelli 2019, S. 303f.; Girnth/Burggraf 2019, S. 565ff.
24 Scheurle 2009.
25 Ebd., S. 9f.; s. auch Klemm 2019b.
26 Ebd., S. 42.
27 Mehr dazu bei Cherednyk 2019, S. 794ff.
28 Ebd., S. 55ff. Sarcinelli (2019:313–314) spricht in diesem Zusammenhang von der „Talkshowisierung des Diskurses", die sich dadurch charakterisiert, dass sich die Politikvermittlung an den Kriterien der Unterhaltungsindustrie orientiert.

Kontext der fortschreitenden „'Mediatisierung' politischen Handelns", auf die Klemm[29] verweist, also auch die Frage danach, wie PolitikerInnen, die ihre Fernsehansprachen vorbereiten bzw. halten und so die Möglichkeit zur positiven Selbstdarstellung haben, ihre Auftritte inszenieren und was die jeweilige Inszenierung über sie und ihren kulturellen Hintergrund aussagt.

5 Fernsehansprachen von Andrzej Duda und Angela Merkel im Vergleich

Fernsehansprachen zu außergewöhnlichen Anlässen gehören, so Spieß[30], zur Großgruppe der politischen Rede und stellen eine Spezialform dieser dar. Sie dienen in erster Linie dazu, ein möglichst großes Publikum, die gesamte Bevölkerung eines Landes, anzusprechen, die politischen Handlungen vor diesem Publikum zu legitimieren, Zustimmungsbereitschaft zu erzeugen und letztlich das Publikum zu gemeinschaftlichem Handeln zu bewegen. Sie sind also authentische Texte, Produkte einer bestimmten Kultur und somit für den Einsatz im auf die Entwicklung der interkulturellen Kompetenz abzielenden Sprach- oder Fachunterricht durchaus geeignet.

5.1 *Zur Auswahl der Reden*

Für die Zwecke des in der Einleitung zu diesem Beitrag erwähnten Unterrichts wurden jeweils zwei Reden des polnischen Staatspräsidenten Andrzej Duda und der deutschen Bundeskanzlerin Angela Merkel gewählt. Es handelt sind dabei um ihre Neujahrsansprachen vom Silvesterabend 2018 sowie die Ansprachen zur COVID-19-Ausbreitung aus dem Jahr 2020 (Duda – „Die Lage ist ernst (Sytuacja jest poważna)" vom 10.03.2020; Merkel - „Es ist ernst" vom 18.03.2020)[31].

Zwar sind die Kompetenzbereiche der beiden Politiker anders, ein Vergleich ist aber im Fall der gewählten Reden m.E. trotzdem sinnvoll. Bei den Neujahransprachen handelt es sich nämlich in beiden Fällen um eine Art Rückblick auf das vergangene Jahr 2018 und Reflexion über das kommende Jahr 2019. Es werden keine politischen Entscheidungen kommuniziert, die mit dem von dem/der Sprechenden jeweils bekleideten Amt zusammenhängen würden. Ansonsten ist hier zu erwähnen, dass im polnischen Kontext der jeweils amtierende Regierungschef, dessen Aufgaben- und Kompetenzbereich eher mit dem Aufgaben- und Kompetenzbereich des deutschen Bundeskanzlers vergleichbar wäre, keine Neujahrsansprachen im Fernsehen hält. Im deutschen Kontext gibt es wiederum keine Neujahrsansprachen vom amtierenden Bundespräsidenten, da sich dieser (seit 1970) in der Weihnachtszeit an die Bundesbürger via TV wendet. Ihre Reden haben dennoch einen ähnlichen Charakter. Zwar wird darin häufig auf den Wert von Traditionen und den religiösen Hintergrund des bevorstehenden Weihnachtsfests eingegangen; angesprochen werden aber auch wichtige Ereignisse des aktuell zu Ende

---

29 Klemm 2019a, 525ff.
30 Spieß 2021.
31 Die vier Reden wurden ursprünglich im öffentlich-rechtlichen Fernsehen ausgestrahlt und stehen online unter www.youtube.com/watch?v=vCv0W6AI6tM&t=106s, www.youtube.com/watch?v=4YS20YQbVE4, www.youtube.com/watch?v=7Kd7drpdwqc und www.youtube.com/watch?v=TVVpAHxytRg zur Verfügung (abgerufen am 10.06.2023).

gehenden Jahres. Betont wird immer wieder die Bedeutung von Zusammenhalt, Empathie, Solidarität und Frieden[32]. Und schließlich sind die Aufgaben- und Kompetenzbereiche des polnischen Staatspräsidenten und des deutschen Bundespräsidenten auch nicht 1:1 miteinander vergleichbar: Der polnische Staatspräsident hat im Vergleich zum deutschen Bundespräsidenten eine etwas stärkere exekutive Rolle und einen gewissen, jedoch sehr begrenzten Einfluss auf die Regierungsbildung. Er ist Oberbefehlshaber der Streitkräfte, ernennt und entlässt die MinisterpräsidentInnen und die Mitglieder des Kabinetts, kann Gesetzesentwürfe vorlegen, unterzeichnet Gesetze sowie internationale Verträge und kann sein Veto einlegen. Der deutsche Bundespräsident hingegen konzentriert sich mehr auf repräsentative Aufgaben, spielt eine eher zeremonielle Rolle in der Politik und hat keine Möglichkeit, in den Gesetzgebungsprozess einzugreifen[33]. Er führt, wie Mackiewicz[34] schreibt, zwar keine Tagespolitik und besitzt – anders als der Bundeskanzler[35] – keine Richtlinienkompetenz, ist aber kein „machtloses Oberhaupt" der BRD, denn er kann u.a. durch seine Reden wirken, die unter seinen beschnittenen Kompetenzen einen hohen Stellenwert einnehmen, da er sich in ihnen – wie das Beispiel Richard von Weizsäckers zeigt – durchaus auch mit gewichtigen politischen, sozialen oder ethischen Fragen auseinandersetzen kann und, da er eine Autorität verkörpert, dadurch evtl. das aktuelle politische Geschehen beeinflusst.

Die Ansprachen zur COVID-19-Ausbreitung stellen wiederum angesichts der Entwicklungen im Jahr 2020 eine Ausnahme dar. Es handelt sich, wie bereits gesagt, bei dem deutschen Bundeskanzler und dem polnischen Staatspräsidenten um unterschiedliche Ämter mit unterschiedlichen Funktionen, es geht aber im Fall von Merkel und Duda um Politiker, die einen relativ hohen Beliebtheitsgrad bei der Bevölkerung genossen haben, was angesichts der sich im Frühjahr 2020 entwickelnden Pandemie nicht ohne Bedeutung gewesen sein mag[36]. So spricht Merkel weniger als Regierungschefin, sondern vielmehr als „Mutter der Nation", wie sie zu ihrer Amtszeit 2005–2021 wegen ihrer ruhigen und sachlichen Art, Entscheidungen zu treffen und Menschen ein Gefühl von Stabilität und Sicherheit zu geben, häufig bezeichnet wurde. Duda präsentiert sich wiederum bei seinem Auftritt als Unterstützer der Entscheidungen der polnischen Regierung über Maßnahmen zur Bekämpfung der Virus-Ausbreitung. Ähnlich wie Merkel informiert er die Bevölkerung über die aktuelle Situation und ermutigt sie, sich an die von den Machthabern eingeleiteten Maßnahmen zu halten. So sind ihre Reden in dem gegebenen Kontext sehr wohl miteinander zu vergleichen, auch wenn die Kompetenz-

---

32 Weitere Informationen zu den Weihnachtsansprachen deutscher Bundespräsidenten unter: www.bundespraesident.de/DE/Amt-und-Aufgaben/Wirken-im-Inland/Reden-und-Ansprachen/Weihnachtsansprachen/Weihnachtsansprachen.html (abgerufen am 12.05.2023).
33 Genaueres dazu unter www.prezydent.pl und www.bundespraesident.de (abgerufen am 12.05.2023).
34 Mackiewicz 2002, S.7ff.
35 Zu den Kompetenzbereichen des deutschen Bundeskanzlers s. Stüwe 2005.
36 Zur Bewertung der Sympathie und Leistung von Kanzlerin A. Merkel s. z.B. https://de.statista.com/statistik/daten/studie/1251584/umfrage/bewertung-der-sympathie-und-leistung-von-merkel/ (abgerufen am 12.05.2023). Im Fall von A. Duda s. z.B. www.gazetaprawna.pl/wiadomosci/kraj/artykuly/8554237,zaufanie-politycy-sondaz-cbos-duda-holownia-trzaskowski.html (abgerufen am 12.05.2023).

bereiche der beiden Redner nicht gleich sind. Als weiteres Argument kann außerdem das Ziel der Analyse der Reden genannt werden: Der Fokus gilt hier nicht konkreten politischen Entscheidungen, die evtl. mitgeteilt werden könnten, sondern vielmehr der Art und Weise, wie mit der Bevölkerung kommuniziert wird.

5.2 Inhalt der Reden

5.2.1 Neujahrsansprachen von 2018

In seiner Neujahrsansprache verkündet Duda, dass 2018 ein außergewöhnliches Jahr gewesen sei, und das nächste Jahr noch besser werde, denn „wir [Polen] werden uns selbst und die Welt erneut daran erinnern, wie groß der polnische Geist der Freiheit ist" (alle Zitate übersetzt von S.Ch.). Diesem Zweck dienen die Jahrestage heldenhafter Ereignisse. Es gibt viele davon. Der 100. Jahrestag der Wiedererlangung der Unabhängigkeit war bereits „ein großes Fest der polnischen Freiheit und des Nationalstolzes". Der Präsident spricht von „der großartigen Atmosphäre jener Tage, als wir uns wie 1918 unter der weiß-roten Flagge versammelten". Dies ist ein sehr „lyrischer Bericht über den umstrittenen Unabhängigkeitsmarsch am 11. November 2018", so Pacewicz[37]. In einer nicht mal drei Minuten langen Rede zählt Duda acht weitere Jubiläen auf, die 2019 gefeiert werden sollen:

- den hundertsten Jahrestag des Großpolnischen Aufstands,
- den ersten der drei schlesischen Aufstände,
- den 80. Jahrestag des Ausbruchs des Zweiten Weltkriegs,
- den 20. Jahrestag des Beitritts Polens zur NATO,
- den 450. Jahrestag der Union von Lublin von 1569,
- den 15. Jahrestag des Beitritts Polens zur Europäischen Union,
- den 40. Jahrestag der ersten Pilgerreise des polnischen Papstes in sein Heimatland und
- den 30. Jahrestag der Wahlen vom 4. Juni 1989 (insbesondere der ersten freien Wahlen zum Senat).

Aktuelle Ereignisse, wie etwa die kommenden Wahlen, erwähnt Duda nur flüchtig. Pacewicz[38] bezeichnet Dudas Rede als „Ausdruck einer infantilisierenden Politik", in der der Staatspräsident die BürgerInnen wie Kinder bei einem Schulappell behandelt. Anstatt über die Geschehnisse in Polen, Europa und der Welt zu reflektieren, spricht er hauptsächlich über die glorreiche Vergangenheit Polens. Daran erinnert auch die Kulisse, vor der Duda spricht, das im Hintergrund zu sehende Gemälde von Wojciech Kossak „Święto kawalerii polskiej" [„Das Fest der polnischen Kavallerie"] aus dem Jahr 1934, das sich auf die Parade vor dem Marschall Józef Piłsudski bezieht, die am 6.10.1933 auf den Błonia-Wiesen in Krakau anlässlich des 250. Jahrestages der Schlacht von Wien stattfand. Die Worte „polnisch" und „national" werden hier immer wieder verwendet, und die Rede ist voll von banalen Phrasen wie z.B. „je mehr wir geben, desto mehr bekommen wir zurück". Am auffälligsten ist jedoch, wie bereits angedeutet, das Fehlen

---

37 Pacewicz 2019.
38 Ebd.

jeglicher Überlegungen zur Situation des Landes, Europas oder der Welt. Die gesamte Botschaft erschöpft sich in einer Aufzählung von Jahrestagen, als ob diese aktuell irgendeine, geschweige denn große politische Bedeutung hätten. Das ersetzt beispielsweise die Auseinandersetzung mit der bereits zu diesem Zeitpunkt schwierigen Situation Polens in Europa, die sich aus dem Konflikt der polnischen Regierung mit den EU-Behörden ergibt, sowie mit der Krise, in der zurzeit sowohl die Demokratie als auch der Kapitalismus stecken, bzw. mit der gefährdeten Zukunft eines zivilisationsvergifteten Globus. Die Ansprache von Merkel ist im Vergleich zu der Rede von Duda deutlich anders. Bei ihrem siebenminütigen Fernsehauftritt spricht die deutsche Bundeskanzlerin darüber, dass das Jahr 2019 politisch äußerst schwierig sein wird. Sie erwähnt, wie schwierig es war, nach den Wahlen 2017 eine Regierung zu bilden. Sie kündigt an, dass sie bis zu den Wahlen im Jahr 2021 im Amt bleiben werde, unabhängig davon, wie unbefriedigend das Jahr 2018 war. Sie reflektiert dann aber über die Herausforderungen der Demokratie in der Welt, die Frage des Klimawandels (an dieser Stelle wird der Inhalt ihrer Rede durch Bilder gestützt, die Aufnahmen der Erde von der Raumstation ISS zeigen, die 2018 von dem deutschen Astronauten Alexander Gerst erstellt wurden), Einwanderung und Terrorismus. Ansonsten spricht sie auch über die Bedrohung der Kooperationspolitik auf beiden Seiten des Atlantiks und betont, dass die Deutschen in dieser Situation fest für demokratische Werte einstehen, sie verteidigen müssen. Deutschland wird sich dafür einsetzen, die Europäische Union stärker und leistungsfähiger zu machen und eine enge Partnerschaft mit Großbritannien trotz seines Austritts aus der EU aufrechtzuerhalten. Im Zusammenhang mit den EU-Parlamentswahlen im Mai ruft sie ihre MitbürgerInnen dazu auf, die EU als „ein Projekt von Frieden, Wohlstand und Sicherheit" zu unterstützen. Sie kündigt einen noch stärkeren Kampf für Werte wie Offenheit, Toleranz und Respekt an. Das politische Klima hat sich zwar 2018 in Deutschland verschlechtert, aber Merkel äußert die Hoffnung, dass gute Dinge passieren werden, wenn alle BürgerInnen an die genannten Werte glauben und sich dafür einsetzen. Ihre Botschaft wird zusätzlich durch das Setting verstärkt, das ihre Rede rahmt: Die Bundeskanzlerin steht am Fenster in ihrem Büro im Bundeskanzleramt in Berlin, dessen architektonische Gestaltung Offenheit, Zugänglichkeit und Transparenz symbolisiert.

5.2.2 Ansprachen zur COVID-19-Ausbreitung von 2020

Dass die sich sehr dynamisch entwickelnde Situation im März 2020 von der Politik als sehr ernst eingestuft wurde, war unter anderem daran zu erkennen, dass sowohl das polnische Staatsoberhaupt Andrzej Duda als auch die deutsche Bundeskanzlerin Angela Merkel sich in TV-Ansprachen, jeweils am 10.3. und 18.3., an die Bevölkerung ihrer Länder zu Wort meldeten, um die bevorstehenden Maßnahmen zu verkünden. Die Intentionen beider Reden waren gleich. Angesichts der sich äußerst dynamisch entwickelnden Krisensituation (Pandemie) ging es darum, die von den Regierungen beschlossenen Maßnahmen im Zuge der Corona-Pandemie zu begründen und an die Bevölkerung zu appellieren, die Maßnahmen zu befolgen, damit sich die Ausbreitung des Virus verlangsamt. Trotz gleicher Intentionen weisen die Ansprachen und Erklärungen von Duda und Merkel gewisse Unterschiede auf.

Wie Spieß[39] erklärt, „[stellt] die Orientierung an den Adressat:innen […] im Bereich der politischen Kommunikation eine wesentliche Strategie dar, der in allen Kommunikationsformen Rechnung getragen wird. Wen die Sprecher:innen adressieren, hat Auswirkung auf die Versprachlichung der Kommunikationsziele. Nicht immer sind Adressatenorientierungen aber so explizit, wie dies in den Ansprachen oder Regierungserklärungen der Fall ist." Merkels Ansprache ist (ähnlich wie ihre Neujahrsansprache) an ihre MitbürgerInnen adressiert. Mit dieser Adressierung, so Spieß[40] „konzeptualisiert sich Merkel als eine Person aus der Bevölkerung und nicht ausschließlich als Repräsentantin eines politischen Amtes. Unterstrichen wird diese Positionierung dadurch, dass sie hervorhebt, gleiche oder ähnliche Erfahrungen wie viele Mitbürger:innen […] gemacht zu haben. Und ebenso betont sie, dass sie sich – wie viele andere auch – an bestimmten Prinzipien orientiert, die der Pandemiebekämpfung dienlich sind." Ihr Augenmerk gilt dabei besonders stark der Transparenz der Handlungen der von ihr repräsentierten Regierung. So sagt sie bspw.:

> Ich wende mich heute auf diesem ungewöhnlichen Weg an Sie, weil ich Ihnen sagen will, was mich als Bundeskanzlerin und alle meine Kollegen in der Bundesregierung in dieser Situation leitet. Das gehört zu einer offenen Demokratie, dass wir die politischen Entscheidungen auch transparent machen und erläutern, dass wir unser Handeln möglichst gut begründen und kommunizieren, damit es nachvollziehbar wird.

Adressiert wird bei Merkel zudem jeweils die gesamte Bevölkerung der BRD, da die Maßnahmen selbstverständlich alle im Land lebenden Personen betreffen.

Die COVID-Ansprache von Duda (ähnlich wie seine Neujahrsansprache) ist an seine „Landsleute (Rodacy)" adressiert. Zwar wendet er sich an die Bevölkerung des Landes, explizit adressiert werden jedoch ausschließlich die Polinnen und Polen. Diese Art von Adressierung zieht sich durch seine gesamte Ansprache. Mit dieser Anrede werden jedoch jene Bevölkerungsgruppen ausgeschlossen, die keine Polinnen und Polen sind, aber dennoch in Polen leben. Das irritiert etwas, da es doch in seiner Ansprache darum gehen müsste, alle in Polen lebenden Menschen von den beschlossenen Maßnahmen zur Eindämmung der Pandemie zu überzeugen. Auffällig ist ansonsten, dass Duda hauptsächlich erklärt, was die Machthabenden gegen die Ausbreitung des Virus tun, und nicht wirklich darauf eingeht, was die gesamte Situation für die BürgerInnen des Landes bedeutet, abgesehen davon, dass sie sich den genannten Maßnahmen unterordnen sollten:

> Ich stehe in ständigem Kontakt mit dem Premierminister, dem Gesundheitsminister und dem Innenminister. Ich kann Ihnen versichern, dass die Behörden der Republik Polen bereits die entsprechenden Schritte unternommen haben, um sich auf diese Herausforderung vorzubereiten. Jetzt werden die notwendigen entscheidenden Schritte unternommen, um das polnische Volk so wirksam wie

---
39 Spieß 2021, S. 470.
40 Ebd.

möglich zu schützen. [...] Weitere notwendige Schritte werden in den nächsten Tagen unternommen.

In den sprachlichen Realisierungen beider Reden zeigen sich also deutliche Unterschiede. Bei Merkel, anders als bei Duda, wird „[d]er Bezug auf das Gemeinsame im Zusammenhang mit der Verantwortung des Einzelnen [...] hergestellt [...], was unter anderem [...] in der Verwendung der Pronomen *wir* und *uns* schon auf der Textoberfläche deutlich wird"[41]. So spricht sie von „unserem Land", „unserer Vorstellung", „unserem gemeinsamen Handeln" sowie darüber, dass „wir eine Gemeinschaft sind". Sich selbst und ihr Kabinett positioniert sie in einer der Landesbevölkerung dienenden Stellung. Auch in ihrer Weihnachtsansprache bezeichnet sie sich in erster Linie als „Staatsdienerin". In der Ansprache zur COVID-19-Ausbreitung betont sie, dass es zwar einerseits die Bundesregierung und die staatlichen Ebenen gibt, die Verantwortung tragen, andererseits aber unterstreicht sie auch, dass „jede und jeder Einzelne" zur Bekämpfung der Virusausbreitung beitragen kann, dass die Verantwortung für das Gemeinwohl bei allen BürgerInnen liegt. Merkel tritt hier weniger als Autoritätsperson auf und der für politische Reden charakteristische Autoritätstopos manifestiert sich eher im Verweis auf WissenschaftlerInnen und ÄrztInnen. Das ist bei Duda insofern anders, als dass er hauptsächlich darüber spricht, was die Machthabenden angesichts der Pandemie tun und dass sie die größte Verantwortung für die Virusbekämpfung tragen. Zwar sagt er, dass alle Polinnen und Polen von der Pandemie betroffen sind, betont aber, dass „[d]ie Regierung, die staatliche und kommunale Verwaltung, die Gesundheits- und medizinischen Dienste, die Polizei, die Feuerwehr, die Grenzschutzbehörde und das Militär [...] mit Hingabe [arbeiten], um die Polen zu schützen." Nicht Fachleute, Virologen und Epidemiologen, sondern die von ihm aufgezählten Institutionen und vor allem er selbst fungieren hier als Autorität.

5.3 Auswertung der Reden – Beispiel: Kulturdimensionen

Unterzieht man die Neujahrsansprachen von Merkel und Duda einem Vergleich, so merkt man schnell deutliche Unterschiede. Pacewicz[42] fällt dabei z.B. Folgendes auf:

- Duda konzentriert sich auf die heldenhafte Vergangenheit Polens, Merkel auf die Gegenwart und die Zukunft Deutschlands, Europas und der Welt;
- Duda entwickelt ein nationalistisches Narrativ, das „die Welt" in die Rolle desjenigen rückt, der Polen bewundern sollte; Merkel spricht aus der Perspektive einer Europäerin und Weltbürgerin und zeigt, dass das deutsche Interesse eine globale Sichtweise erfordert;
- Duda lobt Polen und die Polen und beschreibt eine bessere Zukunft; Merkel teilt ihre Sorgen und weist auf Misserfolge hin;
- Die Aussage von Duda ist vage und beschönigend, die von Merkel – konkret und ernst.

---

41 Spieß 2021, S. 463.
42 Pacewicz 2019.

Bereits diese kurze Zusammenstellung von Unterschieden zeigt, dass die Reden von Duda und Merkel als eine gute Illustration für das von Hofstede (2011) erarbeitete Modell der Kulturdimensionen dienen, da sie die von ihm darin erfassten Charakteristika sehr wohl widerspiegeln[43]. Zwar wird dieses Modell mittlerweile zunehmend kritisch betrachtet, vor allem wegen der Reduktion komplexer kultureller Unterschiede auf wenige Dimensionen, einer also vereinfachenden, homogenisierenden Darstellung von Kulturen und der sich daraus ergebenden Gefahren, sowie wegen der mangelnden Validität einzelner Dimensionen[44]; es wird ihm dennoch aber immer noch ein gewisser pragmatischer Stellenwert zugeschrieben. Auf jeden Fall kann es als Bezugspunkt beim Reflektieren über die Möglichkeiten und Einschränkungen der Beschreibung von Kulturen bzw. Vorzüge und Grenzen der Anwendung derartiger Modelle herangezogen werden.

Verwendet man das „Country Comparison Tool" das auf www.hofstede-insights.com zur Verfügung steht, findet man heraus, dass die Unterschiede zwischen Deutschland und Polen in den Bereichen „Machtdistanz", „Unsicherheitsvermeidung" und „Lang- vs. Kurzzeitorientierung" besonders auffällig sind. Die Differenzen bei den Kulturdimensionen „Individualismus vs. Kollektivismus", „Maskulinität vs. Feminität" und „Nachgiebigkeit vs. Beherrschung" sind dagegen weniger gravierend und die Diskrepanz zwischen den von den beiden Ländern jeweils erreichten Indexwerten ist relativ gering (lediglich 2–11 Punkte im Vergleich zu 28–45 Punkten im Fall der drei erstgenannten Kulturdimensionen)[45]. Definiert wird Machtdistanz von Hofstede[46] als

> the extent to which the less powerful members of organizations and institutions (like the family) accept and expect that power is distributed unequally. This represents inequality (more versus less), but defined from below, not from above. It suggests that a society's level of inequality is endorsed by the followers as much as by the leaders.

In Gesellschaften mit hoher Machtdistanz werden demnach Gehorsam, Respekt gegenüber Autoritätspersonen und Hierarchien u. Ä. geschätzt. Geringe Machtdistanz bedeutet wiederum z. B., dass Befehle o. Anweisungen in Frage gestellt werden können oder dass auch diejenigen konsultiert werden, die untergesetzt sind usw. Während Deutschland zu den Ländern mit der geringsten Machtdistanz (Indexwert 35) gehört (was sich u. a. im direkten und partizipativen Kommunikationsstil manifestiert sowie in der Forderung nach Führung, die auf Kompetenz basiert), ist die polnische Gesellschaft (Indexwert 68) sehr hierarchisch (Zentralisierung ist beliebt, Untergebene erwarten, dass man ihnen sagt, was sie zu tun haben, und der ideale Chef ist ein wohlwollender Autokrat).

Die hohe bzw. geringe Machtdistanz zeigt sich in den gewählten Reden auf zwei Ebenen. Eine Rolle spielt hier – wie bereits in 5.2.1. angedeutet – das Setting, von dem die Reden

---

[43] Natürlich können hier auch andere Modelle herangezogen werden. Die Thematisierung von allen davon ist aber nicht das Ziel des vorliegenden Beitrags und würde seinen Rahmen sprengen.
[44] S. dazu z. B. die Ergebnisse der Studie von Schmitz und Weber, 2014.
[45] Alle Angaben nach www.hofstede-insights.com/country-comparison-tool?countries=germany,poland, abgerufen am 10.06.2023.
[46] Hofstede 2011, S. 9.

gerahmt werden. Es handelt sich hierbei um die Büros der beiden Redner. Die Architektur des Kanzleramts, seine bauplastische Wirkung, seine Offenheit, die durch die großen Glasflächen in der Fassade erzeugt wird und die deutlich anders als die Struktur und Wirkung des Warschauer Präsidentenpalastes ist, können als eine demokratische Geste der Regierenden an die Regierten gedeutet werden. Die Worte der Bundeskanzlerin stehen mit dieser Struktur im Einklang: Sie positioniert sich als Staatsdienerin, eine von den BürgerInnen des Landes. Anders ist es bei Duda, der sich offenbar als Teil der in Polen regierenden Elite versteht. Merkel konsultiert bei ihren Regierungsentscheidungen Fachleute. Duda steht dagegen vor allem im Kontakt mit dem Premierminister und ggf. mit den zuständigen MinisterInnen (auch im Rahmen des Nationalen Sicherheitsrates, den er als Präsident einberufen kann), und er unterschreibt evtl. Gesetze. All das mag mit seinen eingeschränkten Kompetenzen als Staatspräsident zu erklären sein. Trotzdem aber, angesichts der Ausnahmesituation und großen Gefahr, die die COVID-19-Pandemie darstellte, hätte die Darstellung seiner Aktivitäten anders sein können.

Die Dimension Unsicherheitsvermeidung hat wiederum mit der Art und Weise zu tun, wie eine Gesellschaft mit der Tatsache umgeht, dass die Zukunft nie bekannt sein kann:

> Uncertainty Avoidance [...] deals with a society's tolerance for ambiguity. It indicates to what extent a culture programs its members to feel either uncomfortable or comfortable in unstructured situations. Unstructured situations are novel, unknown, surprising, and different from usual. Uncertainty avoiding cultures try to minimize the possibility of such situations by strict behavioral codes, laws and rules, disapproval of deviant opinions, and a belief in absolute Truth; 'there can only be one Truth and we have it'.[47]

Diese Ungewissheit bringt Ängste mit sich. Verschiedene Kulturen haben gelernt, mit dieser Angst auf unterschiedliche Weise umzugehen. Das Ausmaß, in dem sich die Mitglieder einer Kultur durch mehrdeutige oder unbekannte Situationen bedroht fühlen und Überzeugungen und Institutionen geschaffen haben, die versuchen, diese zu vermeiden, spiegelt sich in der Bewertung der Unsicherheitsvermeidung wider. Deutschland gehört mit 65 Punkten zu den Ländern, in denen eine leichte Präferenz für Unsicherheitsvermeidung besteht. Trotzdem spricht die Kanzlerin in ihrer Weihnachtsansprache Probleme der Zukunft an. Im Fall von Polen ist der Wert noch höher und liegt bei 93 Punkten. Und tatsächlich konzentriert sich Duda in seiner Neujahrsansprache sehr stark auf Vergangenes und vermeidet den Blick in die Zukunft.

Gleichzeitig illustriert dieses Beispiel auch sehr wohl die für den deutschen Kontext typische Langzeitorientierung. Diese Dimension beschreibt, wie jede Gesellschaft eine gewisse Verbindung zu ihrer eigenen Vergangenheit aufrechterhalten muss, während sie sich gleichzeitig mit den Herausforderungen der Gegenwart und Zukunft auseinandersetzen muss[48]: Gesellschaften, die in diesem Bereich – wie Polen mit lediglich 38 Punkten – einen niedrigen Indexwert erreichen, ziehen es beispielsweise vor, altehrwürdige

---

47 Hofstede 2011, S. 9.
48 Hofstede 2011, S. 13f.

Traditionen und Normen aufrechtzuerhalten. Genau das ist es auch, worauf sich Duda in seiner Weihnachtsansprache konzentriert: die glorreiche Geschichte Polens. Gesellschaften – wie die deutsche – mit einem hohen Wert in dieser Dimension (83 Punkte) verfolgen dagegen einen pragmatischeren Ansatz: Sie fördern Sparsamkeit und Anstrengungen in der modernen Bildung, um sich auf die Zukunft vorzubereiten. Und genau das kommt auch in der Weihnachtsansprache von Merkel durch: Große Schlachten oder Aufstände sind nicht Gegenstand ihrer Reflexion, sondern die Herausforderungen unserer Zeit (wie die ungewöhnlich trocknen Sommer), die internationale Zusammenarbeit und globale Sicherheit, die Zukunft der EU, der Strukturwandel von traditionellen zu neuen Technologien oder der digitale Fortschritt.

6 Fazit

Wie das Beispiel der ausgewählten Ansprachen von Angela Merkel und Andrzej Duda zeigt, geben politische Reden durchaus einen Einblick in den kulturellen Hintergrund der sie jeweils haltenden Personen. Ihre Analyse kann dazu beitragen, ein fremdes und auch das eigene Land und seine Kultur besser zu verstehen. Derartige Reden geben nicht nur Einblick in die Prioritäten und politischen Ziele eines Landes oder die Art und Weise, wie man in dem jeweiligen Land mit ihnen umgeht. Aus der Sicht kulturkontrastiver Analysen ist vor allem die Tatsache von Bedeutung, dass sie die Werte und Ideale eines Landes widerspiegeln. Sie zeigen, was betont und als wichtig erachtet wird. Da sie sich auf Unterschiedliches beziehen, z.B. auf Geschichte oder auf die Ergebnisse aktueller Forschung, erlauben sie ein besseres Verständnis der für die jeweilige Gesellschaft identitätsstiftenden Elemente, und ermöglichen dadurch ein tieferes Verständnis dieser Gesellschaft. Nicht ohne Bedeutung sind hier sprachliche Aspekte: Die von politischen RednerInnen verwendete Sprache (bestimmte Begriffe, Metaphern oder rhetorische Stilmittel) kann einerseits Hinweise auf die politische Kultur eines Landes geben, andererseits auf kulturelle Werte oder Traditionen im weiteren Sinne hinweisen.

Auf den ersten Blick weisen die hier als Beispiel herangezogenen Reden von Merkel und Duda hinsichtlich des Gegenstandes und der Struktur große Ähnlichkeiten auf. Wie in den meisten politischen Reden ist auch hier ein Zusammenspiel bestimmter topischer Muster zur Handlungsbegründung zu konstatieren. Bei genauerem Hinsehen zeigen sich jedoch Unterschiede in der konkreten sprachlichen und inhaltlichen Ausgestaltung. Ihre Analyse kann für Personen, die an ihrer interkulturellen Kompetenz arbeiten, einen Starken Impuls zur Reflexion über ihren eigenkulturellen Hintergrund und über fremde Kulturen darstellen. Das bestätigen auch eigene Unterrichtserfahrungen. Der hohe Aktualitätsbezug, die Authentizität und Komplexität derartigen Materials haben im Kontext des Sprach- bzw. Fachunterrichts eine durchaus motivierende Wirkung. Zwar wurde in dem vorliegenden Beitrag lediglich der Aspekt „Kulturdimensionen" bei der Analyse der Reden aufgegriffen. Viele weitere Aspekte, wie z.B. Kulturstandards[49], deren Analyse jedoch den Rahmen dieses Beitrags sprengen würde, können ebenfalls untersucht werden und stellen ein äußerst interessantes Forschungsdesiderat dar.

---

49 S. dazu z.B. Wilczyńska/Mackiewicz/Krajka 2019, S. 83ff.

Literatur

Adamczak-Krysztofowicz, Sylwia: Texte als Grundlage der Kommunikation zwischen Kulturen. Eine Studie zur Kultur- und Landeskundevermittlung im DaF-Studium in Polen, Hamburg 2003.
Bachmann, Saskia; Gerhold, Sebastian; Wessling, Gerd: Aufgaben- und Übungstypologie zum interkulturellen lernen, in: Zielsprache Deutsch (1996), Nr. 2.
Bolten, Jürgen: Interkulturelle Kompetenz, Erfurt 2007.
Bolten, Jürgen: Einführung in die interkulturelle Wirtschaftskommunikation (3., überarbeitete und erweiterte Auflage), Göttingen 2018.
Burkhardt, Armin (Hg.): Handbuch Politische Rhetorik, Berlin/Boston 2019.
Cherednyk, Maryna: Die rhetorische Bedeutung von Gestik, Intonation und Mimik in der Politik, in: Handbuch Politische Rhetorik, hg. von Armin Burkhardt, Berlin/Boston 2019.
Chudak, Sebastian: Eigenkulturelle Reflexion im Fremdsprachenunterricht. Zur Stellung und zu den Möglichkeiten der Bewusstmachung eigenkultureller Prägungen der Fremdsprachenlernenden im Kontext der Förderung ihrer interkulturellen Kompetenz, in: Studia Germanica Posnaniensia (2013a), Nr. XXXIII.
Chudak, Sebastian: Kompetencja medialna uczniów i nauczycieli języków obcych jako czynnik wpływający na poziom ich kompetencji interkulturowej, in: Neofilolog (2013b), 40/2.
Chudak, Sebastian; Mackiewicz, Maciej: „Die Deutschen sind irgendwie anders..." Folgen des Kulturschocks für die kulturelle Identität von polnischen ERASMUS-Studierenden: Ergebnisse einer qualitativen Studie, in: GfL-Journal (2018), Nr. 1.
Chudak, Sebastian: Filme als Fenster zur deutschsprachigen Welt. Überlegungen zu den Möglichkeiten der Förderung interkulturellen Dialogs im DaF-Kontext durch Arbeit mit Filmen, in: Konińskie Studia Językowe [Koniner Sprachstudien] (2018), Bd. 6.
Chudak, Sebastian; Mackiewicz, Maciej: Kulturbegegnungen im DaF-Unterricht durch Lernszenarien. Ein didaktisches Konzept, in: Germanistische Mitteilungen. Zeitschrift für deutsche Sprache, Literatur und Kultur (2022), Nr. 48.
Chudak, Sebastian; Przybył, Jakub: Vom fremdbestimmten Pattern Drill bis hin zur Selbstregulation. Fremdsprachendidaktik im Einflussfeld der Psychologie, in: Wissenschaften und ihr Dialog in der Forschung zum Lehren und Lernen fremder Sprachen, hg. von Magdalena Pieklarz-Thien und Sebastian Chudak, Göttingen 2022.
Europarat (Hg.): Gemeinsamer europäischer Referenzrahmen für Sprachen: lernen, lehren, beurteilen, Berlin u.a. 2001.
Europarat (Hg.): Gemeinsamer europäischer Referenzrahmen für Sprachen: lernen, lehren, beurteilen. Begleitband, Stuttgart 2020.
Girnth, Heiko/ Burggraf, Stefan (2019): Narrative Überzeugungs- und Wirkungsmechanismen der politischen Rede, in: Handbuch Politische Rhetorik, hg. von Armin Burkhardt, Berlin/Boston 2019.
Hanenberg, Peter: Kulturelle Prägung, interkulturelles Lernen und impliziertes Wissen, in: Jahrbuch Deutsch als Fremdsprache. Intercultural German Studies (2009), Bd. 35.
Hiller, Gundula Gwenn: Eine Frage der Perspektive. Critical Incidents aus Studentenwerken und Hochschulverwaltung, Berlin 2016.
Hiller, Gundula Gwenn: Eine Frage der Perspektive 2. Critical Incidents aus den Bereichen arbeitsmarktbezogene Beratung, Vermittlung und Integration, Mannheim 2021.
Hofstede, Gert: Dimensionalizing Cultures: The Hofstede Model in Context, in: Online Readings in Psychology and Culture (2011), Nr. 2(1).
Karpińska-Musiał, Beata: Międzykulturowość w glottodydaktyce, Gdańsk 2015.

Keller, Gottfried: Zehn Thesen zur Neuorientierung des interkulturellen Lernens, in: Praxis des neusprachlichen Unterrichts (1996).

Klein, Josef: Politik und Rhetorik. Eine Einführung, Wiesbaden 2019a.

Klein, Josef (2019b): Redegattungen/ Textsorten der politischen Rhetorik und ihre Charakteristika. Ein Überblick, in: Handbuch Politische Rhetorik, hg. von Armin Burkhardt, Berlin/Boston 2019.

Klemm, Michael (2019a): Rhetorik und Massenmedien: Information, Persuasion, Agitation und Propaganda, in: Handbuch Politische Rhetorik, hg. von Armin Burkhardt, Berlin/Boston 2019.

Klemm, Michael (2019b): (Audio)visuelle politische Rhetorik, in: Handbuch Politische Rhetorik, hg. von Armin Burkhardt, Berlin/Boston 2019.

Mackiewicz, Maciej: Verantwortung, Erinnerung, Wahrheit. Zur Macht des Wortes am Beispiel der präsidialen Reden Richard von Weizsäckers, Frankfurt/ M. u.a. 2002.

Myczko, Kazimiera (Hg.): Reflexion als Schlüsselphänomen der gegenwärtigen Fremdsprachendidaktik, Frankfurt/M. u.a. 2010.

Nazarkiewicz, Kirsten: Kulturreflexivität statt Interkulturalität? Re-thinking cross-cultural – a culture reflexive approach, in: Interculture Journal (2016), 15/26, Sonderausgabe „(Inter-)Kulturalität neu denken! – Rethinking Interculturality!".

Pacewicz, Piotr: Orędzie Dudy – bajki dla grzecznych Polaków. Porównaj z poważną mową Merkel (i tweetami Trumpa), 2019, https://oko.press/oredzie-dudy-bajeczka-dla-grzecznych-polakow-trump-jest-smieszny-inaczej-merkel-mowi-powaznie/ [abgerufen am 24.09.2022].

Roche, Jörg: Interkulturelle Sprachdidaktik. Eine Einführung, Tübingen 2001.

Sarcinelli, Ulrich (2019): Sprache, Politik und die Perspektiven der politischen Rhetorik in Deutschland, in: Handbuch Politische Rhetorik, hg. von Armin Burkhardt, Berlin/Boston 2019.

Schreiber, Michael: Das translationsdidaktische Potenzial politischer Reden, in: Studia translatorica (2015), Nr. 6.

Scheurle, Christoph: Die deutschen Kanzler im Fernsehen. Theatrale Darstellungsstrategien von Politikern im Schlüsselmedium der Nachkriegszeit, Bielefeld 2009.

Schmitz, Lena; Weber, Wiebke: Are Hofstede's dimensions valid? A test for measurement invariance of Uncertainty Avoidance, in: Interculture Journal (2014), Nr. 22.

Spieß, Constanze: »Dieser Fehler ist einzig und allein mein Fehler« – Politische Kommunikation im Zeichen der Corona-Pandemie, in: Zeitschrift für Literaturwissenschaft und Linguistik (2021), Nr. 51.

Studer, Thomas: Jetzt skaliert! Plurikulturelle und mehrsprachige Kompetenzen im erweiterten Referenzrahmen, in: Deutsch als Fremdsprache (2020), Nr. 1.

Stüwe, Klaus: Die Rede Kanzlers. Regierungserklärungen von Adenauer bis Schröder, Wiesbaden 2005.

Thomas, Alexander u.a. (Hg.): Handbuch interkulturelle Kommunikation und Kooperation, Bd. 2, Göttingen 2003.

Waszau, Anna Małgorzata: Czy kultura własna jest potrzebna do rozwijania kompetencji (inter)kulturowej? O uwzględnianiu kultury ojczystej w procesie nauczania/uczenia się języka obcego, in: Neofilolog (2020), Nr. 55/2.

Wilczyńska, Weronika; Mackiewicz, Maciej; Krajka, Jarosław: Komunikacja interkulturowa. Wprowadzenie, Poznań 2019.

Didaktisches Potenzial der interkulturellen Migrationsliteratur im DaF-Unterricht

Dorota Masiakowska-Osses

1 Begriffliche Bestimmung

Carmine Chielino, der mit seinem 2000 erschienenen Handbuch *Interkulturelle Literatur in Deutschland* wesentlich zur Popularisierung des Begriffs „interkulturelle Literatur" beigetragen hat, weist darauf hin, dass in der zweiten Hälfte des 20. Jahrhunderts die sprachliche „Vielfalt im deutschsprachigen Raum zu einem bisher nicht vorhandenen Reichtum"[1] gesteigert wurde. Die Dynamik der Einwanderung und der Wahrnehmung von MigrantInnen, die zunehmende Multikulturalität des deutschsprachigen Raumes sowie weltweite Globalisierungsprozesse begünstigten sowohl eine begriffliche Emanzipation der interkulturellen Literatur als auch ihre Anerkennung in literarischen und akademischen Kreisen[2].

Diese Anerkennung geht jedoch nicht mit der Eindeutigkeit des Begriffs „interkulturelle Literatur" einher, der mal autoren-, mal inhalts- oder formbezogen gebraucht wird. Während Norbert Mecklenburg von Autorengruppen spricht, „zu deren Produktionsbedingungen und Intention der Umgang mit verschiedenen Kulturen und das Überschreiten von Kulturgrenzen gehören"[3], beschreibt Heidi Rösch diese Art von Literatur als eine, die „kulturelle und sprachliche Interdependenzen ins Zentrum rückt, das Spannungsfeld zwischen Universalismus und Kulturalismus, Diversität und Diskriminierung, Hybridität und Differenz auslotet und sich dominanzkritisch artikuliert"[4]. Karl Esselborn weist dagegen auf die Umstände ihrer Entstehung, im „Einflussbereich verschiedener Kulturen und Literaturen"[5] sowie auf ihre charakteristischen Mittel wie „Übernahmen, Austausch, Mischung usw."[6] hin. Gemeinsam ist diesen Auffassungen ein pluralisiertes, prozesshaftes und relationales Kulturverständnis.

Als zumindest partiell interkulturell, zumal sogar als besondere Verkörperung der „Insignien einer interkulturellen Literatur"[7] werden die Werke angesehen, die im Zusammenhang mit der Migration entstanden sind, und deren Gegenstandbestimmung mit wohl noch größeren terminologischen Schwierigkeiten verbunden ist. Ihre Etiketts

---

1 Chiellino 2007(a), S. 51.
2 Schmitz 2009, S. 7.
3 Mecklenburg 2008, S. 32.
4 Rösch 2016, S. 7.
5 Esselborn 2010, S. 282.
6 Esselborn 2010, S. 282.
7 Brendel-Perpina 2015, S. 47.

reichen – um nur einige zu nennen – von der Gastarbeiter-, Betroffenheits-, Ausländer-, Minderheiten- und Migrantenliteratur, über die Literatur von außen, von innen, der Fremde, ohne festen Wohnsitz, im interkulturellen Kontext, bis zur hybriden Weltliteratur[8]. Die Bestimmungsschwierigkeiten sind vor allem in der „Vielfalt der ethnischen, biografischen und künstlerischen Besonderheiten sowie in ihrem ständigen Wandel"[9] begründet, wobei dem Wandel auch die Produktions- und Rezeptionsbedingungen dieser Texte unterliegen.

Im Weiteren wird der Begriff *Migrationsliteratur* gebraucht, der mit einer gewissen „Hartnäckigkeit"[10] seit den 1980er Jahren in der Literaturwissenschaft in Verwendung bleibt. Die Migrationsliteratur wird vordergründig thematisch bestimmt, als Literatur *über* Migration, die „sich in und auch zwischen zwei oder mehreren Kulturen, Sprachen, manchmal auch Zeiten"[11] bewegt, und als „Literatur des Dialogs, des Austauschs und der Verschmelzung"[12] charakterisiert. In Abgrenzung dazu wird die biografisch geprägte *Migrantenliteratur*, als Literatur *von* MigrantInnen und deren Nachkommen verstanden[13]. Die Phänomene *interkulturelle Literatur* und *Migrationsliteratur* sind demnach nicht deckungsgleich, weisen jedoch eine Schnittmenge auf[14], die für das sprach- und kulturbezogene Lernen von besonderem Interesse ist und deren didaktischem Mehrwert im Kontext des DaF-Unterrichts unter Berücksichtigung theoretischer und praktischer Aspekte nachgegangen werden soll.

2 Schwierigkeiten im Einsatz interkultureller Migrationsliteratur im Fremdsprachenunterricht

Es waren die VertreterInnen der Fächer Deutsch als Fremdsprache und der Didaktik, die in den 1980er Jahren (neben schreibenden MigrantenautorInnen) zuerst ihren Beitrag zur Anerkennung und Popularisierung der Migrationsliteratur in Deutschland geleistet haben[15]. Zu nennen wäre hier als Vorreiter u.a. der Romanist und Germanist Harald Weinrich vom Münchner DaF-Institut, auf dessen Initiative (in Zusammenarbeit mit der Robert-Bosch-Stiftung) der bekannte Literaturpreis für AutorInnen nichtdeutscher Muttersprache, der Adalbert-von-Chamisso-Preis, zurückgeht[16]. Deutschsprachige Migrationsliteratur wurde auch zuerst Forschungsgegenstand der komparativen Auslandsgermanistik (u.a. in den USA und in den Herkunftsländern der Schriftsteller), dann erst der einheimischen Literaturwissenschaft und Literaturkritik[17].

---

8 Chiellino 2007(b), S. 389f., Palej 2015, S. 25, Baumann 2018, S. 84.
9 Palej 2015, S. 26.
10 Blioumi 2021, S. 442.
11 Rösch 2000, S. 376f.
12 Orao 2014, S. 40.
13 Esselborn 2015, S. 118.
14 Rösch 2000, S. 376.
15 Mecklenburg 2008, S. 470, Cerri 2011, S. 395.
16 In der Zeit der Verleihung dieses Preises (1985–2017) wurden 78 AutorInnen aus über zwanzig Herkunftsländern ausgezeichnet, https://www.bosch-stiftung.de/de/projekt/adelbert-von-chamisso-preis-der-robert-bosch-stiftung, 15.12.2022.
17 Vgl. Esselborn 2009, S. 45, Friedrich 2018, S. 19.

Der Einsatz von Migrationsliteratur im DaF-Unterricht ist somit keine neue Idee, die ersten theoretischen Überlegungen – angeregt durch die Pluralisierung der Gesellschaft und der Schülerschaft im deutschsprachigen Raum – liegen einige Jahrzehnte zurück. Inzwischen wird sogar die Überzeugung geäußert, dass die interkulturelle (Migrations) Literatur in jeden Schulunterricht integriert werden kann[18]. Andererseits lässt die praktische Umsetzung der theoretischen Konzepte viel zu wünschen übrig, was unter anderem auch vom Fremdsprachenunterricht in Polen berichtet wird[19]. Dieser Umstand wird meist mit prosaischen Gründen wie Knappheit der Zeit[20], Mangel an zuverlässigen didaktisierten Materialien[21], Orientierung des Unterrichts an sprachlichen Fertigkeiten und Kompetenzen[22], gelegentlich auch mit einer „eigentümliche[n] Ignoranz [der Lernenden] gegenüber dem aufstörerischen Potenzial literarischer Texte"[23] erklärt.

Wird Literatur im Fremdsprachenunterricht eingesetzt, so erheben sich die Stimmen, die ihre Instrumentalisierung oder Funktionalisierung, die Nichtbeachtung ihrer ästhetischen Qualitäten anprangern[24]. Im Unterschied dazu kritisiert Karl Esselborn die philologische Beschränkung auf die Ästhetik der Texte:

> Die Reduzierung ausgerechnet der Literatur der Migration, der Minderheiten und der Globalisierung auf […] die „Literarizität" der Texte, und die tabuisierende Ausblendung des gesamten gesellschaftlichen Kontexts als rahmenliterarischer Kommunikation ist in ihren sehr unterschiedlichen (historischen) Motiven nur schwer nachvollziehbar und dürfte kaum zur interdisziplinären und gesellschaftlichen Relevanz und Akzeptanz der Philologien beitragen.[25]

ForscherInnen, die allgemein den Einsatz der Literatur und speziell der interkulturellen Werke im Unterricht befürworten, betonen gerade den Wert dieses Mediums als den eines „Spiegels" der Zeit und der Gesellschaft, wobei sowohl die dargestellte als auch die rezipierende Gesellschaft gemeint werden können[26]. Literatur, so der Literaturwissenschaftler Michael Hofmann, sei „nicht nur ein untergeordnetes Element innerhalb des Gesamtsystems der Kultur", sondern sie habe die Fähigkeit, „die Phänomene und Prozesse der Kultur [darunter auch die interkulturellen Prozesse] zu *reflektieren*"[27] und durch multiperspektivische, ambivalente und vieldeutige Texte der Komplexität einer polyzentrischen Welt gerecht zu werden. Anders ausgedrückt: „Das literarische Sprachspiel ist kein einfaches Spiel *nach* kulturellen Regeln, sondern ein komplexes Spiel *mit* diesen"[28].

---

18 Rösch 2000, S. 386, Wrobel 2008, S. 24f.
19 Janachowska-Budych 2020, S. 328, Aleksandrowicz-Pędzich 2005, S. 78.
20 Wrobel 2008, S. 23.
21 Cerri 2011, 395.
22 Janachowska-Budych 2020, S. 328.
23 Leskovec 2010, S. 239.
24 Leskovec 2010, S. 239, Schmitz 2009, S. 11.
25 Esselborn 2009, S. 53.
26 Santiago/Schultze-Seehof 2020, S. 9, Gouaffo 2009, S. 58, Hodaie/Malaguti 2017, S. 2, Utri 2010, S. 281, Baumann 2018, S. 88.
27 Hofmann 2006, S. 13f., vgl. Schmitz 2009, S. 8.
28 Mecklenburg 2008, S. 25.

3 Didaktisches Potenzial der interkulturellen Migrationsliteratur im DaF-Unterricht

Die Migrationsliteratur gehört, neben der Reise-, Kolonial- und Exilliteratur, zu den „kulturreflexiven Gattungen"[29], die Fremdheit und Kulturbegegnung inszenieren. Sie kann und soll daher in den interkulturell orientierten DaF-Unterricht vielfältig integriert werden, worauf im Weiteren näher eingegengen wird.

Eine Systematisierung der Integrationsmöglichkeiten der Texte in den DaF-Unterricht bietet Heidi Rösch mit drei Gruppen von Aspekten, die zum Lehr- und Lerngegenstand werden können[30]. Sprachliche Aspekte der Texte unterstützen Reflexionen über deutsche Sprache, Zweit- und Fremdsprachenerwerb, Sprachsozialisation und Mehrsprachigkeit sowie regen zum Sprachvergleich an. Literarische Aspekte wie Gattungsfragen, Erzähltechniken und Intertextualität ermöglichen einen produktiven Umgang mit literarischen Werken einschließlich eigener Textproduktion. Mit landeskundlichen Aspekten der Migrationsliteratur werden, so Rösch, aktuelle Themen aufgegriffen wie auch Machtverhältnisse von verschiedenen Gruppen und Globalisierungsprozesse reflektiert.

Migrationsliteratur inszeniert eine interkulturelle Begegnung mit positiven und/oder negativen Konsequenzen, kreiert migrationsspezifische Orte, Situationen und Probleme, die sich in Bezug zu außertextuellen Kontexten setzen lassen, wobei die Übertragbarkeit der geschilderten Erfahrung auf die eigene Gesellschaft geprüft werden kann und soll. Dem migratorischen Blickwinkel wird auch „ein großes Potential in Bezug auf die Dekonstruktion nationaler Mythen und automatisierter Selbst- und Fremdwahrnehmung"[31] zugesprochen, was im interkulturell orientierten Unterricht eine wichtige Rolle spielt. Nicht zu vergessen sei auch der Spaßfaktor, den der Umgang mit dieser sprachlich oft innovativen und vielfältigen Literatur garantiert.

Die zahlreichen Kompetenzen, die im Umgang mit der interkulturellen (Migrations) Literatur entwickelt werden können, zählt Beate Baumann auf: „fremdsprachiges Leseverstehen, sprachliche und kommunikative Kompetenzen, textuelle, literarische, audiovisuelle und narrative Kompetenzen, emotive, imaginative, emanzipatorische und soziale Kompetenzen, kulturelle […] und interkulturelle Kommunikationskompetenzen"[32]. Interessant ist, dass die interkulturellen Migrationstexte verschiedene Leserollen ermöglichen, je nachdem, ob die DaF-Lernenden den Text als VertreterInnen einer Minderheit in Deutschland oder einer Mehrheit in ihrem Heimatland rezipieren[33], was eine Gelegenheit zum Rollenwechsel und zur bereits erwähnten Reflexion über Machtverhältnisse in der jeweiligen Gesellschaft bieten kann. Norbert Mecklenburg spricht von einer Verdoppelung, ja Vervielfachung der interkulturellen Dimension unter kulturspezifischen bzw. –differenten Rezeptionsbedingungen und Lektüreweisen[34]. Selbstverständlich bringen die RezipientInnen ihre herkunftskulturell geprägte Perspektive mit. Diese

---

29 Esselborn 2009, S. 57.
30 Rösch 2000, S. 387.
31 Janachowska-Budych 2020, S. 335.
32 Baumann 2018, S. 103.
33 Rösch 2000, S. 382.
34 Mecklenburg 2008, S. 22.

soll im interkulturellen Lese- und Lernprozess nicht nur mit alternativen Normen und Mustern konfrontiert, sondern in ihrer Begrenztheit und Relativität kritisch betrachtet werden. Die „doppelte Optik"[35] im literarischen Text, die Darstellung des Eigenen und des Fremden aus verschiedenen Perspektiven, kann im interkulturell orientierten DaF-Unterricht durchaus fruchtbar gemacht werden. In der multikulturellen, multiethnischen und mehrsprachigen Wirklichkeit der Gesellschaft und des Bildungssystems in Deutschland (Österreich und der Schweiz), ermöglicht die Migrationsliteratur unter anderem eine „Annäherung an Deutschland (aus einer Minderheitenperspektive) und an Länder, aus denen Menschen nach Deutschland immigriert sind, oder mit denen Deutschland wirtschaftliche oder touristische Beziehungen unterhält"[36].

Besonders fruchtbar kann sich aber, meiner Meinung nach, die Begegnung mit Migrationsliteratur im DaF-Unterricht in den Herkunftsländern der Migranten gestalten, worauf ich im Weiteren am Beispiel Polens eingehen möchte. Polen hat eine jahrhundertelange Auswanderungsgeschichte. Nach Angaben des Emigrationsmuseums in Gdynia lebten Anfang 2023 über 20 Millionen Menschen polnischer Herkunft, oft auf Dauer, außerhalb ihres Landes[37], zwei Millionen davon in Deutschland, wo sie 2021 die zweitgrößte Gruppe sowohl unter Personen mit Migrationshintergrund[38] als auch unter Ausländern[39] ausmachten. Signifikante Auswanderungswellen gab es in Polen nicht nur in einer entfernten, sondern auch in der ganz nahen Vergangenheit, zum Beispiel nach Polens EU-Beitritt 2004. Wie Kamila Chmielewska in Anlehnung an Ernest Hess-Lüttich bemerkt, gehört heutzutage eine potenzielle Emigration in die deutschsprachigen Länder zu den wichtigsten Motiven, Deutsch zu lernen oder zu studieren[40]. Seit 2015 werden die Ausreisen jedoch von einem entgegengesetzten Prozess der Einwanderung begleitet. 2018 verzeichnete Polen zum ersten Mal eine positive Wanderungsbilanz. Mit der Aufnahme von mehreren hunderttausend Flüchtlingen aus der Ukraine erfuhr schließlich der demografische Wandel in Polen im Jahr 2022 eine außergewöhnliche Beschleunigung[41]. Vor diesem Hintergrund kann man zurzeit die Migration ohne Zweifel zu den sogenannten „generativen Themen" zählen, also solchen, die „die Einbeziehung unterschiedlicher Perspektiven zulassen" und die gleichzeitig „auf die Lebens- und Erfahrungswelt der Lernenden bezogen sind"[42], auch wenn die Migrationserfahrung nicht immer persönlich gesammelt, sondern von Verwandten, Bekannten oder medial vermittelt wird.

---

35 Salviati 2013, S. 21f.
36 Rösch 2000, S. 387.
37 https://polska1.pl/wiedza/idea/, 15.01.2023.
38 https://www.destatis.de/DE/Presse/Pressemitteilungen/2022/04/PD22_162_125.html, 15.12.2022.
39 https://www.destatis.de/DE/Themen/Gesellschaft-Umwelt/Bevoelkerung/Migration-Integration/Tabellen/auslaendische-bevoelkerung-geburtsort.html, 15.12.2022.
40 Chmielewska 2014, S. 134; vgl. Rösch 2000, S. 387.
41 Duszczyk/Kaczmarczyk 2022, S. 17f.
42 Altmayer 2013, S. 24, vgl. Cerri 2011, S. 396.

4 Praktisches Beispiel

Nach den theoretischen Überlegungen möchte ich zu einem Didaktisierungsvorschlag für den DaF-Unterricht auf fortgeschrittenem Niveau übergehen und das didaktische Potenzial der Migrationsliteratur an einem Kapitel des Buches *Polski Tango* (Berlin 2006) von Adam Soboczynski demonstrieren. Soboczynski ist Journalist (Mitarbeiter der renommierten Wochenzeitung *Die Zeit*) und Schriftsteller mit eigener Migrationsgeschichte. Als Sechsjähriger siedelte er mit seinen Eltern von Polen nach Koblenz um. *Polski Tango* ist sein erstes und bisher einziges Buch, das Migration thematisiert. Das Werk gehört somit zu der früher genannten „Schnittmenge" von Migrations-, Migranten- und interkultureller Literatur.

Den interkulturellen Blick des Autors macht bereits der Titel des Werkes durch eine „radikale Form der Sprachmischung"[43] – die Hybridisierung – deutlich. Das polnische Adjektiv „polski" (polnisch) und das deutsche Substantiv Tango, gehen hier eine Verbindung nach grammatischen Regeln der (dominanten) deutschen Sprache ein: das Adjektiv bekommt hier eine maskuline Endung und nicht eine neutrale wie im Polnischen, bleibt aber in seiner Schreibweise als polnisch erkennbar. Ein Überraschungseffekt kann auch die Verbindung vom südamerikanischen Tanz Tango mit dem Attribut polnisch haben, was zu Hypothesen über ihren wörtlichen sowie metaphorischen Sinn führen kann, die dann am Text (am Prolog und Epilog) falsifiziert werden können.

Im Buch gibt es zwei Zeitebenen. Die Vergangenheitsebene umfasst die Migrationsgeschichte des Erzählers und seiner Familie Anfang der 1980er Jahre. In der erzählten Gegenwart unternimmt der Erzähler, ein Journalist Anfang dreißig und *alter ego* des Autors, eine Heimatreise. Das Buch trägt deshalb den Untertitel: *Eine Reise durch Deutschland und Polen*. An beide Handlungsstränge kann man im Deutschunterricht erfolgreich anknüpfen. Zur Illustration des didaktischen Potenzials der interkulturellen Migrationsliteratur eignet sich das Kapitel aus *Polski Tango* unter dem Titel *Die Putzfrauen*, das die immigrierte Mutter des Protagonisten als Repräsentantin der weiblichen Putzkräfte in Deutschland porträtiert. Dieses Kapitel erschien zuerst im Dezember 2004 in der Wochenzeitung *Die Zeit* als eigenständiger Text u.d.T. *Glänzende Zeiten* und brachte dem Autor den Axel-Springer-Preis für junge Journalisten in der Kategorie „Klassische Reportage" sowie den deutsch-polnischen Journalistenpreis ein.

Das genannte Buchfragment bietet Raum für textnahe Differenzierung und Kritik an Vorurteilen und Stereotypen, die anfangs explizit angesprochen werden: „Einem Klischee zufolge ist Deutschland ja ein ungeheuer sauberes Land. Einem zweiten Klischee zufolge wird es fast ausschließlich von Polinnen sauber gehalten. Das zweite Klischee stimmt."[44] Das erste, hier indirekt in Frage gestellte Klischee, betrifft die sogenannten Sekundärtugenden der Deutschen wie Ordnung, Fleiß, Sparsamkeit und Sauberkeit. Als Eigen- und Fremdstereotyp bildeten sie eine Umkehrung des Stereotyps von der *polnischen Wirtschaft*[45]. Letzteres prägte das deutsche Polenbild der frühen und späten Neu-

---

43 Blum-Barth 2016, S. 125.
44 Soboczynski 2006, S. 41.
45 Siehe dazu: Orłowski 1992, S. 515ff, Lawaty 2003, S. 155ff.

zeit bis tief ins 20. Jahrhundert, indem es den Polen Eigenschaften wie chaotisches, ineffizient organisiertes Handeln, Unordnung und Verschwendung zuschrieb. Im Text von Soboczynski werden die deutsch-polnischen Stereotype nicht nur hinterfragt, sondern auch umgedreht: die „deutschen" bürgerlichen Tugenden verkörpern geradezu perfekt die putzenden Migrantinnen aus Polen. Sie sind außergewöhnlich fleißig, ordentlich und bestens organisiert, können erfolgreich Berufsarbeit, Haushaltsführung und Elternschaft verbinden. In der „blank polierte[n] Wohnung" des Erzählers ist „Ordnung [...] das ganze Leben"[46]. Im Text werden auch weitere in den 1980er und 1990er in Deutschland populäre Polenbilder erwähnt, was zur Diskussion über historische Bedingtheit sowie Haltbarkeit, bzw. Veränderbarkeit dieser Bilder anregen kann.

Zur kritischen Betrachtung kann auch der gegen Ende des Kapitels platzierte Vergleich der polnischen Putzfrau mit der deutschen Trümmerfrau Anlass geben:

> Doch noch lebt der Mythos von der polnischen Putzfrau. Noch fügt er sich in ein ostalgisch verklärtes, liebevoll gehegtes Polenklischee. Mit dem Putzlappen in der Hand verkörpert die polnische Putzfrau etwas angenehm Anachronistisches, erinnert sie doch an das verblaßte [sic!] Bild der deutschen Trümmerfrau; an eine, die – so will es auch die Erinnerung an das einstmalige Wirtschaftswunder der Deutschen – noch so richtig zupacken konnte; die mit ihren bloßen Händen Backsteine in Goldklumpen verwandelte.[47]

Dieses Fragment verbindet die Erinnerungsproblematik (Mythenbildung, Verklärung, Ostalgie) mit Frauenarbeit, die aus kulturellen, ideologischen und praktischen Gründen diskursiv verschönert wurde. Eine Arbeit, die keiner machen will, die aber dringend erledigt werden muss. Dem „Mythos Trümmerfrau"[48] nachzugehen, kann spannend sein, auch im Hinblick auf die differenzierte Instrumentalisierung der von Frauen verrichteten Aufräumarbeiten auf beiden Seiten der innerdeutschen Grenze.

Damit ist aber die Problematik der genderspezifischen Bilder und ihrer gesellschaftlichen Verankerung im Kapitel *Die Putzfrauen* nicht ausgeschöpft. Die Figur der putzenden Mutter verkörpert nämlich das in der polnischen Kultur stark verwurzelte Weiblichkeitsmodell der Mutter Polin, das von den Frauen verlangt, Berufs- und Familienleben zu vereinbaren sowie sich für das Wohl der Familie aufzuopfern. Die Figur ist – wie viele ihrer Bekannten mit derselben Beschäftigung – eine Frau mit Ausbildung. Der Grund für die Putzbiographien der Migrantinnen ist keinesfalls die fehlende Qualifizierung, sondern ihre Mutterschaft, was im Text ausdrücklich betont wird[49].

Die Beschäftigung mit dem Mythos der Mutter-Polin, seiner kulturellen, religiösen und politischen Bedingtheit[50] kann bei polnischen Studierenden zum besseren Verständnis der eigenen Kultur und – in Verbindung mit der Migrationsthematik – zur kritischen Reflexion über die Wirkung der mitgebrachten und vorgefundenen Rollenbilder

---

46 Soboczynski 2006, S. 45.
47 Soboczynski 2006, S. 51f.
48 Treber 2014.
49 Soboczynski 2006, S. 49.
50 Siehe dazu: Jabłkowska 2012, S. 337ff.

im Migrationsprozess beitragen. Es lässt sich fragen, inwieweit solche (internalisierten) kategorialen kulturellen Muster[51] die Entscheidungsfreiheit und den Spielraum der migrierenden Personen bestimmen.

Einer vielleicht naheliegenden Gegenüberstellung von einem konservativen polnischen Mutterbild und einem fortschrittlichen deutschen Mutterbild, wirkt jedoch der Text entgegen, indem er von einem „nostalgisch-pietistischen Mutterbild"[52] der Westdeutschen (im Gegensatz zu dem der DDR) spricht, das sich im mangelnden Betreuungssystem widergespiegelt habe. Damit werden einerseits intrakulturelle Unterschiede und andererseits transkulturelle Rollenmuster angesprochen. Die Gültigkeit der im Text präsentierten These lässt sich an aktuellen statistischen Daten zu Berufstätigkeit der Frauen und Mütter in den alten und in den neuen Bundesländern, zu Teilzeitarbeit bei deutschen Müttern und Vätern sowie zur Aufgabenverteilung in Betreuung und Haushaltsführung in deutschen und polnischen Haushalten verifizieren.

Auf globale Ebene übertragen, kann auch über die Frauenemanzipationsprozesse im sog. globalen Norden diskutiert werden: erwerbstätige Frauen, die ihre traditionelle soziale Rolle nicht erfüllen (können oder wollen) und sich gleichzeitig finanziell eine „Vertretung" leisten können, werden durch andere Frauen, oft Migrantinnen ersetzt. Im breiteren Kontext kann man von einer doppelten Segmentierung der Märkte[53] in den Ankunftsländern sprechen: Einerseits wird zwischen typisch männlichen (z.B. Bauarbeiten) und typisch weiblichen Tätigkeiten (Reinigung, Pflege, Betreuung) unterschieden, andererseits werden gut bezahlte, anerkannte und hoch qualifizierte Arbeitsstellen durch Einheimische und die unqualifizierten und schlecht bezahlten durch MigrantInnen besetzt. Dies kann wiederum durch statistische Daten belegt werden. So betrug 2019 in der BRD der AusländerInnenanteil in der Reinigung 36 % und war dort von allen Berufsgruppen am größten.[54] Eine einfache Recherche, die Entwicklungen im eigenen Land einschließen sollte, lässt auch die gängige These überprüfen, nach der die Ausländer den Einheimischen die Arbeit wegnehmen würden. Und wenn, um welche Art von Arbeit handelt es sich hier? Soboczynskis Text macht in diesem Kontext keinen Unterschied zwischen den deutschen und polnischen axiologischen Mustern[55] in der Wahrnehmung des Putzens als einer abwertenden Tätigkeit: „In Polen als Polin zu putzen, das war der letzte Dreck. So wie es der letzte Dreck ist, wenn Deutsche in Deutschland putzen"[56]. Aus diesem Grund wird die Putzarbeit von Soboczynskis Figuren sowohl vor den Verwandten in der Heimat als auch vor Bekannten in Deutschland verheimlicht.

Unabhängig von deutsch-polnischen Bezügen bietet der Text eine Einsicht in die allgemeine Migrationsthematik. Mit Begriffen wie „Immigranten" „Parallelgesellschaft", „Pendlerinnen", „Aussiedlungswelle" ist er in den deutschsprachigen Migrationsdiskurs eingebettet. Die dargestellte Lebensgeschichte einer Putzfrau und ihrer Familie

---

51 Altmayer 2013, S. 27.
52 Soboczynski 2006, S. 49f.
53 Kałwa 2007, S. 207.
54 Gallegos Torres/Sommerfeld/Bartel 2022, S. 10.
55 Altmayer 2013, S. 27.
56 Soboczynski 2006, S. 45f.

in Deutschland lässt auch Fragen nach Möglichkeiten und Grenzen der Integration in einem fremden Land aufkommen: Warum wird das Begehren der Eltern mit gesichertem Aufenthaltsstatus und finanzieller Sicherheit, in der Bundesrepublik anzukommen, als „vergeblich"[57] bezeichnet? Warum gibt es in diesem Fall außerhalb der Arbeit keine sozialen Kontakte zwischen den MigrantInnen aus Polen und den Deutschen? Welche Rolle spielen im Integrationsprozess der Staat, die Ankunfts- und die Einwanderungsgesellschaft und welche die individuellen Faktoren wie Familienstand, Sprachkenntnisse und berufliche Qualifikationen? Wie gestalten sich die Machtverhältnisse in der Aufnahmegesellschaft, wenn die „ersten Schritte im ersehnten Wirtschaftswunderland […] von polnischen Frauen auf Knien gemacht"[58] werden?

Darüber hinaus sollen durch die Literatur vermittelte Emotionen angesprochen werden, wodurch eine empathische Beziehung zu literarischen Figuren und indirekt zu realen MigrantInnen, auch *denen im eigenen Land*, hergestellt werden kann. *Polski Tango* macht den LeserInnen existenzielle Erfahrungen dieser Gruppe zugänglich: Hoffnung, Angst, Ehrgeiz, Scham und Minderwertigkeitsgefühle, die man mit verschiedenen Mitteln zu kompensieren versucht, zu denen auch die Abwertung von anderen gehört. Dabei wird dieses ernste Thema, typischerweise für Migrationsliteratur, mit Ironie verarbeitet, wenn von „Putzfrauenstolz", „Karriereknick" oder „Putzkrise" die Rede ist.

Schließlich kann das Kapitel über die Putzfrauen als Anregung dienen, das Motiv der polnischen/ausländischen Putzfrau in anderen Texten aufzuspüren[59]. Zu dem „textuellen Netzwerk"[60], das den literarischen Text zu verorten hilft, können auch Filme oder Fotos gehören, zum Beispiel – als Kontrastfolie zu Soboczynskis weiblich-familiärer Perspektive – das oft auch in deutschen Lehrbüchern reproduzierte Bild des millionsten Gastarbeiters, Armando Rodrigues de Sá, das diese Aspekte als „Erinnerungsmedium in Bezug auf die Migration verschweigt und ausblendet"[61]. Dabei kann gerade in vorwiegend weiblich besetzten philologischen Fächern wie Germanistik und angewandte Linguistik die Frauenmigration als Schwerpunkt auf großes Interesse stoßen.

5 Fazit

Zusammenfassend lässt sich behaupten, dass in der Arbeit mit dem Textfragment *Die Putzfrauen* aus *Polski Tango* im DaF-Unterricht nicht nur Aspekte der deutschen und der polnischen Kultur angesprochen, reflektiert und relational erfasst, sondern auch grenzüberschreitende Phänomene und globale Trends behandelt werden können. Dieses Beispiel bestätigt, was allgemein über den Einsatz der interkulturellen Migrationsliteratur in sprach- und kulturbezogenen Lernprozessen gesagt werden kann: Er erweitert die Perspektive und ermöglicht einen reflektierenden Umgang mit Fremdheit, Differenz, Heterogenität, kulturellen Deutungsmustern und Wissensbeständen.

---

57 Soboczynski 2006, S. 49.
58 Soboczynski 2006, S. 41.
59 Siehe dazu: Gierlak 2012, S. 101ff.
60 Eder 2019, S. 47.
61 Janachowska-Budych 2020, S. 338.

Literatur

Aleksandrowicz-Pędzich, Lucyna: Międzykulturowość na lekcjach języków obcych, Białystok 2005.

Altmayer, Claus: Die DACH-Landeskunde im Spiegel aktueller kulturwissenschaftlicher Ansätze, in: DACH-Landeskunde. Theorie – Geschichte – Praxis, hg. von Silvia Demmig, Sara Hägi und Hannes Schweiger, München 2013.

Balci, Umut: Vermittlung der deutschsprachigen Literatur türkischer Migrantinnen in DaF-Unterricht in der Türkei, in: Çukurova Üniversitesi Eğitim Fakültesi Dergisi (2010), Nr. 3 (39).

Baumann, Beate: Sprach- und kulturreflexives Lernen in Deutsch als Fremdsprache, Berlin 2018.

Blioumi, Aglaia: Kritischer Forschungsabriss zum Terminus „Migrationsliteratur", in: Discourses on Nations and Identities, hg. von Daniel Syrovy, Berlin/Boston 2021, https://doi.org/10.1515/9783110642018-033 [abgerufen am 15.12.2022].

Blum-Barth, Natalia: Transkulturalität, Hybridität, Mehrsprachigkeit. Von der Vision zur Revision einiger Forschungstrends, in: gfl-journal (2016), Nr. 1.

Brendel-Perpina, Ina: Von Sesamkringeln, Träumen und einem osmanischen Flugpionier. Interkulturelles und literarisches Lernen mit einem türkischen Kinderbuch, in: Didaktik des Deutschen als Zweitsprache – DiDaZ in Bamberg lehren und lernen. Eine Bilanz des Faches in Forschung und Lehre (2010–2015), hg. von Claudia Kupfer-Schreiner und Anette Pöhlmann-Lang, Bamberg 2015.

Cerri, Chiara: Mut zur interkulturellen Literatur im DaF-Unterricht, in: Info DaF (2011), Nr. 4.

Chiellino, Carmine: Einleitung: Eine Literatur des Konsenses und der Autonomie – Für eine Topographie der Stimmen, in: Interkulturelle Literatur in Deutschland. Ein Handbuch, hg. von Carmine Chiellino, Stuttgart/Weimar 2007(a).

Chiellino, Carmine: Interkulturalität und Literaturwissenschaft, in: Interkulturelle Literatur in Deutschland. Ein Handbuch, hg. von Carmine Chiellino, Stuttgart/Weimar 2007(b).

Chmielewska, Kamila: Von „Angst Essen Seele auf" bis „Almanya" – deutsch-türkische Filme im interkulturellen Fremdsprachenunterricht, in: Glottodidactica (2014), Nr. XLI/1.

Duszczyk, Maciej; Kaczmarczyk, Paweł: Imigranci i uchodźcy wojenni a sytuacja demograficzna Polski, in: Gościnna Polska 2022+. Jak mądrze wesprzeć Polskę i Polaków w pomocy osobom uciekającym przed wojną w Ukrainie?, hg. von Maciej Bukowski und Maciej Duszczyk, Warszawa 2022.

Eder, Lena: Unterstützung der Identitätssuche bei Jugendlichen durch die Behandlung transkultureller Literatur im Französischunterricht, 2019, https://unipub.uni-graz.at/download/pdf/4378290 [abgerufen am 15.12.2022].

Esselborn, Karl: Interkulturelle Literaturvermittlung zwischen didaktischer Theorie und Praxis, München 2010.

Esselborn, Karl: Neue Beispiele transkultureller Literatur in Deutschland. Literatur mit Migrationsthemen für den DaF/DaZ-Unterricht, in: Zeitschrift für Interkulturellen Fremdsprachenunterricht (2015), Nr. 20/2, https://zif.tujournals.ulb.tu-darmstadt.de/article/id/3035/ [abgerufen am 15.12.2022].

Esselborn, Karl: Neue Zugänge zur inter/transkulturellen deutschsprachigen Literatur, in: Von der nationalen zur internationalen Literatur. Transkulturelle deutschsprachige Literatur und Kultur im Zeitalter globaler Migration, hg. von Helmut Schmitz, Amsterdam 2009.

Friedrich, Nadja: „Die Welt war in ‚Ich' und ‚Das fremde Land' zerbrochen". Die Darstellung von Kindheit und Adoleszenz in den Migrationsromanen „Dazwischen: Ich" (2016) von Julya Rabinowich und „Die undankbare Fremde" (2012) von Irena Brežná. Interkulturelle Literatur im Deutschunterricht, 2018, https://diglib.uibk.ac.at/ulbtirolhs/download/pdf/2826940?originalFilename=true [abgerufen am 15.12.2022]

Gallegos Torres, Katia; Sommerfeld, Katrin; Bartel, Julia: 18 Jahre EU-Osterweiterung: Wo Osteuropäer/innen in Deutschland arbeiten, ZEW-Kurzexpertise Nr. 03, Mannheim 2022, https://ftp.zew.de/pub/zew-docs/ZEWKurzexpertisen/ZEW_Kurzexpertise2203.pdf [abgerufen am 15.12.2022].

Gierlak, Maria: Das Motiv der polnischen Haushaltshilfen in deutschsprachiger und polnischer Literatur, in: Gender. Zeitschrift für Geschlecht, Kultur und Gesellschaft (2012), Nr. 4/2.

Gouaffo, Albert: Afrikanische Migrationsliteratur und interkulturelles Lernen. Zu ihrem Stellenwert im Literatur- oder Landeskundeunterricht des Deutschen als Fremdsprache im deutschsprachigen Kulturraum, in: Mont Cameroun. Afrikanische Zeitschrift für interkulturelle Studien zum deutschsprachigen Raum 2009, Bd. 6.

Hodaie, Nazli; Malaguti, Simone: Zur Einführung. Die Chamisso-Literatur, in: Zeitschrift für Interkulturellen Fremdsprachenunterricht (2017), Nr. 22/1, https://zif.tujournals.ulb.tu-darmstadt.de/article/id/3097/ [abgerufen am 15.12.2022]

Hofmann, Michael: Interkulturelle Literaturwissenschaft. Eine Einführung, Paderborn 2006.

Jabłkowska, Joanna; Saryusz-Wolska, Magdalena: KKK (Kinder, Küche, Kirche) und Mutter Polin. An- und abwesend. Weiblichkeitsmodelle in der deutschen und polnischen Kultur, in: Deutsch-polnische Erinnerungsorte, hg. von Hans Henning Hahn und Robert Traba, Bd. 3, Paderborn 2012.

Janachowska-Budych, Marta: Migration als Erinnerungsort? Ein interdisziplinäres Thema und seine Implikationen für das Fach Deutsch als Fremdsprache, in: Neofilolog (2020) Nr. 55/2, http://dx.doi.org/10.14746/n.2020.55.2.10.

Kałwa, Dobrochna: „So wie zuhause". Die private Sphäre als Arbeitsplatz polnischer Migrantinnen, in: Von Polen nach Deutschland und zurück: Die Arbeitsmigration und ihre Herausforderungen für Europa, hg. von Magdalena Nowicka, Bielefeld, 2007.

Lawaty, Andreas: „Polnische Wirtschaft" und „deutsche Ordnung". Nachbarbilder und ihr Eigenleben, in: Der Fremde. Interdisziplinäre Beiträge zu Aspekten von Fremdheit, hg. von Bernhard Oestreich, Frankfurt a.M. u.a. 2003.

Leskovec, Andrea: Vermittlung literarischer Texte unter Einbeziehung interkultureller Aspekte, in: Zeitschrift für Interkulturellen Fremdsprachenunterricht (2010), Nr. 15/2, https://zif.tujournals.ulb.tu-darmstadt.de/article/id/2440/ [abgerufen am 15.12. 2022].

Malaguti, Simone: Überblick und Perspektive für die interkulturelle Literatur im Fach „Deutsch als Fremdsprache" am Beispiel der Chamisso-Preisträgerinnen und -Preisträger, in: Zeitschrift für Interkulturellen Fremdsprachenunterricht (2017), Nr. 22/1, https://zif.tujournals.ulb.tu-darmstadt.de/article/id/3100/ [abgerufen am 15.12.2022].

Mecklenburg, Norbert: Das Mädchen aus der Fremde. Germanistik als interkulturelle Literaturwissenschaft, München 2008.

Orao, James: Selbstverortungen. Migration und Identität in der zeitgenössischen deutsch- und englischsprachigen Gegenwartsliteratur, Frankfurt am Main 2014.

Orłowski, Hubert: „Polnische Wirtschaft", in: Deutsche und Polen: 100 Schlüsselbegriffe, hg. von Ewa Kobylińska, Andreas Lawaty und Rüdiger Stephan, München 1992.

Palej, Agnieszka: Fließende Identitäten. Die deutsch-polnischen Autoren mit Migrationshintergrund nach 1989, Kraków 2015.

Rösch, Heidi: Glokale Literatur im (Deutsch-als-)Fremdsprachenunterricht, in: Info DaF (2016), Nr. 1.

Rösch, Heidi: Migrationsliteratur im DaF-Unterricht, in: Info DaF (2000), Nr. 27/4.

Salviati, Donata von: Didaktische Potenziale von Migrationsliteratur zur Förderung interkultureller Kompetenz im Spanischunterricht, 2013, https://docplayer.org/27929936-Didaktische-potenziale-von-migrationsliteratur-zur-foerderung-interkultureller-kompetenz-im-spanisch-unterricht.html [abgerufen am 15.12.2022].

Santiago, Laura Hunger; Schultze-Seehof, Franca: Literatur als fester Bestandteil des DaF-Unterrichts. Theorie und Praxis einer kritischen Literaturdidaktik. In: undercurrents – Forum für linke Literaturwissenschaft, 15 (2020), Nr. 15, https://undercurrentsforum.com/index.php/undercurrents/article/view/128 [abgerufen am 15.12.2022].

Soboczynski, Adam: Polski Tango. Eine Reise durch Deutschland und Polen, Berlin 2006.

Schmitz, Helmut: Einleitung: Von der nationalen zur internationalen Literatur, in: Von der nationalen zur internationalen Literatur. Transkulturelle deutschsprachige Literatur und Kultur im Zeitalter globaler Migration, hg. von Helmut Schmitz, Amsterdam 2009.

Treber, Leonie: Mythos Trümmerfrauen. Von der Trümmerbeseitigung in der Kriegs- und Nachkriegszeit und der Entstehung eines deutschen Erinnerungsortes, Essen 2014.

Utri, Reinhold: Migrantenliteratur im DaF-Unterricht: Potenzial für das interkulturelle Lernen, in: Lingwistyka stosowana (2010), Nr. 3.

Wrobel, Dieter: Interkulturelle Literatur und Literaturdidaktik. Kanonbildung und Kanonerweiterung als Problem und Prozess, in: Germanistische Mitteilungen (2008), Nr. 68.

Jeder kann Walerian sein...
Über den Mehrwert der autobiographisch gespeisten Migrationsliteratur
für einen kultursensitiven DaF-Unterricht am Beispiel
der Schelmengeschichte von Radek Knapp
Der Mann, der Luft zum Frühstück aß

Magdalena Pieklarz-Thien

1 Einleitung

Im Zeitalter von wirtschaftlicher und kultureller Globalisierung, weltweiter Migration wie auch sich vollziehendem Kommunikationswandel durch fortschreitende Digitalisierung erscheinen für den heutigen germanistischen DaF-Unterricht[1] vor allem autobiographisch gespeiste Texte der Migrationsliteratur interessant, weil sie den Lernenden unterschiedliche Identifikationsmöglichkeiten bieten, indem sie Ausgrenzung, Befremdung, Heimatlosigkeit, und Identitäts- und Zugehörigkeitsfragen literarisch aufgreifen und bewältigen. Diese Eigenschaft, einen Raum für Identifikation, Retrospektion und Selbstreflexion zu schaffen, ist insofern didaktisch relevant, als dass die biographischen Hintergründe der Lernenden heutzutage zunehmend mehrsprachig und mehrkulturell geprägt sind und daher bei der Planung und Gestaltung des Unterrichts berücksichtigt werden sollten[2]. Mehrsprachigkeit und die sie oft begleitende Mehrkulturheit verstehen wir dabei mit Weinrich[3], nicht mehr als „eine Last, die möglichst schnell abzuschütteln ist, sondern [als] ein[en] Segen, der uns überhaupt erst dazu verhilft, Andersheit (Alterität) und Fremdheit (Xenität) als Varianten der Vielheit (Pluralität) zu verstehen".

Das Ziel des vorliegenden Beitrags ist es, die didaktischen Potenziale autobiographisch gespeister Migrationsliteratur in der Auseinandersetzung mit den Fragen der Komplexität der kulturellen Identitäten, kulturellen Zugehörigkeiten und kulturellen Phänomenen in ihrer Eigenart Grenzen zu überschreiten, auszuloten. Gerade in den letzten zwanzig Jahren haben wir es mit einem wahren Erscheinungsboom eines literarischen Schaffens zu tun, das als interkulturelle, transkulturelle Literatur oder Migrantenliteratur bzw. Migrationsliteratur bezeichnet wird und auf die Prozesse der verstärkten kulturellen Globalisierung, Internationalisierung und Migration in Europa zurückgeführt

---

1 Die folgenden Überlegungen finden vor dem Hintergrund der polnischen Germanistik statt, können aber stellvertretend für alle Auslandsgermanistiken herangezogen werden.
2 Freitag-Hild 2019, S. 220.
3 Auszug aus der Antrittsrede von Prof. Dr. Claire Kramsch (University of Berkeley) bei der feierlichen Eröffnung des durch den DAAD geförderten Harald Weinrich-Gastlehrstuhls vom 25.04.2016.

werden kann. Deren Autoren, Grenzgänger zwischen den Kulturen, produzieren ihre Texte vor dem Hintergrund kultureller und sprachlicher Reservoirs mehrerer Kulturen, an denen sie selbst auch Anteil haben. Dies ist auch bei dem Autor Radek Knapp der Fall, der sich in der 2017 veröffentlichten autobiografischen Schelmengeschichte *Der Mann, der Luft beim Frühstück aß* auf humoristische Weise mit den Erfahrungen der Heimatlosigkeit, Verlorenheit, fehlenden Geborgenheit und Sicherheit als Folgen eines dramatischen Entwurzelungserlebnisses auseinandersetzt.

Da für jegliche Überlegungen zum Aufbau der kulturellen Kompetenzen im Fremdsprachenunterricht die Reflexion über den Kulturbegriff grundlegend ist, wird zunächst kurz der neuere Ertrag der Kulturwissenschaften für die DaF-/DaZ-Literaturdidaktik beleuchtet (Abschnitt 2). Des Weiteren wird überlegt, worin der Mehrwert der autobiographisch gespeisten Migrationsliteratur für einen kultursensiblen DaF-Unterricht besteht und inwieweit die Beschäftigung mit ihr zur Anbahnung und Erreichung der Lehr- und Lernziele wie der Fähigkeit zum Umgang mit Vielstimmigkeit der Kulturen oder der Fähigkeit, transkulturelle Phänomene in ihrer Eigenart Grenzen zu überschreiten, beitragen kann (Abschnitt 3). Die theoretischen Überlegungen werden am Beispiel des Schelmenromans von Radek Knapp *Der Mann, der Luft zum Frühstück aß* veranschaulicht, in dem materielle und immaterielle Grenzüberschreitungen ein zentrales Motiv darstellen (Abschnitt 4). Dabei wird für ein reflexives, retrospektives und evaluatives Lernen und ein auf Reflexion, Retrospektion und Bewusstmachung abzielendes Lehren im Umgang mit transkulturellen Phänomenen im germanistischen DaF-Unterricht im Ausland plädiert. Es wird versucht zu zeigen, dass diese Form der reflektierenden Auseinandersetzung mit der Problematik der Identität, Zugehörigkeit und Befremdung mit Germanistikstudierenden möglich und gewinnbringend ist.

2 Ertrag der Kulturwissenschaften für die Literaturdidaktik im DaF-/DaZ-Unterricht

Die Diskussion um den Platz der literarischen Texte im Sprachunterricht ist zwar inzwischen in die Jahre gekommen, wird allerdings immer wieder um neue Aspekte und Perspektiven bereichert. Die andauernde Debatte ist nicht verwunderlich, wenn man bedenkt, dass die Literaturdidaktik als eine breite interdisziplinäre Forschungslandschaft immer wieder die neuen wissenschaftlichen Orientierungen und Entwicklungen der verwandten Disziplinen wahrnimmt und für sich fruchtbar macht. Als eine Integrationswissenschaft, die aus einem multidisziplinären, sich durch zahlreiche Querverbindungen und Beziehungsgeflechte auszeichnenden Dialog erwächst, zeigt sie sich auf allen disziplinären Ebenen dialogisch und integrativ: in der wissenschaftlichen Theoriebildung, in didaktisch-methodischen Konzeptualisierungen sowie in konkreten unterrichtlichen Umsetzungen[4]. Ihre Integritätsaffinität und Dialogfähigkeit lohnt es didaktisch und methodisch zu nutzen.

Auch in der seit Ende der 1970er Jahre lebhaft geführten Diskussion zu Literatur im Bereich des Lehrens und Lernens fremder Sprachen werden vielfältige Argumente zur

---

4 Janachowska-Budych 2022, S. 93.

Legitimierung des Einsatzes literarischer Texte im Unterricht angeführt, welche rezeptionsästhetisch, lesedidaktisch, lern- und verstehenstheoretisch, pädagogisch, linguistisch und in der letzten Zeit verstärkt kulturwissenschaftlich motiviert sind. Ohne an dieser Stelle detailliert den Ertrag aller wissenschaftlichen Orientierungen darzustellen, können wir kurz festhalten, dass im Fachdiskurs weitgehend der Konsens besteht, dass literarische Texte schon allein deshalb im Fremdsprachenunterricht unverzichtbar sind, weil sie reale gesellschaftliche Diskurse in fiktionaler Weise verarbeiten und damit den Lernenden den Zugang zu anderen kulturellen Lebenswelten eröffnen sowie sie anregen, die Welt mit anderen Augen zu sehen[5]. Dieses Verständnis vom Stellenwert der Literatur im Fremdsprachenunterricht erfährt seit der Jahrtausendwende vermehrt neue Impulse durch die Kulturwissenschaften, die Konzepte bereitstellen, welche auf kulturelle Diversität und Hybridität der Gegenwartsgesellschaften wie auch auf komplexe Identitätskonstruktionen fokussieren. Diese haben zum Theoriewandel vor allem in Bezug auf den Kulturbegriff im Fach Deutsch als Fremdsprache geführt[6], der auch zur Weiterentwicklung der literaturdidaktischen Ansätze genutzt wurde.

Die wichtigste kulturwissenschaftliche Erkenntnis für die fremdsprachliche Literaturdidaktik ist dabei, dass die lange angenommenen homogenisierenden Konzepte von Nationalkulturen wie auch binären Denkstrukturen (das Eigene vs. das Fremde) in der heutigen globalisierten, vernetzten und internationalisierten Welt nicht mehr unsere Wirklichkeit abbilden. Vielmehr adäquat scheinen polymorphe, heterogene Kulturverständnisse zu sein, in denen Mehrsprachigkeit, fluide Grenzen und multiple Identitäten vorherrschen[7]. Kulturen verstehen wir mit anderen Worten nicht mehr als homogene, unveränderliche und reine, sondern als hybride, dynamische, vernetzte und dabei sich gegenseitig beeinflussende Gebilde[8]. Denn infolge der Globalisierung, Internationalisierung und weltweiten Migration leben wir, so Altmayer[9], „in unserem Alltag in einer Welt, die ihre Praktiken und ihre Sinnbildung längst nicht mehr ausschließlich über unsere eigenen nationalen oder lokalen Traditionen bezieht, sondern offen geworden ist für weltweite kulturelle Einflüsse". Auf diesem Kulturverständnis fußt auch die heutige Auffassung vom Fremdsprachenunterricht „als einem vielstimmigen und ‚hybriden' Diskursraum, in dem Texte aus den verschiedenen Kulturen, aber auch Stimmen und Äußerungen der Lehrenden und Lernenden aufeinandertreffen und miteinander verhandelt werden, so dass (trans)kulturelle Aushandlungsprozesse ebenso wie Prozesse der Identitätsbildung bei den Lernenden angestoßen werden können"[10]. Mit Blick auf die Praxis des Fremdsprachenunterrichts muss allerdings noch überlegt werden, welche methodischen Ansätze und Aufgabenformate eingesetzt werden können, um die Auffassung von Kulturen als hybride, dynamische und vielstimmige Gebilde und das

---

5 Hallet 2016, S. 41f.
6 Vgl. eine ausführliche Diskussion bei Altmayer 2017.
7 Haase/ Höller 2017, S. V.
8 Plikat 2019, S. 216.
9 Altmayer 2017, S. 7.
10 Freitag-Hild 2019, S. 221 nach Hallet 2002.

Verständnis von kulturellen Phänomenen in ihrer Eigenart Grenzen zu überschreiten, zu vermitteln.

3 Autobiographisch gespeiste Migrationsliteratur im fortgeschrittenen inter- und transkulturellen Fremdsprachenunterricht

Nun kommen wir zu der Frage nach dem Mehrwert des Einsatzes von autobiographisch gespeisten Werken der Migrationsliteratur im kultursensiven fortgeschrittenen Fremdsprachenunterricht. Ihre Beantwortung erfordert im ersten Schritt die Überlegung, was die kulturellen Rahmenbedingungen sind, unter denen das Lehren und Lernen fremder Sprachen außerhalb des Zielsprachenlandes stattfindet (4.1). Vor diesem Hintergrund soll im zweiten Schritt darüber nachgedacht werden, welche Eigenschaften dieser literarischen Texte es sind, die sich als gewinnbringend erweisen bei der Anbahnung und Erreichung der Lehr- und Lernziele wie der Fähigkeit zum Umgang mit Vielstimmigkeit der Kulturen oder der Fähigkeit, transkulturelle Phänomene in ihrer Eigenart Grenzen zu überschreiten zu reflektieren (4.2).

3.1 Kulturelle Rahmenbedingungen des Fremdsprachenunterrichts

Eine übergreifende Perspektive auf das inter-/transkulturelle Lernen im Fremdsprachenunterricht skizziert Altmayer[11], indem er drei Dimensionen nennt, welche Kulturelles im Fremdsprachenunterricht holistisch verorten. Es sind:

- die kulturellen Ausgangslagen, die die Lernenden mitbringen und die deren Lernprozesse maßgeblich beeinflussen,
- die mit der zu erlernenden Sprache mitgelieferten Inhalte und Deutungsangebote,
- die spezifischen Lehr- und Lernsituationen und die in sie eingehenden kulturellen Vorannahmen, Deutungs- und Interaktionsprozesse selbst.

Wenn wir diese drei Dimensionen auf die autobiographisch gespeiste Migrationsliteratur beziehen, stellen wir fest, dass die Auseinandersetzung mit ihr im Fremdsprachenunterricht alle drei Ebenen gleichzeitig fokussiert und somit kulturelle Aspekte des Lehrens und Lernens von Sprachen ganzheitlich aufgreift. Sie stellt ein besonderes Lehr- und Lernformat dar, in dem kulturelle Deutungs- und Interaktionsprozesse wie auch transkulturelle Aushandlungsprozesse ungezwungen stattfinden und die Lernenden nicht nur mit neuen fremd- bzw. anderskulturellen Inhalten und Deutungsangeboten, wie das bei der Arbeit mit jedem anderen fremd- bzw. anderssprachigen Text der Fall ist, sondern auch mit dem eigenen kulturellen Hintergrund konfrontiert werden. Gerade das Potenzial, die Reflexionsfähigkeit über den eigenkulturellen Hintergrund zu fördern, scheint ein besonderer didaktischer Mehrwert der unterrichtlichen Auseinandersetzung mit ihr zu sein. Denn ohne das vorausgehende oder begleitende Nachdenken über seine eigene kulturelle und sprachliche Identität lässt sich die Reflexion über fremd- bzw. anderskulturelle Erscheinungen und Verhaltensweisen nur oberflächlich bzw. stereotyp-/klischeeanfällig anbahnen. Dieses Potenzial ist insofern didaktisch relevant, als dass

---

11 Altmayer 2016, S. 15.

die Reflexion über den eigenen kulturellen Hintergrund in vielen bereits vorhandenen Übungsformen, Aufgabenformaten und methodischen Konzepten des kultursensitiven bzw. inter-/transkulturellen Lernens entweder fehlt oder nur spärlich angebahnt wird, so dass das kulturelle Bewusstsein und folglich die jeweiligen kulturellen Kompetenzen nur eingeschränkt gefördert werden können.

Die folgende Abbildung 1 stellt die Auseinandersetzung mit der autobiographisch gespeisten Migrationsliteratur im Fremdsprachenunterricht als ein kulturübergreifendes Lehr- und Lernformat graphisch dar:

kulturelle und sprachliche Ausgangslagen

autobiographisch gespeiste Migrationsliteratur im FU

fremdsprachliche Inhalte und Deutungsangebote   **Lehr- und Lernsituationen**

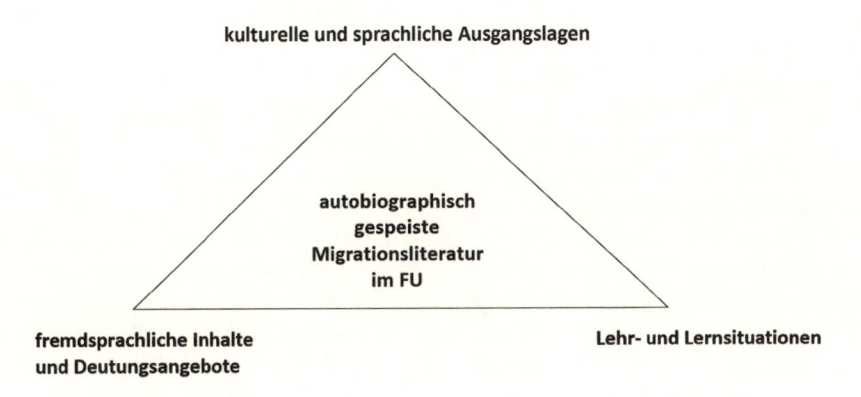

Abb. 1: Beschäftigung mit der autobiographisch gespeisten Migrationsliteratur vor dem Hintergrund der kulturellen Rahmenbedingungen des Fremdsprachenunterrichts (in Anlehnung an Altmayer[12]).

3.2 Kulturdidaktisch relevante Eigenschaften der autobiographisch gespeisten Migrationsliteratur

Die ganzheitliche Präsenz und bzw. das gleichzeitige Mitwirken von Kulturellem auf allen Ebenen des Fremdsprachenunterrichts lässt sich bei diesem Lehr- und Lernformat vor allem damit erklären, dass seine Grundlage d.h. die einzusetzenden literarischen Texte zwar in der Fremd-/Zielsprache geschrieben wurden, allerdings vor mehr als einem kulturellen System. Sie sind damit zwar einsprachig (in diesem Fall deutsch), aber nicht einkulturell. Die kulturelle Komplexität macht die Texte didaktisch einzigartig und diese lässt sich wiederum darauf zurückführen, dass die jeweiligen Autoren eine grenzübergreifende Existenz führen und sich damit an einer Vielzahl kultureller Bezugssysteme orientieren können[13], so dass es „…in Bezug auf diese Schriftsteller unmöglich ist, von unverschiebbaren Sprach- und Denkräumen zu sprechen"[14]. Im Zuge

---

12 Ebd.
13 Palej 2004, S. 29.
14 Knapp H. 2017, S. 46.

ihres Pendelns zwischen zwei oder mehreren Kulturen durchlaufen sie identitäre Veränderungen, so dass sie als Beispiele für multiple kulturelle Identitäten gesehen werden können, die Hall[15] wie folgt beschreibt: „Überall entstehen kulturelle Identitäten, die nicht fixiert sind, sondern im Übergang zwischen verschiedenen Positionen schweben, die zur gleichen Zeit auf verschiedene kulturelle Traditionen zurückgreifen und die das Resultat komplizierter Kreuzungen und kultureller Verbindungen sind, die in wachsendem Maße in einer globalisierten Welt üblich werden." Über diese multiplen Identitäten im fortgeschrittenen kultursensitiven Fremdsprachenunterricht nachzudenken ist insofern relevant, als dass die biographischen Hintergründe der Lernenden selbst aufgrund von Migration, Globalisierung, Digitalisierung und zunehmendem Sprachkontakt deutlich sichtbar mehrkulturell und mehrsprachig werden[16], so dass es an der Zeit ist, Aufgabenformate und Arbeitsformen zu entwickeln, denen ein heterogenes und differenzierteres Kulturkonzept zugrunde liegt, welches die Diversität und Hybridität der Gegenwartsgesellschaften wie auch komplexe Identitätskonstruktionen abbildet. Auch wenn die Diskussion über die Interkulturalität und Transkulturalität im Fachdiskurs mittlerweile gut etabliert ist, wird immer wieder konstatiert und beklagt[17], dass vielen Aufgaben im Bereich des kulturellen Lernens immer noch ein vereinfachtes homogenisierendes Konzept von Nationalkulturen und binären Denkstrukturen (das Eigene vs. das Fremde, wir vs. sie) zugrunde liegt, das der realen Heterogenität, Komplexität und Dynamik globalisierter Gesellschaften nicht mehr entspricht. Es ist m.E. ein Umstand, der u.a. auf die Existenz einer universellen (d.h. alle Wissenschaftsbereiche betreffenden) Zeitspanne zwischen Forschung und Lehre zurückgeführt werden kann[18].

Diese multiplen kulturellen Identitäten, die Autoren und ihre Protagonisten verkörpern, charakterisiert vor allem Offenheit und Bereitschaft, sich den kulturellen Konflikten und Ambivalenzen zu stellen. In dieser Hinsicht können sie für Lernende als Identifikationsfiguren gelten bzw. ihnen helfen, Antworten auf eigene mehr oder weniger bewusste Fragen sowie Erklärungen für eigene Gefühle zu finden. Denn das Erwerben und folglich Beherrschen einer weiteren Sprache hat bekanntlich für Lernende nicht nur eine funktionale, instrumentelle Relevanz. Sie schließt eine intensive Begegnung und Auseinandersetzung mit eigen- und fremdkulturellen Wahrnehmungsmustern, Diskursen, narrativen Strukturen, Werten, Traditionen, Identitäten und Habitus als wichtige Bausteine für die Ermöglichung eines inter-/transkulturellen Dialogs ein. Infolge dieser Begegnungen und Auseinandersetzungen können Fragen und folglich Unsicherheit aufkommen, denn der Lerner, so Pfleger[19], „versteht das Erwerben der Fremdsprache nicht als einen Prozess, in dem neue Etiketten auf bekannte Realitäten geklebt werden […], sondern er fühlt sich oft verstört und verunsichert im Kontakt mit den neuen kulturellen Konzepten und Begebenheiten, bei oftmals gleichzeitiger linguistischer Einschränkung diesen Gefühlen Ausdruck zu verleihen". Es liegt auf der Hand, dass gerade der Einsatz

---

15 Hall 2002, S. 218.
16 Freitag-Hild 2019, S. 220.
17 U.a. Plikat 2017, S. 15.
18 Vgl. Kotin 2019, S. 47.
19 Pfleger 2017, S. 26.

der autobiographisch gespeisten Migrationsliteratur im Fremdsprachenunterricht, die reale gesellschaftliche Diskurse in fiktionaler Weise verarbeitet, zahlreiche Möglichkeiten bietet, der Verunsicherung zu begegnen wie auch das Unbewusste aufzuspüren, zu thematisieren und folglich zu reflektieren[20].

Der Mehrwert der Auseinandersetzung mit dieser Literatur im Fremdsprachenunterricht besteht aber auch in der Möglichkeit der Reflexion über Grenzüberschreitungen als eine elementare und universale anthropologische Erfahrung und auch als ein fester Bestandteil gesellschaftlicher Prozesse und kultureller Identitätsbildung. Als Grenzgänger zwischen den Kulturen produzieren die Autoren ihre Texte vor dem Hintergrund kultureller und sprachlicher Reservoirs mehrerer Kulturen, an denen sie selbst auch Anteil haben. Daher lassen sich in ihren Werken literarische Vorstellungsbilder sowohl von ihrem Herkunftsland als auch von ihrer neuen Heimat finden, so dass ihre Protagonisten materielle und immaterielle kulturelle Grenzen stets überschreiten und damit den Lernenden helfen können, ihre eigenen kulturellen Erfahrungen von Grenzüberschreitungen und ihre eventuelle aus der Grenzüberschreitung resultierende Befremdung zu verstehen sowie ihren individuellen Zugang zu anderen kulturellen Lebenswelten zu finden. Die geschilderten und aufgedeckten Einzelschicksale in der autobiographisch gespeisten Migrationsliteratur bieten den Lernenden damit unterschiedliche Identifikationsmöglichkeiten, weil sie universelle Erfahrungen der Ausgrenzung und Befremdung literarisch aufgreifen und bewältigen. Ihre kulturelle Identität wird als ein ambivalentes, problematisches und mehrstimmiges Konstrukt[21] dargestellt, was für die Förderung des kritischen kulturellen Bewusstseins von Bedeutung ist. Wie Chudak und Mackiewicz[22] zu Recht konstatieren, „bedarf es systematisch unterschiedlicher Maßnahmen, um den Lernenden zu helfen, ihre kulturelle Identität zu erkunden und sich deren Einflusses auf ihre Wahrnehmung von Neuem bewusst zu machen, ihre Einzigartigkeit zu entdecken […]". Der Einsatz der autobiographisch gespeisten Migrationsliteratur im Fremdsprachenunterricht scheint dafür gerade prädestiniert zu sein, seine eigene kulturelle Identität wie auch generell Narrative und Irrtümer um Identität herum zu erkunden[23].

Zusammenfassend lässt sich feststellen, dass der Einsatz der autobiographisch gespeisten Migrationsliteratur im kultursensitiven Fremdsprachenunterricht in vielerlei Hinsicht gewinnbringend sein kann. Folgende Eigenschaften dieser Literatur sind in kultureller und dort insbesondere transkultureller Perspektive des Fremdsprachenunterrichts von Bedeutung:

- Sie greift kulturelle Aspekte des Fremdsprachenunterrichts auf allen Ebenen auf, wobei dem eigenen kulturellen und sprachlichen Hintergrund genauso viel Raum wie der anderskulturellen und anderssprachlichen Wirklichkeit gelassen wird.

---

20 Vgl. auch Knapp H. 2017, S. 46.
21 Simon 2022, S. 234.
22 Chudak/Mackiewicz 2022, S. 172.
23 Eine ausführliche Abhandlung zu Identität und ihrer Irrtümer liefert Appiah 2019.

- Sie macht kulturelle Diversität und mehrkulturelle Identitätsentwürfe erfahrbar und reflektierbar und kann damit als eine Brücke zu zunehmend mehrsprachig und mehrkulturell geprägten Hintergründen der Lernenden bilden.
- Sie ermöglicht Alteritätserfahrungen, inszeniert Perspektivenwechsel und unterstützt damit den Aufbau empathischer Haltungen und einen neuen Blick auf die Welt.
- Sie bietet die Möglichkeit, der Verunsicherung der Lernenden zu begegnen wie auch das Unbewusste aufzuspüren.
- Sie veranschaulicht kulturelle Phänomene in ihrer Eigenart, Grenzen zu überschreiten und vermittelt damit die Vorstellung von Kulturen als hybride und dynamische Gebilde.
- Sie veranschaulicht materielle und immaterielle kulturelle Grenzüberschreitungen und lässt sie damit als eine elementare und universelle anthropologische Erfahrung wie auch als ein fester Bestandteil gesellschaftlicher Prozesse und kultureller Identitätsbildung reflektieren.

Abschließend soll noch erwähnt werden, dass aus didaktischer Perspektive nicht nur Sprache in ihren Beschreibungen (linguistischer Part des Fremdsprachenunterrichts) komplex ist und daher komplexitätsreduzierenden Auswahlprozessen unterliegt. Auch in Bezug auf Kultur und Kulturkonzepte bedient sich die Kulturdidaktik der didaktischen Reduktion, die darauf ausgerichtet ist, die komplexe Wirklichkeit zu vereinfachen, um eine adressatengerechte Präsentation der jeweiligen Lerninhalte zu ermöglichen und damit für Lernende überschaubar und begreifbar zu machen[24]. Die Komplexitätsreduktion stellt dabei eine didaktische und pädagogische Herausforderung dar, die nicht selten in Simplifizierung, Trivialisierung bzw. Ausdünnung des Stoffes mündet und damit einen reduktiven Kulturbegriff zur Folge hat, der folglich die ausgearbeiteten Aufgaben zum Aufbau der inter- und transkulturellen Handlungskompetenz prägt. Die didaktische Auseinandersetzung mit der autobiographisch gespeisten Migrationsliteratur könnte sich gerade bei erwachsenen und fortgeschrittenen Lernenden als hilfreich erweisen, notwendige Differenzierungen und Modifizierungen des Verständnisses von Kulturen als hybride, dynamische, vernetzte und sich gegenseitig beeinflussende Gebilde[25] anzubahnen.

4 Transkulturelle literarische Bildung mit der Schelmengeschichte *Der Mann, der Luft zum Frühstück aß* – didaktische Reflexionen und praktische Anwendungen

Radek Knapp gehört zu den inzwischen nicht wenigen Schriftstellern in der Geschichte der Weltliteratur, die ihre Texte nicht in ihrer Erst- oder Muttersprache, sondern in einer anderen Sprache verfasst haben[26]. Der schmale Erzählband *Der Mann, der Luft*

---

24 Vgl. Stary 2004, Lehner 2012.
25 Plikat 2019, S. 216.
26 Knapp ist Träger des Adelbert-von-Chamisso-Preises (2001), der den deutschschreibenden Autoren nichtdeutscher Herkunft und Muttersprache für ihre herausragenden literarischen Leistungen zuerkannt wird.

zum Frühstück aß ist eines der Werke Knapps bikultureller Existenz[27]. Er stellt eine autobiografisch grundierte, ironische Entwicklungsgeschichte dar, in der der Protagonist, ein vermeintlicher Taugenichts, nach einem dramatischen Entwurzelungserlebnis allmählich wieder zu sich selbst findet. Auch wenn viele Szenen und Bilder lustig anmuten und zum Schmunzeln anregen, durchziehen die ganze Geschichte ernste und bedeutende Fragen, die besonders vor dem Hintergrund eines germanistischen kultursensitiven DaF-Unterrichts, der ein intensives, konfrontatives, tiefgründiges und reflexives Fremdsprachenlernen darstellt, von großem Interesse sind: *Wer sind wir? Wie wird unsere Identität konstruiert und dekonstruiert? Inwieweit ist Sprache konstitutiv für den Aufbau einer Identität? Was sind sprachliche und soziale Aspekte von Zugehörigkeiten? Was passiert, wenn ein Mensch entwurzelt wird? Wie fühlt sich Heimatlosigkeit an? Wie finden wir zu uns selbst nach einer sprachlichen und kulturellen Entwurzelung? Wie lassen sich die Gegenwartsgesellschaften und ihre Individuen beschreiben? Wann sind wir Emigranten in unserem eigenen Leben?* Diese Fragen sind charakteristisch für transkulturelle Literaturen, bei denen man, so Schumann[28], auf die Beschreibung von Identitätsprozessen und Lebensweisen, die sich nicht eindeutig im Sinne von nationalkulturellen Vorstellungen zuordnen lassen, stößt, und dabei die schmerzhaften Verwerfungen und konfliktreichen Aushandlungsprozesse kennen lernt, die diese Entwicklungen begleiten. Schumann nennt des Weiteren die Voraussetzungen für das Verstehen von transkulturellen Lebensformen in ihrer Komplexität: Es bedarf der Entwicklung von Empathie, des Aufbaus eines kulturspezifischen Hintergrundwissens sowie kulturvergleichender Verfahren des Perspektivenwechsels. Gerade wenn es um die Empathie geht, lässt uns der Roman zur Einfühlung hinreißen und gibt uns immer wieder die Möglichkeit, die Gefühle von Walerian anzunehmen: *Jeder kann doch Walerian sein. Jeder von uns ist schon mal irgendwo neu, fremd oder nicht zugehörig gewesen. Jeder kennt das Gefühl, sich nicht zu Haus zu fühlen. Und vor allem wenn etwas Unvorhergesehenes oder Schreckliches passiert, kann jeder von uns zum Emigranten im eigenen Leben werden.* Damit liefert der Roman einen nicht bescheidenen Beitrag zur Empathieentwicklung und auch zur Reflexion über Identitäten, Zugehörigkeiten und kulturelle Diversität der Gesellschaften.

Ohne an dieser Stelle eine detaillierte Auseinandersetzung mit der Form und dem Inhalt des Schelmenromans darzustellen, sei Folgendes festzuhalten: Der Hauptprotagonist Walerian verlässt im Alter von zwölf Jahren abrupt und unfreiwillig sein sprachliches und kulturelles Zuhause und muss sich seitdem in einem neuen, fremden Kulturkreis durch seine Kindheit und Jugend durchschlagen und seine eigene Identität finden. Mit der Überschreitung der Grenze passiert er gleichzeitig die Grenzen seiner eigenen Kultur, seines eigenen kulturellen Raum-Codes, was ihm ermöglicht, die andere/fremde Kultur von innen und die eigene Kultur von außen zu betrachten. In der Fremde lernt und deutet er die neue ihn umgebende Welt, ihre Normen, Werte und Ideologien. Dieser Prozess geht mit identitären Veränderungen einher, so dass er als ein Beispiel für eine

---

[27] In Pieklarz-Thien 2022 lote ich die didaktischen Potenziale des Schelmenromans „*Herr Kukas Empfehlungen*" von Radek Knapp für den germanistischen DaF-Unterricht aus.
[28] Schumann 2008, S. 83.

multiple kulturelle Identität gesehen werden kann. Diese multiple kulturelle Identität, die Walerian verkörpert, charakterisiert Offenheit und Bereitschaft, sich den kulturellen Konflikten und Ambivalenzen zu stellen. Immer wieder drückt er als Ich-Erzähler sein Erstaunen, seine Verwunderung, manchmal Verwirrung bzw. sein Nichtverstehen sowie das Gefühl des Verlorenseins in der Konfrontation mit fremdkulturellen Wirklichkeitskategorien aus. Gleichzeitig unternimmt er den Versuch, diese zu deuten und zu verstehen. Damit werden kulturelle Deutungsprozesse veranschaulicht, die Lernende als Leser mit einer Distanz aufnehmen können, die ihnen bei ihren eigenen Erfahrungen und Handlungen verwehrt sind. Der Roman stellt damit ein Potenzial dar, das es im kultursensitiven und auf Reflexion über Sprache und Kultur bedachten Fremdsprachenunterricht zu berücksichtigen gilt.

Aufgrund der sprachlich-stilistischen und inhaltlichen Komplexität des Textes wird von einem germanistischen Seminar ausgegangen, aber auch fortgeschrittene DaF-Lernende in anderen Lehr- und Lernkontexten kämen als Zielgruppe in Frage. Das erforderliche Sprachniveau ist C1. Als Ganzschrift könnte der Text nur im Rahmen einer Lehrveranstaltung für Germanistikstudierende aus dem Bereich der Literaturwissenschaft oder der Interkulturellen Kommunikation eingesetzt werden. Eine Analyse einzelner Auszüge wäre aber auch in einem sprachpraktischen Kurs denkbar. Folgende Textpassagen mit dazugehörigen Arbeitsaufgaben können in der reflektierenden Auseinandersetzung mit der Problematik der Identitäten, Zugehörigkeiten und Grenzüberschreitungen mit Studierenden eingesetzt werden:

> 1. Werden Grenzen nur materiell überschritten? Welche immateriellen, nicht greifbaren Grenzüberschreitungen ergeben sich aus der materiellen Grenzüberschreitung? Inwieweit reist Walerian über die Grenze der Eigenwelt? Beschreiben Sie Ihre eigenen nicht materiellen Grenzüberschreitungen.

»Auf der anderen Seite liegt Österreich. Dort fangen wir ein neues Leben an«, verkündete meine Mutter und zeigte auf das Feld hinter dem Schranken, wo ein paar Krähen um eine leere Plastikflasche der Firma Coca-Cola stritten.
Als sie meinen verständnislosen Blick auffing, fügte sie hinzu: »Mach nicht so ein Gesicht. Ab jetzt wirst du viele Grenzen überschreiten. Sie werden aus dir das machen, was ich nie geschafft hätte. Einen Mann.«
Ob ich dadurch ein Mann wurde, müsste genauer erforscht werden, aber ganz gewiss wurde ich dadurch zum Experten von Grenzen und ihren Überschreitungen.
Nach der Staatsgrenze folgte bereits die nächste Grenze: der Wechsel von der slawischen Sprache in die germanische. Deutsch zu lernen ist für einen Polen genauso schwer wie allgemeine Relativitätstheorie. Aber in Wien kam noch das Problem dazu, dass man dort gar nicht Deutsch sprach (S. 9).

> 2. Mit welchen Schwierigkeiten ist eventuell die Grenzüberschreitung als der Wechsel des vertrauten Sprach- und Kulturraumes verbunden?

Doch ausgerechnet der Wiener Dialekt half mir, eine Grenze kennenzulernen, die meinen Horizont beträchtlich erweiterte. Als ich die deutsche Sprache bereits so weit kannte, dass ich kleine Jobs annehmen konnte, arbeitete ich in einer Wiener Druckerei.
[…].
Ich wurde an diesem Vormittag mehrmals wie ein Pingpongball hin- und hergeschickt, bis ich das delikate linguistische Gleichgewicht zwischen Halle A und B derart durcheinandergebracht hatte, dass man es nur durch eine radikale Maßnahme wiederherstellen konnte: Ich wurde entlassen. Ich weiß bis heute nicht, was ein Schragl ist, aber dafür lernte ich etwas, was mir das Leben künftig erleichtern sollte. Wer in Halle A zur Welt gekommen und von der eigenen Mutter in Halle B entführt worden ist, für den wird alles zu einem überraschenden und unberechenbaren Abenteuer. Und der Einzige, auf den man sich dabei verlassen kann, ist man selbst (S. 10–12).

3. Wie wird Multiperspektivität inszeniert und ein Perspektivenwechsel angeregt?

Die Schule in der Märzstraße stellte sich als ein Segen heraus. Sie lag im vierzehnten Wiener Bezirk, der damals ausschließlich von Leuten bewohnt war, die sich von früh bis spät im Wiener Dialekt übten und deren Hauptbeschäftigung darin bestand, ihre Mofas auf der Straße zu reparieren. Meine Befürchtungen, dass ein derartig einfach gestricktes Umfeld mit einem Ausländer hart umgehen könnte, bewahrheiteten sich nicht. Im Gegenteil. Man zeigte sich mir gegenüber sehr feinfühlig und behandelte mich mit jener rührenden Zuvorkommenheit, zu der nur der einfache Mann fähig ist. Fairerweise muss man auch anmerken, dass der Satz »Ich komme aus Polen« damals noch nicht dieselbe Panik auslöste wie ein paar Jahre später, als polnische Autodiebe Deutschland derart intensiv heimzusuchen begannen, dass Stuttgart seinen Mercedes auf die Liste der vom Aussterben bedrohten Arten setzte. Im Gegenteil. Meine Gegenwart löste wohlwollende Neugier aus, und ich ging als exotisches, bedauernswertes Wesen durch, das aus einem geheimnisvollen Slawenland kam, das hinter dem Eisernen Vorhang ein nebulöses Dasein fristete (S. 14–15).

4. Mit welchen Autostereotypen und festgefahrenen Bildern wird in diesen Passagen gespielt? Tragen diese Passagen zum Verständnis der polnischen Seele bei, oder werden dadurch Vorbehalte und Klischeevorstellungen über Polen und seine Bewohner gefördert? Wie lässt sich der Zusammenhang zwischen Klischee und Humor beschreiben?

Nicht einmal meine slawische Abstammung spielte mehr eine Rolle, und das sollte schon mal was heißen. Seit meiner Entführung hatten große gesellschaftliche Umwälzungen stattgefunden. Polnische Diebe hatten sich intensiv mit dem Begriff »Privateigentum« auseinandergesetzt, und sobald man zugab, dass man aus dem heiteren Land an der Weichsel kam, fingen die Kinder an zu weinen, und die Erwachsenen liefen zum Fenster, um nachzuschauen, ob ihr Auto nicht schon in Warschau stand.
Sogar der amerikanische Supermagier David Copperfield sagte einen Polen-Auftritt ab, in der Befürchtung, man würde ihn dort so gründlich zum Verschwinden bringen, dass nicht einmal er selbst sich wiederfinden würde (S. 49).

Besonders geschätzt wurden Robin Hoods aus Ostblockländern, weil sie von Natur aus kriminell waren und man ihnen daher blind vertrauen konnte. Am Ende des ersten Monats zählte ich gar nicht mehr, wie oft ich gebeten worden war, dem Zähler »in den Arsch zu treten« oder »eine Hand mit der anderen zu waschen«. An so manchem Abend gondelte ich wie ein Bauernweib nach Hause, beladen mit Käse, Wurst und Schnapsflaschen, denn die Bestechung mit Naturalien stand gegen Ende des 20. Jahrhunderts in den Gemeindebauten genauso hoch im Kurs wie im Mittelalter (S. 50).

Wir betraten einen Saal, in dem an die hundert Leute saßen. Die Hälfte bestand aus meinen Landsleuten, denen schwere Melancholie, notorischer Geldmangel und emigrationsbedingte Minderwertigkeitskomplexe ins Gesicht geschrieben standen. Ich bezweifelte, dass jemand aus dieser Horde jemals etwas von einer »Augenstarre« gehört geschweige denn sie irgendwann mal gehabt hatte. Die Probleme, die man hier hatte, waren unter anderem nicht abbezahlte Kredite, ungeplante Schwangerschaften, und das alles abgerundet mit der Fähigkeit, sich mit einer Wodkaflasche in fünf Minuten das Bewusstsein zur Gänze zu nehmen (S. 95).

5. Welche Folgen kann kulturelle und sprachliche Entwurzelung haben?

Ich kann unmöglich sagen, warum bei Ihnen die Dinge aus dem Lot geraten sind, aber bei diesem Walerian weiß ich es genau. Er lebte zuerst in einem ruhigen Städtchen in Polen mit seinen Großeltern. Haben Sie mal ein Märchen von den Brüdern Grimm gelesen? So war es dort. Die Leute hatten es nie eilig, und der Ort war so klein, dass man dort nur zu Fuß ging. Aber dann wurde er ohne Vorwarnung von seiner kindischen Mutter nach Wien entführt, und alles brach zusammen. Die Sprache war fremd und rau, die Leute hatten keine Seele, und er musste in Lichtgeschwindigkeit erwachsen werden. Aber das größte Problem war die Sehnsucht nach seinen Großeltern und dem Garten in dem kleinen Ort, in dem er aufgewachsen war. Er hatte nie vorher oder nachher einen derart bohrenden Schmerz erlebt (S. 113).

Ich wurde schon mit zwölf aus dem Fenster gestoßen. Und seitdem falle ich. Tag und Nacht. Egal, was ich tue. Sogar jetzt, während ich hier sitze, bin ich am Fallen (S. 119).

5 Fazit

Die obigen Überlegungen zum Thema der autobiographisch gespeisten Migrationsliteratur im germanistischen DaF-Unterricht können Anregungen sein, sich im Rahmen der literaturwissenschaftlichen oder sprachpraktischen Kurse mit den Fragen der Identitäten, Zugehörigkeiten und immateriellen Grenzüberschreitungen unter Heranziehung einer literarischen Grundlage zu befassen. Es unterliegt keinem Zweifel, dass diese Problematik für Studierende der sprachlichen Studiengänge äußerst interessant ist. Sie begleitet sie und reift während des gesamten Studiums und auch danach. Jeder fremdkulturelle Kontakt bringt eine Auseinandersetzung mit den eigenen Selbst- und Fremdbildern mit sich. So gesehen ist eine solche auf Reflexion und Retrospektion fußende Explizierung eigener subjektiver Erfahrungen und Handlungen in Bezug auf die Fragen der Identität und der Fremdbegegnung gerechtfertigt und empfehlenswert. Die

Bedeutung der literarischen Texte, „in denen die Bilder von fremden Welten dargeboten und fremde Perspektiven einzunehmen sind"[29], kann dabei nicht genug hervorgehoben werden. Der Einsatz der autobiographischen Migrationsliteratur im Fremdsprachenunterricht kann darüber hinaus helfen, so Esselborn[30], „den Zugang zur postmigrantischen Gesellschaft in Deutschland und vielleicht auch zu einer erweiterten eigenen Identität zu finden".

Literatur

Altmayer, Claus: Interkulturalität, in: Handbuch Fremdsprachenunterricht, hg. von Eva Burwitz-Melzer, Grit Mehlhorn, Claudia Riemer, Karl-Richard Bausch, Hans-Jürgen Krumm, Tübingen 2016.

Altmayer, Claus: Landeskunde im Globalisierungskontext: Wozu noch Kultur im DaF-Unterricht?, in: Kulturelles Lernen im DaF/DaZ-Unterricht: Paradigmenwechsel in der Landeskunde, hg. von Peter Haase, Michaela Höller, Göttingen 2017.

Appiah, Kwame Anthony: Identitäten. Die Fiktionen der Zugehörigkeit. Berlin 2019.

Chudak, Sebastian; Mackiewicz, Maciej: Kulturbegegnungen im DaF-Unterricht durch Lernszenarien. Ein didaktisches Konzept, in: Germanistische Mitteilungen (2022), 48.

Esselborn, Karl: Neue Beispiele transkultureller Literatur in Deutschland. Literatur mit Migrationsthemen für den DaF/DaZ-Unterricht, in: Zeitschrift für Interkulturellen Fremdsprachenunterricht (Online) (2015), 2/20.

Freitag-Hild, Britta: Theorie, Aufgabentypologie und Unterrichtspraxis inter- und transkultureller Literaturdidaktik. ‚British Fictions of Migration' im Fremdsprachenunterricht. Trier 2010.

Freitag-Hild, Britta: Mehrkulturalität und Mehrsprachigkeit im Literaturunterricht, in: Handbuch Mehrsprachigkeits- und Mehrkulturalitätsdidaktik, hg. von Christiane Fäcke und Franz-Joseph Meißner, Tübingen 2019.

Haase, Peter/ Höller, Michaela (Hg.): Kulturelles Lernen im DaF/DaZ-Unterricht: Paradigmenwechsel in der Landeskunde. Göttingen 2017.

Hall, Stuart: Die Frage der kulturellen Identität, in: Rassismus und kulturelle Identität. Ausgewählte Schriften 2, hg. von Stuart Hall, Hamburg 2002.

Hallet, Wolfgang: Fremdsprachenunterricht als Spiel der Texte und Kulturen. Intertextualität als Paradigma einer kulturwissenschaftlichen Didaktik, Trier 2002.

Hallet, Wolfgang: Fokus: Texte – Medien – Literatur – Kultur, in: Handbuch Fremdsprachenunterricht, hg. von Eva Burwitz-Melzer, Grit Mehlhorn, Claudia Riemer, Karl-Richard Bausch, Hans-Jürgen Krumm, Tübingen 2016.

Honnef-Becker, Irmgard (Hg.): (Vorwort) Dialoge zwischen den Kulturen. Interkulturelle Literatur und ihre Didaktik, Diskussionsforum Deutsch, Band 24, Hohengehren 2007.

Janachowska-Budych, Marta: Dialogische inter- und transkulturelle Literaturdidaktik mit Texten der Migrationsliteratur: Beispiel DaF, in: Wissenschaften und ihr Dialog. Exkurse zur Erforschung des Lehrens und Lernens fremder Sprachen, hg. von Magdalena Pieklarz-Thien und Sebastian Chudak, Göttingen 2022.

Knapp, Hanna: Psychoanalytische Konzepte und Fremdbilder im DaF-Unterricht, in: Kulturelles Lernen im DaF/DaZ-Unterricht: Paradigmenwechsel in der Landeskunde, hg. von Peter Haase und Michaela Höller, Göttingen 2017.

---

29 Honnef-Becker 2007, S. 3.
30 Esselborn 2015, S. 126.

Knapp, Radek: Der Mann, der Luft zum Frühstück aß. Wien 2017.

Lehner, Martin: Didaktische Reduktion. Bern 2012.

Palej, Agnieszka: Interkulturelle Wechselbeziehungen zwischen Polen und Österreich im 20. Jahrhundert anhand der Werke von Thaddäus Rittner, Adam Zieliński und Radek Knapp. Wrocław 2004.

Pfleger, Sabine: Identitätskonstruktion im Fremdsprachenunterricht: Ein Pilotprojekt DaF in Mexiko. in: Kulturelles Lernen im DaF/DaZ-Unterricht: Paradigmenwechsel in der Landeskunde, hg. von Peter Haase und Michaela Höller, Göttingen 2017.

Pieklarz-Thien, Magdalena: Fremdbegegnung im germanistischen DaF-Unterricht in Polen. Radek Knapps Schelmenroman als literarischer Beitrag aus Österreich zum kulturellen Sprachenlernen, in: Österreich und die slawischen Länder. Fragen des Kulturtransfers im Lichte von Literatur- und Kulturgeschichte, hg. von Jolanta Doschek, Krzysztof Korotkich und Jarosław Ławski, Lausanne 2022.

Plikat, Jochen: Transkulturalität und transkulturelles Lernen. in: Handbuch Mehrsprachigkeits- und Mehrkulturalitätsdidaktik, hg. von Christiane Fäcke und Franz-Joseph Meißner, Tübingen 2019.

Schumann, Adelheid: Transkulturalität in der Romanistischen Literaturdidaktik. Kulturwissenschaftliche Grundlagen und didaktische Modelle, in: Fremdsprachen Lehren und Lernen (FLuL), Themenheft „Literaturdidaktik" (2008), 37.

Simon, Nina: „Den Hügel hinauf". Zum Potential kulturwissenschaftlicher Reflexionen auf die Frage der Übersetzer/-innen des Gorman'schen Gedichts für DaF-/DaZ-Kontexte, in: Deutsch als Fremdsprache. Zeitschrift zur Theorie und Praxis des Faches Deutsch als Fremdsprache (2022), 4.

Stary, Joachim: Das didaktische Kernproblem. Verfahren und Kriterien der didaktischen Reduktion, in: Neues Handbuch Hochschullehre, hg. von Brigitte Berendt, Hans-Peter Voss und Johannes Wildt: Bonn 2004.

Bilder multikultureller Gesellschaften und neue Identitätsentwürfe in deutschsprachiger Gegenwartsliteratur

Monika Wolting

1 Neue deutsche Identitätsentwürfe. Zur Einleitung

Literatur erfüllt viele Funktionen im gesellschaftlichen Leben. Eine davon ist die utilitaristische Funktion, über Fremdes zu berichten und Fremdes der Leserschaft näher zu bringen. In diesem besonderen Fall wird deutschsprachige Literatur als interkulturelles Lernmaterial verstanden, über das fremdkulturelle Inhalte vermittelt werden können. In diesem Beitrag wird von der Diskussion der Begriffe wie ‚Interkulturalität' und ‚interkulturelles' Lernen abgesehen, allerdings ist es wichtig zu betonen, dass diese Begriffe dabei helfen, die Komplexität moderner Kulturen und die stattfindenden Transformationsprozesse zu erfassen.

In den letzten Jahrzehnten werden in den deutschsprachigen Ländern vermehrt Texte über das Phänomen der Migration und über Migranten und Migrantinnen geschrieben. Inzwischen lässt sich sogar feststellen, dass Literatur mit dieser Thematik die deutsche Literaturlandschaft maßgeblich gestaltet und prägt. In dem Beitrag wird Bezug auf literarische Texte genommen, in denen Migrationen, Fluchten und auch Vertreibungen nach Deutschland geschildert werden, das bedeutet Texte, die sowohl von MigrantInnen als auch von AutorInnen verfasst werden, die keinen Migrationshintergrund nachweisen können, sich aber verstärkt, mit den vermerkten Themen in ihren Werken auseinandersetzen. Der Fokus nachfolgender Überlegungen richtet sich auf Texte, die aus unterschiedlichen Perspektiven, durch Prismen unterschiedlicher Erfahrungen die Sicht auf Deutschland und die (neuen) Deutschen schildern. Es entstehen neue literarische Reflexionen über deutsche und europäische (Selbst-)Bilder. Das Nachdenken über neue deutsche Identitäten, Anknüpfungen an Traditionslinien und Traditionsbrüche, über Zukunftsvisionen und damit verbundene Konfliktpotenziale steht im Zentrum vieler Texte. Es ist dabei interessant zu fragen, welche (neuen) deutschen Identitätsentwürfe und Bilder die Gegenwartsliteratur hervorbringt und mit welchen ästhetischen Verfahren sie diese vermittelt. Die Analyse solcher Texte im Deutschunterricht könnte die Perspektive der LernerInnen auf Deutschland maßgeblich erweitern. Interkulturelle Bildung stellt sich als „Voraussetzung für einen respektvollen Umgang mit kultureller Vielfalt und für verantwortungsvolles Handeln"[1] in der Gesellschaft heraus. Fremdsprachiger Literaturunterricht setzt sich die Vermittlung von Sprache, Literatur und Kultur

---

[1] Freitag-Hild 2019, S. 359.

zum Ziel. Dabei richtet sich der Fokus verstärkt auf eine persönliche Auseinandersetzung mit kultureller Fremdheit und die Ausbildung interkultureller Kompetenzen.
In der deutschsprachigen Literatur entsteht somit eine neue Perspektive, aus der die deutschsprachigen Länder betrachtet werden, und neue Konstruktionen für Identitäten der Figuren. Denn bislang wurde diese Thematik aus zwei anderen Blickwinkeln betrachtet: Es handelte sich um Eigenbilder und Fremdbilder. Die ‚Migrationsliteratur', also Literatur, in der das Migrantische zum Ausdruck kommt, bringt eine neue, migrantische Perspektive mit sich ein, das heißt es werden Eigenbilder der Figuren vor dem Hintergrund eines fremden Landes gestaltet. Es entstehen neue literarische Identitäten, in denen das Eigene und das Fremde auf einander wirken und sich gegenseitig befruchten oder zu konfliktösen Situationen und inneren Zerwürfnissen führen.
Das Sprechen über das Gegenüber erfordert immer eine Perspektive. Von daher ist es bei einer literarischen Analyse unentbehrlich, die Erzählposition auszumachen, von der geschaut und erzählt wird. Denn diese Perspektive vermittelt häufig sowohl die tradierten Bilder als auch die eigenen des Anderen, zudem liefert sie eine Aussage über den Erzähler selbst.
Angeregt durch die sich aktuell verstärkenden Migrationsbewegungen erscheint es geboten, exemplarisch literarische Auseinandersetzungen mit neuen Bildern von Deutschland, Österreich und der Schweiz und von ihren Bürgern im 21. Jahrhundert auszuloten und ebenfalls den Fokus auf die neuen Identitätskonstruktionen zu richten.[2]
Literatur nimmt das globale Geschehen zum Schauplatz, zur Medieninszenierung oder auch als Hintergrund erzählter Geschichten und stellt Globalisierung, Glokalisierung und Regionalisierung im Wechselverhältnis von politischem und ästhetischem Interesse dar. Das „realistische Schreiben" der Gegenwartsliteratur äußert sich im Text in einer möglichst großen Annäherung an eine soziale und kulturelle Wirklichkeit der Figuren und im Versuch des Einfangens ihrer Lebenslage und Konflikte. Wird Literatur als Modell von Wirklichkeit aufgefasst, das gesellschaftliche Zustände und Prozesse in literarische Formen verwandelt und sie auf diese Weise der Leserin oder dem Leser erfahrbar macht, so lassen sich literarische Texte als Ausdruck der Notwendigkeit einer ästhetischen wie ethischen Auseinandersetzung mit den Bildern des Fremden, des Anderen und dabei auch des Eigenen betrachten.
Durch das Näherrücken der (Welt-)Gesellschaften kommt es zu einer Dekonstruktion existierender Stereotype und Klischees. Die AutorInnen machen eigene Erfahrungen mit den Ereignissen und dem Status Quo in Deutschland, der Schweiz und Österreich und mit den Menschen, die dort leben. Die MigrantInnen(-kinder) werden selbst zu BürgerInnen dieser Länder durch die Einbürgerung oder auch Geburt und bauen oft diese Erfahrungen in die Diegese ihrer Texte ein. So entstehen neue Bilder, die die deutschsprachigen Länder und ihre Bewohner aus unterschiedlichen kulturellen und persönlichen Perspektiven beleuchten. Die mannigfaltige fremdkulturelle Sicht auf die deutschsprachigen Länder bewirkt die Entstehung eines vielgestaltigen Bildes, das wiederum die bestehenden Stereotype in Frage stellt. Es steht außer Frage, dass in diesem Prozess Kunst

---

2 Vgl. Wolting 2017.

und Literatur ebenso wie filmische Inszenierungen, das Theater oder die Bildende Kunst eine Rolle spielen, auch und gerade, in dem sie unterschiedliche Erfahrungen vermitteln. Wirft man nun einen Blick auf die deutschsprachige Literatur der letzten Jahrzehnte, dann fällt auf, wie häufig Geschichten von Menschen erzählt werden, die aus anderen Kulturen stammen und nach Deutschland oder Österreich kommen. Es zeigt sich, dass in den deutschsprachigen Ländern neue Geschichten entstehen und Figuren mit multikulturellem Hintergrund entworfen werden. Sie werden aus der Perspektive jener AutorInnen dargestellt, die in deutschsprachige Länder eingewandert sind, die bereits in einer anderen Kultur, oder anderen Kulturen sozialisiert sind, für die Deutschland oder Österreich ihre neue Heimat, ein vorübergehender Aufenthaltsort, bzw. Asylland geworden sind oder auch aus der Perspektive von AutorInnen, die die Migrationsbewegungen beobachten und beschreiben.

Bis noch vor ein paar Jahrzehnten dominierten in literarischen Texten Bilder des Eigenen und des Anderen. Das heißt, die AutorInnen bedienten sich der inneren Perspektive, aus der die Eigenbilder oder der äußeren Perspektive, aus der die Fremdbilder produziert wurden. Gegenwärtig lässt sich nicht mehr von diesem dualen System sprechen, denn infolge der starken Migrationsprozesse und der multikulturellen Beschaffenheit der Gesellschaften lassen sich in literarischen Texten poliperspektivische Bilder ausmachen. Erzähler, Figuren nehmen transkulturelle Identitäten (Wolfgang Welsch) an und aus dieser Perspektive schildern sie die Welt, die sich ihnen darstellt oder in der sie agieren. In der begrifflichen Vorstellung von Wolfgang Welsch sind heutige Identitäten konstitutiv transkulturell.[3] Eine Erforschung der Problematik, in welcher Weise literarische Texte den geschichtlichen Transformationsprozess, der in einer Globalisierung mündet, inszenieren, könnte sich als produktiv erweisen.

Eine der Zugangsmöglichkeiten zu diesem Thema setzt an der Überzeugung an, dass die Fähigkeit, in Geschichten zu kommunizieren, zu einer anthropologischen Konstante des Menschen gehört. Von daher lässt sich sagen, dass die sogenannte narrative Intelligenz von entscheidender Bedeutung für die Herausbildung dessen ist, was man Identität nennt. Mit anderen Worten: Das Entstehen des Selbst ist nur über eine kontinuierliche sprachlich-narrative Konstruktion möglich. Es ist zu fragen, wie ablaufende Veränderungen in der Wahrnehmung des Fremden wie auch des Eigenen die Identität des Einzelnen beeinflussen und wie dies in Geschichten zum Ausdruck kommt.

In semiotischer Perspektive könnte weiter danach gefragt werden, welchen Veränderungen kulturkonventionalisierte Zeichen bzw. Symbole unterliegen, die „das Deutsche" und „das Andere" in den literarischen Texten generiert haben. Welche der Symbole haben ihren signifikanten Gehalt bewahrt, welche ihre Bedeutung verloren und warum? Sehr aufschlussreich ist die Frage nach der Wechselwirkung zwischen dem Eigenen und dem Fremden. Diese führt nämlich zur Entwicklung neuer Räume, die für die literarischen Figuren als „symbolische Räume" fungieren. Gerade hier zeigen sich deutliche

---

3 Vgl. Welsch 2017.

Unterschiede beim Entwurf von neuen literarischen Deutschland- und Österreichbildern im Unterschied zu den alten Bildern.[4]

Wie stark in der Fremdbeschreibung die Positionierung der Protagonisten in dem fremden Land verankert ist, kann an folgenden Beispielen deutlich gemacht werden: in Melinda Nadj Abonjis Roman *Tauben fliegen auf* 2010, Olga Grjasnowas *Der Russe ist einer, der Birken liebt* 2012, Abbas Khiders *Die Ohrfeige* 2016, Fatma Aydemirs *Dschinns* 2022 und Jenny Erpenbecks *Gehen, ging, gegangen* 2015, Robert Prossers *Gemma Habbibi* 2019 und Ingo Schulzes *Die rechtschaffenen Mörder* von 2022. An diesen Beispielen wird ersichtlich, dass es für die Untersuchung der neuen Bilder des jeweiligen Landes, die das Resultat der multikulturellen Beschaffenheit der Gesellschaften ergeben, nicht darauf ankommt, ob ein Autor, eine Autorin einen Migrationshintergrund aufweisen kann, sondern dabei die Erzähl- bzw. Figurenperspektive entscheidend ist. In den oben erwähnten Texten findet die Charakterisierung des Landes aus der Position einer Figur oder eines Erzählers mit migrantischem Hintergrund statt, der bestimmte Situationen erlebt, mit unterschiedlichen Menschen in Kontakt tritt und dadurch zu neuen Handlungen bewogen wird. Der Raum des Textes wird durch die Handlungen der in ihm agierenden Figuren bestimmt. Der Leser erfährt über die Räume nur so viel, wieviel die Figuren durch ihre Bewegungen kennzeichnen können. Auf diese Weise wird das Bild des jeweiligen Landes und der Menschen in literarischen Texten präsentiert. Es handelt sich also um eine Wechselbeziehung zwischen der Figur und seiner Umwelt und um die Darstellung der jeweiligen Einwirkungen.

2 Neue Deutschlandbilder

2.1 Deutschland aus der Sicht einer jungen Frau mit Fluchterfahrung

Olga Grjasnowa ist in Aserbaidschan aufgewachsen und mit elf Jahren mit ihren Eltern als Kontingentflüchtling nach Deutschland gekommen. Ihre Familie spricht Russisch und Aserbaidschanisch, ihre Arbeitssprache ist Deutsch. Die Autorin hat mehrere Romane veröffentlicht, darunter: 2012 *Der Russe ist einer, der Birken liebt* bei Hanser, 2014 *Die juristische Unschärfe einer Ehe* ebenfalls bei Hanser und den 2014 beim Aufbau Verlag erschienenen Roman *Gott ist nicht schüchtern*, der von zwei Syrern erzählt, die nach Deutschland fliehen.

Der Roman *Der Russe ist einer, der Birken liebt*[5] spielt auf der Gegenwartsebene in Deutschland (Frankfurt am Main) und in Israel (Tel Aviv). Auf der Vergangenheitsebene setzt die Handlung in Baku der 1990er Jahre ein. Die Hauptprotagonistin Mascha ist mit ihren Eltern als Kontingentflüchtling aus Aserbaidschan im Jahr 1996 nach Deutschland gekommen, zur Zeit der Romanhandlung studiert sie Fremdsprachen, arbeitet als Übersetzerin und bereitet sich auf eine Prüfung zur EU-Dolmetscherin vor. Den historischen Hintergrund des Textes bilden der Nahostkonflikt, die postsowjetischen Bürgerkriege, die barbarische Auseinandersetzung zwischen Armeniern

---

4 Vgl. Gansel/Wolting 2016.
5 Grjasnowa 2012.

und Aserbaidschanern um Bergkarabach. Grjasnowa spricht offen die Themen an, die um die Reibungsflächen migrantischer Identität, der Heimatlosigkeit, dem Fremdsein in Deutschland und der Globalisierung kreisen. Einer der wichtigsten Punkte, die der Roman behandelt, ist die Überzeugung davon, dass die Stigmatisierung zum Opfer und Flüchtling von außen kommt, von der Annahmegesellschaft kreiert und den Migranten aufgestülpt wird. Grjasnowas Botschaft lautet dagegen: Menschen, denen traumatische Erlebnisse zuteilwurden, müssen nicht unbedingt eine dauerhafte Persönlichkeitsstörung erlebt haben. Mascha, die Protagonistin, hat zwar traumatische Ereignisse hinter sich, aber in ihrer Wahrnehmung haben sie keine Spuren hinterlassen. Diese Vorstellung wird jedoch stets auf sie projiziert, selbst von Seiten ihr nah stehenden Vertrauten. Auch wenn sie zu Anfang, nach der Ankunft in Deutschland eine Zeitlang vermieden hatte, zu sprechen, war es nicht zwangsläufig auf die traumatischen Erlebnisse in Aserbaidschan, sondern eher auf die Lebensbedingungen ihrer Familie in Deutschland und auf ihre schulische Situation zurückzuführen. Der gut situierten Familie widerstrebte die Vorstellung, nach Deutschland zu emigrieren. Sie verband nichts Positives mit der deutschen Kultur, mit dem Land und den Menschen, auch das Judentum war ein vorgeschobener Grund für die Antragstellung. Die Familie floh vor den Unruhen und vor der Gewaltausübung, Mascha berichtet: „Offiziell gehörten wir zum Kontingent jüdischer Flüchtlinge, die jüdische Gemeinden in Deutschland stärken sollten. Aber unsere Auswanderung hatte nichts mit dem Judentum, sondern mit Bergkarabach zu tun."[6]

Der schulische Anfang gestaltete sich für Mascha ausgesprochen negativ, sie hat in Baku die bestmögliche Ausbildung mit Privatlehrern für Sprachen erhalten, in Deutschland wurde, laut ihrem Bericht, nichts davon wahrgenommen und anerkannt: „An meinem dritten Tag in Deutschland bin ich in die Schule gegangen und wurde gleich um zwei Klassen zurückgestuft. Statt Wurzelrechnung zu üben, sollte ich Mandalas mit Wachsmalstiften ausmalen."[7]

Durch diese Erzählung von Mascha klagt Olga Grjasnowa über die Unfähigkeit der deutschen Behörden und der deutschen Schulen, die Flüchtlinge ihnen gemäß wahrzunehmen:

> Die Deutsch-, Mathe- und Erdkundelehrerin erklärten einstimmig, meine Sprachkenntnisse seien mangelhaft und ich sei auf diesem Gymnasium fehl am Platz. Ich übersetzte es ungeduldig für meine Mutter. Das Gymnasium, dass ich besuchte, kannte Migranten ausschließlich aus der Springerpresse und dem Nachmittagfernsehen.[8]

In dem Abschnitt steckt ein Paradox, eine Schülerin, der mangelhafte Deutschkenntnisse unterstellt wurden, dürfte schwer für ihre Eltern dolmetschen, was sie aber tat. Grjasnowa entwirft ein Bild einer unfähigen und unflexiblen Schulinstitution, die nicht im Stande ist die angekommenen Kinder aufzufangen und ihnen beim Start in Deutschland zu helfen, sie aber stigmatisiert und an Entwicklung und Eingliederung in

---

6 Grjasnowa 2012, S. 40.
7 Grjasnowa 2012, S. 38.
8 Grjasnowa 2012, S. 38.

die Gesellschaft hindert. Ein Jahr nach der Ankunft in Deutschland „1997 dachte ich zum ersten Mal über Selbstmord nach."[9] Das von den deutschen Behörden, Schulen, Mitmenschen, Klassenkameraden praktizierte nicht Wahrnehmen einer Persönlichkeit, eines Schicksals in einem Flüchtling führt zu massiven Verstörungen in den angekommenen jungen Menschen. Im Roman von Grjasnowa bleibt die Stigmatisierung an Mascha haften, sie ist durch keine Ausbildung, keinen finanziellen Status widerrufbar. Die Protagonistin hat sich trotz großer Anfangsschwierigkeiten „integriert", wie sie es selbstreflexiv sagt. Aber auch wenn sie zu den besten Studierenden ihres Jahrgangs gehört, wird sie stets damit konfrontiert, dass sie eine Fremde ist. Mitnichten äußert sie eine starke Kritik an der Einstellung auch den Menschen gegenüber, die sich nicht nur professionell aber auch intellektuell mit Multikulturalität, Interkulturalität beschäftigen:

> Ich würde ihm auch nicht sagen, dass Menschen, die ohne fließendes Wasser leben, nicht zwangsläufig ungebildet sind, aber mein Professor hatte ein Patenkind in Afrika und in Indien. Sein Mulitikulturalismus fand in Kongresshallen, Konferenzgebäuden und teuren Hotels statt. Integration war für ihn die Forderung nach weniger Kopftücher und mehr Haut, die Suche nach einem exklusiven Wein oder einem ungewöhnlichen Reiseziel.[10]

Darin äußert die Autorin eine starke Kritik an gefestigten Bildern des Fremden, die der Protagonist vermutlich anhand seiner vorurteilenden Feststellungen entwickelt. Sie schildert zusätzlich dazu die Frustration der Studentin darüber, dass dieser Umstand durch ihre Intervention nicht zu ändern wäre. Auf diese Weise kommt das Unbehagen der jungen Protagonistin zur Sprache, die Entfremdung zwischen den Einheimischen und den Dazugekommenen bleibt bestehen.

In Grjasnowas Roman sind viele Bilder von Deutschland zu finden. Sie werden aus der Perspektive einer jungen Frau geschildert und sind ganz speziell mit ihren exemplarischen Erfahrungen in Deutschland verbunden. An dieser Exemplarität wird die Perspektivierung der Bilder sehr deutlich. Sie bietet den RezipientInnen einen großen Interpretationsspielraum.

2.2 Österreich-Bild in einem Wiener Boxclub

Einen anderen Zugang zu dem Bild, das durch Augen migrantischer Figuren entsteht, liefert 2019 Robert Prosser in dem Roman *Gemma Habibi*. Robert Prosser hat anders als Grjasnowa keinen Migrationshintergrund, aber auch in seinem Roman geht es um Migration und Migranten in Wien. Dieser Umstand ist bereits an dem Titel des Romans abzulesen, das sich aus zwei Wörtern zusammensetzt: „Gemma" steht wienerisch für „gehen wir!", „Lass uns gehen!" und auf dem Spielfeld kann es als Motivationsruf dienen; „Habibi", aus dem Arabischen entnommen und stark in der Jugendsprache verbreitet, bedeutet „Schätzchen". Dieser Ausdruck, den Prosser als Titel seines Werks verwendet, deutet allemal auf die Durchdringung zweier Kulturen hin. Demzufolge stellt

---

9 Grjasnowa 2012, S. 51.
10 Grjasnowa 2012, S. 32–33.

der Roman ein utopisches Moment der Integration der arabischen jungen Flüchtlinge im geschützten Raum eines Boxclubs dar.

2019 schreibt Robert Prosser aus einem längeren zeitlichen Abstand heraus zu den Ereignissen der Flucht aus Syrien von 2015 den Roman. Anfang 2011 macht der Protagonist eine Reise nach Damaskus, wo er Zeno, einen Boxer kennenlernt. Während des Krieges in Syrien flieht Zeno, alias Z vor dem IS über die Türkei nach Wien. Als Z nach Wien kommt, herrscht im Land eine euphorische Willkommensstimmung, die sich aber mit der Zeit immer stärker abschwächt. Den Boxkampf nimmt Prosser als Metapher für eine „friedliche" Koexistenz der Kulturen. In einem Gespräch äußert sich der Autor dazu:

> Der Kampfsport kann eine Metapher für sehr vieles sein. Für den Kampf eines Stärkeren gegen einen Schwächeren beispielsweise, eines Unterdrückten gegen einen Beherrschenden. Im Herbst 2015, am Höhepunkt der sogenannten Flüchtlingskrise, kamen viele junge Männer aus dem arabischen Raum nach Österreich. Einige begannen, Kampfsport auszuüben, oft aus dem einfachen Grund, dass es sehr unkompliziert ist, daran teilzunehmen. Es war interessant zu beobachten, wie kulturelle Unterschiede in der Szene wahrgenommen und produktiv umgesetzt wurden. Im Kampfsport treffen Menschen mit den verschiedensten Hintergründen aufeinander.[11]

Prossers Protagonist kommt in den Boxclub, weil er das dortige multikulturelle Milieu für eine Hausarbeit an der Universität studieren sollte. Mit der Zeit merkt er, dass er kein Beobachter, sondern Teilnehmer sein will. „Er findet hinter den Boxern Menschen, Persönlichkeiten, Akteure des Geschehens." Sein akademisches Interesse schwindet, aber die Obsession, die Liebe für das Boxen wird immer stärker. Es geht um den Übergang von Interesse zu einer innigen Teilnahme. Man braucht diesen Schritt aus der Beobachtung, oder aus der beruflichen Zuwendung, auf die Menschen hin, um dank dieser anderen, ehrlicheren Nähe zu begreifen, was das für Charaktere sind. Prosser schafft in seinem Roman ein Bild der geflüchteten Syrer, die ein starkes Bedürfnis verspüren, sich in die österreichische Gesellschaft zu integrieren, die nach Wegen suchen, wo sie ihre Stärken zeigen und produktiv umsetzen können. Dabei wird auch ein Bild der Österreicher geschildert, die dem Kontakt, Austausch und der Gleichwertigkeit mit den anderen Clubbesuchern offen gegenüberstehen. In Prossers Schilderungen kommt es zu einer von beiden Seiten gewollten Vermischung verschiedenster Nationalitäten und einer friedlichen Koexistenz derer.

2.3 Deutschland aus der Sicht der Gastarbeiterkinder

Inzwischen sind auf dem deutschsprachigen Buchmarkt Bände erschienen, die das Problem der Klassengesellschaft, die sich erneut in Deutschland stark herauskristallisiert, in den Fokus ihrer Auseinandersetzung nehmen. Wie aktuell die Debatte ist, betonen die kürzlich in sozialen Medien unter dem Schlagwort *#vonhier* geführten Diskussionen.

---

11 Prosser 2022, S. 293.

Die Protagonistin aus Deniz Ohdes Roman *Streulicht*[12] kehrt an den Ort zurück, an dem sie aufgewachsen ist und stellt fest, dass sie sich von der Frankfurter Industriegegend und den Menschen dort aus eigener Kraft, durch Bildung und Durchsetzungskraft stark entfernte. Sie ruft sich die Vergangenheit in Erinnerung und konstatiert, dass ihr Leben sich in einfachsten Verhältnissen abspielte und durch Hänseleien und Marginalisierung auszeichnete. Interessant an diesem Text ist das Entwerfen des Bildes einer Klassengesellschaft in Deutschland. Dieser literarische Fokus zeigt sich in Frankreich und England schon länger, beispielsweise in Romanen von Didier Eribon *Rückkehr nach Reims* 2016 oder Anthony Powell *Ein Tanz zur Musik der Zeit/Eine Frage der Erziehung* 2017. In diesen Texten werden Diskurse wie Gesellschaft, soziale Diskriminierung und Gleichbehandlung, Armut und Prekariat, Zugehörigkeit zu sozialen Schichten und nicht zuletzt Gewalt angesprochen. Dass das Diskriminierungs-Problem, Scham und Gewalt nicht nur Familien mit Migrationshintergrund betreffen, beweist Christian Baron 2020 mit seinem Roman *Ein Mann seiner Klasse*.[13]

Bilder von Gewalt, Scham über die Armut, über mangelhafte Bildung spielen auch in Fatma Aydemirs Roman *Dschinns* 2022[14] eine wichtige Rolle. Im Roman werden die Lebensgeschichten von sechs Familienmitgliedern erzählt. Der Plot ist schnell zusammengefasst: Die Kinder und die Ehefrau, die seit Jahrzehnten in Deutschland, im fiktiven Rheinstadt leben, fahren nach Istanbul zur Beerdigung von Hüseyin, der unerwartet an einem Herzinfarkt stirbt. Die Familie ist innerlich zerstritten und äußerlich sich selbst entfremdet. Die jeweiligen Familienmitglieder bergen viele Geheimnisse und Verletzungen.

Neben den sechs Angehörigen der Familie Yılmaz spielen im Text zwei Orte die Hauptrolle: das fiktive Rheinstadt und Istanbul. An dieser Stelle kommt ein Bild Deutschlands zum Vorschein, dass in literarischen Texten neu ist. Es handelt sich um die Sicht eines Einwandererkindes auf eine deutsche Stadt. Raumtheoretisch lässt sich sagen, dass in den literarischen Texten so viel Raum vermittelt wird, wie die Figur imstande ist, durch ihre Bewegung und Wahrnehmung zu schildern. Demgemäß gibt es in Rheinstadt nichts Aufregendes, nichts Schönes, nichts Interessantes. Die Fußgängerzone reicht vom Eiscafé bis zur Sparkasse, die Reihenhäuser ähneln einander, die Wohnblöcke nehmen sich gegenseitig das Licht. In der Wohnung der Arbeiterfamilie Yılmaz, die in den 1970ern aus dem Nordosten der Türkei kam, ist nichts Wertvolles zu sehen, die Möbel wurden vom Flohmarkt zusammengetragen, ein alter Fernsehapparat, alles wirkt schäbig. Die Familie lebt sparsam, besitzt nur das Nötigste. Dieses Bild wird durch den Entwurf eines komplementären Bildes von Istanbul geschärft: Nach dreißig Jahren Schwerstarbeit in einer Metallfabrik in Rheinstadt erwirbt Hüseyin von dem über Jahre mühsam angesparten Geld kurz vor der Frühpensionierung eine Wohnung in Istanbul.

> Eine geräumige 3 + 1-Zimmer-Wohnung im vierten Stock, [...]. Du hast deine Tage in drei Schichten gelebt, Hüseyin, hast alle Sonntagsdienste, Feiertagsdienste, Überstunden übernommen, hast von allen vorhandenen Zulagen in der

---
12 Ohde 2020. Inszenierung am Maxim-Gorki-Theater in Berlin, 2011, Regie: Nurkan Erpulat.
13 Baron 2020.
14 Aydemir 2022.

Metallfabrik zu profitieren versucht, [...] Und nun hast du es endlich geschafft. Du bist neunundfünfzig und Eigentümer.[15]

Die Protagonisten können sich nicht erklären, warum Hüseyin die Istanbuler Wohnung aufwendig gestaltet, teure und schöne Möbel kauft, warum er anders handelt als in Rheinstadt, wo er jahrzehntelang nur gespart und unter einfachsten Bedingungen gelebt hat. Die Fragen bleiben unbeantwortet, der Leser kann die offenen Stellen selbst mit seinem Wissen und Einfühlungsvermögen ausfüllen. Für diesen Beitrag bleibt aber relevant, wie die Bilder der neuen und der alten Heimat konstruiert werden, denn daraus ist zu schließen, wo sich die Protagonisten heimisch fühlen und wie sie ihr Leben gestalten wollen.
Als Gesellschaftsroman thematisiert der Text das Phänomen der Klassen in der deutschen Gesellschaft am Ende des 20. und zu Beginn des 21. Jahrhunderts. Diese Klassen entstehen durch Einteilung der Mitglieder einer Gesellschaft nach bestimmten Statusmerkmalen: Herkunft, Beruf, Einkommen und Bildung. Wichtig ist hier anzumerken, dass der „Klassenbegriff" selbst in diesem Milieu kaum reflektiert wird: Die Protagonisten besitzen kein „Klassenbewusstsein". Gegenwärtig wird in öffentlichen Diskussionen nicht mehr von „Klassen", sondern lieber von unterschiedlichen Gesellschaftsschichten oder sozialen Umfeldern gesprochen. Allerdings würde dies bedeuten, dass es möglich erscheint, von einer Schicht in eine andere zu gleiten. Michael Vester schreibt in seiner Analyse *Klassengesellschaft in Bewegung* von einem „äußerlichen Gleichgewicht zwischen den verschiedenen Klassenfraktionen". Bei genauerer Analyse jedoch kommen „erhebliche Schieflagen", „latente wie offene Konflikte" zum Vorschein. Der Autor äußert die Befürchtung, dass „dieses instabile Gleichgewicht jederzeit extrem destabilisiert werden" kann, „wenn nicht eine alternative Politik an Einfluss gewinnt."[16] Genau diese Befürchtungen bestätigen die hier angeführten Romane und liefern bereits Geschichten dazu. In literarischen Texten wird darauf aufmerksam gemacht, wofür die Politik noch keine Begriffe, keine Gegenstrategien und Verbesserungsprogramme entwickelt hat. Es gibt Regionen in Deutschland, wo die multikulturelle Struktur sehr wackelig ist und neue Identitäten von Menschen schafft, die zwar deutsche Staatsbürger sind, sich aber nie gleichberechtigt fühlen werden, weil sie aus ihrer Klasse keinen Weg in die breite Gesellschaft finden.
Der Roman legt offen, dass selbst Peris Germanistikstudium kein Garant dafür ist, in der Gesellschaft aufzusteigen, einen anderen Platz als den einer Person mit Migrationshintergrund einzunehmen. Peris Entscheidung, sich in ihrem Magisterstudium mit Friedrich Nietzsche zu befassen, hat nicht nur mit ihrem Interesse an dem Philosophen zu tun. Sie ist sich auch dessen bewusst, dass sie durch die Beschäftigung mit „diese[m] verfickte[n] Thema [...], dem sie belächelnden Prof. und den sie belächelnden Kommilitonen beweisen [muss], dass auch sie imstande war, Nietzsche zu lesen und ihm etwas abzugewinnen."[17] Die Protagonisten machen sich keine Illusionen darüber, sie würden in der deutschen Gesellschaft ankommen und ihre gleichberechtigten Mitbürger wer-

---

15 Aydemir 2022, S. 13.
16 Vester 2023, S. 3–4.
17 Aydemir 2022, 198.

den. Der Roman von Aydemir scheut vor keinem noch so schmerzhaften Thema wie Alltagsrassismus, Diskriminierung, Ausgrenzung und Nationalismus zurück. Literarisch wird hier das verarbeitet, was Migranten in der deutschen Gesellschaft bewegt, die keine Sprache haben, die sich oft aus Scham, mangelnden Deutsch- oder Deutschlandkenntnissen nicht trauen, offensiv zu werden.

Die Herkunft spielt auch bei Kindern aus den Mischehen eine enorme Rolle in Hinsicht auf die Identitätsbildung. Yade Yasemin Önder stellt in ihrem 2022 publizierten Roman *Wir wissen, wir könnten, und fallen synchron*[18] ihrer Protagonistin eine deutsche Mutter und einen türkischen Vater an die Seite. Die physische und psychische Identitätssuche ist für die junge Figur beschwerlich, da die Familie mütterlicherseits eine ressentimentgeladene Haltung ihr gegenüber annimmt.

Die deutschsprachige Literatur, die das Leben migrantischer Familien in Deutschland schildert, liefert Bilder einer sehr heterogenen Gesellschaft, vermittelt Vorstellungen von neuen Identitäten, die sich in Deutschland herausbilden. Ihre Funktion könnte aber weit gewichtiger sein: Da diese Literatur latente gesellschaftliche Konflikte schildert, appelliert sie zugleich an die Politik, Strategien zu einer besseren Eingliederung dieser Gruppen in die Gesellschaft zu entwerfen.

2.4 Erste Erfahrungen in Deutschland

Abbas Khider beschreibt in seinem Roman *Ohrfeige*[19] die Ankunft von Karim Mensy, der aus dem Irak flüchtete. Karim wollte eigentlich nach Paris, aber sein Schlepper hat ihn in Dachau ausgesetzt und „kaum berührten ihre Füße den Asphalt, gab der Fahrer wieder Gas und verschwand."[20] Karim sucht nach einem Bahnhof, um weiter zu seinem Onkel zu reisen. Am Bahnhof wird er aufgegriffen und ins Gefängnis gesteckt:

> Obwohl die Reise bisher trotz meiner Ängste problemlos verlaufen war, traute ich dem Frieden hier nicht so recht. […] Aber kaum, dass ich die Halle betreten hatte, sprachen mich zwei in beigefarbene Hosen und grüne Jacken gekleidete Männer an. ˋPolizei. Ihren Ausweis bitte!´ […] Ein paar Augenblicke später klickten die Handschellen und ich wurde in ein Polizeirevier geführt. […] Ich kauerte unendlich lang in dieser Zelle. Ich wusste irgendwann nicht mehr, ob es Tag oder Nacht war. Das ewig gleiche Kaltlicht einer weißen Halogenlampe machte jedes Zeitgefühl zunichte.[21]

Kurz danach wird der Protagonist in ein Asylantenheim verlegt, drei Jahre später sucht er einen Schlepper, der ihn aus Deutschland hinausbringt, denn ihm droht, abgeschoben zu werden.

Während der Flucht sind die Kräfte der Flüchtenden auf das Erreichen des Ziels gerichtet. Auch ihre familiären, beruflichen und sozialen Verhältnisse zeigen keine signifikan-

---

18 Önder 2022.
19 Khider 2016.
20 Khider 2016, S. 37.
21 Khider 2016, S. 41–43.

ten Wirkungen auf den Verlauf der Flucht. Dem Menschen wird auf der Flucht alle Entscheidungsfähigkeit genommen. Den fremden Ansprüchen[22], also jenen der Schlepper, der Polizei, der Willkür der Beamten kann sich der Flüchtende nicht entziehen.
Der Icherzähler in *Ohrfeige* von Abbas Khider berichtet darüber, wie er von den Polizisten in Dachau bei München behandelt wurde: „Der Unrasierte begann mich zu untersuchen. Alles wurde erforscht. Sogar meine Eier. Zum ersten Mal in meinem Leben schob jemand seinen Finger in meinen Arsch. Der andere Polizist durchsuchte währenddessen meine Klamotten und meinen Rucksack."[23] Dem Geflüchteten werden viele Rechte abgesprochen, er begibt sich vollkommen in die Gewalt anderer, deren Handlungen oft durch Gesetze legitimiert werden. Seine Ansprüche auf Sicherheit, Gesättigt-Sein oder Gesundheit muss er zurückstellen. Er besitzt keinen Handlungsraum mehr. Er begibt sich in Obhut von Schleppern, Kontaktpersonen, Flüchtlingshelfer*innen, Polizei, Beamt*innen, ist auf ihre Missgunst oder Gunst, Ablehnung oder Fürsorge angewiesen. Nun aber lässt sich dem Erzähler von Abbas Khiders Roman *Ohrfeige* glauben? Carola Hilmes ist der Überzeugung, dass es sich hierbei um einen „unzuverlässigen Erzähler" handelt,[24] denn wie im Roman zu lesen ist: Alle „Asylbewerber sind Lügner", sie erzählen „erfundene Geschichten."[25] Vielleicht werden sie aber durch bestehende Gesetze zu dem Erzählen von Lügengeschichten gezwungen, wenn sie den Status eines Asylsuchenden erhalten möchten. Diese Frage lassen Khider und sein Erzähler offen. An dieser Stelle werden zwei Deutschlandbilder ersichtlich: wie die Flüchtenden behandelt werden und welche Erwartungen sie an Deutschland stellen. Diese beiden Vorstellungen widersprechen sich in fast allen Facetten.
Khiders Roman, der sich durch eine starke Subjektivität auszeichnet, in dem Fakten und Fiktionen miteinander verwoben werden, schildert eine höchst problematische Begegnung von Flüchtenden und deutschen Beamten und Bürgern. Auch wenn hier von keiner Widergabe eines realen Bildes gesprochen werden kann, so ergibt sich aus der literarischen Fiktion ein vieldeutiges Bild, das die Leser für das Schicksal der Asylsuchenden sensibilisiert.

3   Literatur als Material für interkulturelles Lernen

Zusammenfassend lässt sich sagen, dass die Literatur mit dem Schwerpunkt Migration viele neue Bilder der deutschsprachigen Länder und ihrer Bewohner entwirft. Diese können für die politische Praxis erfasst und verwendet werden. Die Veränderungen, die eine Gesellschaft durchläuft, äußern sich zunächst in den Tiefenstrukturen literarischer Texte. Literatur kann als Quelle praktischer Daten und Informationen über die Wirklichkeit gesehen werden. Jürgen Wertheimer ist der Auffassung, dass „literarische Texte (1) früher und differenzierter als andere Medien auf Schlüsselthemen und Emotionen (Bedrohungsgefühle, freiheitliche/nationalistische/separatistische Gefühle) verweisen und (2) auf Wahrnehmungen und damit das Verhalten von Konfliktparteien einwirken

---

22 Luhmann 2008, S. 80.
23 Khider 2016, S. 42.
24 Hilmes 2017, S. 146.
25 Khider 2016, S. 72–73.

und so auch aktiv an der (Gewalt-)Dynamik einer Krise/eines Konflikts beteiligt sein können"[26]. Auf diese Weise können literarische Texte für politische und gesellschaftliche, dabei auch universitäre Praxis erfasst werden. Literatur vermag in ihrer ästhetischen Perspektive eine Distanzhaltung zu Diskursen des Wissens, die sich sehr oft aus politischen Konzepten entwickeln, zu bewahren. Migration, Suche nach neuer Heimat, Verlust der alten Heimat und Identitätskrisen sind Phänomene, die in literarischen Texten zum Vorschein kommen und an Figuren durchgespielt werden. Die Literatur verweist differenzierter als andere Medien auf diese Schlüsselthemen, weil sie diese Erfahrungen an konkrete Figuren heftet, die in einer fiktiven Wirklichkeit agieren. Daher ist Literatur das einzige Medium, das – im besten Fall ohne Tendenz – Geschichten über die Menschen so erzählt, wie sie sich in ihrem Inneren wirklich darstellen. Oft noch ohne Begriffe dafür zu haben, erzählt sie die ‚Vorgeschichte' von ‚Geschichte'.

In einer von Migrationsbewegungen und Globalisierungstendenzen geprägten Welt von heute kommt daher interkulturellem Lernen und der Ausbildung interkultureller Kompetenzen eine zentrale Position zu. Im interkulturellen Literaturunterricht erschließt die Auseinandersetzung mit Literatur interkulturelle Perspektiven, bildet Empathiefähigkeit aus und erweitert im besten Falle Wissens- und Erfahrungshorizonte der Lernenden.

Literatur

Aydemir, Fatma: Dschinns, München 2022.
Baron, Christian: Ein Mann seiner Klasse, Berlin 2020.
Freitag-Hild, Britta: Interkulturelle Literaturdidaktik, in: Grundthemen der Literaturwissenschaft: Literaturdidaktik, hg. von Christiane Lütge, New York, 2019.
Gansel, Carsten/ Wolting, Monika hg.: Deutschland- und Polenbilder in der deutschen und polnischen Gegenwartsliteratur, Göttingen 2016.
Grjasnowa, Olga: Der Russe ist einer, der Birken liebt, München 2012.
Hilmes, Carola: „Jedes Kapitel ein Anfang und zugleich ein Ende." – Abbas Khiders fiktionalisierte Lebensbeschreibung, in: Identitätskonstruktionen, hg. von Monika Wolting, Göttingen 2017.
Khider, Abbas: Ohrfeige, München 2016.
Luhmann, Niklas: Soziologische Aufklärung 6: Die Soziologie und der Mensch, Wiesbaden 2008.
Ohde, Deniz: Streulicht, Berlin 2020. Inszenierung am Maxim-Gorki-Theater in Berlin, 2011, Regie: Nurkan Erpulat.
Önder, Yade Yasemin: Wir wissen, wir könnten, und fallen synchron, Köln 2022.
Prosser, Robert im Gespräch mit Monika Wolting: Für mich ist Bosnien eine Wunderkammer. Gespräch mit Robert Prosser, in: Konflikte. Literarische Auseinandersetzungen mit Gegenwart und Zukunft, hg. von Wolting, Monika, Göttingen 2022.
Vester, Michael: Klassengesellschaft in Bewegung: Milieus, Klassen und Politik in Deutschland, Berlin 2023.
Welsch, Wolfgang: Transkulturalität. Realität – Geschichte – Aufgabe, Wien 2017.
Wertheimer, Jürgen: Sorry Cassandra, Tübingen 2021.
Wolting, Monika: Identitätskonstruktionen in der deutschen Gegenwartsliteratur, Göttingen 2017.

---

26 Wertheimer 2021, S. 166–167.

Ein Raum als ein Zwischenraum

Über Interpretationsmöglichkeiten des Romans *Das Mädchen, der Koch und der Drache* von Luo Lingyuan im interkulturellen Kontext

Bernadetta Matuszak-Loose

1 Einleitung

In seinem aufschlussreichen Beitrag *Politisch nicht korrekt?* versteht der deutsche Gastrokritiker Michael Allmaier „die Küche als einen Ort, wo Multikulti" funktioniere[1]. Ausgehend von dieser prägnanten Formulierung soll im Folgenden reflektiert werden, in welcher Weise eine Küche als konkreter Ort, zugleich aber auch als fiktiver Raum in Form eines Chinarestaurants am Beispiel von Luo Lingyuans Roman *Das Mädchen, der Koch und der Drache* (2013) Aufschluss über Prozesse kultureller Identitäten in der Migrantenliteratur, ferner über kulturelle Differenzen und Transformationen und schließlich auch über interkulturelle Fremdheitserfahrung geben kann. Anders gesagt sollen im Zentrum der folgenden Ausführungen „zwischenräumliche" Bewegungspraktiken stehen, wie sie von einem konkreten dreidimensionalen Raum zu einem fiktiven Handlungsraum in einem literarischen Text bis hin zur Entschlüsselung eines interkulturellen Raums führen.

2 Theoretische Grundlagen interkultureller Kulinaristik

Im theoretischen Diskurs um die spezifische Etablierung einer interkulturellen Kulinaristik deutet Alois Wierlacher darauf hin, dass „Essenordnungen […] wie Rechtsordnungen distinktive Merkmale der Kulturen" seien, ferner „kulturspezifische Normen und das Geflecht von Bedeutungen, in denen Menschen im Rahmen von Makro-, Regional- und Subkulturen ihre Erfahrungen interpretieren. Diese Normen entscheiden wesentlich darüber, „was als Lebensmittel angesehen wird, aus welchem Anlass, in welcher Situation, wie, warum und mit wem gegessen wird"[2]. Damit ist zugleich auch eine räumliche Dimension thematisiert: Die Küche oder auch der Ort des Essens bzw. der Nahrungsaufnahme wird dabei zu einem Handlungsort, in dem sowohl symbolische als auch und vor allem praktische Bewegungen und Vorgänge unternommen werden, „die sowohl in der Identitätsbildung der Kulturen als auch in der multikulturellen, transkul-

---

[1] Michael Allmaier, Politisch nicht korrekt?, in: Die Zeit vom 19.5.2022, S. 59f., hier S. 60.
[2] Wierlacher 2003, S. 165.

turellen und interkulturellen Fremdheitserfahrung und in den öffentlichen Diskursen besondere Bedeutungen besitzen"[3].

Im Sinne dieser Konstellation bietet daher der Bereich der Kulinaristik nicht nur einen theoretischen Diskurs, sondern in erster Linie ein didaktisch-praktisches Arbeitsfeld für interkulturelle Praktiken (und Analysen), bei denen nicht nur die angemessene Bedeutung und Bestimmung der einzelnen Kategorie ins Zentrum gesetzt werden, sondern auch die allgemeine soziokulturelle Entwicklung in einer immer stärker globalisierten Welt aufgezeigt werden kann. Essen hat als Grundbedürfnis des Menschen viel mit der Geschichte einer Kultur und mit der Entstehung und Prägung kollektiver Identitäten zu tun. Essenordnungen und alle damit verbundenen Regelungen, Traditionen und Gewohnheiten sind Speicher des kulturellen Gedächtnisses und darum zugleich Medien und Katalysatoren von Kommunikation und Verständigung. Der Alltag multikultureller Gesellschaften verweist jedoch darauf, welch erhebliche Kontaktschwierigkeiten durch fremdkulturelle Küchen entstehen können, umgekehrt aber auch, welche Reize von ihnen ausgehen bzw. welche Ablehnung sie hervorrufen können. Claude Lévi-Strauss deutete Ernährung als eine Form des gesellschaftlichen Ausdrucks: „So darf man hoffen, in jedem besonderen Fall zu entdecken, dass die Küche einer Gesellschaft eine Sprache ist, in der sie unbewusst ihre Strukturen zum Ausdruck bringt, es sei denn, sie verschleiere, nicht minder unbewusst, ihre Widersprüche."[4]

Das inhaltliche Programm interkultureller Kulinaristik kann diverse Annäherungsaufgaben formulieren, die zunächst Vergleichskategorien der anderen Kulturen, Konzepte von Fremdheit und Alterität, empirische Studien und Begegnungen mit dem Anderen und dem Fremden erfassen sowie konkrete kulinarische Vorstellungen beinhalten. Zu Recht fragt daher Ulrich Tolksdorf, „ist uns am ‚Eigenen' nicht alles ‚fremd', was am ‚Fremden' nah? Oder konkreter: Was ist mir vertraut an der eigenen regionalen Küche, an der ‚Hausmannskost', an ‚Mutters Küche'? Und auf der anderen Seite: Was ist mir noch wirklich fremd am Chinarestaurant […]? Hier erscheint das ‚Fremde' längst vereinnahmt als das ‚Neue'."[5]

Im Rahmen des interkulturellen Diskurses könnte man nun konkret danach fragen, was man beispielsweise in Deutschland tatsächlich unter den sogenannten Chinarestaurants versteht (weite Assoziationsräume betreffen hierbei Speisebezeichnungen, Restaurantnamen, Ausstattungen, Reihenfolgen der servierten Gerichte usw.) und inwieweit im Rahmen dieses Diskurses literarische Texte, hier konkret also der Roman *Das Mädchen, der Koch und der Drache*, eine Interpretationsmöglichkeit anbieten, namentlich im Kontext dynamischer Zwischenräume.

Im folgenden Kontext soll betont werden, dass Analysen solcher literarischen Textsorten bewirken können, dass insbesondere literaturdidaktische Lehr-Lern-Settings mit

---

3 Wierlacher 1993, S. 11.
4 Lévi-Strauss 1957, S. 24 (eigene Übersetzung).
5 Tolksdorf 1993, S. 187–192, hier S. 188; vgl. Speckels 1988.

praktisch jeder Literatur[6] derart gestaltet werden können, dass sie in einem didaktischen Prozess interkulturelles Lernen unterstützen. Eine zentrale literaturdidaktische Aufgabe besteht daher darin, im Umgang mit literarischen Texten diverse Meinungen, Erfahrungen, Normen, Werte, Überzeugungen sowie sogenannte *Soziofakten* (Verhalten, Handeln und Institutionen)[7] zu rekonstruieren, dekonstruieren oder auch neu zu konstruieren.

3 Bedeutung des Raumes

Der Begriff „Raum" selbst, wie er in der deutschen Sprache gebraucht wird, hat primär eine dominant topographische, territoriale oder geographische Konnotation. Im Grimmschen Wörterbuch wird Raum als „gegebene stätte für eine ausbreitung oder ausdehnung"[8] gefasst und dem Ort entgegengestellt: „gegensatz dazu ort, der auf einem solchen raume erst entsteht"[9]. Damit interferieren im Raumbegriff, wie Stephan Günzel in seinem interdisziplinären Handbuch *Raum* feststellt, zwei sehr unterschiedliche theoretische Positionen: zum einen wird Raum relational bestimmt, nämlich durch eine raumstiftende Bewegung zwischen zwei oder mehreren Orten, zum anderen wird Raum lokal bestimmt, durch seine territoriale, zwei- oder dreidimensionale Bindung.[10] Der Raumbegriff steht also in einem Spannungsverhältnis zum Begriff des Ortes. So definiert Aristoteles in seiner Physik den Ort als „Grenze des umfassenden Körpers", wobei er unter dem von Ort umfassten Körper „das in der Raumbewegung Bewegbare"[11] versteht. Dass es sich bei dem Ort um etwas „Bedeutendes und schwer zu Erfassendes" handelt, macht Aristoteles, der in seiner *Physik* nur den Ort und nicht den Raum behandelt, an den Schwierigkeiten fest, welche die Beschreibung von Ortsveränderungen bereitet. Aus dieser definitorischen Kopplung von Ort, Grenze und Körper ergibt sich für Aristoteles die Frage nach dem Zwischenraum als Bezeichnung für das „inzwischen Liegende als Leeres"[12]. Mit der Bewegung von einem Ort zum anderen wird der Raum als Zwischenraum thematisiert, etwa im Sinne des lateinischen Ausdrucks *spatium*. Jede Ortsveränderung impliziert demnach eine Bewegung im Zwischenraum, d.h. zwischen den Orten: eine Beswegung oder eine Handlung, die insofern raumkonstitutiv ist, als erst die Bewegung zwischen zwei Orten diese Orte zueinander in eine topologische Relation setzt.

---

6 Vgl. vor allem die theoretischen Voraussetzungen bei Lothar Bredella: Grundzüge einer interkulturellen Literaturdidaktik. In: Honnef-Becker, Irmgard (Hg.): Dialoge zwischen den Kulturen. Interkulturelle Literatur und ihre Didaktik. Baltmannsweiler 2007, S. 29–47.

7 Vgl. Roland Posner: Alltagsgesten als Ereignis von Ritualisierung. In: Matthias Tothe, Hartmut Schröder (Hg.): Ritualisierte Tabuverletzung, Lachkultur und das Karnevaleske. Beiträge des Finnisch-Ungarischen Kultursemiotischen Symposiums 9. bis 11. November 2000, Berlin-Frankfurt (Oder). Peter Lang, Berlin-New York 2002, S. 395–421.

8 Grimm/Grimm: Das Deutsche Wörterbuch, Bd. 14, Sp. 276.

9 Ebd.

10 Vgl. Günzel 2010.

11 Ebd., S. 13ff.; vgl. Aristoteles: Physik, Buch IV, 212a.

12 Vgl. Aristoteles: Physik, Buch IV, 212a.

Diese Konstruktion beschreibt Homi K. Bhabha in seiner Untersuchung *The Location of Culture*[13] mit Hilfe der Metapher des „in-between-space"[14]. Dieser „in-between-space" kann sowohl für einen Zwischenraum realer wie irrealer Natur stehen bzw. auch im übertragenen Sinne gelten[15]. Dieser Zwischenraum wird im vorliegenden Kontext nun zu einem Kontaktraum bzw. einer Kontaktfläche, die interkulturelle Begegnungen aller Art überhaupt erst möglich macht. Der Begriff des Zwischenraums kann hierbei in einer zweifachen Semantik verwendet werden: zum einen steht er für einen abstrakten Raum, als Interaktionsraum für unterschiedliche kulturelle Codes und Ideologien, und zum anderen für einen konkreten Raum des Kontakts und der Begegnung sowie der Interaktion. Im Zentrum der Theoriebildung Bhabhas stehen *produktive Zwischenräume für das Miteinander und Ineinander* verschiedener Kulturen, für die Verortung von Kultur(en), für ein Balancieren und eine Bewegung zwischen ihnen. Zwischen dem Eigenkulturellen und dem Fremdkulturellen entsteht daher ein Zwischenraum, in diesem entsteht das Interkulturelle. Die interkulturelle Interaktion kann als Aushandlungsprozess zwischen den Interaktionspartnern verstanden werden, in dem die Individuen neue Standards für den Umgang miteinander aushandeln bzw. im Wiederholungsfalle prüfen und nach Bedarf adaptieren. Unter günstigen Bedingungen kann dieser Prozess als eine wechselseitige Anpassung bezeichnet werden, in der das interaktive Verhalten sowohl vom Eigenen als auch vom Fremden bestimmt wird. Um kulturelle Überschneidungssituationen positiv zu gestalten und eine Ausgeglichenheit zwischen Fremdem und Eigenem herzustellen und somit einen Austausch zu ermöglichen, ist neben der Absicht bzw. Bereitschaft an sich auch interkulturelle Handlungskompetenz erforderlich. In methodischer Anlehnung an Pierre Bourdieu soll das literarische Feld um den Aspekt von Interkulturalität als einem „Zwischenraum" vielschichtiger, komplexer Konfigurationen, die auf Vermittlung angewiesen sind, als Schnittpunkt kultureller Verflechtungen, als Spiel- und Aushandlungsraum sozialer Interaktionen erweitert werden[16]. Interkulturalität soll dabei nicht aus einer binären Perspektive des Eigenen und des Fremden bzw. von Identität und Alterität als identitätsstiftende Kategorien wahrgenommen, sondern vielmehr als eine räumliche Konstellation gelesen und auf ihre Tauglichkeit als „dritter Raum" untersucht werden.

Die Reflexion über die Kategorien „Raum" und „Ort" im interkulturellen Diskurs findet eine wesentliche Unterstützung und Konkretisierung eben in Didaktisierungsversuchen interkultureller Texte, in denen der entstandene „Zwischenraum" nicht selten ein Merkmal der verlorenen/wiedergewonnenen biographischen Verortung ist. In einer

---

13 Bhabha 2000.
14 Bhabha 2004.
15 Bhabha 1997, S. 147.
16 Pierre Bourdieu hat mit seinem Werk *Die feinen Unterschiede* (1982) eine Theorie des sozialen Raumes entwickelt, wie sich die soziale Position jedes Individuums im sozialen Raum der Gesellschaft erklären lässt. Der soziale Raum ist nach Bourdieu eine abstrakte Darstellung, die den Akteuren einen Überblick über die soziale Welt liefert und dabei einen objektiven Charakter besitzt. Die klassifizierten Objekte im sozialen Raum produzieren objektiv klassifizierte Praxisformen, in dem sie sich in ihrem Verhalten an ihrer Umwelt orientiere. Vgl. Bourdieu 1982, S. 27.

solchen Perspektive gewinnen die genannten Kategorien und ihre literarischen Konkretisierungen an Bedeutung – und sind zur Legitimation von interkultureller Literatur im Unterricht nutzbar. Ein kennzeichnender Topos von interkultureller Literatur wie von didaktischen Arrangements hierzu ist die Verständigung über einen besonderen Ort, der zwar auf keiner Landkarte verzeichnet ist, der aber zentrales Element jeder biografischen Topografie ist: der Ort der Heimat.[17]

4 Chinarestaurants im literarischen Text

Von diesen theoretischen Versatzstücken ausgehend stellt sich die Frage, wie aus einer raumtheoretischen Perspektive verschiedene topographische und (inter)kulturelle Elemente des Raums sich im Prozess ihrer Transformation in einem literarischen Text darstellen. Im Roman von Luo Lingyuan[18] werden Elemente der chinesischen und der deutschen Kultur zunächst und wenig überraschend über die kulturellen Identitäten der chinesischen und deutschen Figuren im Text thematisiert bzw. gesetzt, die sich wiederum in verschiedenen Konfigurationen in einem zentralen Raum bewegen, nämlich in einem Chinarestaurant in Berlin.

Nicht fiktive, sondern echte deutsche Chinarestaurants entsprechen dem, was Roland Robertson als einen „globalen Ort mit lokalspezifischer Einbettung"[19] bezeichnet hat, und verdeutlichen die komplexe Individualisierung eines Kulturimports über die Fläche des Landes, in diesem Falle also in Deutschland. Sie sind Beispiel für eine im transnationalen Raum entstandene Kreolkultur, die dort entsteht, wo Kulturen aufeinandertreffen und Inhalte wie Formen an die lokalen Erwartungen, Gegebenheiten bzw. Notwendigkeiten angepasst werden. Das Restaurant bildet einen Referenzpunkt, bei dem im Rahmen der Kreation von Kultur von ethnisch heterogenen Individuen im urbanen diasporischen Raum eine als homogen imaginierte Repräsentanz gebildet wird, um sich von „den anderen" abzugrenzen und zu positionieren. Es ist ein von Gastronomen und Gästen gemeinsam imaginierter Ort des Fremden, der Exotik und der Ferne, die zugleich das Angebot an Interaktion macht, einen Appeal also an zukünftige Restaurantbesucher aussendet. Die Erfindung der sinodeutschen Esskultur und deren darauffolgende Standardisierung war ein aktiver Prozess, der die deutschen Vorstellungen von chinesischem Essen prägte und sich durch Nutzung folkloristischer Inszenierung im Lokal manifestierte. Durch die Einführung der sinodeutschen Küche, einer im Geschmack, Konsistenz und Ablauf deutschen Mahlzeiten angepassten Esskultur, konstruierten die Gastronomen einen eindeutig zu identifizierenden Referenzpunkt, welcher dazu diente, sich von „den anderen" abzugrenzen.

Das fiktive Berliner Chinarestaurant namens *Strahlende Perle* bildet den Handlungsraum des Romans von Luo Lingyuan, in dem das Aufeinandertreffen chinesischer und deutscher Wertesysteme sowie Denk- und Handlungsnormen in verschiedenen Ent-

---

17 Dieter Wrobel: Interkulturelle Literatur und Literaturdidaktik. Kanonbildung und Kanonerweiterung als Problem und Prozess. In: Germanistische Mitteilungen, Heft 68, 2008, hrsg. vom Belgischen Germanisten- und Deutschlehrerverband (BGDV), S. 23–35, hier S. 26.
18 Lingyuan 2013. Alle weiteren Zitate entstammen dieser Ausgabe.
19 Robertson 1998, S. 192–220.

wicklungsphasen eines Restaurants inszeniert werden, welches dem patriarchalisch und traditionsgeprägten chinesischen Besitzer Guan Baohan gehört. Seine Tochter Mendy, die zwar in China aufgewachsen ist, in Berlin aber ihr Studium der Betriebswirtschaftslehre abgeschlossen hat, versucht während eines langen Geschäftsaufenthalts ihres Vaters in Shanghai das Restaurant mit einem modernen, innovativen und deutsch geprägten Führungsstil zu reformieren. Damit ist ebenfalls angedeutet, dass das Restaurant zu einem Erfahrungs- und Reibungsraum zwischen einer traditionellen und modernen Positionierung wird, wobei die zeitliche Dimension eines Raumes bzw. Ortes zur räumlichen Ausdehnung hinzutritt.

Für eine topographische Annäherung, gewissermaßen das *Mise-en-scène*, reichen einige wenige Angaben: Die zweistöckige *Strahlende Perle* verfügt über viele kleinere Räumlichkeiten. Im Vorderhaus liegen der betagte Gästeraum und die Küche des Restaurants, im Hinterhaus befindet sich die meist abgeschlossene und luxuriöse Wohnung des Vaters sowie im ersten Stock noch eine weitere Wohnung, die er mit seiner zweiten Frau Yeye sowie ihrem Sohn teilt. Außerdem verbirgt sich ein nur einen Meter hoher, dunkler und stickiger Hohlraum in der Decke über dem Büro zwischen dem Erdgeschoss und dem ersten Stock, der als Unterkunft für den Schwarzarbeiter Tubai benutzt wird. Die Raumverteilung des Restaurants, in der die gegensätzlichen syntagmatischen Relationen zwischen antithetischen Raumelementen im Vordergrund stehen, entspricht Foucaults Heterotopien[20], wobei vor allem zwei Räumlichkeiten Aufmerksamkeit verdienen. Während der Gästeraum als offener Raum oft lebendig und kulturell vielfältig ist und sich in ihm verschiedene Sprachen, Verhaltens- und Lebensformen sowie Wertvorstellungen der Gäste, der Mitarbeiter und der Familienmitglieder begegnen, erscheinen das genannte „Sonnenzimmer" des Besitzers Guans und Tubais Hohlraum, seine „zweite Heimat", als geschlossene, private Intimräume chinesischer Prägung. Außerdem stehen die letzten beiden Räume in starkem Kontrast zueinander. Das Sonnenzimmer des autoritären Patriarchen ist in einem prunkvollen Stil dekoriert. Die Farbe der Ausstattung, „rotgolden", sowie die Gegenstände im Vitrinenschrank verweisen auf Reichtum sowie die Verwendung traditionell chinesischer Elemente im Lebensstil des Besitzers. Der Vater unternimmt den Versuch, den Raum jenseits der deutschen Gesetze sowie der deutscheuropäischen liberalen Soziokultur, wie etwa durch die Anstellung und Ausbeutung von Tubai und die Ablehnung aller nichtchinesischen Elemente, im Sinne einer traditionellen chinesischen Familienordnung, vollständig unter seine Herrschaft zu bringen. „Die Wohnung im Hinterhaus nennt er sein ‚Sonnenzimmer', sie ist aber stets mit Jalousien und einem schweren rot-goldenen Vorhang verdunkelt. Das hintere Zimmer ist meist abgeschlossen. Im vorderen stehen vier rot-goldene Sessel um einen schwarzen Tisch mit Mahjonggsteinen. In einem Vitrinenschrank stehen geschliffene Gläser und feiner Branntwein, in den Schubladen warten Würfel und Spielkarten."[21]

---

20 Foucault 1992, S. 42; vgl. auch Foucault 2005.
21 Lingyuan 2013, S. 39.

Sein Sonnenzimmer, welches nur mit dem vereinbarten Klopfzeichen „dreimal kurz, einmal lang"[22] betreten werden darf, korrespondiert mit Foucaults Aussage über den Zugangsmechanismus einer Heterotopie. Vom Vater als fremder Eindringling eingestuft und ausgegrenzt hat auch der deutsche Protagonist Oswald, der Mendy verehrt und sie oft im Restaurant besucht, keinen Zugang zum Sonnenzimmer.

Im Kontrast zum Sonnenzimmer seines Chefs, lebt Tubai in dem versteckten Hohlraum, in dem er „nicht einmal aufrecht sitzen"[23] kann. Er unterliegt extremen Bewegungseinschränkungen und darf das Restaurant nicht verlassen, um sich dadurch nicht dem Risiko auszusetzen, von der Polizei aufgegriffen zu werden. In der Heterotopie muss er als ein moderner Sklave in leiblicher Abhängigkeit von seinem Herrn Tag und Nacht für einen Hungerlohn schuften. Dies ist auch der Grund, warum der geizige Boss Guan ihn trotz seines illegalen Aufenthaltsstatus im Restaurant behält. Darüber hinaus ist Tubai in der Küche noch der sprachlichen und körperlichen Gewalt des Chefkochs Lin ausgeliefert. Dieser betrachtet die Untertänigkeit und den Gehorsam seines Gehilfen im Sinne einer alten chinesischen Zunft- und Arbeitshierarchie als ordnungsgemäß und angemessen, belegt ihn oft mit chinesischen Schimpfwörtern und erniedrigt ihn zudem regelmäßig mit körperlichen Schlägen. Als Kompensation für das menschenunwürdige Leben sowie für den Verlust der Heimat als illegaler Einwanderer übt sich Tubai nachts im Gästeraum in der „Wasser-Stein-Kampfkunst": „Dann beginnt er mit seinen Übungen. Mal bewegt er sich wie ein Fisch im Wasser, mal wie ein Leopard auf der Jagd. Die Wasser-Stein-Kampfkunst, die er aus China mitgebracht hat, ist seine zweite Heimat."[24]

In dem imaginären Raum der „zweiten Heimat" findet Tubai durch den Anschluss an die chinesische Kampfkunst nicht nur einen Ersatz für seine verlorene geographische Heimat, sondern erlangt auch seine körperliche und geistige Freiheit wieder, auch wenn nur für eine kurze Zeit.

Der Gästeraum des Restaurants dagegen steht allen Gästen offen, und die Küche passt sich den Geschmäckern und Vorlieben der einheimischen Gäste an. Ein Beispiel dafür ist, dass man „Seegurke und Hühnerblut" aus der traditionellen sauerscharfen Suppe entfernt und daraus den Gästen zuliebe eine eingedeutschte süßsaure „Peking-Suppe"[25] entwickelt. Die Grenze zwischen Innen und Außen wird bei alledem streng gezogen und eingehalten. Boss Guan schirmt den Raum von den Einflüssen des multikulturellen Berlins ab, um seinen patriarchalischen und unangefochtenen Status eines Oberhaupts zu behaupten. Er duldet keine Herausforderer in der Familie oder fremde Eindringlinge im Restaurant. Anders als der von der deutschen Gesellschaft abgeschirmte Tubai, der aus sprachlichen und rechtlichen Gründen kaum bzw. gar keinen Zugang zur deutschen Kultur hat und daher an seiner eigenen chinesischen Identität festhält, ist die Selbstisolation des Vaters ein Ergebnis seiner mangelnden Bereitschaft zu interkultureller Kommunikation, das Resultat seiner Machtgier sowie seines moralischen Fehlverhaltens. Das

---

22 Ebd., S. 49.
23 Ebd., S. 26.
24 Ebd., S. 23.
25 Ebd., S. 14, 22.

Chinarestaurant ist eine Kulturenklave, in der ein Festhalten an Sprache und Kultur des Herkunftslandes und an einer traditionellen chinesischen Identität verhältnismäßig einfach erscheint. Die Zeit in der ersten Entwicklungsphase nach Eröffnung des Restaurants scheint im Stillstand in einem eigenständigen geschlossenen Zyklus zu verlaufen und weist gar eine rückwärtige Gesinnung auf ein feudales und hierarchisches China auf, ohne einen Anschluss an progressive bzw. überhaupt nur an Entwicklungen in einer liberalen deutschen Gesellschaft.

5   Das Chinarestaurant als ein interkultureller Raum

Als der Vater eine Dienstreise in Shanghai antritt, übernimmt Mendy vorübergehend die Leitung des Restaurants. Daraus folgt ein signifikanter Schnitt in der Raumtransformation als Resultat ihrer Integration in die deutsche Gesellschaft. Zwischen den Kulturen positioniert, ermöglicht ihre transkulturelle Identität im Sinne Wolfgang Welschs[26] ihr das Bestreben, interaktiv wie auch selbstreflexiv individuelle Kompromisse zwischen den Kulturen auszuhandeln, wie es ihrem Vater zuvor unmöglich gewesen wäre. Sie weiß sich bei der Umgestaltung des Restaurants und bei der Konfliktbewältigung situationsabhängig gleichermaßen an den chinesischen und den deutschen Kulturnormen zu orientieren. Im Studium hat sie gelernt, dass ein gutes Betriebsklima entscheidend für den Erfolg ist. Um die Mitarbeiter anzuspornen und ihren Innovationsgeist anzuregen, erhöht sie Tubais bisherigen Hungerlohn und verzeiht Lin seine Diebstähle aus der Küche – unter der ebenso selbstbewussten wie gewagten Bedingung, dass die beiden Köche das Glutamat als Geschmacksverstärker aus den Zutatenlisten entfernen, eine neue Speisekarte erstellen und zugleich ein paar neue authentische chinesische Nudelgerichte kreieren sollen, welche zum Ziel haben, den unter Chinarestaurants in Deutschland verbreiteten ungesunden und eingedeutschten Kocharten entgegenzuwirken. Diese nun erneut authentische chinesische Küche, welche eine chinesische Identität bezüglich der Esskultur zum Ausdruck bringt, wird von den multiethnischen Gästen positiv aufgenommen.

Zusätzlich bemüht sich Mendy als eine Kulturvermittlerin, das Restaurant nach außen zu öffnen und zu einer kulturell vielfältigen Kontaktzone auszugestalten: „In Berlin leben viele Nationen. Mendy will ein Stück dieser Vielfalt in die *Strahlende Perle* zaubern."[27] Um das fünfzehnjährige Bestehen des Restaurants zu feiern, veranstaltet sie ein Konzert mit Oswalds Band, in der sie selbst sogar als Sängerin auftritt. Mit Hilfe von zahlreichen Werbestrategien wie einem Aushang im Fenster der *Strahlenden Perle* sowie einem Bericht in der *Berliner Zeitung* über Oswalds Musik, wird das Jubiläum des Restaurants bekannt gemacht. Bei dem Konzert treffen sich Menschen mit verschiedenen kulturellen und sozialen Hintergründen: „Schon am Nachmittag kommen Freunde, Bekannte, Nachbarn, Stammgäste, Fans und Neugierige [...] und plaudern miteinander. Die Stimmung ist prächtig."[28] Die gleichzeitige Präsenz der deutschen Musiker,

---

26 Welsch 2021, S. 291–306.
27 Lingyuan 2013, S. 309.
28 Ebd., S. 136.

der chinesischen Delikatessen im Festmenü wie „Reisknödel", „sauer eingelegte Bohnen" und „weiß gekochtes Huhn" sowie der „roten Lampions und Plakate mit goldenen chinesischen Schriftzeichen"[29] als Schmuck im Restaurant zeugen von der Vermischung und Verschränkung verschiedener Kulturelemente. Der versiebenfachte Umsatz des Restaurants am Konzertabend ist ein deutliches Indiz dafür, dass diese interkulturelle Ausrichtung der neuen *Strahlenden Perle* auch eine breite Zustimmung findet. Die Zeit in diesem angestammten interkulturellen und dynamischen Raum stagniert nicht länger, sondern bricht aus dem vorangegangenen statischen und geschlossenen Zyklus aus und orientiert sich am Zeitgeist der modernen vielfältigen Berliner Umwelt. Der Raum, in dem Austausch nun möglich stattfinden kann, scheint sich vielfältig anzureichern, auszuweiten und zu dynamisieren.

Beim Personal und der kulturellen Gestaltung verwandelt Mendy die *Strahlende Perle* in einen innovativen, solidarischen und interkulturellen Raum. Mendys Umgestaltung des Restaurants erfolgt auf kombinatorische Weise nach einem liberalen, humanitären und gerechteren deutsch-europäischem Modell und zugleich nach einer chinesischen Vorstellung von Harmonie. Wenn sie in der *Strahlenden Perle* ist, versucht sie stets, eine angenehme Atmosphäre im Lokal herzustellen, und auch in der Küche wird nun sogar gelacht. Dementsprechend versucht Mendy zuerst die hierarchische Herrschaftsstruktur im Restaurant abzuschaffen, die vom alten Boss Guan und teilweise auch vom Küchenchef Lin etabliert worden ist. Sie wirft dem Chefkoch Lin vor, den Zweitkoch Tubai zu verachten und zu schikanieren. Sie ermutigt die Mitarbeiter, freundlich miteinander und natürlich auch mit den Gästen umzugehen, um dadurch eine gute und harmonische Stimmung im Lokal zu erzeugen. Das neue Restaurant soll in Mendys Wunschvorstellung das binäre und zirkuläre Herr-Diener-Verhältnis durchbrechen und jedem Individuum Gleichberechtigung, Menschenwürde, Solidarität und Eigenverantwortlichkeit einräumen, damit die Produktivität, Kreativität und Zugehörigkeit jedes Mitarbeiters erhöht werden und die authentische chinesische Küche und neue kreative Rezepte mehr Kunden anlocken.

Der Konflikt zwischen Mendy und ihrem Vater kann angesichts der Neuerungen nicht ausbleiben, und Letzterer wirft ihr vor, „mit dem Konzert Rowdys und Unruhestifter ins Restaurant gelockt" zu haben[30]. Mendy jedoch will hauptsächlich das Geschäftsmodell und das personale Verwaltungskonzept reformieren, weniger jedoch den autoritären Status des Vaters herausfordern. Sie betrachtet den Vater immer noch als Oberhaupt des Familiengeschäfts. Doch während ihr Vater nur Vertrauen zu Familienmitgliedern hat, betrachtet Mendy im erweiterten Sinne alle Mitarbeiter im Restaurant als konstitutive und unentbehrliche Elemente der Gemeinschaft, von denen das Familiengeschäft abhängt. In ihrem auf Harmoniebildung ausgerichteten Konfliktverhalten, welches dem Einfluss ihrer Erziehung unterliegt, fühlt sie sich auch verpflichtet, kein schlechtes Licht auf Lin im Berliner Beziehungskreis der Chinesen fallen zu lassen, um seine zukünftigen Berufschancen nicht zu beeinträchtigen. Als Oppositionsbildung inszeniert der Roman

---

29 Ebd., S. 127ff. und 140ff.
30 Ebd., S. 141.

dagegen, wie der junge Musiker Oswald sein eigenes Interesse verfolgt, das Jurastudium gegen den Willen seines beruflich und wirtschaftlich erfolgreichen Vaters abbricht und deswegen nur eine lose Verbindung zu seiner eigenen Familie hat. Eine weitere Facette ist überdies Mendys Aussehen, das auch aus der Perspektive Oswalds dargestellt ist:

> Eine junge Chinesin, die in einem roten Kleid steht darauf [auf einem der Tische] und leuchtet über das dunkle Gewirr der Tische und Stühle hinweg. Und was tut sie? Sie singt! […] Sie hat ihre Schuhe ausgezogen, und tanzt zur Musik aus der Stereoanlage. Mit den Pumps in der Hand sieht sie aus wie ein Vogel mit schwingenden Flügeln. Das Kleid bringt ihre schmale Taille zur Geltung, ist aber eigentlich zu schlicht für sie, findet Oswald. Denn sie besitzt eine Stimme, die so kostbar ist, wie die silberglänzende Spree.[31]

Indem der deutsche Protagonist Oswald einen grenzüberschreitenden Beobachterstandpunkt einnimmt, als Mendys einstiger Freund in die Familiengeschichte rund um das Restaurant involviert ist und ihr Denken und Handeln kommentiert, werden die interkulturellen Elemente in der deutsch-chinesischen Interaktion im Roman deutlich hervorgehoben. Diese Aushandlung zeigt sich ebenfalls in der Reibung des deutschen Teils der Identität Mendys mit den traditionellen chinesischen Wertvorstellungen ihres Vaters und des Chefkochs Lin.

Dies leitet über zu der Frage, welche Weltanschauung, Denk- und Handlungsweise sowie Gesellschaftsordnung die in China geborene Migrationsschriftstellerin Luo Lingyuan ihrer intendierten deutschsprachigen Leserschaft als chinesisch vermittelt. Alles in allem entwirft sie eine düstere oder gar erschreckende chinesische Parallelgesellschaft, welche stark von deutschen Gesellschaftsnormen abweicht. Dieser chinesische Mikrokosmos ist von Macht und Gier sowie List und Taktik durchdrungen und folgt seinen eigenen Funktionsmechanismen. Denn Mendys wahres Konflikt- und Krisenmanagement wird an anderer Stelle benötigt, als nämlich nach einem Brand im Restaurant ihr Vater vorübergehend verhaftet wird, wobei sich sein Gesundheitszustand rasch verschlechtert.

Das Restaurant, das seine innere Kontur, also seinen Raum, nach dem Brand fast vollständig verloren hat, wird in dieser Phase zu einem umkämpften und Kompromisse erzwingenden Sehnsuchtsraum, in dem auch die chinesische Familienethik zur Debatte steht. Die Ursache des Brandes erahnt Mendy aufgrund von Benzingeruch und einem übrig gebliebenen sauberen Tuch mit dem Abdruck eines Turnschuhs in der Wäschekammer. Sie hegt den Verdacht, dass entweder der Chefkoch Lin oder die Triade des Goldenen Drachen, also das organisierte chinesische Verbrechen, den Brand gelegt haben. Um den Hohlraum und Tubais illegalen Status zu verbergen, verschweigt sie aber ihre Entdeckung und verhindert damit, dass Tubai polizeilich verhört wird.

Im weiteren Verlauf der Handlung steht die Rettung des verhafteten Vaters sowie des Restaurants durch die Familienmitglieder. Das stößt durchaus nicht auf Verständnis oder gar Gegenliebe. Die kritische Haltung ihres Vaters zum Restaurantbrand drückt sich in seinen folgenden von Yeye übermittelten Schimpfwörtern aus: „Seine Tochter sei eine

---

31 Ebd., S. 13.

Versagerin. Das Konzert sei ein Fluch und eine Teufelsfeier gewesen. Sie habe den Feinden die Tür zur *Strahlenden Perle* geöffnet und schlechtes Feng-Shui hereingelassen."[32] Diese diffamierenden Äußerungen, welche mit der traditionellen chinesischen Harmonie- und Balancelehre Feng-Shui begründet werden, negieren Mendys bisherige Mühe, den Raum offener und interkultureller zu gestalten, und rechtfertigen ungewollt seine alte verschlossene und monokulturelle Raumordnung, welche die Sicherheit des engen Familienkreises gegen die schädlichen Einflüsse der feindlichen Außenwelt abschirmen soll. Mendys europäisches Geschäftskonzept und ihre transkulturelle Identität werden vom Boss Guan als unerwünscht betrachtet und als ungeeignet für seine Vorstellung einer chinesischen Geschäftsökologie denunziert. Er wird selbst bezüglich der Geschäftskooperation mit der Organisation des Goldenen Drachen wegen Schmuggels und Produktpiraterie von Kleidung mit gefälschten Etiketten aufgrund einer anonymen Anzeige festgenommen.

Während der Drache in China als Symbol der kaiserlichen Macht sowie als Regen- und Glücksbringer angesehen wird, verkörpert er in den mythologischen Vorstellungen vieler westlicher Kulturen Anfangs- und Urmächte, die den Menschen und sein geordnetes Leben bedrohen[33]. Als ein gott- und menschenfeindliches, feuerspeiendes Ungeheuer hält der Drache das lebensspendende Wasser zurück und symbolisiert Bosheit, Gewalt und Chaos. Angepasst an kulturelle Erinnerungen deutschsprachiger Leser, ist der Goldene Drache im Roman als Leiter der chinesischen Triade in Berlin ebenfalls eine heimtückische und lüsterne Figur mit unbestreitbarem Prestige und Macht, deren Reichtum durch das Adjektiv „golden" zwar positiv, durch seine Darstellung als „Drache" jedoch zugleich negativ konnotiert ist.

Der Roman endet mit der Neueröffnung des renovierten Restaurants, dessen Überleben durch das frisch verheiratete Ehepaar hart erkämpft wurde. Durch Verhandlungen mit ihrem Vater darf Mendy für eine einjährige Probezeit Geschäftsführerin bleiben, heiratet Tubai und befördert diesen anschließend zum Chefkoch. Mit dem Brand kehrt die Zeit im vernichteten Restaurant zu ihrem Ausgangspunkt zurück. Die Umstände, dass der Vater seiner Tochter die Führung übergibt, Mendy pluralistische, kreativere und offenere Ideen verfolgt und Tubai durch seinen neuen rechtlichen Status sich nun frei in Berlin bewegen darf, deuten darauf hin, dass die *Strahlende Perle* sich weiter verändern und öffnen wird. In dem neuen und vollends gesetzeskonformen Restaurant sind seine zukunftsweisenden und zukunftsversprechenden zeitlichen Merkmale zu erahnen.

6 Interkulturelle Dynamik. Raumpraktiken und räumlich imaginierte Lokalität von Luo Lingyuan

Der Migrationsroman erzählt in abwechselnd heiterer und bedrückender Grundstimmung das Auf und Ab einer chinesischen Familie rund um ein Chinarestaurant in seinem unaufhörlichen Transformationsprozess. Abschließend lässt sich feststellen, dass Luo Lingyuan die Situation einer chinesischen Migrantenfamilie in Deutschland insze-

---

32 Ebd., S. 193.
33 Vgl. auch Butzer/Jacob 2012, S. 77ff.

niert und zugleich eine für die intendierte deutschsprachige Leserschaft als unrechtmäßige und bedrohlich wahrzunehmende chinesische Parallelgesellschaft konstruiert, die sich in der Randzone des deutschen Gesetzes bewegt und erst am Ende des Romans den einheimischen Gesetzesrahmen einhält. Die Krise des Chinarestaurants resultiert aus den ethnisch-moralischen Konflikten einer älteren Migrantengeneration. Als *Strahlende Perle* wird im Roman nicht nur das Restaurant bezeichnet, sondern auch Mendy, und zwar übereinstimmend von Tubai und Oswald. Während die erste Migrantengeneration an der eigenen chinesischen Identität festhält, entwickelt die junge Protagonistin als Vertreterin der zweiten Generation eine zunehmend transkulturelle Identität. Damit ist sie einerseits in Deutschland gut integriert und weiß andererseits in Konflikt- und Krisensituationen voller Sensibilität für ihre Herkunftskultur mit ihren Landsleuten umzugehen, auch wenn dies zu Kompromissen und Selbstaufopferung führt.

In der literarischen Welt Luos scheint eine literarische Figur wie die aufrichtige und interkulturell kompetente Mendy nicht nur Hoffnungsträgerin für die Integration der chinesischen Migrationsfamilie in die deutsche Gesellschaft zu sein, sondern könnte auch das interkulturelle Verständnis der deutschen Leser für China fördern. Dennoch verdeutlicht die vorangegangene Analyse zusätzlich, dass Luos typenbildende bzw. essenzialisierende Darstellung der Figuren bzw. Kulturen im Roman mitunter in vereinfachender und überzeichneter Weise problematische Stereotype erzeugt. In dieser Hinsicht wäre auch weiter zu überlegen, inwiefern sich das Paradigma der Interkulturalität in ihren Werken relativieren und verfeinern ließe, um nicht selbst ein Mittel zur Produktion von Stereotypen zu werden, deren Leitfiguren der Boss Guan, der Boss Hong und der Chefkoch Lin mit ihren Versuchen bilden, am Rande oder gänzlich außerhalb des deutschen Rechtsstaats zu agieren. Diese Abgrenzung lässt sich in kultureller Hinsicht auf die Diskrepanz zwischen patriarchalen, hierarchischen und autoritären traditionellen chinesischen Gesellschaftsnormen und liberalen, demokratischen und humanistischen modernen deutsch-europäischen Werten zurückführen. In seinem Entwicklungsprozess verwandelt sich das Berliner Chinarestaurant von einem geschlossenen, statischen und heterotopischen über einen innovativen, harmonischen und interkulturellen in einen umkämpften, konformistischen und familienorientierten Raum. Schließlich ist der „Dritte Ort" als Ort, in dem Hybridisierungsprozesse zustande kommen, aufzufassen, ein Ort der als Kontaktzone zu verstehen ist, wo dieselben Zeichen „neu belegt, übersetzt, rehistorisiert und gelesen werden können",[34] also als ein symbolischer und nicht länger als ein geografischer Ort.

Das Chinarestaurant erfüllt im Roman die Funktion eines Handlungsscharniers zwischen verschiedenen sozialen Subjekten sowie Schichten und wirkt zugleich als kultureller Überlappungs- und Zwischenraum, in dem sich unterschiedliche Erfahrungen, Denkweisen, Einstellungen und Verhaltensmuster der chinesischen und deutschen Protagonisten begegnen und austauschen[35]. Das multiperspektivische Geflecht im Ro-

---

34 Bhaba 1997, S. 57.
35 Vgl. ergänzend Dieter Wrobel: Interkulturelle Literatur und Literaturdidaktik. Kanonbildung und Kanonerweiterung als Problem und Prozess. In: Germanistische Mitteilungen, Heft 68, 2008, hg.

man, welches durch dauerhaft wechselnde und emotional expressive Figurenreden sowie durch eine neutrale und unparteiische Erzählerrede gekennzeichnet ist, zeigt einen deutlichen Kontrast von chinesischen und deutsch-europäischen Sichtweisen auf. Indem Luo, die sich „als deutsche Schriftstellerin und zugleich als Kulturvermittlerin"[36] versteht, Mendys deutsch-europäisches Geschäftskonzept, ihr chinesisch anmutendes Krisen- und Konfliktmanagement und die eher deutsche Denkweise Oswalds darstellt, bietet der Migrationsroman dem deutschsprachigen Lesepublikum eine typisierende und eventuell sogar stereotypisierende Gegenüberstellung der chinesischen Familien- und Harmonieorientierung sowie flexiblen Situationsgebundenheit auf der einen Seite und dem Individualismus sowie der prinzipientreuen Regel- und Sachorientierung in Deutschland auf der anderen Seite.

7 Schlussüberlegungen

Im Feld der kultur- und literaturwissenschaftlichen postmodernen Debatten ist eine dekonstruktivistische Auseinandersetzung zu verzeichnen, wobei eine Reihe von Bedeutungseinheiten wie Raum, Integration und Identität in einer nicht essentialistischen und damit labilen Bedeutungszuweisung aufscheint. Postmoderne Konzeptionen zum Raum betrachten diesen nicht mehr einfach als gegeben[37], vielmehr wird dieser im jeweiligen hegemonialen Diskurs produziert, hergestellt, benannt und kodiert. Aus den Benennungen, den Kodierungen sind gewohnte Raumpraktiken und die räumlich imaginierte Geographie oder andere Räumlichkeiten und Lokalität zu erschließen. In diesem Verständnis werden Identitäten oder Werte demzufolge als Zirkulation, als Bewegung zwischen Räumen aufgefasst[38]. Am Beispiel des dargestellten Berliner fiktiven Chinarestaurants *Strahlende Perle* lässt sich über die Romanfiguren sagen, dass sie nicht nur Deutschland und nicht nur China erleben, sie brauchen sich nicht für die eine oder andere Heimat zu entscheiden, sie müssen sich nicht national positionieren, sondern können sich stattdessen heimisch sowohl im Hier als auch im Dort fühlen.[39] Mendy wird somit zu einer Art „Nomadin", die sich keinem dualistisch-dichotom konzipierten Raum zuordnen lässt. Die Lebensprozesse in den neuen, gewählten oder unfreiwillig aufgesuchten Ländern führen notgedrungen zu interkulturellen Daseinsformen. Nicht

---

vom Belgischen Germanisten- und Deutschlehrerverband (BGDV), S. 23–35, hier S. 27: „Wenn sich in literarischem Erzählen Orte konstituieren, dann lässt die Rezeption eine Vorstellung, ein Bild rekonstruieren, das neben physischen Ortsmerkmalen auch an diesem Ort lebende Menschen, deren soziale und kulturelle Geschichte wie Gegenwart umfasst. Der Blick auf einen anderen Ort bei der Rezeption literarischer Texte kann somit zum Spiegel werden auf das Eigene, kann im Abgleich ein Re-Flektor sein. [...] Eine solche Kommunikation zwischen dem täglich erlebten Ort (dem realen Ort) und dem als fremd erlesenen Ort (dem fiktiven oder dem symbolischen Ort) ist gerade im Kontext der Interkulturalität eine wesentliche Vermittlungsleistung von Literatur – und damit zugleich ein didaktischer Anker."

36 Shaojie Bai: Interview mit der deutsch-chinesischen Schriftstellerin Luo Lingyuan (Oktober 2016) (http://de.shisu.edu.cn/resources/news/content5258), 20.8.2018.
37 Vgl. Baltes-Löhr 2000, S. 519.
38 Ebd., S. 86.
39 Vgl. zur Anerkennung eines hybriden Subjekts Bhabha 1997, S. 149ff.

die Multikulturalität, d.h. das Nebeneinander der Kulturen, oder die Transkulturalität, also die Übernahme fremder Kulturelemente, führen zu einem Kulturwandel, vielmehr beschreibt die Interkulturalität die grenzüberschreitenden kulturellen Beziehungen zwischen den Kulturen und kann „selbst das Resultat von Überlagerungen, Diffusionen und Konflikten darstellen. Wichtig ist, dass mit der Überwindung des Dualismus von Eigenem und Fremdem Kultur nicht mehr als ein stabiler Ist-Zustand, sondern als Dynamik aufgefasst wird. Das „inter" eröffnet nicht nur neue Wahrnehmungsmöglichkeiten, indem es das Augenmerk auf den Zwischenraum „zwischen" den Kulturen richtet, sondern verweist zugleich auf eine besondere Form von Beziehungen und Interaktionen, die innerhalb einer Kultur zu finden sind.[40] Ein Aspekt, der für das Verständnis des Interkulturalitätsbegriffs nicht unerheblich erscheint, ist schließlich die Tatsache, dass es sich um eine moderne Kategorie handelt, die erst nach der Bildung der Nationen bzw. Nationalstaaten und nach Inkraftsetzung nationalen Denkens zutage tritt. In diesem Licht sind die von der Interkulturalität beschriebenen kulturellen Vermischungen, Grenzüberschreitungen und die Überwindung des nationalen Denkens[41] zu verstehen.

Literatur

Amenda, Lars: Die Küche der „Anderen". Chinesische Gastronomie und Ethnizität in Westeuropa 1950–1980, in: Jahrbuch für Geschichte des ländlichen Raumes 10 (2013).

Aristoteles: Physik, Buch IV, 212a.

Baltes-Löhr, Christel: Migration als Subversion des Raumes, in: Frauen in Kultur und Gesellschaft. Ausgewählte Beiträge der 2. Fachtagung Frauen-/Gender-Forschung in Rheinland-Pfalz, hg. von Renate von Bardeleben u.a., Tübingen 2000.

Baltes-Löhr. Christel: Dekonstruktivistische Analyse der Begriffe Identität - Migration – Raum, in: Perspektiven der Frauenforschung: Ausgewählte Beiträge der 1. Fachtagung Frauen-/Gender-Forschung in Rheinland-Pfalz, hg. von Renate von Bardeleben und Patricia Plummer, Tübingen 1998.

Bhabha, Homi K.: Die Verortung der Kultur. Mit einem Vorwort von Elisabeth Bronfen. Dt. Übers. v. Michael Schiffmann und Jürgen Freudl, Tübingen, 2000, https://www.geisteswissenschaften.fu-berlin.de/v/interart/media/dokumente/oberseminar/bhabha_verortungen_der_kultur.pdf [abgerufen: 29.3.2023].

Bhabha, Homi K.: The Location of Culture. London, New York 2004, auch unter https://ia800507.us.archive.org/28/items/TheLocationOfCultureBHABHA/the%20location%20of%20culture%20BHABHA.pdf [abgerufen: 29.3.2023].

Bhabha, Homi: DissemiNation: Zeit, Narrative und die Ränder der modernen Nation, in: Hybride Kulturen. Beiträge zur angloamerikanischen Multikulturalismus-Debatte, hg. von Elisabeth Bronfen und Benjamin Marius, Tübingen 1997.

Blioumi, Aglaia (Hg.): Migration und Interkulturalität in neueren literarischen Texten, München 2002.

---

40 Blioumi 2002, S. 29.
41 Vgl. Irmgard Honnef-Becker: Empathie und Reflexion: Überlegungen zu einer interkulturellen Literaturdidaktik. In: Honnef-Becker, Irmgard (Hg.): Dialoge zwischen den Kulturen. Interkulturelle Literatur und ihre Didaktik (Diskussionsforum Deutsch, Bd. 24). Baltmannsweiler 2007, S. 201–236, hier S. 216.

Bourdieu, Pierre: Die feinen Unterschiede, Berlin 1982.
Butzner, Günter/Jacob, Joachim: Metzler Lexikon literarischer Symbole, 2. Auflage, Stuttgart, Weimar 2012.
Deutsches Wörterbuch von Jacob Grimm und Wilhelm Grimm, http://dwb.uni-trier.de/de/ [abgerufen: 29.3.2023].
Ehlert, Trude: Ein neuer Forschungsschwerpunkt: Kulturwissenschaft des Essens. Symposium zum Kulturthema Essen in Selb vom 24. – 26. Mai 1989, in: Jahrbuch Deutsch als Fremdsprache 15 (1989).
Foucault, Michael: Andere Räume, in: Aisthesis. Wahrnehmung heute oder Perspektiven einer anderen Ästhetik, hg. von Karlheinz Barck u. a., Leipzig 1992.
Foucault, Michael: Die Heterotopien/Der utopische Körper. Zwei Radiovorträge (1966), Frankfurt am Main 2005.
Günzel, Stephan: Raum. Ein interdisziplinäres Handbuch. Unter Mitarbeit von Franziska Kümmerling, Stuttgart 2010.
Hernig, Marcus: China und die interkulturelle Germanistik. Kulturvergleich, Interkulturalität und Interdisziplinarität im Rahmen der chinesischen „Wissenschaft vom Deutschen". Einzelfallstudien zur Situation und Entwicklung der chinesischen Germanistik, München 2000.
Honnef-Becker, Irmgard (Hg.): Dialoge zwischen den Kulturen. Interkulturelle Literatur und ihre Didaktik (Diskussionsforum Deutsch, Bd. 24). Baltmannsweiler 2007.
Immacolata, Amodeo: Die Heimat heißt Babylon. Zur Literatur ausländischer Autoren in der Bundesrepublik Deutschland, Opladen 1996.
Kochseder, Andreas: Das China-Bild in Luo Lingyuans Roman *Die chinesische Delegation* Zur Funktion nationaler Stereotypen bei der literarischen Inszenierung interkultureller Begegnung, Masterarbeit der Beijing Foreign Studies University, Beijing 2017.
Lévi-Strauss, Claude: The culinary triangle, in: Food and Culture, hg. von Caroline Counihan und Penny van Esterik. London 1957.
Lingyuan, Luo: Das Mädchen, der Koch und der Drache, Berlin 2013.
Mecklenburg, Norbert: Interkulturelle Literaturwissenschaft, in: Handbuch Interkulturelle Germanistik, hg. von Alois Wierlacher und Andrea Bogner, Stuttgart, Weimar 2005.
Möhring, Maren: Fremdes Essen: Die Geschichte der ausländischen Gastronomie in der Bundesrepublik Deutschland, München 2012.
Robertson, Robert: Glokalisierung: Homogenität und Heterogenität in Raum und Zeit, in: Perspektiven der Weltgesellschaft, hg. von Ulrich Beck, Frankfurt am Main 1998.
Rösch, Heidi: Migrationsliteratur im interkulturellen Kontext: Frankfurt am Main 1992.
Rösch, Heidi: Interkulturelle Literatur lesen – Literatur interkulturell lesen. In: Fäcke, Christiane/Wangerin, Wolfgang (Hg.): Neue Wege zu und mit literarischen Texten. Literaturdidaktische Positionen in der Diskussion. Baltmannsweiler 2007.
Speckels, Gabriele: Naturkost: Geschmack am Fremden, in: Kulturkontakt – Kulturkonflikt, 2 Bde., hg. von Ina-Maria Greverus, Konrad Köstlin und Heinz Schilling, Frankfurt am Main 1988.
Tolksdorf, Ulrich: Das Eigene und das Fremde. Küchen und Kulturen im Kontakt, in: Kulturthema Essen. Ansichten und Problemfelder, hg. von Alois Wierlacher, Berlin 1993.
Warde, Alan: Consumption, Food and Taste, Culinary Antinomies and Commodity Culture, London 1997.
Weigel, Sigrid: Zum ‚topographical turn'. Raumkonzepte in den Cultural Studies und den Kulturwissenschaften. In: dies.: Literatur als Voraussetzung für Kulturgeschichte. Schauplätze von Shakespeare bis Benjamin. München 2004.

Welsch, Wolfgang: Transkulturalität. Lebensformen nach der Auflösung der Kulturen, in: Transkulturelle Hermeneutik II. Beiträge auf Einladung der Abteilung für deutsche Sprache und Literatur an der Hebräischen Universität in Jerusalem, hg. von Michael Fisch und Amir Engel, Berlin 2021.

Wierlacher, Alois/Neumann Gerhard/Teuteberg, Hans-Jürgen (Hg.): Kulturthema Essen. Ansichten und Problemfelder, Berlin 1993.

Wierlacher, Alois: Kultur und Geschmack. In: Handbuch interkulturelle Germanistik, hg. von Alois Wierlacher und Andrea Bogner, Stuttgart 2003.

Wolf, Michaela: Triest als „Dritter Ort" der Kulturen, in: Verrückte Kulturen. Zur Dynamik kultureller Transfers, hg. von Federico Celestini und Helga Mitterbauer, Tübingen 2003.

Wrobel Dieter: Interkulturelle Literatur und Literaturdidaktik. Kanonbildung und Kanonerweiterung als Problem und Prozess. In: Germanistische Mitteilungen, Heft 68, 2008, hrsg. vom Belgischen Germanisten- und Deutschlehrerverband (BGDV).

Zhuang, Wei: Zur Transformation des Chinarestaurants in Luo Lingyuans Migrationsroman *Das Mädchen, der Koch und der Drache*: Eine interkulturelle Perspektive, in: Jahrbuch für Internationale Germanistik 51 (1), 2019.

Interkulturelle Begegnungen in den Erzähltexten der Deutschschweizer Autorinnen

Adam Sobek

„Wir emigrieren keinen Meter weiter."[1]

1 Einführung

Zugehörigkeit ist nicht ohne Erinnerungen und Gedächtnis denkbar. Durch den Akt des Erinnerns wird das Selbstverständnis sowohl bei Individuen, als auch bei sozialen Gruppen definiert. Dadurch wird auch die begehrte Zugehörigkeit ihrer Mitglieder bestimmt. Über das autobiografische Gedächtnis wird oft bei vielen Schreibenden mit Migrationshintergrund eine nähere Verbindung zwischen Individuum und Gesellschaft hergestellt. In den 1980er Jahren erhielten Autorinnen und Autoren mit Migrationshintergrund immer mehr Aufmerksamkeit, womit eine neue Tendenz in der deutschsprachigen Literaturgeschichte wahrnehmbar wurde[2]. Neue Veröffentlichungen von Schreibenden nicht schweizerischer Herkunft thematisierten interkulturelle Spannungen sowie ein gewisses Aufheben zwischen zwei Welten, die auf autobiografischem Erinnern beruhen. In den neuen Prosawerken bemerkte Elsbeth Pulver ein neues Kapitel der (Schweizer) Literaturgeschichte. Die interkulturelle Signatur zeigte sich auch in Namen der Schreibenden, deren Namen „auf Doppelbürgerschaft, auf ein Leben zwischen Kulturen" hinwiesen und wurde bald als die „fünfte Literatur der Schweiz"[3] bezeichnet. In diesem Kontext ist Dante Andrea Franzetti und sein Erstlingswerk *Der Großvater* (1985) und sowie sein zweites Buch *Cosimo und Hamlet* (1987) zu nennen. Auch Francesco Micielis Roman *Ich weiß nur, daß mein Vater große Hände hat* (1986) verleitete die Schweizer Literaturkritikerin dazu, „die Wiedergewinnung der italienischen Herkunftsgeschichte"[4] in den Publikationen zu deuten. Viele andere anerkannte Autorinnen und Autoren aus der deutschsprachigen Schweiz stellten unter Beweis, dass sie interkulturell schufen, ihre Zugehörigkeit zum Herkunftsland ihrer Eltern entweder bestritten oder sie neu zu definieren versuchten. Neben den schon erwähnten Autoren sind noch Catalin D. Florescu aus Rumänien, Zsuzsanna Gahse aus Ungarn, Perikles Monioudis aus Griechenland, Ilma Rakusa aus der Slowakei, Franco Supino aus Italien,

---

1   Brežná 2018, S. 19.
2   Vgl. Rothenbühler/ Spoerri/ Kamm 2018, S. 388.
3   Laudenberg 2007, S. 223. "At the Frankfurt Book Fair, where Switzerland was the Guest of Honour in 1998, the literature of immigrants was presented as the fifth Swiss literature in addition to Swiss literature in German, French, Italian and Rhaeto-Romanic"
4   Jäger-Trees/ Thüring 2019, S. 30.

Christina Viragh aus Ungarn, Irena Brežná aus der ehemaligen Tschechoslowakei und viele andere aus verschiedenen Ländern zu nennen.
Infolge der massenhaften Zuwanderung italienischer Fremdarbeiter in die Schweiz seit den 1950er Jahren bilden italo-schweizer Autorinnen und Autoren eine bedeutende Gruppe unter den Schreibenden interkultureller Literatur. Franco Supino gehört zu den Schriftstellern, die das sogenannte Sonderkapitel der Literaturgeschichte der deutschsprachigen Schweiz bilden[5]. Sie gelten nämlich als Autoren der Randgruppe von ‚Secondos' und ‚Secondas'[6]. Mit diesem Begriff werden Töchter und Söhne von Einwanderern beschrieben, die aus verschiedenen Ländern in die Schweiz immigrierten. Die Bezeichnung ‚Secondos' und ‚Secondas' umschreibt nicht nur die Zugehörigkeit zu einem bestimmten Kulturkreis, sondern auch Erfahrungen, die nach Almut Todorow der Migrationsliteratur zugrunde liegen: Sie nehmen teil an Erfahrungen der Wanderung, des Sprachwechsels und Heimatverlusts, der Fremdheit und der Begründung einer Existenz im neuen Sprachraum[7]. Der Sammelbegriff Secondos und Secondas konnotiert demnach die kulturelle Hybridität; die Nachkommen fremder Gastarbeiter sehen sich auch als ‚Wandernde zwischen zwei Welten' an, weil sie sich weder zur Kultur und zum Herkunftsland ihrer Eltern, noch zu sozialen und politischen Einrichtungen der Schweiz zugehörig fühlen. Die Tatsache resultiert aus mangelnder Schweizer Staatsangehörigkeit, zumal die Hälfte von Secondos und Secondas den Schweizer Pass nicht besitzt[8].
In meinem Beitrag versuche ich die Wahrnehmung von Räumen in den Werken *Mehr Meer. Erinnerungspassagen* aus dem Jahr 2009[9] von Ilma Rakusa und *Die undankbare Fremde* (2012)[10] und *Wie ich auf die Welt kam* (2018) von Irena Brežná darzustellen. Die Schweizer Seconda-Autorinnen und Secondo-Autoren widmen sich sehr gern der Raumrekonstruktion in ihren Werken. Deswegen soll gefragt werden, welche Funktion die erzählten Räume erfüllen und ob sie für die Erzählerinnen bzw. Autorinnen identitätsbestimmend waren. In Gegenüberstellungen erinnern sie sich an verlassene Heimat und Orte, die für ihre Kindheit sowie das spätere Leben der „schreibenden Nomadin[nen]"[11] prägend waren. Die behandelten Schauplätze sind interkulturelle Zwischenräume, in denen ethnische, nationale und politische Konflikte erörtert werden. Die literarisch dargestellten Familiengeschichten werden zum Emblem erschütternder Krisen persönlicher und identitätsstiftender Art. Die nähere Betrachtung der Zwischenräume fördert sowohl die Entwicklung als auch die Aneignung der interkulturellen Kompetenz, indem

---

5 Vesna Kondrič Horvat bemerkt zur neuen Etappe der Literaturgeschichte der deutschsprachigen Schweiz Folgendes: „Die jungen Autoren und Autorinnen aus der Schweiz, wobei vor allem die seit 1990 veröffentlichenden gemeint sind, orientieren sich ‚an den Parametern eines veränderten soziologischen, politischen, gesellschaftlichen Lebens' und haben ganz offensichtlich auch ‚andere ästhetische und thematische Präferenzen'. [...] Das ist eine Generation, bei der deutlicher denn je ‚die eigene Biographie und Selbstwerdung' im Zentrum des Interesses stehen." Horvat 2010, S. 281.
6 Mehr zu diesem Thema siehe Rothenbühler 2004.
7 Vgl. Todorow 2004, S. 26.
8 Vgl. Baumgartner/ Zinggeler 2010, S. 3.
9 Rakusa 2009.
10 Brežná 2014.
11 Rakusa 2006, S. 16.

auf die Mehrdimensionalität und Multimedialität der Erzählerinnen hingewiesen wird. Außerdem sind literarische Werke wichtige Instanzen, die Raum-Identifizierungen vornehmen. Sie stellen eine Stimme in der (inter-)kulturellen Vielfalt der Identitätsdiskurse dar. Über Literatur als Medium der Erinnerungskonkurrenz werden diese Diskurse für den kulturhistorisch interessierten Betrachter beobachtbar, nicht weil sie sie abbildet, sondern weil sie sich in einem Antwortverhältnis zu wichtigen zeitgenössischen Fragen befindet[12].

2 Interkulturelle Literatur der deutschen Schweiz

Angesichts der großen krisenbedingten Migrationsbewegungen eignete sich Europa erst in den 1990er Jahren, und zwar sehr allmählich, ein Interkulturalitätsbewusstsein im Anschluss an die *Postcolonial Studies* und die Forschungen von Edward Said und Homi K. Bhabha an. Diese waren zunächst auf die großen kulturellen Unterschiede und Diversitäten ausgerichtet. Hubert Thüring fasst die interkulturelle Literatur der deutschen Schweiz der 1980er und 1990er Jahre, die von zugewanderten oder den Seconda-Autorinnen und Secondo-Autoren geschaffen wurde, als den literarischen ‚Imaginationsraum' auf, der auf der Achse der Auswanderungsland-Schweiz-Erfahrungen gestaltet ist:

> [B]ei Franzetti und Supino, stellt in den frühen Texten die Auseinandersetzung mit der italienischen Herkunftslinie das Movens des Erzählens dar. Italien erscheint nicht als Ort und Bild der Sehnsucht, sondern von Anfang an gebrochen in der Polyperspektivik der familiären Migrationsgeschichte, die bei Franzetti als verdrängte und bei Supino als aufgedrängte die Imagination triggert. [...] Die „italienieschen" Erfahrungen sind unablösbar mit dem Erzähl- und Lebensort der Schweiz verbunden, der seinerseits nicht unmittelbar, sondern in seinem Verhältnis zur italienischen Herkunft erscheint.[13]

Bei Andrea Franzetti ist auf ein wichtiges Anliegen hinzuweisen: Noch bevor die Kategorie der Migrationsliteratur sowie Begriffe wie Hybridität und ‚third space'[14] durch die interkulturellen Literatur- und Kulturwissenschaften richtig definiert und erörtert wurden, veröffentlichte Franzetti 1998 eine seiner bedeutendsten Arbeiten mit dem Titel *Ein Gringo in Oerlikon*. In Form eines Essays beschrieb der 2015 verstorbene Secondo-Autor die grundlegenden Aspekte der Secondas und Secondos mit Schwerpunkt auf den ‚Zwischenraum', die hybrid konzipierte Tiefenstruktur der sozialen und familiären Verhältnisse sowie auf die Erkenntnis ambivalenter Bedeutung von ‚Heimat':

---

12 Vgl. Erll 2005, S. 179.
13 Thüring 2019, S. 288.
14 Homi K. Bhabha präzisiert ‚Third Space' in *The Location of Culture* (1994) wenn die Identität von Secondos und Secondas, also der zweiten Migrantengeneration in der Schweiz zwischen dem Sozialisationskreis der Eltern und dem des Freundes-, Schul- bzw. Arbeitskreis oszilliert. Die Sinne werden durch verschiedene Kulturen und Sprachen maßgeblich beeinflusst und sensibilisiert, was einer kreativen Sprachbeherrschung zugrunde liegt.

> Es ist paradox, weder durch eine Entscheidung noch durch Anpassung jene Eindeutigkeit herbeiführen zu können, die für ein heimatliches Gefühl und für die Anerkennung durch die anderen [...] unabdingbar scheint. Es ist das Paradox, nur in der Fremde [...] zu einer heimatlichen Selbstdefinition – in der Negation – gelangen zu können.[15]

Franzettis Vater stammte aus Italien, die Mutter aus der rätoromanischen Schweiz – eine Familiengeschichte, die den Secondo-Autor in den Raum zwischen zwei Kulturen zwängte. Er kannte Italien und die italienische Kultur aus Ferienaufenthalten bei seinen Großeltern, aus den Medien – Musik, Radio, Filmen, Büchern und aus dem familiären Alltag.

> In den Wechselbeziehungen ist das Nachbarschaftsverhältnis von Ferne und Nähe, Verbundenheit und Getrenntheit, Fremdheit und Vertrautheit der beiden Länder und „Kulturen" in topografischer, politischer und sozialer Hinsicht von besonderer Relevanz, auch wenn diese in den vielen verschiedenen Modulationen, in denen dieses Verhältnis gestaltet wird, jeweils schwierig zu bestimmen ist.[16]

Für das interkulturelle Schreiben ist die besondere Sprachkreativität kennzeichnend, die bei den Secondas und Secondos fast zu ihrer persönlichen Signatur wird. David Howes[17] untersucht verschiedene Sinnesperzeptionen in kultursoziologischer Hinsicht. Von besonderem Interesse ist der Hörsinn bei den Schreibenden, die die Migrationserfahrungen auf eine passive Weise von ihren Eltern oder den Verwandten während der Ferienaufenthalte vielerorts wahrnehmen:

> Die Secondas und Secondos (die zweite Ausländergeneration) hören die Stimmen der fremdsprachigen Eltern, Verwandten und Großeltern, besonders auch bei Besuchen im Land der Vorfahren als fremde Stimmen innerhalb ihres schweizerischen Sozialisationskreises. Diese Konstellation erzeugt oft eine besondere Sprachkreativität im Individuum, die eine große Anzahl von Secondos und Secondas geradezu zum Schreiben, zum transkulturellen Schreiben, zwingt.[18]

Es lässt sich nicht bestreiten, dass das Leben im Zwischenraum, also in der Zone zwischen der Herkunftskultur (ihrer Eltern) und der Umgebungs- und der Alltagskultur des Ziellandes einer ausgeprägten Sensibilisierung für das Fonetische sowie das Lexikalische, für außergewöhnliche, experimentelle und plastische Sprachexperimente bei den Schreibenden zugrunde liegt. Die Werke von Ilma Rakusa und Irena Brežná sind überzeugende Beweise dafür, wie sich der interkulturelle soziale Rahmen auf die Sprache der zugewanderten Autorinnen auswirkte.

---

15 Franzetti 1998, S. 68.
16 Thüring 2019, S. 288.
17 Howes 2003, zitiert nach Zinggeler 2017, S. 97.
18 Zinggeler 2017, S. 97.

3 Multikulturalität – ein Universum in Ilma Rakusas Werk

Ilma Rakusa (geb. 1946) gehört als Schweizer Schriftstellerin slowakischer Herkunft zu Migrationsautorinnen, die in ihren Werken autobiographisch ihrer Schwellenerfahrung der Migration nachgehen. Bereits zu Hause erlebte sie die Mehrsprachigkeit, weil ihre Mutter aus Ungarn stammte. Die Autorin wanderte 1951, mit fünf Jahren, mit ihren Eltern in die Schweiz ein und erlebte das Ereignis der Aufnahme in der neuen Heimat mit gemischten Gefühlen. Das junge Alter im Moment der Einwanderung verleiht ihr die Etikette der Seconda. Ilma Rakusa war verschiedenen Kultur- und Sprachräumen ausgesetzt, nahm die Multikulturalität und Alterität als etwas Natürliches wahr. Das waren Umstände, die maßgeblich ihr Schaffen beeinflussten. Martin Ebel formulierte ihre Biografie in einer Laudatio auf *Mehr Meer* mit folgenden prägnanten Worten:

> Die Kindheit in drei Sprachen – Slowenisch, Ungarisch, Italienisch –, die Anpassung an ein enges Land und eine vierte Sprache, die ihr dann auch zur literarischen Heimat wird. Studienjahre in Paris und Leningrad, vor allem aber die Welten der großen Autoren und der großen Komponisten. Von diesen lernt sie, dass man die Innenwelt ins Unendliche ausdehnen kann, so begrenzt und bedrückend die äußere Existenz auch gelegentlich sein mag. Sie baut sich gerade aus Beschränkungen ein Universum auf, in dem potentiell alles poetisch, alles intensiv, sogar schön ist.[19]

Da die Migration aus den Schwellenerfahrungen von realen und symbolischen Eigen- und Fremdwelten entsteht, bewegt sie sich zwischen Drinnen und Draußen"[20]. Im Zentrum der Werkhandlung steht die ‚Kofferkindheit' der multinationalen und mehrsprachigen Schriftstellerin und der unfreiwilligen Nomadin[21]. In ständiger Bewegung und Transgression pendelt sie zwischen den demokratischen Ländern und Diktaturen, wechselt ihren Wohnort. Die mangelnde Sesshaftigkeit löst bei ihr das Bedürfnis aus, ihre Zugehörigkeit und Identität zu hinterfragen. Daraus entwickelt sie eine eigentümliche Dialogizität und Vielstimmigkeit zwischen den Kulturen und Sprachen.

Die namenlose Erzählerin in *Mehr Meer* beleuchtet die wichtigsten Momente ihrer Kindheit sowie der Jugendzeit, die unzertrennlich mit migrationsrelevanten Ereignissen und Prozessen verbunden sind. Die Erzählerin geht als Erwachsene der Grenzgänger- und der Zugehörigkeitsproblematik nach. Die in Zürich promovierte Literaturwissenschaftlerin weigert sich, mit nationalen Zugehörigkeiten bestimmt zu werden und verweist auf ihre „Luftwurzeln"[22], über die sie ihre unverbindliche ethno-nationale Identität beschreibt. Sie ist vor der Einwanderung in die Schweiz in Budapest, Ljubljana

---

19 Martin Ebel, Laudatio auf ‚Mehr Meer' von Ilma Rakusa, in: Schweizerbuchpreis (https://schweizerbuchpreis.ch/wp-content/uploads/2017/07/Laudatio M Ebel-Ilma-Rakusa-Mehr-Meer.pdf), 22.03.2021.
20 Vgl. Todorow 2004, S. 27.
21 Martin Ebel, Laudatio auf ‚Mehr Meer' von Ilma Rakusa, in: Schweizerbuchpreis (https://schweizerbuchpreis.ch/wp-content/uploads/2017/07/Laudatio-M-Ebel-Ilma-Rakusa-Mehr-Meer.pdf), 22.03.2021.
22 Rakusa 2006, S. 9.

und Triest aufgewachsen. Die Ich-Erzählerin erinnert sich an den Sprachlernprozess, als sie Deutsch in der Schweiz erlernen musste und den anderen ihr sprachliches Talent nachweisen wollte. Über die Ich-definierte Erzählerin spricht die Seconda-Autorin alle Migranten an, die der Entwurzelung, der sprachlichen und kulturellen Ausgrenzung sowie Fremdzuschreibungen ausgesetzt waren. In ihrem ersten Roman *Die Insel* erörtert sie ihr Hauptanliegen mit folgenden Worten:

> Ich sage ICH und meine ihn, den andern, den Fremden, den Mehrdeutigen. Die Fabel von uns zweien, wir wären erst noch zur Deckung zu bringen, gravierender, wo das du bleibt, das auch ich bedeuten könnte, mich hier, den Nächsten als Fremdling. Doch für heute Schluss mit den Personalpronomen.[23]

4 Zugehörigkeitsstiftender Raum

Literarische Texte spiegeln (fiktive) Welten wider, deren raumzeitliche Gestaltung zum festen Bestandteil der Wirklichkeitsabbildungen erhoben wird. Der Raumvorstellung, die sowohl als Signatur sozialer und symbolischer Praktiken als auch kulturell produziert und kulturell produktiv ist[24], wird im erinnerungskulturellen und identitätsstiftenden Handeln eine zentrale Rolle zuerkannt. Räumliche Vorstellungen kennzeichnen somit Erinnerungsprozesse und sind für sie eine signifikante Stütze. Wolfgang Hallet weist auf die Signifizierung und Naturalisierung des Raums in den literarischen Werken hin und bezeichnet die Raumkonfiguration als einen Akt der Raumsignifikation, die als kulturelles Alltagsphänomen naturalisiert werden kann[25]. Er hebt gleichzeitig hervor, dass Literatur kulturelle Raumbeschaffenheiten fiktional darstellt und modelliert.

Durch die Modellierung von Raumprozessen ergründet die Seconda-Autorin die Identitätsfrage und Zugehörigkeiten, deren Zuschreibung über die Raumvorstellung und -zuordnung erfolgt. Das Identitätsempfinden umreißt sie im Kontext der Fremde mit folgender Feststellung: „In der Fremde bin ich anders nur für die anderen. Sie urteilen nach dem Schein, wissen nichts von meinem Wunsch, anders zu ‚werden'."[26] Ein auffallendes Merkmal des räumlichen Narrativs in Ilma Rakusas Roman *Mehr Meer* ist der Gestus der (Grenz-)Überschreitung und (Raum-)Durchquerung. Ihm kommt eine konstitutive Bedeutung für die Handlung zu, zumal Grenzräume als jene Orte wahrgenommen werden, die die Möglichkeit der Grenzverschiebung und -dialogizität ersichtlich machen. Die Grenze provoziert deren Überschreitung, denn „[d]ie Grenze und die Überschreitung verdanken einander die Dichte ihres Seins: eine Grenze, die nicht überschritten werden könnte, wäre nicht existent; eine Überschreitung, die keine wirkliche Grenze überträte, wäre nur Einbildung."[27] Die Ich-Erzählerin überquert mehrmals die Grenzen Europas, taucht in disjunktive Räume europäischer Sprachen und Kulturen ein, sowie analysiert Kleinräume ihrer Kindheit und Jugendzeit. Über die engen Räume

---

23 Rakusa 1982, S. 113.
24 Vgl. Hallet/Neumann 2009, S. 11.
25 Hallet 2009, S. 82.
26 Rakusa 1982, S. 121.
27 Foucault 1974, S. 37.

erkennt sie Prozesse der Identitätsstiftung und sprachlicher Entwicklung. Sie provoziert neue Wertesysteme und Kulturräume, will sie erfassen und spüren. Sie lebt immer noch dem Traum der Grenzüberschreitung ihrer Kindheitszeit nach, als die Grenze und deren Überquerung immer ein Statussymbol darstellte.

Die in *Mehr Meer* überwiegend vorkommenden Fragen der Sprachfindung sowie auch die des Identitätsverlusts und der Wahrnehmung von Zugehörigkeiten sind unmittelbar mit Raumerfahrung verbunden. Als Kind flüchtete sich die namenlose Erzählerin aus Angst und Unsicherheit vor der Umgebung in ihr verdunkeltes Zimmer, in dem sie sich ihre eigene stabile Welt zusammenphantasierte.[28] Bereits diese Flucht gleicht einer Suche nach der Sprache, mit der sie die Umgebung beschreiben und benennen kann: „Das Schauen rief nach Deutungen, und plötzlich war das Zimmer belebt."[29]

Gleich zu Beginn des Raumnarrativs wird in Rakusas auf autobiografischen Elementen fundierter Darbietung die krisenhafte Wahrnehmung des Raums und der Weiträumigkeit präsentiert. Seit Kindheitsjahren zieht sie sich aus der großen Welt in kleine, überschaubare Räume zurück, in denen sie ihre Zugehörigkeit aufbauen kann: Das Siestazimmer, ihre *Camera obscura* in Triest, wird zur Zuflucht, zu ihrem Reich und Wunderkammer[30] gegen die Außenwelt, die weh tut; zum Schutzraum gegen die nomadisch bedingte, bei einem fünfjährigen Kind hervorgerufene Unsicherheit, gegen den Mangel an Sesshaftigkeitsgefühl. Die Ich-Erzählerin erlernt das Bedeutungsspektrum des Bezeichnenden *Reise/viaggio/utozás* in ihren, durch den Fortzug erzwungenen, neu erlernten Sprachen. Schon mit fünf Jahren nimmt sie die Dialektik des Heim- und Fernwehs, des Hier und Dort, des Eigenen und Anderen wahr. Das erlebende Ich beginnt seinen Bericht über die Großraumerkundung mit einer starken (national-)staatlichen Zuordnung, die mit der empfundenen Zugehörigkeit dennoch nicht unbedingt in Deckung stehen muss: „Mit dem Schweizerpaß begann meine Rückkehr in den Osten. […] Jetzt wollte, konnte ich mich überzeugen, wie es drüben wirklich war. Hinter dem Eisernen Vorhang. Im kommunistischen Mief".[31] Das verschwiegene präpositionale Attribut als Schweizerin kann durch die Bestimmung des Besitzes vom Schweizerpass als die unvollständige staatlich-national-kulturelle Zugehörigkeit wahrgenommen werden, die die Quest nach identitätsmarkierenden Wurzeln im Osten umso berechtigter erscheinen lässt. Auch die raum- und zeitmarkierenden Deiktika ‚jetzt' und ‚drüben' legen die Achse des Narrativs fest, auf welcher zeitbestimmende Elemente mit Bedeutungszuschreibungen und Raumsemiotisierungen die Erkundung des Großstadtraums von Leningrad und Moskau andeutungsweise nahelegen.

Die sinntragende und symbolische Bezeichnung ‚hinter dem Eisernen Vorhang' bedeutet die Überschreitung einer Grenze zwischen zwei Referenzräumen. Die Abgrenzung scheidet die Welten der Werte, der Symbole, der Zeichen und der Mentalitäten. Aus dem Raum der demokratischen Werte, der auf Bürgerrechten und Prinzipien des

---

28 Vgl. Rakusa 2009, S. 61.
29 Rakusa 2009, S. 61.
30 Vgl. Rakusa 2009, S. 61.
31 Rakusa 2009, S. 253.

Rechtsstaats basierenden Gemeinschaft der westlichen Länder, begibt sich die Ich-Erzählerin in den Raum einer zwar bewunderten sprachlichen Poetizität des Russischen, jedoch eines missbilligten und verachteten Regimes der sozialistischen Gewalt und des aufgezwungenen sozialistischen Systems. Karl Schlögel weist ebenfalls auf den Aspekt des Privilegs bei der Grenzüberschreitung im Ostblock hin:

> Die Bürger Zentraleuropas sind Spezialisten in Sachen Grenze und Grenzüberschreitung. Sie haben viel Lebenszeit mit Grenzübertritten und den dafür notwendigen Prozeduren und Ritualen verbracht. [...] Es waren Grenzen und die Reisebedingungen, die uns gelehrt hatten, dass der Kalte Krieg eine Art auf Dauer gestellter Ausnahmezustand war. Wir haben das ganze Spektrum von Neuerungen studieren können, die der Phantasie der Grenzbürokratie entsprungen war: die Bindung der Grenzüberschreitung ans Rentenalter; die Erfindung einer neuen Spezies, der Reisekader; die Erneuerung des Instituts der Sippenschaft; die Leibesvisitation und Durchleuchtung. Ostblock – das war: Visumpflicht, [...] eine Einladung, [...] die Schlangen vor den Konsulaten, die Willkür, der man ausgeliefert war. Wir sollten diese Erfahrung nicht vergessen: Grenzüberschreitung war ein *rite de passage* sui generis.[32]

Die räumliche Zugehörigkeit wird im großen Format gestiftet. Dem Osten Europas werden signifikante Relevanzen zugeordnet, die in Bezug auf die Familiengeschichte und die Festlegung des eigenen Ich im durch die Migration bedingten Dazwischen-Raum Schweiz eine unheimlich herausragende Rolle spielen.

5 Alteritätssignale bei Irena Brežná

Ein anderes Beispiel interkultureller Literatur ist das Werk der 1950 in Bratislava, in der ehemaligen Tschechoslowakei geborenen Autorin, Journalistin und Übersetzerin Irena Brežná. Sie wanderte 1968 nach der Niederschlagung des Prager Frühlings mit ihren Eltern in die Schweiz aus[33]. Vor der Auswanderung musste ihre Mutter ein Jahr Freiheitsstrafe verbüßen, nachdem ihr Fluchtversuch nach Schweden entdeckt und scharf verurteilt worden war. Nach der Einwanderung in die Schweiz studierte Irena Brežná Slawistik, Philosophie und Psychologie an der Basler Universität, nahm später die Erwerbstätigkeit als Psychologin und Übersetzerin auf. Mit Veröffentlichung erster Werke trat Irena Brežná der Minderheitsgruppe der in der Schweiz schreibenden Autorinnen mit Migrationshintergrund bei[34], die mit ihren Werken die Deutschschweizer Literatur interkultureller gestalteten. In ihrem 2012 erschienenen Roman *Die undankbare Fremde* beschrieb die Autorin ihre identitätsstiftenden Erinnerungen an ihre verlassene Heimat, die Auswanderung und das Flüchtlingslager. In dem gefühlsgeladenen Erlebnisbericht übt sie an ihren eigenen Anpassungsversuchen und dem aufgezwungenen Anpassungsdiktat Kritik. Die Fremde wird im Roman aus unterschiedlichen Perspektiven erörtert,

---

32 Schlögel 2006, S. 126ff.
33 Vgl. Dušek Pražáková 2019, S. 286.
34 Baumgartner 2010, S. 64.

die von zwei anonymen Ich-Erzählerinnen und in zwei Zeitebenen ausgeführt werden. Die ‚kindliche' Erzählerin schildert im Präteritum das Moment der Einwanderung und der Ankunft in der Schweiz sowie der existenziellen Selbstbehauptung. In der Erzählerin lässt sich somit eine Fortsetzung der biografischen Geschichte von Jana aus dem Roman *Die beste aller Welten* (2008) erkennen. Die zweite Erzählinstanz berichtet im Präsens, agiert als eine in der Schweiz ‚verwurzelte' Dolmetscherin, die die Erfahrungen anderer Migrierender, die oft als Opfer misslungener Wanderung mit erschreckenden Migrationstraumata aufgezeigt werden, in verschiedenen Orten wie Gerichtssaal, Kindergarten und psychiatrischer Klinik beleuchtet.

Über die Auseinandersetzung mit den Bildern der Durchquerung und der Transgression sowie der Grenzsituation wird die Rolle einer topografischen Zuordnung, die der Identitätsbildung dient, besonders betont. Die Fremdheit und Alterität werden im Akt der Grenzüberschreitung zwischen zwei wichtigen Bezugsräumen eruiert. Mit dem Topos der Grenze verweist die interkulturell schaffende Autorin und Übersetzerin auf den Zusammenhang von sprachlichen und kulturellen Fremdheitsphänomenen. Das Fremde versucht sie zu einem Trumpf zu machen, indem sie feststellt:

> Mein Weg führte weg vom Anfang. Wohler war mir mit Fremden, deren Sitten ich nicht kannte und an die ich nicht gebunden war. Sie schätzten jede Geste der Sympathie, denn sie hatten keinen Anspruch darauf. Mit den Fremden war ich wohltuend fremd.[35]

Bis heute betrachtet die engagierte Autorin ihre Texte als ein „Aufbäumen gegen das Gebot des Schweigens und des Nichthandelns".[36] Nach der Niederschlagung des Prager Frühlings flüchtete die Achtzehnjährige aus Bratislava in die Schweiz. Es war das Jahr 1968, für die junge Frau eine wichtige Weichenstellung. Im Exil fand sie bald Zuflucht in der neuen Sprache, entdeckte das kritische Denken. Die Teilnahme am öffentlichen Diskurs ließ sie sich fortan nie mehr verbieten, weder als Einwanderin noch als Frau. Vielmehr fand sie darin Identität und Haltung. Irena Brežná betont ihre Zugehörigkeit mit der Feststellung: Ich bin da zu Hause, wo ich schreiben kann. Davon zeugen die Essays und Reportagen in ihrem jüngsten Buch *Wie ich auf die Welt kam. In der Sprache zu Hause*. Sie erzählt vom Roten Platz, wo der Dissident Viktor Fainberg sämtliche Zähne verlor, aber auch vom Treffen mit Friedrich Dürrenmatt, der kompromisslos auf sie wirkte und von dem Überwinden der Angst. Ihr Schreibimpuls leitet sie aus der sozialistischen Erziehung, die sie sowohl zu Hause als auch in der Schule bekam: „Denke, was du willst, aber sag es nicht." Das mütterliche Verbot bewog Irena Brežná eine Schreibende zu werden. Sie setzt sich kritisch mit dem Akt ihrer Emigration auseinander, deutet sie als eine Notentscheidung: „Die Emigration erschien mir ein Fluch zu sein".[37]

> Die Rechten fragen mich nach dem Leiden im Realsozialismus aus, meine Worte brauchen sie als Bestätigung ihres antikommunistischen Reflexes und erwarten,

---

35 Brežná 2014, S. 126.
36 Brežná 2018, S. 7.
37 Brežná 2018, S. 19.

dass ich die hier etablierte Gesellschaftsordnung vorbehaltlos begrüße. Nein, mit ihnen kann ich die Sehnsucht nach sozialen Veränderungen nicht teilen.[38]

Brežná stellt fest, dass die Schweiz ein Land ist, „das sich abgrenzt, das Eigene schätzt und einen sparsamen Umgang mit Gefühlen pflegt".[39] Diese Einstellung steht im Kontrast zu der gefühlsbetonten Kommunikationsart in ihrem Herkunftsland. Die schweizerische sachliche Art interpretiert sie als ein „Nur nicht zu nahe treten"[40] und empfiehlt den Zugewanderten, sich auf ihre Innenwelt zu konzentrieren, um vom kühlen Umgang seitens der Schweizer nicht enttäuscht zu werden. Den Status einer Emigrantin beschreibt sie als einen Dauerstress, der durch die übertriebene Anpassung kaschiert wird:

> Viele ungarische und tschechoslowakische Flüchtlinge beweisen Arbeits- und Lernwut, obwohl in ihrer Heimat weder Fleiß noch Karriere einen hohen Stellenwert haben, sondern vielmehr die Geselligkeit geschätzt wird. […] Mit diesem Drang nach Anerkennung versuchen sie wohl, ihre Andersartigkeit – die ein Dauerstress ist – abzumildern, was nicht bedeutet, dass sie auch innerlich mit dem einverstanden sind, was sie vorgeben zu sein.[41]

Sie setzt sich äußerst kritisch mit der gewöhnlichen Einstellung der Schweizer Männer gegenüber den Frauen auseinander. Mit den sozialistischen Gewohnheiten aus der Slowakei kann sie nur schwierig die ‚Unmündigkeit' der schweizerischen Frauen nachvollziehen und reagiert auf solche Verhaltensweisen mit Widerwillen. Als junge Beobachterin schildert sie folgendes Bild fragwürdiger Verhältnisse:

> Erwartete meine Nachbarin ihren Konkubin, bürstete sie den Spültrog, statt sich selbst. Sie wusste, wohin der liebende Männerblick zu fallen pflegte. Der weibliche Körper erstreckte sich bis in die Küche hinein. Gruß in die Küche, hieß es, wenn ein Mann die Ehefrau seines Freundes mit Achtung bedachte.[42]

Der Raum ‚Schweiz' wird als eine beengende Größe aufgezeigt, in der paradoxerweise die Zugewanderte sich eingeschränkt fühlt. Das ‚Andere' an der Schweiz wird über das Relationale und das soziale Verflechtungsnetz herausgestellt. Mit den Fällen der traumatisierten Individuen werden die Entgrenzung sowie die Deprivation als Gegenpart zum Bild der Schweiz als des von vielen Migranten begehrten Landes illustriert. Daran wird die Enge des Raums ersichtlich. Die Ich-Erzählerin bewegt sich beruflich als Dolmetscherin im Gefängniskomplex, in geschlossenen psychiatrischen Kliniken oder Flüchtlingsheimen. Bei vielen ‚Gestrandeten', die den ersehnten und erträumten Raum der Schweiz erreicht haben, ist dieser Raum von zahlreichen und unüberwindbaren Mauern, Zäunen, Grenzen umstellt, und er wird konsequent durch unterschiedliche Hindernisse eingeengt, was sich auf die Wahrnehmung und die Psyche der Zugewanderten recht

---

38 Brežná 2018, S. 21.
39 Brežná 2018, S. 23.
40 Brežná 2018, S. 24.
41 Brežná 2018, S. 24.
42 Brežná 2014, S. 65f.

negativ auswirkt. Die dargelegten Räume vermitteln somit auch soziokulturelle Codes. Einerseits halten die Orte wie Heim und Familie als Schutzraum voller Geborgenheit und identitätsstiftender Zugehörigkeit hin, andererseits konzipiert die Autorin diesen Topos als einen Ort der Unterdrückung und Stigmatisierung, die eine tief reichende Entwürdigung und soziale Missachtung zur Folge haben.

Die Erzählerin setzt sich auch sehr kritisch mit dem Leben ihrer Landsleute in der Diaspora auseinander. Über die Jahre des Lebens in der Schweiz hinweg eignet sie sich auch den „bösen Blick"[43] an und tritt den Landsleuten daher mit Misstrauen als mit Naivität und uneingeschränktem Vertrauen entgegen. Sie gibt somit die bisherige Anhänglichkeit an ihr Herkunftsland und alle damit verbundenen Aspekte auf, die die persönliche Erinnerung an das einst verlassene Land konservieren.

> Eine andere Gemeinsamkeit hatte Vorrang. Die Landsleute, die in der Fremde die lebenswichtige Lektion gelernt hatten, gestanden mir das Amulett der Fremdheit zu. Begegneten wir uns, waren wir uns fremd und vertraut zugleich. Eine andere Nähe konnte es nicht geben.[44]

Die Rhetorik des Dazwischen hängt sehr eng mit der Idee der Bereicherung zusammen. Die Erzählerin zeigt ihr Interesse an Multikulturalität und gegenseitigem Verständnis. Sie beweist an vielen Textstellen die gelebte Interaktionsoffenheit den anderen Kulturen gegenüber, erklärt die ethnische Verwobenheit am Beispiel angeführter Migrationsgeschichten, die als Verflechtungsnarrative zu lesen sind. Sie weist dem Wanderungsschicksal vieler Migranten, denen sie während ihrer Dolmetscharbeit in der Schweiz, also der neuen Wahlheimat, begegnet, einen besonderen Wert zu:

> Immer mehr Ausländerinnen und Ausländer kommen in die Schweiz, es zieht mich zu dieser lockeren Gemeinschaft von Menschen, die dieselbe existenzielle Fremdheitserfahrung kennen. Dabei übergehe ich schlicht jene, die kein Diplom in dieser Disziplin erworben haben, als wären wir ein exklusiver Club. Das erweist sich als Trugschluss, wie wenn man irgendwann feststellt, dass das gemeinsame Überleben eines Flugzeugunglücks nicht ausreicht, um dauerhafte geistige und emotionale Nähe zu stiften.[45]

Über die vermittelten minoritären Erinnerungen wird eine Collage aus verschiedenen individuellen Perspektiven auf die Migration entworfen. Die Thematisierung migrationsrelevanter Erinnerungen führt zu einer Verdichtung von einem gruppenspezifischen Gedächtnis. Die Erzählerin kritisiert jedoch die Einstellung vieler ihrer Landsleute, oder anderer Migranten, in deren Verhalten sie Hochmut, Überheblichkeit und antagonistisches Prisma des Migranten-Daseins sieht:

> Etliche meiner Landsleute grenzen sich ganz von neuen Einwanderern ab, vor allem von solchen aus anderen Kontinenten. Sich selbst betrachten sie als Gewinn

---

43 Bhabha 1997, S. 119.
44 Brežná 2014, S. 126.
45 Brežná 2018 S. 30.

für das Gastland, das sie patriotisch vor fremden Einflüssen beschützen wollen. Wahre Grenzwächter.[46]

Die Ich-Erzählerin beschreibt den Migranten als einen neuen Menschentyp, seine Art des Lebens im Modus des Nomaden als eine Chance der Identitätserkennung. Nach ihrer Ansicht sind die Zugewanderten immer unterwegs, bleiben mobil und sollen sich mit dem Schicksal eines Nomaden abfinden. Dabei beteiligen sie sich an der internationalen intellektuellen Zirkulation und fungieren als „historische Agenten für kulturellen Transfer und globales Lernen."[47] Das Motiv der Grenzüberschreitung gilt demnach also nicht nur als migrationsbedingte Erfahrung, sondern es verweist auf die Kluft zwischen Kindheit und Erwachsensein, auf intergenerationelle Unterschiede zwischen den eingewanderten Eltern und den Secondos und Secondas, zwischen dem existentiellen (Ver-)Schweigen der Eltern und der Erzählnot deren Kinder: „Die Emigrantenexistenz ist ein nie endender Prozess mit unerwarteten Phasen. Jeder und jede durchläuft sie verschieden lang und intensiv, auch wenn jemand eine neue Identität gefunden zu haben glaubt, kann diese wieder in sich zusammenfallen."[48]

Die Grenzüberwindung bedeutet gleichzeitig das Betreten eines neuen, kulturfremden, spannungserzeugenden Raums. Brežná beleuchtet das Ankommen in einer/ihrer persönlichen Heimat aus verschiedenen Perspektiven: aus der eigenen, als auch aus der von fremden und Zugewanderten, bei denen sie oft ‚Fluchtinstinkte' in spannungsgeladenen Situationen in der neuen Heimat wahrnimmt. Ihr Werk ist von daher als eine Art Manifest zu lesen, das den Schweizern das Fremde von neu Zugewanderten erklären und vertrauter machen soll:

> Von Flüchtlingen, die der Unsicherheit, der Gewalt, der Armut entkommen sind und dann in Sicherheit und Wohlstand leben, hört man kaum Glücksbezeugungen. Den Einheimischen mag dies als unhöflich erscheinen, doch die Pflicht zum Glück gibt es nur in einer Diktatur. Nicht vor Glück glucksen zu müssen, ist ein Recht. Dieses Recht auf Missmut mach den Einheimischen niemand streitig. Also warum den Einwanderern?[49]

Beide Werke von Brežná thematisieren das spezifische Aufeinandertreffen verschiedener Kulturen: die der tschechischen, der schweizerischen und der russischen. An dargestellten Figuren und Erzählerinnen wird sichtbar, wie die kulturelle, gegenseitige Beeinflussung zustande kommt. Die Autorin schildert neben dem „Sich-Mischen und Ineinander-Übergehen kultureller Phänomene"[50], die als Interaktion zwischen Kulturen im Sinne eines Austausches zu deuten sind, auch die transkulturelle Vermischung von nicht homogenen Kulturen[51]. In Anlehnung an Wolfgang Welsch legt sie in ihren Wer-

---

46 Brežná 2018 S. 30.
47 Schlögel 2006, S. 109.
48 Brežná 2018 S. 30.
49 Brežná 2018 S. 30.
50 Mecklenburg 2008, S. 24.
51 Vgl. D'amato 2010, S. 15.

ken nahe, dass die Kulturen keine voneinander klar abgrenzbaren Einheiten seien. Über die Raum(re)konstruktion zeigt die Autorin keine reinen und eindeutigen Kulturen auf, sondern entwickelt vielmehr ihr transkulturelles Konzept pluraler Identitäten.

6 Fazit

Da literarische Texte „als symbolische Repräsentationen kultursemiotischer Systeme" fungieren, in denen „kulturelle Elemente als Zeichen mit Verweischarakter miteinander in Verbindung gebracht werden"[52], können die genannten Werke als diskussionswürdige Beispiele im Bereich der interkulturellen Literaturdidaktik angesehen und eingesetzt werden. Es wird den Werken auch deswegen ein hoher Stellenwert interkulturellen Lernens zugewiesen, weil sie sich referentiell auf Ereignisse der neueren Geschichte beziehen. Der didaktische Wert kann dennoch durch Diskussion über Entwicklung des Sinn- und Wirkungspotenzials eines autobiografisch fundierten Berichts oder in der konkreten gesellschaftlichen Wahrnehmung gesteigert werden. Die beiden Autorinnen zeigen, welchen Prozessen in Hinsicht auf die Identitätsstiftung sie ausgesetzt waren. Sie verinnerlichten das Fremdheitsgefühl und die Alterität, um die Zugehörigkeit zum Aufnahmeland und dessen Kultur zu bejahen, auch wenn sie ihr Anderssein konservieren wollen und es ständig betonen. Jegliche Anpassungsversuche sowie -erwartungen lehnen sie ab, so lange ihre Haltungen und Verhaltensweisen gegen die Werte und Normen der Aufnahmekultur nicht verstoßen. Da die Erzählerinnen wie auch die Autorinnen selbst mehrere Sprachen beherrschen, leben sie ihre Interkulturalität aus. Über zahlreiche und konstruktive Vergleiche der Referenzräume, d.h. des Herkunftslandes und des Aufnahmelandes fördern sie die Reflexivität bei Lesenden, also auch bei Studierenden. Dabei weisen sie auf sprach-, ethno- und politikrelevante Aspekte der Kulturen hin. Über die Beleuchtung der Ursachen für die Auswanderung aus den Ländern des ehemaligen Ostblocks und die massenhaften Zuwanderungen von Migranten in die Schweiz werden sowohl die Geschichte als auch die kollektive Erinnerung erörtert, die zum vertieften Verständnis und zur Sensibilisierung für das Fremde sowie für die benachteiligte Lage der Zuwandernden beitragen.

Literatur

Amato, Gianni D': Siamo autori. Ein soziologischer Blick zurück auf die Literatur von Migranten in der Schweiz, in: Diskurse in die Weite. Kosmopolitische Räume in den Literaturen der Schweiz, hg. von Martina Kamm et al., Zürich 2010.

Baumgartner, Karin: Female Migrant Writers in Switzerland: Anna Felder, Agota Kristof, Dragica Rajčic, in: From Multiculturalism to Hybridity: New Approaches to Teaching Modern Switzerland, hg. von Karin Baumgartner und Margrit Zinggeler, Newcastle 2010.

Baumgartner, Karin; Zinggeler, Margrit: Introduction, in: From Multiculturalism to Hybridity: New Approaches to Teaching Modern Switzerland, hg. von Dies., Newcastle 2010.

---

52 Spoerri 2010, S. 42.

Bhabha, Homi K.: Die Frage der Identität, in: Hybride Kulturen. Beiträge zur anglo-amerikanischen Multikulturalismusdebatte, hg. von Elisabeth Bronfen, Benjamin Marius und Therese Steffen, Tübingen 1997.
Brežná, Irena: Die beste aller Welten. Roman, Berlin 2009.
Brežná, Irena: Die undankbare Fremde. Roman, Köln 2014.
Brežná, Irena: Wie ich auf die Welt kam. In der Sprache zu Hause, Zürich 2018.
Erll, Astrid: Kollektives Gedächtnis und Erinnerungskulturen. Eine Einführung, Stuttgart/Weimar 2005.
Foucault, Michel: Von der Subversion des Wissens, München 1974.
Franzetti, Dante Andrea: Ein Gringo in Oerlikon, in: Vaterland. Emanuel LaRoche, Claude Delarue und Dante Andrea Franzetti, hg. von Vontobel-Stiftung, Zürich 1998.
Hallet, Wolfgang: Fiction of Space: Zeitgenössische Romane als fiktionale Modelle semiotischer Raumkonstitution, in: Raum und Bewegung in der Literatur. Die Literaturwissenschaften und der Spatial Turn, hg. von Wolfgang Hallet und Birgit Neumann, Bielefeld 2009.
Hallet, Wolfgang; Neumann, Birgit: Raum und Bewegung in der Literatur. Zur Einführung, in: Raum und Bewegung in der Literatur. Die Literaturwissenschaften und der Spatial Turn, hg. von Wolfgang Hallet und Birgit Neumann, Bielefeld 2009.
Horvat, Vesna Kondrič „Familienbilder als Zeitbilder bei Franco Supino und Aglaja Veteranyi", in: Familienbilder als Zeitbilder. Erzählte Zeitgeschichte(n) bei Schweizer Autoren vom 18. Jahrhundert bis zur Gegenwart, hg. von Beatrice Sandberg, Berlin 2010.
Howes, David: Sensual Relations: Engaging in Senses in Culture and Social Theory. Ann Arbor 2003.
Jäger-Trees, Corinna; Thüring, Hubert: Einleitung, in: Blick nach Süden. Literarische Italienbilder aus der deutschsprachigen Schweiz, hg. von Corinna Jäger-Trees und Hubert Thüring, Schweizer Texte, Neue Folge, Band 55, Zürich 2019.
Laudenberg, Beate: A portrait of Swiss immigrant writers as laureates of the German Adelbert–von–Chamisso prize, in: From the Margins to the Centre. Irish Perspectives on Swiss Culture and Literature, hg. von Patrick Studer und Sabine Egger, Bern 2007.
Mecklenburg, Norbert: Das Mädchen aus der Fremde. Germanistik als interkulturelle Literaturwissenschaft, München 2008.
Micieli, Francesco: Der Emigrant blickt aus dem Norden zurück nach Süden. Oder: Der Blick nach Süden durchgespielt anhand einer Lektüre von Das Lachen der Schafe, in: Blick nach Süden. Literarische Italienbilder aus der deutschsprachigen Schweiz, hg. von Corinna Jäger-Trees und Hubert Thüring, Schweizer Texte, Neue Folge, Band 55, Zürich 2019.
Pražáková Dušek, J.: Die grausamen Jahre? Das Fremd- und Frauwerden in der Schweiz bei Irena Brežná, Katja Fusek und Ilma Rakusa, in: Oxford German Studies. Bd. 48, 2, (2019), S. 285–302.
Rakusa, Ilma: Die Insel, Suhrkamp, Frankfurt a.M. 1982.
Rakusa, Ilma: Einsamkeit mit rollendem ‚r'. Erzählungen, Graz/Wien 2014.
Rakusa, Ilma: Mehr Meer. Erinnerungspassagen, Graz/Wien 2009.
Rakusa, Ilma: Zur Sprache gehen, Dresden 2006.
Rothenbühler, Daniel: Festschreiben und Freischreiben. Rollenkonflikte von Autorinnen und Autoren im Wandel der Rezeption, in: Diskurse in die Weite. Kosmopolitische Räume in den Literaturen der Schweiz, hg. von Martina Kamm et al., Zürich 2010.
Rothenbühler, Daniel: Im Fremdsein vertraut. Zur Literatur der zweiten Generation von Einwanderern in der deutschsprachigen Schweiz: Francesco Micieli, Franco Supino, Aglaja Veteranyi, in: Migrationsliteratur. Schreibweisen einer interkulturellen Moderne, hg. von Klaus Schenk, Almut Todorow und Milan Tvrdík, Tübingen/ Basel 2004.

Rothenbühler, Daniel: Teilhabe statt Ausschluss, in: Diskurse in die Weite. Kosmopolitische Räume in den Literaturen der Schweiz, hg. von Martina Kamm et al., Zürich 2010.

Rothenbühler, Daniel; Spoerri, Bettina; Kamm, Martina: The Faces of a New Transnational Swiss Nation, in: Immigrant and Ethnic-Minority Writers since 1945: Fourteen National Contexts in Europe and Beyond, hg. von Wiebke Sievers und Sandra Vlasta, Boston/ Leiden 2018.

Schlögel, Karl: Planet der Nomaden, Berlin 2006.

Spoerri, Bettina: Deterritorialisierungsstrategien in der transnationalen Literatur der Schweiz – ein aktueller Paradigmenwechsel, in: Diskurse in die Weite. Kosmopolitische Räume in den Literaturen der Schweiz, hg. von Martina Kamm, Bettina Spoerri und Giani d'Amato, Zürich 2010.

Thüring, Hubert: Regen in Rom, Canzoni am Jurasüdfuss. Literarischer Grenzverkehr zwischen der Deutschschweiz und Italien in den Werken von Dante Andrea Franzetti und Franco Supino, in: Blick nach Süden. Literarische Italienbilder aus der deutschsprachigen Schweiz, hg. von Corinna Jäger-Trees und Hubert Thüring, Schweizer Texte, Neue Folge, Band 55, Zürich 2019.

Todorow, Almut: Das Streunen der gelebten Zeit: Emine Sevgi Özdamar, Herta Müller, Yoko Tawada, in: Migrationsliteratur. Schreibweisen einer interkulturellen Moderne, hg. von Klaus Schenk, Almut Todorow und Milan Tvrdík, Tübingen/ Basel 2004.

Welsch, Wolfgang: Was ist eigentlich Transkulturalität?, in: Hochschule als transkultureller Raum? Beiträge zu Kultur, Bildung und Differenz, hg. von Lucyna Darowska, Claudia Machold und Thomas Lüttenberg, Bielefeld 2010.

Zinggeler, Margrit: Der Roman „Seltsame Schleife" von Rolf Niederhauser, in: Transkulturalität der Deutschschweizer Literatur. Entgrenzung durch Kulturtransfer und Migration, hg. von Vesna Kondrič Horvat, Wiesbaden 2017.

Das Konzept der Erinnerungsorte als Impuls für interkulturelles Lernen im DaF-/DaZ-Unterricht

Zichun Huang

1 Einleitung

Seit Beginn des 21. Jahrhunderts wird die Nutzbarmachung des Konzepts der Erinnerungsorte im deutschsprachigen Raum zur Kultur- und Sprachvermittlung diskutiert[1]. Das ursprünglich von Pierre Nora stammende Konzept „lieux de mémoire"[2] rekurriert auf Aspekte einer kollektiven Erinnerung von Französinnen und Franzosen aus historischer und nationaler Perspektive. Dem Konzept liegt die Grundannahme zugrunde, dass bestimmte Orte das kollektive Gedächtnis einer sozialen Gruppe verkörpern und widerspiegeln. Entsprechend werden diese Orte, die sowohl materiell als auch immateriell sein können, als Kristallisationspunkte einer kulturellen Identität bezeichnet[3]. Die Erinnerungsorte ‚triggern' oder ‚repräsentieren' das kollektive Gedächtnis einer bestimmten Gesellschaft in einer gewissen Hinsicht, die regional, national aber auch transnational gefasst sein kann.

Für den Deutsch als Zweit- und Fremdsprachenunterricht werden Erinnerungsorte oft als Chance für sprachsensibles und kulturreflexives Lernen angesehen[4]. Die Auseinandersetzung mit der Veränderbarkeit und der Uneindeutigkeit von Erinnerungsorten, so die Hypothese, besitzt das Potenzial, bei Lernenden eine prozessorientierte Herangehensweise an interkulturelle Begegnungen zu evozieren und kann somit für den Erwerb interkultureller Kompetenz nutzbar gemacht werden. Dennoch sind konkrete Materialien für die Nutzbarmachung des Konzeptes in der Praxis bislang eher rar.

Erwähnenswert ist in diesem Kontext die Materialsammlung „Erinnerungsorte. Deutsche Geschichte im DaF-Unterricht"[5], die sich direkt als Unterrichtsmaterial im DaF-Unterricht anwenden lässt. Die darin ausgewählten in Deutschland situierten Erinnerungsorte sind sichtbare, materielle Kristallisationspunkte für Erinnerungen zu Momenten der deutschen Geschichte[6]. Allerdings erfolgen Auswahl und Ausführungen zu den 13 didaktisch begründeten Erinnerungsorten der Sammlung lediglich aus einer nationalen Perspektive. Hauptsächlich dienen die Materialien zur landeskundlichen und historischen Wissensvermittlung im DaF-Unterricht. In Brasilien wurde 2001 das

---

1 Zum Beispiel: Roche/Röhling 2014; Badstübner-Kizik 2016.
2 Nora 1998 (Original: Nora 1984–92).
3 Vgl. François/Schulze 2005: 8.
4 Vgl. Badstübner-Kizik 2014: 43; vgl. Janachowska-Budych 2020: 332.
5 Schmidt/Schmidt 2007: 6.
6 Schmidt/Schmidt 2007: 6.

erste Buch zu brasilianischen Erinnerungsorten, „Brasilien – Land ohne Gedächtnis?", veröffentlicht[7], allerdings ebenfalls aus rein nationaler Perspektive und mit historischem Fokus. Die bisherigen Didaktisierungsversuche sind zwar zum Teil kulturübergreifend angelegt, aber lediglich insofern, als die kulturübergreifende Perspektive den Erinnerungsorten selbst inhärent ist. Darüberhinausgehende ‚Fremdperspektiven' auf Erinnerungsorte und damit ein Ausschöpfen des interkulturellen Potenzials dieses Konzeptes stellt bislang hingegen ein Desiderat dar.

Im vorliegenden Beitrag sollen die Chancen bzw. Möglichkeiten des Konzepts der Erinnerungsorte für interkulturelles Lernen im DaF-/ DaZ-Unterricht ausgelotet werden. Am Beispiel der „Casa Stefan Zweig" wird die Nutzbarmachung des Konzepts für interkulturelles Lernen – nicht nur in Brasilien – diskutiert.

2 Erinnerungsorte für interkulturelles Lernen

2.1 Vom Konzept der „lieux de mémoire" zu Erinnerungsorten

Das Konzept der „Erinnerungsorte" (lieux de mémoire) von Pierre Nora aus den 1980er und 1990er Jahren bezieht sich aus einer historischen und nationalen Perspektive auf Momente der kollektiven Erinnerung der Französinnen und Franzosen. Im Laufe der Entwicklung des Konzepts wurde sowohl der Konstruktionscharakter als auch die Inhomogenität und Diversität von Erinnerungsorten betont[8]. Mit der Idee eines „lieux de mémoire", verbindet man die Vorstellung, dass sich das kollektive Gedächtnis einer sozialen Gruppe an bestimmten ‚Orten' kristallisiert[9]. Erinnerungsorte müssen dabei keineswegs Orte im Wortsinne sein: Jedes Phänomen geschichtlicher Art, sei es materieller, sei es immaterieller Natur, kann zu einem Erinnerungsort werden, d.h. zu einem mit Bedeutung aufgeladenen Gegenstand in Diskursen, mittels derer Gesellschaften implizit oder explizit ihre Werte, ihre Orientierungen, ihre Identitäten verhandeln; in der Regel kontrovers und nicht immer mit einem konsensualen Ergebnis[10]. Ein ‚Erinnerungsort' kann demzufolge ein Ort, eine Person, ein Fest, ein Gegenstand u.v.m. sein. Was bedeutet aber ‚Erinnerung'? Um diese Frage zu beantworten, sollten vor allem die Begrifflichkeiten „kollektives Gedächtnis" und „Erinnerung" unterschieden werden. Noras Konzept basiert auf dem Begriff des kollektiven Gedächtnisses von Halbwachs, das als ein soziales bzw. sozialkonstruktivistisches Phänomen zu sehen ist[11]. Das kollektive Gedächtnis ist ein Oberbegriff für all jene Vorgänge biologischer, psychischer, medialer und sozialer Art, denen Bedeutung bei der wechselseitigen Beeinflussung von Vergangenheit, Gegenwart und Zukunft in kulturellen Kontexten zukommt[12], wobei mit „kulturellen" auch „kulturelle Akteursfelder" gemeint werden können. ‚Kultur' ist nicht nur areal gedacht, sondern kann z.B. auch auf Jugendkultur, bezogen sein. Er-

---

7 Vgl. Leibing/ Benninghoff-Lühl 2001.
8 Vgl. Pasewalck 2015: 168.
9 Vgl. Koreik 2015: 25.
10 Vgl. Dobstadt 2015: 155.
11 Halbwachs 1991 (orig. 1950); vgl.dazu auch Fernoff 2016: 52 sowie Assmann 1992: 47.
12 Erll 2017: 5.

innerungsorte verweisen zeichenhaft auf kulturelle Narrative, über die eine Gruppe, ein sogenanntes Kollektiv bewusst oder unbewusst ihre bzw. seine kollektive Erinnerung und Identität konstruiert und kontinuiert[13]. Nach Sontag ist das Gedächtnis immer individuell und nicht reproduzierbar. Konstitutiv für das kollektive Gedächtnis ist daher nicht nur bloßes Erinnern, sondern auch ein Sich-einigen „darauf, dass dieses wichtig sei, dass sich eine Geschichte so und nicht anders zugetragen habe, samt den Bildern, mit deren Hilfe die Geschichte in unseren Köpfen befestigt wird."[14] Nora setzt sich in seinen Ausführungen zur Verbindung der lebendigen und nationalspezifischen Vergangenheit für ein aus mehreren einzelnen Erinnerungen zusammengesetztes, im Kontext der französischen Nationalgeschichte gipfelndes Gedächtnis ein: „Les Lieux de Mémoires" beruht auf einem offenen Verständnis vom kollektiven Gedächtnis als mehr oder minder geteilte Erinnerungen eines dynamischen Prozesses aller Mitglieder einer homogenen Gemeinschaft[15].

Das Konzept der „Erinnerungsorte" wird vielerlei kritisiert. Vor allem basiert der Begriff ursprünglich, d.h. im Sinne Noras, auf einem homogenen Nationalkulturbegriff. Die von Nora ausgewählten Erinnerungsorte schließen Menschen, die sich dem Kollektiv gewollt oder ungewollt entziehen[16], aus und vollziehen eine nationalkulturelle Identitätsbildung. In neueren Publikationen ist eine kulturübergreifende, nationsübergreifende und fachübergreifende Erweiterung des originalen Konzeptes erfolgt und „Erinnerungsorte" werden als komplexe inter-, multi- und transkulturelle Konstellationen angesehen, die auch transnational erforscht werden[17]. Darüber hinaus werden Bevölkerungsgruppen mit Migrationsgeschichte in einer mehrheitsdominanten Migrationsgesellschaft berücksichtigt[18]. Beispielsweise setzt sich Christiane Hintermann mit der Thematik der Migrationsgesellschaft auseinander und bearbeitet die Ein- und Auswanderungsgeschichte von Menschen mit Migrationshintergrund in Wien, die durch spezifische Erinnerungsorte der Migration sichtbar gemacht werden[19].

2.2 Nutzbarkeit der Erinnerungsorte für das interkulturelle Lernen

Fraglich ist aber, inwiefern dieses Konzept für interkulturelles Lernen nutzbar ist. Der heutige Fremdsprachenunterricht löst sich von dem Begriff *Landeskunde* zunehmend und setzt stattdessen *kulturelles Lernen* bzw. *kulturbezogenes Lernen* als Lernziel. Als Gegenstand einer Auseinandersetzung mit Kultur sind nach Altmayer die diskursiven Prozesse der Bedeutungszuschreibung und -aushandlung mittels Wissensordnungen und kultureller Muster zu nennen[20]. Entsprechend wird als Ziel des Fremdsprachen-

---

13 Vgl. Fornoff 2016: 46.
14 Sontag 2003: 100.
15 Vgl. Carrier 2002: 143
16 Z.B. Menschen mit Migrationshintergrund, Jugendgruppen, besondere religiöse Gruppen, Transgender und andere Minderheitsgruppen.
17 Z.B. Den Boer et.al 2011; Hahn 2015.
18 Z.B. Jakubowicz 2018.
19 Vgl. Hintermann: 2016.
20 Vgl. Altmayer 2013: 20f.; Altmayer 2020: 12.

unterrichts die Fähigkeit zur Partizipation an Diskursen und damit an Prozessen der diskursiven Zuschreibung und Aushandlung von Bedeutungen in fremden Kulturen artikuliert[21]. Altmayer bezieht sich in seinen Ausführungen auf die Kommunikationstheorie von Habermas, übernimmt die von ihm geprägte Begrifflichkeit „Sprach- und Kommunikationsgemeinschaften" und verweist auf die Möglichkeit, die mit dem Kulturbegriff einhergehende Fixierung auf ethnisch-nationale Kollektive zu überwinden und die Angehörigen in verschiedene Kommunikationsgemeinschaften auf regionaler, nationaler, transnationaler und globaler Ebene zu differenzieren[22]. Nicht zu vernachlässigen ist, dass die Wissensordnungen und kulturellen Muster in einer Sprach- und Kommunikationsgesellschaft nicht einheitlich sind und kulturelle Wissensbestände einer Sprachgesellschaft durchaus divers sein können. Allein im deutschsprachigen Raum werden unterschiedliche Gedächtniskonstruktionen in verschiedenen Ländern ausgebildet. Darüber hinaus sind weitere Kollektive zu berücksichtigen, unter anderem Jugendliche, besondere Berufsgruppen, Menschen, die gleiche Hobbies haben, usw.. Diese Kollektive können auch grenzüberschreitend wirken. Levy und Sznaider argumentieren, dass beispielsweise die Erinnerung an den Holocaust eine kosmopolitische Erinnerung ist, die nationalübergreifend und transkulturell ist[23]. Bezugnehmend darauf nimmt Rothenburg die entgrenzenden Prozesse der Identifikation über nationale, ethnische oder religiöse Schranken hinweg in den Blick und spricht von „multidirectional memory"[24]. Im digitalen globalen Zeitalter ist es besonders wichtig zu beachten, dass entgrenzte Erinnerungen etabliert werden (z.B. die COVID-Pandemie). Diese neue transkulturelle Perspektive auf Erinnerungen lässt sich für das Konzept der Erinnerungsorte in Verlängerung für das interkulturelle Lernen im modernen DaF-Unterricht nutzbar machen[25]. Auf diese Weise erschöpft sich kulturwissenschaftliche Arbeit im DaF-Unterricht nicht in einer nationalen Landeskundedidaktik und einer reinen Auseinandersetzung mit kulturellen Wissensbeständen; vielmehr geht es um eine prozessorientierte Herangehensweise und kulturübergreifende Perspektive, die es in der Auseinandersetzung mit kulturell relevanten Inhalten auszubilden gilt. Witte schlägt ein Progressionsmodell im Fremdsprachenunterricht vor, welches neun Stufen umfasst: (1) Ignoranz, (2) Erster intensiver Fremdsprachenkontakt, (3) Lebensweltliche Anknüpfungspunkte, (4) Bewusstmachung von Stereotypen, (5) Interkulturelle Grenzerfahrungen, (6) Bewusstmachung der Kulturabhängigkeit von Denken und Handeln, (7) Relativierung eigenkultureller Deutungsmuster, (8) Herausbildung einer je intersubjektiven Interkultur, (9) Integration interkultureller Konstrukte in eigenes Alltagsdenken und -handeln[26].
Interkulturelles Lernen im Fremdsprachenunterricht ist demnach ein Prozess, bei dem das zunehmende Wissen, das selbstreflektierende Denken und das handlungsorientierte

---

21 Vgl. Altmayer 2013: 20f., Altmayer 2020: 12.
22 Fornoff 2016: 107; Altmayer 2004: 150.
23 Vgl. Levy/Sznaider 2001; Welzer 2007.
24 Vgl. Rothenberg 2009.
25 Transkulturalität ist von Interkulturalität zu unterscheiden. Wegen des Umfangs des Beitrags wird nur das Interkulturelle thematisiert.
26 Witte 2009: 54.

Können zusammenhängen. Die Grenzen zwischen mindestens zwei Sprach- und Kulturräumen müssen überwunden werden, wenn der Wissenszuwachs und das Dazu-Lernen nicht zu klischee- und stereotypischen nationalen Bildern führen soll.
Die folgende Grafik veranschaulicht die Möglichkeiten der Nutzbarmachung von Erinnerungsorten in diesem Zusammenhang.

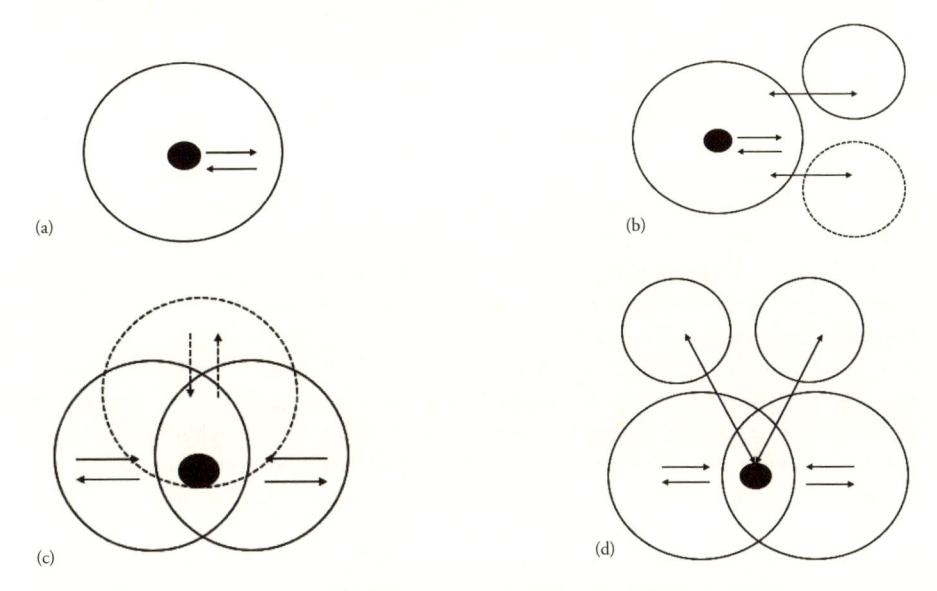

Abb. 1: Modell zur Nutzbarkeit der Erinnerungsorte (eigene Darstellung).

Abb. 1a stellt den Erinnerungsort eines Kollektivs dar. In der Mitte steht die Thematik, d.h. der anvisierte „Erinnerungsort", die sich auf die Kultur dieses Kollektivs bzw. einen Teilaspekt dessen Kultur bezieht. Denkbar wäre jedoch auch ein Setting, in dem der Erinnerungsort von anderen, fremden Kollektiven thematisiert wird (s. Abb. 1b). Ein solches Setting könnte ein Fremdsprachenunterricht sein, der außerhalb zielsprachiger Länder stattfindet, und in dem der betreffende Erinnerungsort als Anlass für landeskundliches bzw. kulturwissenschaftliches Lernen dienen soll. Die Lernenden bringen in diesem Fall ihr sprachliches und kulturelles Vorwissen mit, verknüpfen die Erinnerungsorte mit eigenen lebensweltlichen Erfahrungen und reflektieren auf Basis ihres Kollektivs über die ‚fremde' und ‚eigene' Kultur. Denkbar ist, dass ein Erinnerungsort von mehreren anderen kollektiven ‚beleuchtet' wird. Der gestrichelt eingezeichnete Kreis steht für weitere Kollektive. Zudem gibt es Erinnerungsorte, die zwei oder mehrere Kollektive teilen, dies wird in Abbildung 1c veranschaulicht. Der gemeinsame Erinnerungsort bietet einen Ausgangspunkt zur Diskussion. Die ausgewählten Erinnerungsorte werden in dieser Konstellation aus den unterschiedlichen Perspektiven betrachtet. Ein globaler Erinnerungsort für Kollektive aller Länder könnte beispielsweise die COVID-Pandemie sein. Noch komplexer wird das Setting, wenn grenzübergreifende Erinnerungsorte von einem fremden Kollektiv zum interkulturellen Lernen nutzbar gemacht werden (Abb. 1d). Beispielsweise könnte der deutsch-polnische Erinnerungsort auch in einem dritten oder vierten Land thematisiert werden.

Ein nationalübergreifender bzw. entgrenzter Erinnerungsort, der zeitlich, d.h. sowohl für Personen verschiedener Generationen, als auch regional, sozial, kulturell sowie sprachlich für Personen möglichst viele kollektive Anknüpfungspunkte beinhaltet und aktuell bearbeitbar ist, bietet vielfältige Möglichkeiten für Fremdsprachenunterricht auf unterschiedlichen Niveaustufen der sprachlichen und der interkulturellen Kompetenz. Eine prozessorientierte Arbeitsweise mit Erinnerungsorten ermöglicht sowohl den Erwerb sprachlicher, als auch interkultureller Kompetenzen. Es geht vor allem um ein fachübergreifendes Lernen, in dem die inhaltliche Beschäftigung mit Erinnerungsorten mit dem Erwerb der Fremdsprache und mit einem methodischen Know-how verbunden werden muss. Darüber hinaus werden Perspektivenwechsel sowie ein positiver und offener Umgang mit Unsicherheiten bzgl. einer ‚fremden' Kultur ermöglicht. Dafür werden hohe kognitive Anforderungen vorausgesetzt. Die Lernenden werden mit Schwierigkeiten des Fremdverstehens konfrontiert[27].

Zur Entlastung der fremdsprachlichen Kulturdidaktik in diesem Zusammenhang ist wichtig, das richtige Thema auszuwählen. Vor allem ist der Wiedererkennungswert mit verschiedenen zeitlichen, regionalen, sozialen, kulturellen und sprachlichen Facetten von Bedeutung[28]. Beispielsweise sind Persönlichkeiten, die über Generationen hinweg bis in die Gegenwart weltweit immer noch lebhaft sind, die kulturell und sprachlich vielfältig geprägt wurden, spannende Erinnerungsfelder.

Der folgende ausgewählte Erinnerungsort stellt die Umsetzungsmöglichkeiten des Konzepts dar und kann als Inspiration für die Unterrichtspraxis genutzt werden.

3 „Casa de Stefan Zweig" – Der Umgang mit „österreichisch-brasilianischen Erinnerungsorten" im DaF-Unterricht weltweit

Mit dem folgenden Beispiel „Casa de Stefan Zweig" werden Didaktisierungs- und Umsetzungsmöglichkeiten für einen nationalübergreifenden Erinnerungsort in einem dritten oder vierten Land gezeigt. Die Ausführungen beziehen sich also auf ein Setting wie in Abb. 1d skizziert.

3.1 Österreichisch-brasilianischer Erinnerungsort mit mehreren Facetten

„Casa de Stefan Zweig" befindet sich in Petrópolis, einer im 19. Jahrhundert von deutschsprachigen EinwanderInnen gegründeten Stadt, in Brasilien. Als eine wichtige Persönlichkeit aus Österreich, zugleich als Weltbürger, hat Stefan Zweig seine Spuren in vielen Ländern der Welt hinterlassen. Die Welt kennt ihn durch seine „Erinnerung eines Europäers" als Europäer[29]. Er sieht das Land Brasilien als „ein Land der Zukunft"[30]. Seine

---

27 Vgl. Roche/Röhling (2014); vgl. Hunfeld 2004: 45.
28 Badstübner-Kizik 2014.
29 Das autobiografische Werk von Stefan Zweig aus dem Jahr 1942: „Die Welt von Gestern. Erinnerungen eines Europäers".
30 Zweig 1941: „Brasilien: Ein Land der Zukunft".

Werke werden weltweit in verschiedene Sprachen übersetzt und seine LeserInnen teilen seine Literatur als kollektives Gedächtnis. Casa de Stefan Zweig war das letzte Haus von Stefan Zweig. Auf der Terrasse wurde ein außergewöhnlich großes Schachspiel aufgebaut, da Stefan Zweig in diesem Haus sein letztes Buch und die einzige Novelle „Schachnovelle" geschrieben hat. In Casa de Stefan Zweig hat er Suizid begangen und seinen „declaracão" (Abschiedsbrief) hinterlassen, der heute an der Wand in seinem Wohnzimmer zu sehen ist:

> Ehe ich aus freiem Willen und mit klaren Sinnen aus dem Leben scheide, drängt es mich eine letzte Pflicht zu erfüllen: diesem wundervollen Lande Brasilien innig zu danken, das mir und meiner Arbeit so gute und gastliche Rast gegeben. Mit jedem Tage habe ich dies Land mehr lieben gelernt und nirgends hätte ich mir mein Leben lieber vom Grunde aus neu aufgebaut, nachdem die Welt meiner eigenen Sprache für mich untergegangen ist und meine geistige Heimat Europa sich selber vernichtet. Aber nach dem sechzigsten Jahre bedürfte es besonderer Kräfte um noch einmal völlig neu zu beginnen. Und die meinen sind durch die langen Jahre heimatlosen Wanderns erschöpft. So halte ich es für besser, rechtzeitig und in aufrechter Haltung ein Leben abzuschliessen, dem geistige Arbeit immer die lauterste Freude und persönliche Freiheit das höchste Gut dieser Erde gewesen.
> Ich grüsse alle meine Freunde! Mögen sie die Morgenröte noch sehen nach der langen Nacht! Ich, allzu Ungeduldiger, gehe ihnen voraus.
> Stefan Zweig
> Petropoliss 22. II 1942

Mit dem Begriff „Casa de Stefan Zweig" werden von verschiedenen Kollektiven zahlreiche Erinnerungen assoziiert, an den Ersten und Zweiten Weltkrieg, an die im Zweiten Weltkrieg im deutschsprachigen Raum verbotene Literatur von Stefan Zweig, an seine vernichtete gestrige Heimat Europa und sein zukünftiges Land Brasilien. Mit Blick auf das Anliegen des Beitrags stellt sich in diesem Zusammenhang die Frage, für welche Personengruppen bzw. Kollektive die Casa de Stefan Zweig ein ‚be-greifbarer' Erinnerungsort sein könnte, d.h. für welche Kollektive der Erinnerungsort zum zentralen Bestandteil des kollektiven Gedächtnisses zählt und welche Kollektive sich dem Erinnerungsort eher von einer Außenperspektive annähern.
Stefan Zweig war ein Autor deutscher Sprache mit österreichischer Herkunft. Eine erste Frage in diesem Zusammenhang ist, ob Stefan Zweig von deutschen Kollektiven anders angesehen wird als von österreichischen Kollektiven. Als Jude musste Stefan Zweig im Zweiten Weltkrieg nach Brasilien flüchten: Sicherlich ist die Casa de Stefan Zweig auch für Jüdinnen und Juden ein besonderer Erinnerungsort. Stefan Zweig hat den Ersten und Zweiten Weltkrieg erlebt; während dieser Zeit sind viele Deutsche und ÖsterreicherInnen nach Brasilien ausgewandert. Die Ansichten über den zur Rede stehenden Erinnerungsort sind zwischen BrasilianerInnen und Deutsch-/Österreichisch-BrasilianerInnen sicherlich zu unterscheiden. Selbiges gilt aber sicherlich auch für die Erinnerungen von Personen der Generation Zweigs und jenen Personen, die in der Nachkriegszeit oder gar erst in den 2000ern geboren sind.

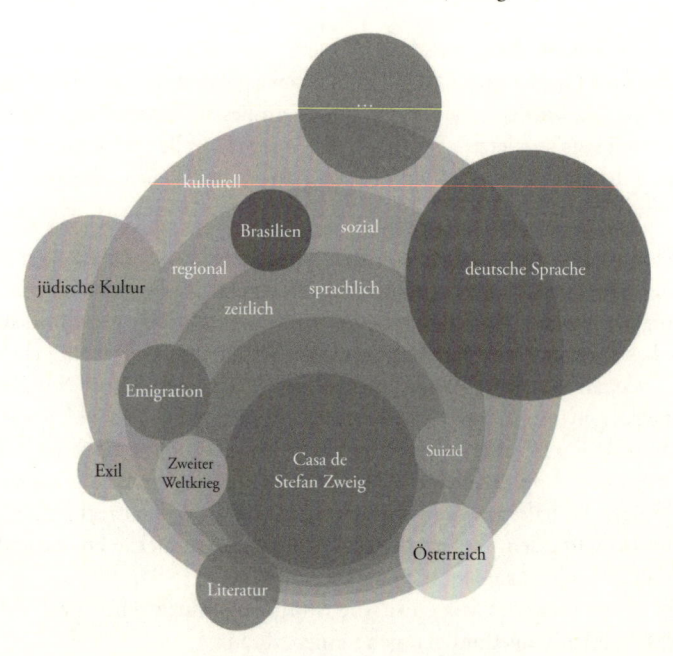

Abb. 2: Dimensionen der Casa de Stefan Zweig als Erinnerungsort (eigene Darstellung).

Die oben dargestellte Grafik zeigt die vielfältigen Dimensionen über die ein Erinnerungsort gefasst werden kann, exemplifiziert über den Erinnerungsort „Casa de Stefan Zweig". Über jede Dimension ergeben sich Verknüpfungspunkte mit verschiedenen Kollektiven. So ergeben sich vielfältige Assoziationen, die in Abb. 2 exemplarisch in Kugeln notiert worden sind – wobei die Darstellung diesbezüglich keinen Anspruch auf Vollständigkeit erhebt. Die Grafik lässt sich mit dem Modell zur Nutzbarkeit der Erinnerungsorte durch verschiedene Kollektive (s. dazu auch Abb. 1c und 1d in Kap. 2.2) zusammen betrachten.

Fokussieren wir beispielhaft die zeitliche Dimension. Der Erinnerungsort, als das Haus selbst, wurde für die während des Zweiten Weltkrieges unter anderem zu einem Symbol für „Exil". Heutzutage ist das Haus ein Museum, in dem oft Ausstellungen zu geflüchteten SchriftstellerInnen veranstaltet werden, um auf sie aufmerksam zu machen und ihren Werken Vitalität zu verleihen. Die Generation, die im Zweiten Weltkrieg aufgewachsen ist, verbindet diesen mit „Exil" assoziierten Erinnerungsort mit anderen Konnotationen als die heutigen Generationen. Und jene Jugendlichen von heute, die selbst Exil-Erfahrungen erlebt haben, empfinden diesen Erinnerungsort sicherlich wiederum anders als diejenigen unter ihnen, die diese Erfahrungen nicht haben.

Interkulturelles Lernen basiert auf Erfahrungen und Reflexionen. Für die jüngere Generation könnte die Casa de Stefan Zweig nun zuallererst als ein Museum wahrgenommen werden, das ein ehemaliges Wohnhaus von einem österreichischen Schriftsteller ist. Damit dieser Erinnerungsort für jüngere DaF-/ DaZ-Lernenden zu einem relevanten und greifbaren Lerngegenstand werden kann, ist je nach Zielgruppe zu operationalisieren. Die in der oben gezeigten Grafik (s. Abb. 2) notierten Dimensionen erleichtern einen systematisch-analytischen Zugang zum Erinnerungsort und eröffnen auf diese Weise zahlreiche Anknüpfungspunkte für verschiedene Zielgruppen. Für Deutschlernende in Brasilien könnte Zweigs Buch „Brasilien: Ein Land der Zukunft" einen passenden Zugang bieten. Auch für Deutschlernende aus China kann die Casa de Stefan Zweig zum Erinnerungsort werden, sofern ein passender Zugang gewählt wird. Im folgenden Kapitel wird beispielhaft auf China eingegangen, um deutlich zu machen, inwiefern „Casa de Stefan Zweig" für chinesische Deutschlernende – und damit für Lernende, die sich dem Erinnerungsort eher von einer Außenperspektive nähern – ein spannendes Thema und ertragreicher Gegenstand für interkulturelles Lernen sein kann.

3.2 Nutzbarkeit für DaF-Lernende in China als Beispiel

Aufgrund der fehlenden bzw. mangelhaften Materialien sowie teilweise fehlenden Fachkenntnisse ist die Arbeit mit dem genannten Erinnerungsort in China nicht nur für die Lernenden, sondern auch für die Lehrenden eine Herausforderung. Die Auseinandersetzung mit Erinnerungsorten im DaF-Unterricht erfordert ein fachübergreifendes Lernen, das Sprachlernen und interkulturelles Lernen handlungsorientiert verbindet. Abgesehen von dieser Herausforderung stellen sich für Lehrkräfte noch Fragen, wie „Ab wann ist die Umsetzung sinnvoll?" oder „Wie setze ich das Konzept effizient um?". Diesen Fragen wird nachstehend anhand des didaktischen Beispiels zum Erinnerungsort „Casa de Stefan Zweig" für chinesische Deutschlernende nachgegangen.

Stefan Zweig gehört zu den meistgelesenen deutschsprachigen SchriftstellerInnen der Welt. Der Erinnerungsort „Casa de Zweig" kann daher auch von zunächst vermeintlich eher weiter entfernten Personengruppen und Kollektiven (vgl. Abb. 1d) Bezugs- und Anknüpfungspunkte bieten. Bei der „Casa de Stefan Zweig" handelt es sich nicht (nur) um einen binationalen bzw. bikulturellen, sondern um einen transnationalen und entgrenzten Erinnerungsort. Schon während des „New Culture Movement" der 1920er Jahre wurden die Werke von Stefan Zweig von Intellektuellen in China entdeckt, die sich gegen die konfuzianische Tradition wandten. Vor und während der Kulturrevolution in China wurde Stefan Zweig auch politisch stark kritisiert. Seit Ende der Kulturrevolution werden Zweigs Werke zu verschiedenen Zwecken selektiv ausgewählt und übersetzt und auf eine ganz andere Art und Weise rezipiert bzw. aufgenommen. Mit Blick auf die zeitliche Dimension (vgl. Abb. 2) wird Stefan Zweig als Persönlichkeit von verschiedenen Generationen unterschiedlich betrachtet. Inguglia-Höfle hat in ihrem Buch „China's Stefan Zweig. The Dynamics of Cross-Cultural Reception" deutlich gemacht, dass der in China konzeptualisierte Stefan Zweig nicht nur das Verständnis von interkultureller Rezeption und der zugrunde liegenden Dynamik verändern kann, sondern auch eine ernstzunehmende Neubewertung eines der erfolgreichsten, aber missverstandenen europäischen Schriftsteller des 20. Jahrhunderts impliziert[31]. Die junge Regisseurin Jinglei

---

31 Vgl. Inguglia-Hoefle 2018.

Xu hat die Erzählung „Brief einer Unbekannten" im chinesischen Kontext verfilmt[32] und mit dieser Produktion wiederum den Regisseur des deutsch-US-amerikanischen Filmes „Grand Budapest Hotel" inspiriert[33]. Längst also wurde Stefan Zweig von jüngeren Generationen wiederentdeckt und in diesem Zuge auch neu bewertet. In Bezug auf die sprachliche Dimension ist die Literatur von Stefan Zweig als kollektives Gedächtnis für LeserInnen aus verschiedenen Ländern von Generation zur Generation unterschiedlich dargestellt worden und hat sich immer wieder verändert. Während des Zweiten Weltkriegs werden Zweigs Werke in seiner Heimat nicht mehr verlegt. Nach dem Zweiten Weltkrieg werden sie immer neu übersetzt, zugleich auch für LeserInnen mit geringer Sprachkompetenz zugänglich gemacht, was einen Zugang zum Erinnerungsort öffnen kann. Die medialen (Re-)Präsentationen in verschiedenen Formen bilden die Erinnerungen von bestimmten Individuen bzw. Gruppen ab und nehmen zugleich Einfluss auf die Erinnerungskultur. Beispielsweise wurde im Jahr 2021 der auf der gleichnamigen Novelle basierende Film „Schachnovelle" veröffentlicht[34], in welchem nicht nur die historischen Dimensionen neu interpretiert und reflektiert, sondern auch die bis dato übersehenen literarischen Werte neu entdeckt wurden.

Der Zugang zu eher weiter vom Erinnerungsort entfernten Personengruppen wird hier exemplarisch anhand von DaF-Lernenden mit Chinesisch als Erstsprache ausgeführt. Der oben genannte chinesische Film „Brief einer Unbekannten" wäre ein niederschwelliger Zugang für die Lernenden ohne Deutschsprachkenntnisse, durch den ein weiterer Blick in die Casa de Stefan Zweig geworfen werden kann. In dem Film wurde die Geschichte im damaligen China im Jahr 1948 adaptiert: Ein chinesischer Schriftsteller erhält darin an seinem 41. Geburtstag einen „Brief einer Unbekannten". Um sich dem Erinnerungsort Casa de Stefan Zweig von verschiedenen Perspektiven zu nähern, könnten Fragen und Aufgaben erstellt werden, durch die Brücken und Verknüpfungspunkte gebaut werden können. Bezugnehmend auf die Lernzieltaxonomie von Witte[35] werden folgende Beispielsfragen und -aufgaben erläutert. Die oben genannten Filmdarstellungen der Erzählung „Brief einer Unbekannten" ermöglichen den Lernenden, sich mit der in verschiedenen zeitlichen und kulturellen Kontexten adaptierten Geschichte auseinanderzusetzen. Inwiefern wurde die Geschichte in dem chinesischen Film anders als oder ähnlich wie im Film „The Grand Budapest Hotel" präsentiert? Wie wurde die Geschichte in Deutschland verfilmt bzw. medial anders dargestellt? Gibt es zwischen der alten und neuen Verfilmung Unterschiede und Ähnlichkeiten? Für fortgeschrittene Deutschlernende können die chinesischen Untertitel mit der Erzählung auf Deutsch verglichen und Fragen zum Sprachvergleich formuliert werden, möglicherweise sogar in Bezug auf Sprachvarietäten. Als Aufgabe können die Lernenden die Synchronisation des Films auf Deutsch für bestimmte Szenen produzieren, sich in die Szenen hineinversetzen, wodurch ein erfahrungsbasiertes Lernen ermöglicht werden kann. Durch diese

---

32 Jinglei Xu (2004): „Brief einer Unbekannten" (original: 徐静蕾 (2004): 一个陌生女人的来信).
33 Wes Anderson (2014): „The Grand Budapest Hotel".
34 Philipp Stölzl (2021): „Schachnovelle".
35 Witte 2009: 54.

vergleichende Beschäftigung werden die ersten Stufen der Progression des interkulturellen Lernens erreicht, wo die ersten sprachlichen, kulturellen und zeitlichen Kontakte aufgebaut werden. Als lebensweltlicher Bezugspunkt für chinesische DaF-LernerInnen könnte dabei beispielsweise die Stadt Qingdao dienen, die für die Dauer von 17 Jahren von Deutschland kolonisiert worden ist. Die geschützte ‚deutsche Stadt' in der Altstadt Qingdaos führt die koloniale Vergangenheit heute noch präsent vor Augen. Straßenschilder oder auch bestimmte Namen von Produkten[36] könnten die Möglichkeit eröffnen, die Lernenden sprachsensibel und -bewusst an Erinnerungsorte der Migration, der Kolonialisierung und des Exils heranzuführen und so einen Zugang zu Petrópolis und der Casa de Stefan Zweig zu finden. Exemplarisch könnte an der Kugel „Suizid" (s. Abb. 2 im Kapitel 3.1.) „reinzoomt" werden. Die „Casa de Stefan Zweig" kann auch ein Erinnerungsort für Suizid-Gefährdete sein, welche ein eignes Kollektiv ist. Wie wird „Suizid" von Stefan Zweig, von verschiedenen Generationen, Kulturen und Regionen betrachtet? Wie sind die subjektiven Einstellungen von den Lernenden zu diesem Thema? Was beeinflusst die subjektive Interkultur? Welche Wirkung hat die subjektive Interkultur auf das Verhalten? Durch diese Fragen können die Lernenden über sich selbst, über eigene Kultur, Verhaltens- und Denkweisen reflektieren.

4 Ausblick

Das von Nora intendierte Konzept „Erinnerungsort" wird in verschiedenen Fachbereichen genutzt und ist zu einem nations-, kultur- sowie fachübergreifenden Begriff geworden, der immer mehr Perspektiven entfaltet. Der Versuch, einen Erinnerungsort passenden Kollektiven und Dimensionen zuzuordnen, ist ein langwieriger Prozess, in dem viel Fachwissen und Denkarbeit erlangt werden kann. Umstrittene Fälle kommen nicht selten vor, da sich die Dimensionen zum Teil überschneiden und ein Erinnerungsort aus verschiedenen Perspektiven mehreren Dimensionen eingeordnet werden kann. An der Stelle gibt es keine richtige oder falsche Einordnung. Die Denkprozesse sowie das Ausprobieren sind im Grunde genommen entscheidend. Die Deutungs- und Sinnzuschreibungsprozesse sollen im Zentrum der Kultur- sowie Sprachdidaktik im DaZ-/DaF-Unterricht liegen. Seminare zur Auswahl sowie Materialerstellung der Erinnerungsorte weltweit wären eine gute Möglichkeit, in der ein für die Praxis anwendbares Konzept durch die Zusammenarbeit von Lernenden und Lehrenden entworfen werden könnte. Die Lernenden lernen dabei nicht (nur) die Sprache, sondern sie wenden das bereits erworbene sprachliche und interkulturelle Wissen an, um Materialien zu Erinnerungsorten für bestimmte Zielgruppen zu erstellen, die eventuell auch an Schulen angewendet werden können. Mit Blick auf mehrsprachige Sprachfunde gibt es die App „Lingscape", mittels derer weltweit ein gemeinsames Korpus erstellt und annotiert werden soll (mit mehrsprachigen Straßenbildern, Graffitis etc.). Evtl. könnte ein solches Online-Korpus, das für alle frei zugänglich ist, auch zu Erinnerungsorten angelegt werden und alle Personen, d.h. Zugehörige ganz unterschiedlicher Kollektive könnten dann

---

36 QingdaoerInnen benutzen zum Beispiel auch heute noch das Wort „Gully", um Kanalisationsabdeckungen zu bezeichnen.

ihre Assoziationen zu diesen Erinnerungsorten notieren. So könnten die Kollektive bzgl. der Erinnerungsorte in einen Austausch/Dialog treten.

Inhaltlich bringt das Konzept viele Denkanstöße. Nicht nur für die Deutschlernenden in Brasilien, sondern auch in anderen Ländern sind weltweit bekannte Persönlichkeiten wie Stefan Zweig ein geeigneter Ausgangspunkt für sprachliches wie interkulturelles Lernen. Die Herangehensweise mit den deutschen, deutsch-brasilianischen, globalen bzw. entgrenzten Erinnerungsorten bringt einen zum Nachdenken darüber, welche deutschen, brasilianischen, weltweiten Erinnerungsorte es gibt und darauf aufbauend, welche relevanten transnationalen Erinnerungsorte diskussionswert und für den Fremdspracherwerb und das kulturbezogene Lernen gewinnbringend sind, weil sie für viele Personengruppen Anknüpfungspunkte bieten.

Literatur

Altmayer, Claus: Kultur als Hypertext. Zu Theorie und Praxis der Kulturwissenschaft im Fach Deutsch als Fremdsprache, München 2004.

Altmayer, Claus: Von der Landeskunde zur Kulturwissenschaft. Herausforderungen und Perspektiven, in: Landeskunde Nord, hg. von Frank Thomas Grub, Frankfurt am Main 2013.

Altmayer, Claus: „Erinnerungsorte" im Kontext von Deutsch als Fremd- und Zweitsprache – aus der Sicht einer kulturwissenschaftlich transformierten „Landeskunde", in: Brückenschläge Nord: Landeskunde an der Schnittstelle von Schule und Universität. Beiträge zur 4. Konferenz des Netzwerks «Landeskunde Nord» in Tallinn am 26./27 Januar 2018, hg. von Frank Thomas Grub und Maris Saagpakk, Berlin 2020.

Assmann, Jan: Das kulturelle Gedächtnis. Schrift, Erinnerungen und politische Identität in frühen Hochkulturen, München 1992.

Badstübner-Kizik, Camilla: „Erinnerungsorte" in der fremdsprachlichen Kulturdidaktik. Anmerkungen zu ihrem didaktisch-methodischen Potenzial, in: Wege für Bildung, Beruf und Gesellschaft - mit Deutsch als Fremd- und Zweitsprache. 38. Jahrestagung des Fachverbandes Deutsch als Fremdsprache an der Universität Leipzig 2011, hg. von Nicole Mackus und Jupp Möhring, Göttingen 2014.

Badstübner-Kizik, Camilla; Hille, Almut (Hg.): Erinnerung im Dialog. Deutsch-polnische Erinnerungsorte in der Kulturdidaktik Deutsch als Fremdsprache, Poznań 2016.

Benninghoff-Lühl, Sibylle; Leibing, Annette: Brasilien. Land ohne Gedächtnis?, Hamburg 2001.

Den Boer, Pim; Duchhardt, Heinz; Kreis, Georg; Schmale, Wolfgang (Hg.): Europäische Erinnerungsorte, München 2012.

Dobstadt, Michael: Friedliche Revolution – Wende – Friedliche Revolution: Erinnerungsworte der DDR als Gegenstände einer kulturwissenschaftlichen Landeskunde in DaF/DaZ, in: Linguistik und Kulturwissenschaft. Zu ihrem Verhältnis aus der Perspektive des Faches Deutsch als Fremd- und Zweitsprache und anderer Disziplinen, hg. von Michael Dobstadt, Christian Fandrych und Renate Riedner, Frankfurt am Main 2015.

Erll, Astrid: Kollektives Gedächtnis und Erinnerungskulturen. Eine Einführung, Stuttgart 2017.

Fornoff, Roger: Landeskunde und Kulturwissenschaftliche Gedächtnisforschung. Einnerungsorte des Nationalsozialismus im Unterricht Deutsch als Fremdsprache, Baltmannsweiler 2016.

François, Étienne; Schulze, Hagen: Deutsche Erinnerungsorte, Bd. 1, München 2003.

François, Étienne; Schulze, Hagen: Deutsche Erinnerungsorte: eine Auswahl, Bonn 2005.

Hahn, Hans Henning: Wovon die deutsch-polnischen Erinnerungsorte (nicht) erzählen, in: Deutsch-polnische Erinnerungsorte, hg. von Hans Henning Hahn und Robert Traba, Bd. 1, Paderborn 2015.

Hintermann Christiane: Orte, Räume und das Gedächtnis der Migration. Erinnern in der (post-)migrantischen Gesellschaft, in: Mitteilungen der Österreichischen Geographischen Gesellschaft, Bd. 158/2016.

Halbwachs, Maurice: Das kollektive Gedächtnis, Frankfurt am Main 1991. (original: Halbwachs Maurice: La Mémoire collective, Paris 1950.)

Hunfeld, Hans: Fremdheit als Lernimpuls. Skeptische Hermeneutik, Normalität des Fremden, Fremdsprache Literatur, Meran/Klagenfurt 2004.

Inguglia-Hoefle, Arnhilt: China's Stefan Zweig. The Dynamics of Cross-Cultural Reception, Honolulu 2018.

Jakubowicz, Linda Lilith: Migration und Geschichte. Der Weg zu einer transnationalen Erinnerungskultur, in: SIAK-Journal – Zeitschrift für Polizeiwissenschaft und polizeiliche Praxis (1/2018).

Janachowska-Budych, Marta: Migration als Erinnerungsort? Ein interdisziplinäres Thema und seine Implikationen für das Fach Deutsch als Fremdsprache, in: Neofilolog (2020), Nr. 55/2.

Koreik, Uwe: Landeskunde, Geschichte und „Erinnerungsorte" im Fremdsprachenunterricht, in: Kulturelles Gedächtnis und Erinnerungsorte im hochschuldidaktischen Kontext, hg. von Camila Badstübner-Kizik und Almut Hille, Frankfurt am Main 2015.

Levy, Daniel; Sznaider, Natan: Erinnerung im globalen Zeitalter: Der Holocaust, Franfurt am Main 2007.

Nora, Pierre: Zwischen Geschichte und Gedächtnis, Frankfurt am Main 1998. (Original: Nora, Pierre: Les lieux de mémoire, 7 Bde, Paris 1984–92.)

Pasewalck, Silke: Erinnerungsorte im Fremdsprachenunterricht als Arena, in: Kulturelles Gedächtnis und Erinnerungsorte im hochschuldidaktischen Kontext. Perspektiven für das Fach Deutsch als Fremdsprache, hg. von Camila Badstübner-Kizik und Almut Hille, Frankfurt am Main 2015.

Roche, Jörg; Röhling, Jürgen (Hg.): Erinnerungsorte und Erinnerungskulturen. Konzepte und Perspektiven für die Sprach- und Kulturvermittlung, Baltmannsweiler 2014.

Rothenberg, Michael: Multidirectional Memory: Remembering the Holocaust in the Age of Decolonization, Stanford 2009.

Schmidt, Sabine; Schmidt, Karin (Hg.): Erinnerungsorte. Deutsche Geschichte im DaF-Unterricht, Berlin 2007.

Sontag, Susan: Das Leiden anderer betrachten. Aus dem Englischen von Reinhard Kaiser, München 2003.

Welzer, Harald: Das kommunikative Gedächtnis. Eine Theorie der Erinnerung, München 2002.

Witte, Arnd: Reflexion zu einer (inter)kulturellen Progression bei der Entwicklung interkultureller Kompetenz im Fremdsprachenlernprozess, in: Interkulturelle Kompetenz und fremdsprachliches Lernen. Modelle, Empirie, Evaluation Intercultural competence and foreign language learning: models, empiricism, assessment, hg. von Adelheid Hu und Michael Byram, Tübingen 2009.

Zweig, Stefan: Die Welt von gestern: Erinnerungen eines Europäers, Frankfurt am Main 1970.

Zweig, Stefan (Hg. u. mit e. Nachbemerkung vers. von Knut Beck): Brasilien: ein Land der Zukunft, Frankfurt am Main 1990.

Metaphernfelder und Metonymie im interkulturellen DaF-Unterricht

Marjan Asgari

1   Erinnerungsorte im interkulturellen DaF-Unterricht

Lernziele im Fach Deutsch als Fremdsprache sind neben den im Gemeinsamen Europäischen Referenzrahmen für Sprachen (GER[1]) beschriebenen Kompetenzbereichen auch der kulturhermeneutische Aspekt des Fremdverstehens und die Suche nach Zugängen zu anderen Kulturen[2]. Dabei ist im Fremdsprachunterricht von einem geschlossenen Kulturbegriff im Sinne von „Nationalkultur" aus polemischen Diskursen Abstand zu wahren, denn Kultur impliziert vielmehr eine offene Begrifflichkeit[3]. Da es sich um einen dynamischen Aushandlungsprozess handelt, werden im DaF-Unterricht durch die Rezeption literarischer Erinnerungsorte nicht nur Lesekompetenz bzw. Hörverstehen gefördert, sondern zugleich die fremdsprachliche diskursive Kompetenz[4]. Für dieses Wissen um die Gegenwart ist das Wissen um die Vergangenheit eines Landes erforderlich, denn eine (Fremd-)Kulturwissenschaft speist sich auch aus historischen Bezügen zum Gegenwärtigen[5]. Besonders gut eignen sich laut Badstübner-Kizik[6] synchron und diachron vernetzte Thematiken, bei denen die historische Dimension zugleich über individuelle Erinnerungsgeschichten vermittelt wird. Neben der Relevanz von Texten für den landeskundlichen Unterricht[7] kommt dementsprechend auch Erinnerungsorten für das interkulturelle Lernen, v.a. in Bezug auf das kollektive Gedächtnis, eine besondere Rolle zu. Denn das kulturelle Gedächtnis impliziert eine Erinnerung durch Orte, Denkmäler und Gedenkstätten[8]. Kulturbezogenes Lernen bezieht sich gleichermaßen auf sprachliche sowie auf kulturelle bzw. historische Aspekte[9].

Zu Erinnerungsorten zählen sowohl reale wie auch imaginäre Räume und Konzepte, wie „mythische Gestalten und Ereignisse, Gebäude und Denkmäler, Institutionen und Begriffe, Bücher und Kunstwerke"[10]. Diese überdauern die Zeitzeugen, denn es han-

---

1 Gemeinsamer Europäischer Referenzrahmen für Sprachen (GER): https://www.oesz.at/OESNEU/document2.php?Submit=&pub_ID=146 [letzter Zugriff 05.10.2022].
2 Altmayer 1997, S. 1.
3 Altmayer 1997, S. 8.
4 Badstübner-Kizik 2015, S. 13.
5 Schmidt/Schmidt 2007, S. 418.
6 Badstübner-Kizik 2015, S. 21.
7 Altmayer 2002, S. 1.
8 Assmann 1999.
9 Badstübner-Kizik 2015, S.14.
10 François/Schulze 2001, S. 17.

delt sich um Orte kollektiver Erinnerung, losgelöst von Generationenwechseln, aber veränderbar in ihrer Wahrnehmung, Anwendung und Einbeziehung in kulturelle Praktiken[11]. Erinnerungsorte und Gedenkstätten verankern die Ereignisse in kommunikativen Diskursen und erhalten sie so über Generationen hinweg[12], solange ihre Bedeutung zusätzlich versprachlicht wird[13]. Die physisch-materielle Dimension des Erinnerungsortes wird entsprechend mit der symbolischen Dimension des Erinnerns verbunden[14]. Anne Franks Tagebuch und das Anne-Frank-Haus ermöglichen für den DaF-Unterricht das Verknüpfen eines Erinnerungsortes mit einem Schriftstück. Die Verbindung von Textraum und realem Ort bietet den SchülerInnen einerseits eine Distanzierung durch linguistische Analysen und andererseits eine subjektive Erfahrbarkeit durch die topographische und materielle Realität des Anne-Frank-Hauses und schafft dadurch einen konkreten Anknüpfungspunkt für abstrakte Themen[15]. Im Folgenden wird erörtert, inwiefern der Erinnerungsort „Anne-Frank-Haus" und das Metaphernfeld „Hinterhaus" im interkulturellen Deutschunterricht unter Rückgriff auf Anne Franks Romanfragment *Das Hinterhaus* behandelt werden können. Denn das Wachhalten der Traditionen und Texte des Judentums ist im DaF-Unterricht ebenso wichtig wie eine tiefgreifende Reflexion über die Schoah. Da die Nationalsozialisten einen Großteil der deutschsprachigen Juden ermordeten, deportierten oder zur Flucht zwangen, ist die mündliche Vermittlung zwischen den Generationen unterbrochen. Das in der Forschungsliteratur vielfältig diskutierte Thema der Erinnerungskultur[16] darf deshalb in der Fremdsprachenpädagogik nicht ausgeklammert werden.

2 Judentum und Schoah – Themen im Deutsch als Fremdsprachenunterricht

Ähnlich wie auch die Reduktion von Fremdsprachenlernenden auf Repräsentations-Rollen nationaler Herkunft in der Fremdsprachendidaktik kritisiert wird[17], ist auch der Ansatz eines subjektiven Nachvollziehen-Wollens von persönlichen Geschichten im Kontext der Schoah kritisch zu betrachten. Den Toten solle hingegen eine Stimme verliehen werden, ohne sie sich einzuverleiben[18]. So wird entsprechend in der Forschungsliteratur der didaktische Ansatz einer Identifizierung von LeserInnen mit den verfolgten ProtagonistInnen abgelehnt[19]. Dem versucht die Fremdsprachendidaktik v.a. seit der Jahrtausendwende in einer Berücksichtigung der Pluralität von Identitäten nachzukommen[20]. Um diesem Anspruch gerecht zu werden, ist eine Arbeit mit Anne Franks Romanfragment empfehlenswert, da die junge Schriftstellerin nicht nur stilsicher ihre eigene Lage

---

11 François/Schulze 2001, S. 18.
12 Halbwachs 2003, S. 163 f.
13 Assmann 1999, S. 309.
14 Wünsch 2018, S. 90.
15 Schmidt/Schmidt 2007, S. 423.
16 Vgl. Assmann 2011; Diner 2011; O'Loughling 2015.
17 Altmayer 2016, S. 18.
18 Wyschogrod 1998, S. 3.
19 Pollock 2007.
20 Schmidt/Schmidt 2007, S. 422.

schildert, sondern auch die Befindlichkeiten der anderen BewohnerInnen des immer enger werdenden Verstecks beschreibt und zugleich mit einem Blick auf die Straßen, einer Reflexion über die jüdischen MitschülerInnen sowie der Wiedergabe von Radiobeiträgen einen facettenreichen Zeitzeugenbericht liefert. Der Text lässt sich dementsprechend im interkulturellen DaF-Unterricht vielschichtig interpretieren. Wichtig bleibt es zu bedenken, dass gewisse Aspekte im Kontext der Schoah sowohl im Schreib- als auch im Rezeptionsprozess unsagbar bleiben und dennoch mitgelesen werden müssen[21].

Diese Interpretationsweise beruht unter anderem auf Walter Benjamins Geschichtsverständnis. In seinem Essay *Über den Begriff der Geschichte* konstatiert er, dass Texte keine stabilen Entitäten bilden, sondern ihre Bedeutung aufgrund des Abgrundes zwischen Signifikat und Signifikant stets arbiträr und kontextabhängig zu interpretieren sei[22]. In semiotischen Studien findet sich ein ähnliches Verständnis[23]. So stellt beispielsweise die „Semiosphäre" ein Zeichensystem dar, das einerseits Topographien und andererseits zugleich die entsprechend medial vermittelte Kultur überformt[24]. Dabei handelt es sich nicht um einen homogenen Bedeutungsraum, sondern dieser konstituiert sich vielmehr über gemeinsame Zeichensysteme und Diskursgegenstände[25]. Semiosphären, zu denen reale Orte, Zeichen- und Texträume gehören, können für den Deutsch als Fremdsprachunterricht eine gewinnbringende Rolle spielen. Mit dem Anne-Frank-Haus wurde solch ein Ort geschaffen, weil dieser, in Zusammenhang mit Franks Romanfragment *Das Hinterhaus*, einen (Zeichen-)Raum öffentlicher Erinnerungspraxis bildet. Unter den öffentlichen Erinnerungspraktiken verbergen sich Ebenen individueller, oft traumatischer Erfahrungen, die in der textuellen Repräsentation auf vieldeutige Weise zutage treten[26]. Im interkulturellen DaF-Unterricht wäre daher eine Verbindung von Besuchen jüdischer (Erinnerungs-)Orte mit der Lektüre von Texten deutschsprachiger, jüdischer SchriftstellerInnen empfehlenswert.

3 Sprachliche Annäherungen an die Schoah

Die Schwierigkeiten, mit denen sich die Menschen während der Verfolgung durch die Nationalsozialisten im Versteck und unter ständiger Drohung von Deportation konfrontiert sahen, lassen sich sprachlich nur schwer ausdrücken[27], wie die SchülerInnen beim Lesen von Anne Franks Tagebuch oder auch bei Besuchen ehemaliger Synagogen, Konzentrationslager oder dem Anne-Frank-Haus feststellen werden. Die Forschungsliteratur zur Trauma-Theorie zeigte in den vergangenen Jahrzehnten, dass sich die Sprache in Bezug auf das Schildern traumatischer Erfahrungen einer unmittelbaren

---

21 Lyotard 1990, S. VIII.
22 Benjamin zitiert in Alter 1991, S. 87.
23 Vgl. Lotman, Uspensky 1983; Flusser 1989; Geertz 2009, S. 9.
24 Lotman 1990.
25 Asgari 2019, S. 135.
26 Asgari 2019.
27 Asgari 2019, S. 293.

Repräsentation widersetzt[28]. Dies wird in vielen Texten jüdischer SchriftstellerInnen beschrieben[29] und zeigt sich auch in Franks Romanfragment *Das Hinterhaus*.
In einer albtraumhaften Vision erscheint der Schriftstellerin die ehemalige ebenfalls jüdische Mitschülerin Hanneli Goslar, die zu jenem Zeitpunkt (27. November 1943) mit ihrer Familie im Konzentrationslager Bergen-Belsen gefangen gehalten wurde. Frank berichtet von ihrem Traum folgendes: „Ich sah sie vor mir, in Lumpen gekleidet, mit eingefallenem und abgemagertem Gesicht. Ihre Augen waren ganz groß, und sie sah mich so traurig und vorwurfsvoll an, dass ich in ihrem Blick lesen konnte: ‚Oh, Anne, warum hast du mich verlassen? Hilf, oh hilf mir, rette mich aus dieser Hölle!'"[30]. So wie viele andere plagt auch Frank das Schuldempfinden zu leben, während ihre GlaubensgenossInnen und Mitmenschen litten, möglicherweise gar bereits ermordet wurden. Wichtig ist es, sich dieser Thematik im DaF Unterricht behutsam zu nähern, um eine oberflächige Identifikation zu vermeiden und eine Stereotypisierung von Opferrollen zu verhindern. In elaborierenden Lesestrategien lässt sich das Wissen um historische Ereignisse im Deutschunterricht erweitern[31]. Die kreativen Lesestrategien hingegen werden durch die kaum zu fassenden Ausmaße der Schoah an ihre Grenzen geführt, was mit den DeutschlernerInnen offen besprochen werden sollte: Innerhalb welcher Grenzen sind Empathie und Nachempfinden der Geschichte möglich? Inwieweit kann das kreative Auseinandersetzen mit dem Gelesenen das historische Verständnis fördern und wovon sollte – angesichts der erforderten Sensibilität mit dem Thema – im Unterricht Abstand genommen werden?
Diese dialogische und diskursive Annäherung an die deutsche Vergangenheit ist ein wichtiger Prozess im DaF-Unterricht. Dabei sollte den SchülerInnen vermittelt werden, dass die Erinnerungsarbeit traumatische Erlebnisse nicht zu einem sinnbehafteten Abschluss bringen kann. Denn als besonders problematisch erweist sich die Frage nach sprachlichen Spuren des Traumas, wenn es sich auf den Tod anderer bezieht[32]. So können Traumata, wie der Verlust geliebter Menschen oder Fluchterfahrungen, zu einem Verlust der Sprache führen[33]. Diese Leerstellen des Unsagbaren müssen in der Rezeption von Anne Franks Tagebuch durch die Lesenden gefüllt werden, während dieser Prozess zugleich immer wieder an seine Grenzen stößt. Entsprechend gilt es in einem verantwortungsbewussten, interkulturellen DaF-Unterricht auf Basis von Franks komplexer Sicht- und Schreibweise das Verständnis für die Geschichte zu fördern und Linien zur Gegenwart hin zu öffnen, die sich beispielsweise auf die kollektive Verantwortung der Deutschen beziehen.

---

28 Fuchs 2002, S. 241.
29 Asgari 2019, S. 291.
30 Frank 2019, S. 135, 27. November 1943.
31 Asgari 2021.
32 Wyschogrod 1998, S. 3.
33 Aciman 2000.

4 Anne Frank: Die Romanautorin

Häufig problematisiert wird in der Forschungsliteratur die Identifizierung der LeserInnen mit den verfolgten ProtagonistInnen. In einem Mitleiden und Bedauern Anne Franks als kleines Mädchen werde die Schoah zu Kitsch gemacht[34]. Für den DaF-Unterricht empfehlen sich daher weniger die Verfilmungen von Anne Franks Tagebuch, sondern eine handlungsorientierte Arbeit mit der Neuausgabe ihres Romanfragments im Secession Verlag, weil Frank hier als eigenständige Schriftstellerin und nicht als passiv bleibendes Opfer der Nationalsozialisten gesehen wird. Schwerpunkt der literaturpädagogischen Arbeit sollte daher auf einer Auseinandersetzung mit Franks Text als literarischem Werk liegen.

Am 11. Mai 1944 notiert Anne Frank in ihrem Tagebuch: „Du weißt schon längst, dass es mein Lieblingswunsch ist, einmal Journalistin und später eine berühmte Schriftstellerin zu werden. [...] Nach dem Krieg will ich auf jeden Fall ein Buch mit dem Titel ‚das Hinterhaus' herausbringen, ob das gelingt, ist auch die Frage, aber mein Tagebuch kann dafür nützlich sein."[35] Der Titel *Hinterhaus* lasse die Lesenden, so Frank, zunächst an das Genre der Kriminalromane denken, dann allerdings werden sie von den kuriosen Erlebnissen während des Verstecks erfahren. Der Erziehungsminister der niederländischen Exilregierung, Gerrit Bolkestein, rief am 28. März 1943 im Radio Oranje dazu auf, Tagebücher zu schreiben und später zu veröffentlichen, um das Leben in der Besatzungszeit zu dokumentieren. Frank beschließt daraufhin, ihr eigenes Tagebuch als Roman herauszugeben. In den anschließenden 2,5 Monaten erfolgt eine gründliche Überarbeitung ihrer Texte[36]. Auf 215 Blättern Durchschlagpapier hält Frank ihren Romanentwurf fest, der sich deutlich von den ursprünglichen Tagebucheintragungen unterscheidet und schreibt dazu: „Ich selbst bin hier meine schärfste und beste Kritikerin, ich weiß selbst, was gut geschrieben ist und was nicht."[37] Viele Schilderungen der Konflikte mit ihrer Mutter beispielsweise streicht Anne Frank in ihrem Romanentwurf. Denn bereits am 7. März 1944 notierte sie, dass sie ihre Mutter entbehren könne und über Streitereien hinausgewachsen sei[38]. An Stelle der Schilderung persönlicher Konflikte aus den Tagebucheinträgen tritt nun im Romanfragment ein Fokus auf Sprachspiele in den Vordergrund, die eine hervorragende Grundlage bilden, um produktiv mit dem *Hinterhaus*-Roman im Deutschunterricht zu arbeiten.

In Wortspielen, Metaphern und Metonymie sieht die Autorin eine Möglichkeit, ihre Gefühle zu äußern, ohne dass die volle Bedeutung eindeutig für die RezipientInnen zutage tritt. So erklärt Frank, sie habe sich den Namen Mans oder Mansa für ihre Mutter ausgedacht, um doch noch so etwas wie das in den Niederlanden typische Mams zu ihr sagen zu können: „Es ist quasi eine unvollkommene Mams, die ich so gern mit einem weiteren Bogen am ‚n' ehren würde und die die Bedeutung ihres Namens zum Glück

---

34 Pollock 2007.
35 Frank zitiert in Nussbaum 2019, S. 193.
36 Nussbaum 2019, S. 194.
37 Frank zitiert in Nussbaum 2019, S. 205.
38 Frank 2019, S. 174 f.

nicht kennt."³⁹ Sie kreiert ein neues Wort, dessen Konnotationen der Schriftstellerin treffender erscheinen als die traditionelle Verwendung der Anrede „Mams". Anhand Franks Wortneuschöpfungen erfahren die FremdsprachenlernerInnen, dass die Sprache kein unveränderlich festgeschriebenes Gefüge ist, sondern sich in stetem Wandel befindet und mit ihr kreativ umgegangen werden kann.

Viele weitere Passagen aus dem Tagebuch, in denen Frank ihren direkten Ärger über die Mutter äußerte, streicht sie für die Neufassung – so etwa die Sätze: „Und in den meisten Fällen ist meine Mutter tatsächlich ein Vorbild für mich, aber ein Vorbild dafür, wie ich etwas gerade nicht tun soll."⁴⁰ Ihre eigene Entwicklung sieht Frank dabei in engem Zusammenhang mit dem Schreiben. Im Tagebucheintrag vom 7. März 1944 hält sie fest: „Ich begann, nachzudenken, Geschichten zu schreiben, und gelangte zu dem Schluss, dass die anderen nichts mehr mit mir zu tun hatten, sie hatten nicht das Recht, mich wie ein Uhrpendel von links nach rechts zu zerren, ich wollte mich selber umwandeln, nach meinem eigenen Willen."⁴¹

Mit den SchülerInnen lassen sich an dieser Stelle Unterschiede zwischen den Gattungen Tagebuch und Roman herausarbeiten. Wo liegen die Grenzen zwischen Persönlichem und Elementen der Fiktion? In Form eines Lesetagebuches können die SchülerInnen die neugewonnen Kenntnisse über stilistische sowie strukturelle Genremerkmale selbst umsetzen. In handlungsorientierten Lernsettings wird auf eigenständiges Entdecken in und durch Literatur fokussiert, wodurch die Lernenden motiviert werden, sich der Herausforderung des Lesens und Schreibens fremdsprachlicher Texte zu stellen⁴². Neben der Behandlung struktureller Textmerkmale kann dabei das Augenmerk der Lernenden auf Sprache und Stil gelenkt werden, um die Sprachbewusstheit auszubauen. Sprachbewusstheit und sprachkontrastives Arbeiten wiederum stehen in engem Zusammenhang mit interkulturellem Lernen⁴³. Diese interkulturell und historisch sensible Sprachbewusstheit lässt sich mit den Deutsch-als-Fremdsprache-LernerInnen auf Basis von Franks literarischem Text vertiefen, so beispielsweise durch eine linguistische Analyse des Metaphernfeldes *Hinterhaus*.

5 Das Metaphernfeld Hinterhaus

Das von Anne Frank beschriebene *Hinterhaus* – zugleich Arbeitstitel ihres Romanfragments – stellt als Metaphernfeld eine besondere strukturelle Form von Metaphorik dar. In Metaphernfeldern treten die Sprachbilder im Verbund mit übergeordneten komplexeren Konzeptbereichen auf und erzeugen so in Texten einen netzartigen Zusammenhang⁴⁴. Die Sprachbilder zum Hinterhaus eröffnen zugleich eine Verbindungslinie zwischen den im Versteck eingeschlossenen Menschen und der Außenwelt. In Anne Franks Romanfragment stellt das *Hinterhaus* ein strukturgebendes Element dar. Wiederholt

---

39 Frank 2019, S. 150, 12. Januar 1944.
40 Frank zitiert in Nussbaum 2019, S. 203.
41 Frank 2019, S. 174, 7. März 1944.
42 Bertschi-Kaufmann 1998.
43 Vgl. Luchtenberg 2008; Neuland 2002; Wolff 2002.
44 Lessing-Sattari 2015, S. 373.

wird es mit der Außenwelt kontrastiert, während die Personen untrennbar mit dem Haus verwoben sind: „Ich sehe uns acht zusammen mit dem Hinterhaus, als ob wir ein Stückchen blauer Himmel wären, umgeben von schwarzen, schwarzen Regenwolken. Das runde, abgegrenzte Fleckchen, auf dem wir stehen, ist noch sicher, doch die Wolken rücken mehr und mehr an uns heran, und der Ring, der uns von der nahenden Gefahr trennt, schließt sich immer enger."[45] Frank fasst die Gefahr einerseits in Orientierungsmetaphern („heranrücken", „enger schließen") und zum andern in die Metapher „schwarze Regenwolken" – die beide metaphorisch für die drohende Gefahr, die schwarzen Uniformen der SS, für Gestapo und Konzentrationslager stehen.

Das Prinzip der Metaphern beruht auf Selektion und Substitution, d.h. einem Bezug von Ähnlichkeiten zwischen semantischen Einheiten[46]. Es lassen sich dazu im DaF-Unterricht viele weitere Beispiele finden, in denen Wetterlagen als Sprachbilder für emotionale Zustände und zwischenmenschliche Bezüge verwendet werden, so z.B. die metaphorischen Ausdrücke „ein sonniges Gemüt haben", „finster schauen", „er ist eiskalt" oder „ihm wird warm ums Herz". Metaphern implizieren meist einen höheren Abstraktionsgrad und stellen Abstrakta durch räumliche oder körperliche Erfahrungen dar. In Form assoziativer Bedeutungskonstituierungen kann das sonst nur schwer Sagbare, das Vage und Abstrakte ausgedrückt werden. Durch ontologische Metaphern beispielsweise lässt sich Erfahrungen intersubjektiv darstellen, weil durch eine Interpretation von Abstrakta als Entitäten diese quantifizierbar und identifizierbar gemacht werden[47]. Zu den verschiedenen Metaphorisierungstypen gehören primär die Darstellung von Abstraktem durch Konkretes, Nicht-Räumliches durch Räumliches und Kognitives durch Sinnliches[48]. Mit den SchülerInnen können in Textausschnitten des Romanfragments Beispiele für verschiedene Metaphorisierungstypen gesucht und mögliche Bedeutungsdimensionen diskutiert werden[49]. Eine abschließende Besprechung im Plenum ist wichtig, weil sich manche Metaphern nicht durch Vokabelwissen, sondern vor allem durch metakognitive Sprachbewusstheit sowie die Kenntnis idiomatisch geprägter Ausdrücke[50] erschließen lassen.

Metaphern sind mentale Projektionsprozesse zwischen Konzepten, während Metonymie mentale Projektionsprozesse innerhalb eines Konzepts oder Frames aufruft[51]. Im folgenden Zitat personifiziert Frank die Schwere: „Diese Schwere klammert an mir fest, als wollte sie mich mitziehen". Diese körperlich nachvollziehbare Darstellung erleichtert wiederum das Textverständnis. Die Metonymie der "Schwere" erzeugt in Franks Romanfragment einen bedeutungsvollen Subtext. Ein durch Metonymie hergestellter Subtext wiederum bietet situative Referenzpunkte für das Verständnis des gesamten

---

45 Frank 2019, S. 131, 8. November 1943.
46 Jakobson 1974.
47 Lakoff/Johnson 2008, S. 36.
48 Spieß 2015, S. 336.
49 Asgari 2021.
50 Feilke 1993.
51 Köpcke/Spieß 2015, S. 2.

Textes[52]. Bestimmte Sachverhalte – in Franks Romanfragment das Leben im Hinterhaus und das haptische Erfahren der Isolation – werden miteinander verknüpft. Auf diese situativ bedingten Frames wird im Text wiederholt durch Metonymie rekurriert, wodurch ein anschauliches Bild des Hinterhauses entsteht.

Die Raumangaben in Franks Beobachtungen aus dem Hinterhaus übernehmen dabei nicht nur die Funktion von Ordnungselementen im Text-Raum, sondern dienen zugleich als Metaphern kognitiver Wahrnehmung sowie emotionaler Befindlichkeit. Immer wieder beobachtet die Autorin von oben aus das Leben auf der Straße und reflektiert ihre besondere Position. Vergleichbar der Orientierungsmetapher nach Lakoff und Johnson[53] werden auch in Franks Romanfragment die körperlich wahrnehmbaren Unterschiede zwischen oben und unten sprachlich umgesetzt und bilden die Grundlage für abstraktere Konzepte. Räumliche Relationen eignen sich in sprachlichen Äußerungen als Mittel zur Darstellung von Wirklichkeit[54]. Als Orientierungsmetaphern[55] haben beispielsweise die Präpositionen *oben* positive, *unten* hingegen negative Konnotationen[56]. Allerdings setzen Krieg und Verfolgung die Eindeutigkeit der Konnotationen außer Kraft.

Während im *Hinterhaus*-Roman einerseits der Blick von oben mit Wärme und einer gewissen Sicherheit vor den Problemen auf der Straße „unten" kontrastiert wird, befindet sich die Familie Frank mit den anderen Versteckten in einem bedrückend engen, von außen bedrohtem Raum. Unten laufen hungrige Kinder mit dünnen Kleidern über die winterliche Straße. Franks Familie befindet sich zwar oben im Warmen, ist allerdings dort gefangen und der ständig drohenden Gefahr der Deportation ausgesetzt. Der Kreis der Bedrohung zieht sich immer enger um die Versteckten: „Nun sind wir schon so dicht umschlossen von Gefahr und Finsternis, dass wir bei der verzweifelten Suche nach Errettung aneinanderstoßen."[57] Gefahr und Finsternis werden personifiziert, das kognitiv Abstrakte der Gefahr wird durch das sinnliche Erfahren des Umschließens ausgedrückt. Eindringlich wird in Anne Franks Text beschrieben, wie sich die Gefahr den BewohnerInnen des Hinterhauses nähert: Mit fortschreitendem Kriegsverlauf, Hungersnöten und unter der deutschen Besatzung ist die Stimmung in den Niederlanden angespannt, den Versteckten droht die Enttarnung durch Einbrecher, misstrauische Angestellte der Firma oder KopfgeldjägerInnen. Anne Frank schreibt über die Kriegsjahre: „Sowohl die Juden wie die Christen wie der ganze Erdball warten, und viele warten auf ihren Tod."[58] In dieser Metapher steht der Erdball als Konkretes, nicht Menschliches für das abstrakte Konzept der gesamten Menschheit. Auch diese Metapher lässt sich aufgrund der Anschaulichkeit mit den SchülerInnen gut erarbeiten. Gemeinsam können weitere Metaphern gefunden werden, wobei dem interkulturellen Ansatz[59] entsprechend das ge-

---

52 Köpcke/Spieß 2015, S. 8.
53 Lakoff/Johnson 2008, S. 36.
54 Lotman 1993, S. 313, 330.
55 Lakoff/Johnson 2008, S. 22.
56 Wenz 1997, S. 37.
57 Frank 2019, S. 131, 8. November 1943.
58 Frank 2019, S. 76, 13. Januar 1943.
59 Weininger 2013.

meinsame Erarbeiten der Frage interessant wäre, wofür die Himmelskörper in verschiedenen Sprachen metaphorisch stehen und inwiefern sich darin Weltwissen, kulturelle oder religiöse Hintergründe spiegeln.

Die Metapher des Erdballs wird vermutlich von den meisten LeserInnen aufgrund ihres Weltwissens auf die oben beschriebene Weise interpretiert, dennoch ist ein interkultureller Vergleich für den DaF-Unterricht wichtig. Denn die kognitive Linguistik distanziert sich vom traditionellen, verengten Metaphernverständnis und konstatiert, Metaphern seien nicht nur literarische Stilmittel, sondern zudem eine Ausdrucksvariante, mit der auch schwer zu beschreibende Aspekte der Geistes-, Gefühls- und Erlebenswelt deutbar gemacht werden[60]. Anders als Lakoff und Johnson[61] betont nun die rezeptionsorientierte zeitgenössische Forschung die soziopragmatische und kulturelle Abhängigkeit von Metapher und Metonymie[62]. Metaphern erfordern vielschichtige, dynamische und interaktive Verstehensprozesse auf Basis von Sprachwissen sowie Weltwissen des Lesenden. Kulturelles Wissen prägt das Decodieren von Metaphern[63].

Somit schließt sich der Kreis in die Gegenwart. Denn wenn das kulturelle Wissen wichtig für das Decodieren von Sprache ist, so sollte im Fremdsprachenunterricht das Wissen um die Geschichte nicht ausgespart werden[64]. Durch die sowohl textuellen als auch topographischen Erkundungen werden im interkulturellen Deutschunterricht Text-Räume sowie reale Orte miteinander verbunden. Durch diese Verknüpfung wird das geschichtliche und das sprachliche Verständnis der SchülerInnen vertieft.

Literatur

Aciman, André (Hg.): Letters of Transit. Reflections on Exile, Identity, Language, and Loss, New York 2000.

Alter, Robert: Necessary Angels. Tradition and Modernity in Kafka, Benjamin, and Scholem, Cambridge 1991.

Altmayer, Claus: Zum Kulturbegriff des Faches Deutsch als Fremdsprache, in: ZIF (1997), Nr. 2/2.

Altmayer, Claus: Kulturelle Deutungsmuster in Texten. Prinzipien und Verfahren einer kulturwissenschaftlichen Textanalyse im Fach Deutsch als Fremdsprache, in: Zeitschrift für Interkulturellen Fremdsprachenunterricht (2002), Nr. 6/3.

Altmayer, Claus: Interkulturalität, in: Handbuch Fremdsprachenunterricht, hg. von Eva Burwitz-Melzer, Gritt Mehlhorn, Claudia Riemer, Karl-Richard Bausch, Hans-Jürgen Krumm, Tübingen [6]2016.

Asgari, Marjan: Makom – deterritorialisiert. Gegenorte in der deutschsprachigen jüdischen Literatur, Heidelberg 2019.

Asgari, Marjan: Metaphern im Deutschunterricht. Anne Franks Romanfragment, in: Der Deutschunterricht (2021), Nr. 4.

---

60 Ibid.
61 Lakoff/Johnson 2008.
62 Schwarz-Friesel 2015.
63 Köpcke/Spieß 2015, S. 13.
64 Koreik/Roche 2014.

Assmann, Aleida: Erinnerungsräume. Formen und Wandlungen des kulturellen Gedächtnisses, München 1999.
Assmann, Aleida: From collective violence to a common future: Four models for dealing with a traumatic past, in: Zur Gegenwärtigkeit deutsch-jüdischen Denkens. Festschrift für Paul Mendes-Flohr, hg. von Julia Matveev, Ashrav Noor, München 2011.
Badstübner-Kizik, Camilla: Heidi, Janosch und Otfried Preußler. Deutschsprachige Kinder- und Jugendliteratur als Erinnerungsort?, in: Sprache erleben und lernen mit Kinder- und Jugendliteratur. Theorien, Modelle und Perspektiven für den Deutsch als Fremdsprachenunterricht, hg. von Ulrike Eder, Wien 2015.
Bertschi-Kaufmann, Andrea: Was Kinder aus Büchern Lernen?, in: Schweizer Schule (1998), Nr. 85/9.
Diner, Dan: Gedächtnisse der Ungleichzeitigkeit. Über koloniale und kontinentale Erinnerung an Weltkrieg und Holocaust, in: Zur Gegenwärtigkeit deutsch-jüdischen Denkens. Festschrift für Paul Mendes-Flohr, hg. von Julia Matveev, Ashrav Noor, München 2011.
Feilke, Helmuth: Sprachlicher Common sense und Kommunikation. Über den ‚gesunden Menschenverstand', die Prägung der Kompetenz und die idiomatische Ordnung des Verstehens, in: Der Deutschunterricht (1993), Nr. 6.
Flusser, Vilém: Gedächtnisse, in: Philosophien der neuen Technologie, hg. von Ars Electronica, Berlin 1989.
François, Etienne; Schulze, Hagen (Hg.): Deutsche Erinnerungsorte, München 2001.
Frank, Anne: Liebe Kitty. Ihr Romanentwurf in Briefen. [Aus d. Niederländischen übersetzt v. Waltraut Hüsmert] Berlin 2019.
Fuchs, Anne: Towards an Ethics of Remembering. The Walser-Bubis Debate and the Other of Discourse, in: The German Quarterly (2002), Nr. 75/3.
Geertz, Clifford: Dichte Beschreibungen. Beiträge zum Verstehen kultureller Systeme, Frankfurt a.M. 2009.
Halbwachs, Maurice: Das Gedächtnis und seine sozialen Bedingungen, Frankfurt a. M. 2003 [französisches Original 1925].
Holstein, Silke; Wildenauer-Józsa, Doris: Wissenskonstruktion und Lernmotivation, in: Deutsch als Zweitsprache, hg. von Bernt Ahrenholz, Ingelore Oomen-Welke, Hohengehren ²2010.
Holzbrecher, Alfred: Interkulturelles Lernen, in: Deutsch als Zweitsprache, hg. von Bernt Ahrenholz, Ingelore Oomen-Welke, Hohengehren 2008.
Jakobson, Roman: Aufsätze zur Linguistik und Poetik, München 1974.
Köpcke, Klaus-Michael; Spieß, Constanze: Metonymie und Metapher – Theoretische, methodische und empirische Zugänge, in: Metapher und Metonymie, hg. Von Klaus-Michael Köpcke, Constanze Spieß, Göttingen 2015.
Koreik, Uwe; Roche, Jörg: Zum Konzept der „Erinnerungsorte" in der Landeskunde für Deutsch als Fremdsprache – eine Einführung, in: Erinnerungsorte und Erinnerungskulturen, hg. von Jörg Roche, München 2014.
Lakoff, George; Johnson, Mark: Leben in Metaphern. Konstruktion und Gebrauch von Sprachbildern, Heidelberg 2008.
Lessing-Sattari, Marie: Metaphernfelder – Anforderungsstruktur und Verstehensprozesse aus Sicht der Lesedidaktik, in: Metapher und Metonymie, hg. von Klaus-Michael Köpcke, Constanze Spieß, Göttingen 2015.
Lotman, Jurij; Uspensky, Boris A.: On the semiotic mechanism of culture, in: New Literary History (1983), Nr. 9.
Lotman, Jurij: Über die Semiosphäre, in: Zeitschrift für Semiotik (1990), Nr. 12.
Lotman Jurij: Die Struktur literarischer Texte, Paderborn 1993.

Luchtenberg, Sigrid: Language Awareness, in: Deutsch als Zweitsprache, hg. von Bernt Ahrenholz, Ingelore Oomen-Welke, Hohengehren 2008.

Lyotard, Jean François: Heidegger and "the Jews", Minnesota 1990.

Neuland, Eva: Sprachbewusstsein – eine zentrale Kategorie für den Sprachunterricht, in: Der Deutschunterricht (2002), Nr. 54/3.

Neveling, Christiane: Verfügen über sprachliche Mittel: Wortschatz, in: Handbuch Fremdsprachenunterricht, hg. von Eva Burwitz-Melzer, Gritt Mehlhorn, Claudia Riemer, Karl-Richard Bausch, Hans-Jürgen Krumm, Tübingen ⁶2016.

Nussbaum, Laureen: Nachwort, in: Frank, Anne: Liebe Kitty. Ihr Romanentwurf in Briefen. [Aus d. Niederländischen übersetzt v. Waltraut Hüsmert], Berlin 2019.

O'Loughling, Michael: The Ethics of Remembering and the Consequences of Forgetting. Essays on Trauma, History and Memory, Lanham [u.a.] 2015.

Pollock, Griselda: Stilled life: traumatic knowing, political violence, and the dying of Anna Frank, in: Mortality (2007), Nr. 12/2.

Schmidt, Sabine; Schmidt, Karin: Erinnerungsorte – Deutsche Geschichte im DaF Unterricht, in: Informationen Deutsch als Fremdsprache (2007), Nr. 34/4.

Schwarz-Friesel, Monika: Metaphern und ihr persuasives Inferenzpotenzial, in: Metapher und Metonymie, hg. Von Klaus-Michael Köpcke, Constanze Spieß, Göttingen 2015.

Spieß, Constanze: Metonymie und Metapher, in: Metapher und Metonymie, hg. Von Klaus-Michael Köpcke, Constanze Spieß, Göttingen 2015.

Weininger, Anna: Grundlagen, Funktionen und kognitive Potentiale alltagssprachlicher Metaphern im Fremdsprachenunterricht, in: Zeitschrift für interkulturellen Fremdsprachenunterricht (2013), Nr. 18/1.

Wenz, Karin: Raum, Raumsprache und Sprachräume. Zur Textsemiotik der Raumbeschreibung, Tübingen 1997.

Wolff, Dieter: Sprachbewusstheit im Fremdsprachenunterricht, in: Der Deutschunterricht (2002), Nr. 3.

Wünsch, Thomas: ‚Erinnerungsorte': Ein Konzept mit Abnutzungserscheinungen?, in: Prague Papers on the History of International Relations (2018), Nr. 1.

Wyschogrod, Edith: An Ethics of Remembering. History, Heterology, and the Nameless Other, Chicago 1998.

Evaluation kulturellen Lernens und interkultureller Kompetenz

Peter Ecke

1   Einführung: Kulturelles Lernen und Interkulturelle Kompetenz

Dass kulturelles Lernen essenzieller Bestandteil fremdsprachigen Unterrichts ist, ist für die meisten SprachlehrerInnen eine Selbstverständlichkeit. Diese sind in der Regel selbst an der zu vermittelnden Kultur interessiert oder sogar von ihr fasziniert und wollen ihre Begeisterung für Aspekte der anderen Kultur an ihre Lernenden weitergeben, auch damit sich diese positiv auf deren Sprachlernmotivation auswirkt. DaF/DaZ ist in dieser Hinsicht keine Ausnahme. Auch sprachpolitische Organisationen wie der Europarat und SprachlehrerInnenverbände wie der American Council on the Teaching of Foreign Languages (ACTFL) in den Vereinigten Staaten erkennen die Bedeutung kulturellen Lernens und der Entwicklung interkultureller Kompetenz (IKK) an, indem sie diese als Bestandteil proklamierter Standards für das Sprachlernen ansehen[1]. So stellt *Culture* neben *Communication, Connections, Comparisons* und *Communities* eine der fünf *C*s bzw. Zielbereiche der US-amerikanischen Fremdsprachenbildung dar, und ACTFL stellt fest, dass „Sprachlernende durch das Studium anderer Sprachen Wissen über und Verständnis für die Kulturen, die diese Sprache verwenden, erringen und sie die Sprache erst dann wirklich beherrschen, wenn sie auch die kulturellen Kontexte verstehen, in denen die Sprache verwendet wird[2]. In den aktuellen *World Readiness Standards* von ACTFL[3] wird von den Sprachlernenden erwartet, dass sie die Sprache nutzen, um Beziehungen zwischen den Praktiken und Perspektiven sowie den Produkten und Perspektiven der studierten Kulturen zu erforschen, zu erklären und darüber zu reflektieren. Kulturelle *Praktiken* beziehen sich auf die von einer Gesellschaft akzeptierten und erwarteten Verhaltensmuster (wie z.B. verbale und nonverbale Kommunikationsstil- und Diskurspräferenzen). Unerwartete, nicht akzeptierte oder gar tabubrechende Praktiken sind dazu prädestiniert, Missverständnisse und Konflikte auszulösen. Kulturelle *Produkte* sind vielfältigster Natur und reichen von Erzeugnissen der Industrie, Architektur, Kunst, Literatur bis hin zu sozialpolitischen Strukturen und Bildungssystemen. Kulturellen Praktiken und Produkten liegen kulturelle *Perspektiven* zugrunde wie Werte, Einstellungen und Glaubensrichtungen, die sich in ihnen widerspiegeln.

Obgleich Konsensus darüber herrscht, dass kulturelles Lernen wichtig ist und kulturelle Kenntnisse im Sprachunterricht vermittelt werden sollten, ist es nicht selbstverständlich,

---

1   ACTFL 1996, 2015; Council of Europe 2018.
2   ACTFL 1996, S. 3 (eigene Übersetzung).
3   ACTFL 2015.

dass diese auch systematisch evaluiert werden. Während auszubildende SprachlehrerInnen sich in ihrem Studium mit Prinzipien und Praktiken der Bewertung und des Testens sprachlicher Fähigkeiten[4] auseinandersetzen müssen, werden sie seltener darauf vorbereitet, wie kulturelle Kenntnisse und IKK evaluiert werden können. Im vorliegenden Beitrag beschäftigen wir uns mit dieser Frage und zeigen Möglichkeiten der Evaluierung kulturellen Lernens und interkultureller Kompetenzentwicklung auf. Was genau an Kenntnissen über kulturelle Produkte, Praktiken und Perspektiven sowie IKK evaluiert werden sollte, kann hier nicht erörtert werden. Bewertet werden sollte prinzipiell, was gelehrt wurde oder besser, was von den KursteilnehmerInnen gelernt werden sollte. Die kulturellen Kenntnisse bzw. Aspekte von IKK, die im Kurs bzw. Lernprogramm entwickelt werden sollen, werden in Abhängigkeit von den institutionellen Zielen und Bedürfnissen der Lernenden durch die Lehrenden im Kursplan als Lernziele spezifiziert. Diese Ziele können jedoch allgemeinen kulturellen Kategorien bzw. Dimensionen zugeordnet werden, die sich aus den Definitionen der Konstrukte *Kultur* und *interkulturelle Kompetenz* ergeben. Unter Kultur verstehen wir hier mit Martin und Nakayama[5]: „gelernte Wahrnehmungs- und Verhaltensmuster, Werte und Einstellungen, die einer dynamischen und heterogenen Gruppe von Menschen gemeinsam sind". Das Konstrukt interkulturelle Kompetenz definieren wir mit Deardorff[6] als „individuelles Vermögen gezielt Wissen, Fähigkeiten und Einstellungen[7] zu entwickeln, die zu erkennbaren Verhaltens- oder Kommunikationsweisen führen und sowohl effektiv als auch angemessen sind". Wichtig für die folgenden Betrachtungen sind die IKK-Kompetenz-Domänen *Wissen*, *Fähigkeiten* und *Einstellungen* und die Zielstellung *effektiv* und *angemessen* kommunizieren zu können, was auch als allgemeines Ziel der fremdsprachlichen Ausbildung gelten und ohne weiteres von DaF/DaZ-Lehrprogrammen akzeptiert werden kann. Dass sprachliches und kulturelles *Wissen* und entsprechende *Fähigkeiten* in Sprachprogrammen unterrichtet und bewertet werden können und sollen, versteht sich fast von selbst. Darüber, ob *Einstellungen* vermittelt und evaluiert werden sollen, sind sich ExpertInnen jedoch nicht einig. Schulz[8] beispielsweise argumentiert dagegen, während Fantini[9] sich für eine Bewertung von Einstellungen als grundlegenden Bestandteil von und Voraussetzung für IKK ausspricht.

Zur Evaluierung von IKK und zahlreichen verwandten Konstrukten wurde eine Vielzahl von Instrumenten entwickelt, die v.a. für Forschungszwecke eingesetzt wurden. Fantini[10] führt insgesamt 44 Instrumente (fast alles Fragebögen) auf, die beanspruchen, interkulturelle Kompetenz, transkulturelle Anpassungsfähigkeit, transkulturelle Sensibilität, kulturelle Kompetenz, kulturelle Orientation bzw. ähnliche Konstrukte zu erfas-

---

4 Hughes 2003; Ölmezer-Öztürk/Aydın 2019.
5 Martin/Nakayama 2017, S. 33 (eigene Übersetzung).
6 Deardorff 2006 (eigene Übersetzung).
7 Byram 1997, 2021 fügt als vierte Domäne (kritisches) Bewusstsein (awareness) hinzu. Dies kann man jedoch auch als Teil von Wissen und Fähigkeiten auffassen.
8 Schulz 2007.
9 Fantini 2009.
10 Fantini 2009.

sen und zu bewerten. Einige dieser Instrumente sind online verfügbar, andere wiederum können nur käuflich erworben werden. Der Großteil dieser Tests bzw. Fragebögen wird kaum von praktischem Nutzen für DaF/DaZ-LehrerInnen sein, da sie weder auf Polnisch noch Deutsch verfügbar sind, aus Kostengründen schwer erwerbbar sind, oder weil sie in erster Linie für international tätige Geschäftsleute als Zielpersonen (und nicht für Sprachlernende an Schulen oder Hochschulen) konzipiert worden sind. In einer Publikation neueren Datums führt Fantini[11] exemplarisch nur noch 12 Instrumente zur Evaluation von IKK und verwandten Konstrukten auf. Unter Umständen könnte das eine oder andere Instrument für bestimmte institutionelle Ziele verwendet werden oder als Grundlage für die Entwicklung eigener Bewertungsinstrumente dienen.

Für die Prüfung und Auswahl externer Instrumente (wie Fragebögen) zur Nutzung in DaF/DaZ-Programmen sollte man sich von folgenden Fragenstellungen leiten lassen[12]: (1) Entspricht das vom Instrument evaluierte Konstrukt den für das Programm definierten Lernzielen? (2) Evaluiert es, was im Hinblick auf kulturelle Kenntnisse bzw. IKK vermittelt wird? (3) Kann man erwarten, dass das Instrument einen positiven Einfluss auf das Unterrichten und auf das Lernen der Studierenden ausübt? (4) Ist das Instrument für die zu bewertende Gruppe der Lernenden in kultureller Hinsicht geeignet? (5) Ist das Instrument praktikabel? Kann es ohne größeren Aufwand an Zeit und Ressourcen verwendet werden?

Auch wenn eigene Instrumente für die Evaluierung kultureller Kenntnisse bzw. IKK entwickelt werden, können diese Fragen zur Überprüfung ihrer Zweckmäßigkeit von Nutzen sein.

Um herauszufinden, welche Herangehensweisen bzw. Techniken am häufigsten für die Bewertung von IKK als angemessen erachtet wurden, befragte Deardorff[13] im Rahmen ihrer Forschung 23 ExpertInnen des Fachgebiets der interkulturellen Kommunikation. Die acht Ansätze, die von den ExpertInnen am häufigsten angenommen wurden, waren die folgenden (nach Häufigkeit in dieser Reihenfolge geordnet): Fallstudien, Interviews, eine Mischung aus quantitativen und qualitativen Untersuchungen, qualitative Maßnahmen, Analysen narrativer Tagebücher, Selbsteinschätzungen, Beobachtungen/Wahrnehmungen durch andere bzw. Gastgeber und Beurteilung durch sich selbst und durch andere.

Wie sich zeigt, gehen diese Evaluationsansätze weit über traditionelle psychometrische Methoden wie Tests oder quantitativ ausgerichtete Fragebögen hinaus. Bevorzugt werden von den ExpertInnen *Mixed-Methods* Herangehensweisen, in denen qualitative und quantitative Methoden kombiniert werden, um eine Forschungsfrage zu beantworten. Welche dieser und anderer Evaluationsmethoden sind aber für die Unterrichtspraxis, speziell den (interkulturellen) DaF/DaZ-Unterricht geeignet? Im Folgenden wird eine Auswahl an Ansätzen, Techniken und Aktivitäten präsentiert, die dem Autor zufolge prinzipiell nutzbar sind, um die Entwicklung kultureller Kenntnisse und IKK im DaF/

---

11 Fantini 2018, S. 55–57.
12 Ecke 2012.
13 Deardorff 2006.

DaZ-Unterricht zu evaluieren. Bei der Beschreibung der Methoden wird auch speziell darauf Bezug genommen, inwieweit sie sich für die Bewertung der IKK-Dimensionen *Wissen*, *Fähigkeiten* und/oder *Einstellungen* eignen.

2 Evaluierungsmethoden kultureller Kenntnisse und Interkultureller Kompetenz im Sprachunterricht

2.1 Traditionelle Tests kulturellen Wissens

Quantifizierbare psychometrische Tests haben durchaus ihre Berechtigung für die Evaluierung von Wissen, v.a. wenn die Lernziele Kenntnisse über kulturelle Produkte oder Praktiken beinhalten. Wissenstests können verschiede Formate haben. So können die Testitems als Antwortoptionen Mehrfachauswahl (multiple choice), Wahl aus richtig/falsch, kurze offene Antworten oder das Ausfüllen von Lückentexten beinhalten. Im Vergleich zu anderen qualitativeren Evaluierungsmethoden[14] sind diese traditionellen Testitems meist leicht zu bewerten. Allerdings sollte das Konstruieren der Items und der Antwortoptionen, v.a. in Mehrfachauswahlaufgaben nicht unterschätzt werden[15]. Die falschen bzw. nichtzutreffenden Antwortoptionen dürfen nicht zu leicht sein, um ein Erraten der richtigen Antwort nicht zu ermöglichen, und sie dürfen nicht mehrere akzeptable Antworten zulassen. Beide würden die Validität (Gültigkeit) der Testitems negativ beeinflussen.

2.2 Analyse kritischer Inzidenzen

Eine kritische Inzidenz ist die Beschreibung eines interkulturellen Ereignisses (einschließlich der Situation, der interagierenden Personen und deren Verhalten), das einen Konflikt oder eine Spannung erzeugt und oft einen negativen Einfluss auf die Einstellung einer der interagierenden Personen gegenüber der anderen ausübt. Meist beinhaltet die kritische Inzidenz ein kulturelles Missverständnis bzw. eine Fehlinterpretation des Verhaltens einer anderen Person[16]. Nach der Beschreibung der kritischen Inzidenz erhalten die Lernenden bzw. Geprüften eine Auswahl verschiedener Erklärungsversuche und werden instruiert, die beste Erklärung für die Entstehung des Missverständnisses und deren Ursache(n) zu wählen. Diese Methode ermöglicht es, die Lernenden daraufhin zu prüfen, inwieweit sie Wissen über kulturelle Praktiken und Perspektiven haben und inwieweit sie diese auf spezifische Kontexte und Situationen anwenden können. So kann beispielsweise Wissen über in bestimmten Kontexten der Zielkultur erwartete verbale oder nichtverbale Verhaltensweisen oder auch bestimmte Wertvorstellungen geprüft werden, die denen der eigenen Kultur z.T. widersprechen. Die Analyse kritischer Inzidenzen erfordert ein Vergleichen von Werten oder erwarteten Verhaltensweisen und ein Bewusstsein darüber, dass sich Perspektiven und Werte der Vertreter der beiden Kulturen unterscheiden können.

---

14 Lazaraton 2008.
15 Hughes 2003.
16 Stakhnevich 2002.

2.3 Diskursvervollständigungsaufgaben (Discourse completion tasks)

Diskursvervollständigungsaufgaben sind unvollständige Diskurssequenzen, die die Geprüften (meist schriftlich) komplettieren bzw. weiterführen müssen. Pragmatische Kompetenzen (die Fähigkeit, sprachliche Strukturen effektiv und angemessen im Kontext zu nutzen) wurden in der Forschung häufig durch diese Methode evaluiert[17]. Diskursvervollständigungen können genutzt werden, um Wissen der Lernenden zu testen, das sie über bevorzugte bzw. angemessene Diskurspräferenzen/Konventionen haben. Darüber hinaus wird ihre Fähigkeit, dieses Wissen produktiv zu nutzen, bewertet. Die Aufgabe für die Geprüften beinhaltet normalerweise das Lesen einer kurzen Beschreibung der Situation, der GesprächspartnerInnen sowie eines unvollständigen Dialogs mit Freiraum zum Fortsetzen der Konversation. Wie bei kritischen Inzidenzen werden Kontext, interagierende Personen und sprachliche Mittel beschrieben, allerdings müssen die Geprüften bei der Diskursvervollständigung sprachliche Äußerungen bzw. Reaktionen selbst produzieren, wenn auch nur in schriftlicher Form, was den reellen Anforderungen nur teilweise entspricht. Das kulturelle Wissen der Geprüften und ihre Fähigkeiten zum angemessenen Kommunizieren im konkreten Kontext werden durch die Angemessenheit der produzierten Äußerung bewertet, nicht wie bei den kritischen Inzidenzen lediglich durch die Auswahl der besten Erklärung des kulturellen Missverständnisses.

2.4 Aufgaben-, Produkt- und Projekt-basierte Evaluation

Aufgaben-basierte Tests beurteilen die Fähigkeit der Lernenden, eine bestimmte (oft komplexe) Aufgabe in einem reellen lebensnahen Kontext zu bewältigen[18]. Zur Erfüllung der Aufgabe benötigen die Lernenden sprachliche und interkulturelle Kenntnisse und Fähigkeiten. So können sie beispielsweise hypothetische Aufgabenstellungen eines künftigen Arbeitgebers erhalten, die als Ziel die Prävention oder die Lösung eines interkulturellen Konflikts haben. Einige der später vorgestellten Techniken (z.B. Simulationen) können als Varianten Aufgaben-basierter Evaluierung angesehen werden.

In Produkt- bzw. Projekt-basierter Evaluation werden ebenfalls Wissen und Fähigkeiten für die Erfüllung einer Aufgabe benötigt. Die Aufgabe besteht aber speziell darin, ein bestimmtes Endprodukt zu erstellen, das vornehmlich bewertet wird. Einzelne oder Gruppen von Lernenden können zum Beispiel angewiesen werden, ein Video, Fototagebuch, Handbuch, eine Webseite oder einen Blog zu erstellen, um künftige TeilnehmerInnen eines Auslandsstudienprogramms auf das Leben und Studium in der Zielkultur, Stadt oder Universität vorzubereiten. Auch wenn das Endprodukt Hauptziel und wichtigster Bewertungsgegenstand ist, könnten und sollten aber auch Aspekte der Durchführung des Projektes mitbewertet werden. Im Rahmen der Entwicklung eines Videoprojektes beispielsweise können Zwischenprodukte wie Projektplan, Skript und Proben evaluiert werden. Neben den LehrerInnen, die Zwischenprojekte bewerten und kommentieren, können auch Lernende Teile der Bewertung durchführen, z.B. wenn es darum geht, die

---

17 Blum-Kulka 1983.
18 Wigglesworth 2008.

Teilnahme bzw. das Engagement von Gruppenmitgliedern zu beurteilen, was für die LehrerInnen oft schwieriger ist[19].

2.5 Simulationen

Eine Simulation ist „ein Verfahren, mit dessen Hilfe Lernende durch Probe-Handeln in einem sanktionsarmen Raum auf künftige Aufgaben in der Realität vorbereitet werden."[20] Unsere Aufgabe als DaF/DaZ-LehrerInnen besteht darin, die Lernenden auf die Realisierung sprachlicher und interkultureller Aufgaben in der Realität vorzubereiten. Diese Aufgaben sind oft komplex und erfordern eine Integration verschiedenster Kenntnisse und Fertigkeiten sowie Kreativität und Improvisation[21]. Die Lösung komplexer realitätsnaher sprachlicher und interkultureller Aufgaben kann mittels Simulationen im Unterricht geübt und bewertet werden[22] und damit zur Entwicklung eines kulturellen Bewusstseins der Lernenden[23] bzw. ihrer IKK beitragen.

Simulationen ähneln Rollenspielen[24], in denen die TeilnehmerInnen Rollen in bestimmten Situationen annehmen und ausüben müssen. Allerdings sind Simulationen in der Regel komplexer, strukturierter und problemorientierter. Die simulierten Situationen, interagierenden Charaktere einschließlich ihrer Herausforderungen und Zielstellungen werden in der Aufgabenstellung detailliert beschrieben. Die Lernenden bzw. Geprüften müssen dann in der Simulation die Rolle und Perspektive eines Charakters annehmen und als diese Person zielgerichtet handeln, um eine Aufgabe bzw. ein Problem zu lösen. Wissen über kulturelle Perspektiven und Praktiken und Fähigkeiten effektiv und angemessen in klar definierten Kontexten mit konkreten Zielstellungen zu handeln und zu kommunizieren ist dabei von grundlegender Bedeutung. Einstellungen können in Simulationen nicht evaluiert werden, da die Teilnehmenden instruiert werden, ihre eigenen Perspektiven und Überzeugungen hinter sich zu lassen und die Identitäten und Perspektiven der angenommenen Rolle zu übernehmen und entsprechend zu agieren. Simulationen eignen sich besonders für den Einsatz am Ende von Unterrichtseinheiten oder Kursen, nachdem sprachliche und kulturelle Kenntnisse und Fähigkeiten in weniger komplexen Aktivitäten entwickelt und gefestigt worden sind. Selbst Semesterendprojekte und mündliche Prüfungen können in Form einer Simulation durchgeführt werden[25].

2.6 Das Kultur-Portfolio

Portfolios sind strukturierte Sammlungen wichtiger Arbeiten, die Sprachlernende über einen bestimmten Zeitraum anfertigen. Sie sollen Kenntnisse, Erfahrungen, und Lernerfolge dokumentieren, die Lernenden zur Reflexion und Selbstbewertung anregen und

---

19 Siehe Ecke 2019.
20 Arendt 1997, S. 4.
21 Ecke 2001, S. 159.
22 Jones/Edelhoff/Meinhold 1984, Littlejohn 1990.
23 Archibald 1997, S. 34.
24 Porter-Ladousse 1987.
25 Ecke 2001, S. 161.

Feedback von den LehrerInnen ermöglichen[26]. Sowohl Byram[27] als auch Schulz[28] schlagen die Nutzung von Portfolios für die Bewertung kulturellen Lernens und IKK vor. Jedoch unterscheiden sich diese in ihren Zielstellungen voneinander. Während Byrams Portfolios in einem europäischen Kontext studentischer Mobilität angesiedelt sind und dazu dienen sollen, die Errungenschaften, Erlebnisse, Erfahrungen und Herausforderungen der Lernenden v.a. auch während ihrer Auslandsaufenthalte zu dokumentieren, sind die von Schulz vorgeschlagenen Portfolios für US-amerikanische Studierende gedacht, die seltener die Möglichkeit haben, interkulturelle Erfahrungen im Ausland zu sammeln. Letztere sollen in ihren Portfolios Materialien zusammentragen, die sie in Recherchen über die Zielkultur gewonnen haben. Insbesondere sollen sie diese nutzen, um stereotypische Auffassungen über die Zielkultur[29] zu überprüfen, d.h. diese mithilfe gewonnener Daten zu untermauern oder aber zu widerlegen.

Beide Portfoliokonzepte evaluieren Wissen und (kritisches) Bewusstsein im Hinblick auf kulturelle Gemeinsamkeiten und Unterschiede. Byrams Portfoliokonzept ermöglicht und ermutigt aber auch die Dokumentation von und Reflexion über Einstellungen und Gefühle der Lernenden gegenüber den VertreterInnen der Zielkultur und gesammelten interkulturellen Erfahrungen. Auch die Präsentation und (Selbst-)Bewertung gewonnener Fähigkeiten sind möglich.

2.7 Selbstbewertung und Bewertung durch Peers

Instrumente zur Selbstbewertung[30] ermöglichen es, dass Lernende ihre aktuellen Kompetenzen, Einstellungen bzw. Leistungen zur Entwicklung sprachlicher und/oder kultureller Fähigkeiten selbst evaluieren. Sowohl Wissen, Fähigkeiten als auch Einstellungen gegenüber bestimmten Phänomenen oder Personen können durch die Lernenden selbst eingeschätzt werden. Meist geschieht dies mittels Fragebögen, die Likert-Skalen oder verwandte Skalen verwenden[31], um die Antworten der Lernenden quantifizieren zu können. Mittels solcher Skalen können die Lernenden einschätzen und angeben wie vertraut sie mit einem bestimmten Konzept (Wissen) sind, inwieweit sie eine bestimmte Aufgabe erfüllen können (Fähigkeiten) oder bis zu welchem Grad bestimmte Empfindungen, Beschreibungen oder Einstellungen auf sie zutreffen. So können Lernende beispielsweise entscheiden, inwieweit bestimmte Aussagen zu einem Konstrukt auf sie zutreffen oder nicht, z.B.:

Ich bin mit dem deutschen politischen System gut vertraut. Oder: Ich habe viel über deutsche Politik gelernt. Als Antwortoptionen erhalten die Lernenden eine Likert-Skala z.B. von 1 bis 5:

1 = trifft zu, 2 = trifft eher zu, 3 = teils-teils, 4 = trifft eher nicht zu, 5 = trifft nicht zu

---

26 Lynch & Shaw 2005.
27 Byram 1997.
28 Schulz 2007.
29 Löschmann/Stroinska 1998; Mackiewicz 2012.
30 z.B. Ross 2006.
31 Busch/Turner 1993; Dörnyei 2003, S. 36ff.

Auch zur Selbstbewertung geeignet sind semantische Differenzialskalen. Diese stellen ein Kontinuum dar, das von bipolaren Adjektiven an den Außengrenzen beschrieben wird. Zum Beispiel erhalten die Lernenden folgende Aussage und kreuzen das für sie zutreffende Feld an:

Deutsche Politik ist

verständlich ___: ___: ___: ___: ___: ___: ___ unverständlich
einfach ___: ___: ___: ___: ___: ___: ___ schwierig

Sollten sich die Lernenden gut kennen oder eng miteinander arbeiten, z.B. in einem Gruppenprojekt, kann die Selbstbewertung auch durch eine Peer-Evaluation komplementiert oder ersetzt werden[32].

2.8 Reflektierendes Schreiben (Tagebuch, Journal oder Aufsatz)

In schriftlichen Arbeiten können Lernende dazu angeregt werden, Beobachtungen und neue Erfahrungen, die sie mit kulturellen Produkten, Praktiken oder Perspektiven gemacht haben, zu beschreiben, zu interpretieren und mit bekannten Produkten, Praktiken und Perspektiven zu vergleichen. Die Reflexion über sich selbst, die eigene(n) Identität(en) und Kultur(en) ist dabei mindestens so wichtig wie die Analyse der anderen Kultur[33]. Dem Schreiben können spezifische Aufgaben zur Informationssuche vorausgehen (z.B. Beobachtungen, Befragungen, Interviews, Recherchen, Analysen, etc.). Auch der eigene Wissensstand, das Lernen und die Entwicklung kulturellen Wissens sowie kultureller Fähigkeiten und Einstellungen können Gegenstand reflektierenden Schreibens sein. Im Folgenden seien drei Themen- bzw. Aufgabenbeispiele für reflektierendes Schreiben zu kulturellen Aspekten gegeben, die sich relativ leicht in DaF/DaZ-Kurspläne ab Sprachstufe B1 integrieren lassen sollten.

3 Drei Beispiele zum reflektierenden Schreiben

Die Beispiele beinhalten den Titel der zu erstellenden Arbeit und die Aufgabenstellungen in der Form wie sie die Studierenden erhalten. Natürlich können diese modifiziert werden.

3.1 Ich, meine Kultur(en) und Identitäten

Reflektieren und schreiben Sie über sich selbst, ihre Kultur(en) und Identität(en), und wie der Sozialisationsprozess diese mit der Zeit geprägt hat. Diskutieren Sie interessante Aspekte ihrer Kultur, wie Individuen ihrer Kultur sich in verbalen und nichtverbalen Verhaltensweisen, Einstellungen und Werten von Vertretern anderer, z.B. deutschspra-

---

[32] Siehe Ecke 2019 zur Peerbewertung in Video-Gruppenprojekten im Fremdsprachunterricht.
[33] Siehe Chudak/Mackiewicz 2018 zur Nutzung reflektierenden Schreibens zur Erforschung der Identitätsentwicklung polnischer Erasmus-Studierender im Kontext fremdkultureller Erfahrungen in Deutschland und Schweden.

chiger Kulturen unterscheiden, welchen interkulturellen Problemen Sie begegnet sind und wie Sie diese bewältigt haben.

3.2 Ein Interview mit einer Person einer anderen Kultur

Reflektieren und schreiben Sie über ein Interview, das Sie mit einer Person einer anderen (z.B. deutschsprachigen) Kultur geführt haben. Berichten und diskutieren Sie interessante Aspekte dieser Person und wie sie sich in ihren (verbalen und nichtverbalen) Kommunikationsstilen, Verhaltensweisen, Werten und Einstellungen von Vertretern ihrer eigenen Kultur unterscheidet, welchen interkulturellen Herausforderungen die Person begegnete und wie sie diese bewältigte.

3.3 Interkulturelle Probleme in einem Film

Reflektieren Sie über einen kulturell interessanten Film und diskutieren Sie interkulturelle Probleme, die sich im Film abzeichneten, z.B. welche kulturellen/ethnischen Gruppen interagierten, wie sich die Gruppen/Individuen in ihren kommunikativen Stilen, Verhaltensweisen, Werten und Einstellungen unterschieden, welche interkulturellen Probleme auftraten, wie die Charaktere diese anfänglich und später wahrnahmen und ob oder wie sie gelöst bzw. entschärft wurden. Gehen Sie gegebenenfalls darauf ein, wie Stereotype über kulturelle Gruppen im Film dargestellt und/oder angefochten wurden.

3.4 Mögliche Kriterien und Rubriken für die Bewertung der Aufgabenbeispiele

Zur Bewertung der Arbeiten können folgende fünf Kriterien und die entsprechenden Rubriken genutzt werden: Aufgabenerfüllung, Beschreibung interkultureller Probleme, Beziehung zwischen Beobachtung und Theorie, Tiefe der Reflexion und Interpretation und Qualität des Schreibens. Jedes der fünf Kriterien kann mit 100 % maximal benotet werden. Die Gesamtnote ergibt sich dann aus dem Mittelwert der fünf Teilnoten.

Aufgabenerfüllung (100 max.)

90–100	90–100 % der Mindestlänge. Die Diskussion bezieht sich vollständig auf das Thema.
80–90	80–90 % der Mindestlänge. Die Diskussion bezieht sich meist auf das Thema.
70–80	70–80 % der Mindestlänge. Die Diskussion bezieht sich oft auf das Thema.
60–70	60–70 % der Mindestlänge. Die Diskussion bezieht sich teilweise auf das Thema.
00–60	0–60 % der Mindestlänge. Die Diskussion bezieht sich nicht oder selten auf das Thema.

Beschreibung interkultureller Probleme (100 max.)

90–100	Zahlreiche interkulturelle Probleme werden erkannt und ausführlich beschrieben.
80–90	Mehrere interkulturelle Probleme werden erkannt und gut beschrieben.
70–80	Einige interkulturelle Probleme werden erkannt und mehr oder weniger gut beschrieben.
60–70	Wenige interkulturelle Probleme werden erkannt und nicht gut beschrieben.
0–60	Interkulturelle Probleme werden kaum oder nicht erkannt und ungenügend beschrieben.

Beziehung zwischen Beobachtung und Theorie (100 max.)[34]

90–100	Konzepte aus dem Unterricht werden häufig und fast immer angemessen verwendet.
80–90	Konzepte aus dem Unterricht werden mehrmals und meist angemessen verwendet.
70–80	Konzepte aus dem Unterricht werden gelegentlich und oft angemessen verwendet.
60–70	Konzepte aus dem Unterricht werden selten und gelegentlich angemessen verwendet.
0–60	Konzepte aus dem Unterricht werden fast gar nicht und unangemessen verwendet.

Tiefe der Reflexion und Interpretation (100 max.)

90–100	Diskussion zeigt viel tiefgehende Reflexion und Sensibilisierung gegenüber interkulturellen Problemen (Kommunikationsstilen, Werten) basierend auf Beobachtung und Daten.
80–90	Diskussion zeigt tiefgehende Reflexion und Sensibilisierung gegenüber interkulturellen Problemen (Kommunikationsstilen, Werten) meist basierend auf Beobachtung und Daten.
70–80	Diskussion zeigt etwas Reflexion und Sensibilisierung gegenüber interkulturellen Problemen (Kommunikationsstilen, Werten), zum Teil basierend auf Beobachtung und Daten.
60–70	Diskussion verbleibt meist an der Oberfläche (z.B. über Essen, Äußerlichkeiten) und folgt stereotypischen Annahmen ohne größere Reflexion.
0–60	Diskussion verbleibt ausschließlich auf der Oberfläche (z.B. über Essen, Äußerlichkeiten) und folgt nicht-analysierten stereotypischen Annahmen.

Sprachliche Qualität des Schreibens

90–100	Text ist gut strukturiert und leicht verständlich. Stil, Wortschatz, Grammatik und Orthografie sind ausgezeichnet.
80–90	Text ist überwiegend gut strukturiert und verständlich. Stil, Wortschatz, Grammatik und Orthografie sind gut.
70–80	Text ist strukturiert und meist verständlich. Stil, Wortschatz, Grammatik und Orthografie sind akzeptabel.
60–70	Text ist nicht gut strukturiert und teilweise schwer verständlich. Stil, Wortschatz, Grammatik und Orthografie sind noch akzeptabel.
0–60	Text ist schlecht strukturiert und schwer oder nicht verständlich. Stil, Wortschatz, Grammatik und Orthografie sind nicht akzeptabel.

4   Fazit

In diesem Beitrag wurden zunächst die Bedeutung und Komponenten kulturellen Lernens und interkultureller Kompetenz erörtert. Danach wurden Richtlinien für die Anwendung und Entwicklung von Evaluationsinstrumenten erarbeitet und folgende konkrete Bewertungsmöglichkeiten für kulturelles Lernen und IKK aufgezeigt: traditionelle

---

34 Mögliche Konzepte, die im Sprachunterricht behandelt werden könnten: Identitäten, Stereotypen, Ethnozentrismus, Kommunikationsstile (direkt/indirekt elaboriert/zurückhaltend), nonverbale Kommunikation (Blickkontakt, Abstand, Gestik, Körperkontakt, Zeitverständnis), Werte (Individualismus/Kollektivismus, Machtdistanz, Unsicherheitsvermeidung etc., siehe Hofstede 1991).

Tests kulturellen Wissens, kritische Inzidenzen, Diskurs-Vervollständigungsaufgaben, Aufgaben- und Produkt-orientierte Evaluierung, Simulationen, kulturelle Portfolios, reflektierendes Schreiben, sowie die Selbst- und Peer-Bewertung. Schließlich wurden an einem Beispiel zum reflektierenden Schreiben mögliche Aufgabenstellungen, Kriterien und Rubriken für die Bewertung kulturellen Lernens illustriert.

Das Bewerten von kulturellem Lernen und der Entwicklung von IKK ist nicht einfach, aber es ist notwendig, wenn kulturelle Kenntnisse und IKK in DaF/DaZ-Kursen und Programmen zielgerichtet entwickelt werden sollen. Bevor Fragen der Bewertung geklärt werden können, müssen realistische, interessante und erreichbare Ziele für das kulturelle Lernen und die IKK-Entwicklung gestellt werden, auf deren Basis dann entsprechende Lern-, Forschungs-, Übungs- und Bewertungsaufgabenstellungen entwickelt werden können. Für die Evaluation sollten Verhaltensweisen der Lernenden elizitiert werden, die zuverlässige Indikatoren für kulturelles Wissen, Fähigkeiten und/oder Einstellungen darstellen. Es sollten Instrumente verwendet bzw. entwickelt werden, die praktikabel und ökonomisch sind, und einen positiven Einfluss auf das kulturelle Lernen und die IKK-Entwicklung der Lernenden ausüben.

Literatur

ACTFL: Standards for foreign language learning: Preparing for the 21st century, 1996, http://www.actfl.org/files/public/StandardsforFLLexecsumm_rev.pdf [abgerufen am 20.02.2023].

ACTFL: World Readiness Standards for Learning Languages, New York 2015.

Archibald, Alasdair: Using simulation activities in advanced level English classes, in: Der Fremdsprachliche Unterricht-Englisch (1997), Nr. 2.

Arendt, Manfred: Simulationen, in: Der Fremdsprachliche Unterricht-Englisch (1997), Nr. 2.

Blum-Kulka, Shoshana: Interpreting and performing speech acts in a second language: A cross-cultural study of Hebrew and English, in: Sociolinguistics and language acquisition, hg. von Nessa Wolfson und Elliot Judd, Rowley 1983.

Busch, Michael; Turner, Jean: Using Likert scales in second language research, in: TESOL Quarterly (1993), Nr. 27.

Byram, Michael: Teaching and assessing intercultural communicative competence, Clevedon 1997.

Byram, Michael: Teaching and assessing intercultural communicative competence: Revisited, Bristol 2021.

Chudak, Sebastian; Mackiewicz, Maciej: „Die Deutschen sind irgendwie anders..." Folgen des Kulturschocks für die kulturelle Identität von polnischen ERASMUS-Studierenden: Ergebnisse einer qualitativen Studie, in: German as a Foreign Language (2018), Nr. 1.

Council of Europe: Common European Framework of Reference for Languages: Learning, Teaching, Assessment. Companion Volume with New Descriptors, Strasbourg, Europe 2018. https://rm.coe.int/cefr-companionvolume-with-new-descriptors-2018/1680787989 [abgerufen am 20.02.2023].

Deardorff, Darla K.: Identification and assessment of intercultural competence as a student outcome of internationalization, in: Journal of Studies in International Education (2006), Nr. 10/3.

Dörnyei, Zoltlán: Questionnaires in second language research: Construction, administration, and processing, London 2003.

Ecke, Peter: Simulationen im Unterricht Deutsch als Fremdsprache, in: Deutsch als Fremdsprache (2001), Nr. 38/3.

Ecke, Peter: Assessing culture learning and intercultural competence development, in: Language and its cultural substrate: Implications for a globalized world, hg. von Diógenes Cândido de Lima, Campinas 2012.

Ecke, Peter: Planning and assessing group (video) projects in foreign language classes, in: Handbook of research on assessment literacy and teacher-made testing in the language classroom, hg. von Eddy White und Thomas Delaney, Hershey 2019.

Fantini, Alvino E.: Assessing intercultural competence: Issues and tools, in: The SAGE Handbook of intercultural competence, hg. von Darla K. Deardorff, Thousand Oaks, CA 2009.

Fantini, Alvino E.: Assessing intercultural communicative competence, in: Intercultural communicative competence in educational exchange, hg. von Alvino E. Fantini, New York 2018.

Hofstede, Geert: Cultures and organizations: Software of the mind. Intercultural cooperation and its importance for survival, London 1991.

Hughes, Arthur: Testing for language teachers, 2. Ausgabe, Cambridge 2003.

Jones, Ken; Edelhoff, Christoph; Meinhold, Monika: Simulationen im Fremdsprachenunterricht – Handbuch, München 1984.

Lazaraton, Anne: Utilizing qualitative methods for assessment, in: Encyclopedia of language and education, 2. Ausgabe, Bd. 7: Language testing and assessment, hg. von Elana Shohamy und Nancy H. Hornberger, Boston 2008.

Littlejohn, Andrew: Testing: The use of simulation/games as a language testing devise, in: Simulation, gaming, and language learning, hg. von David Crookhall und Rebecca L. Oxford, New York 1990.

Löschmann, Martin; Stroinska, Magda (Hg.): Stereotype im Fremdsprachenunterricht, Frankfurt am Main 1998.

Lynch, Brian; Shaw, Peter: Portfolios, power, and ethics. TESOL Quarterly (2005), Nr. 39/2.

Mackiewicz, Maciej: Alte Stereotype neu definiert? Zum Deutschlandbild der polnischen Jugendlichen, in: Dialog polsko-niemiecki i niemiecko-polski w języku, literaturze i teatrze, Szczecin 2012.

Martin, Judith N.; Nakayama, Thomas K.: Experiencing intercultural communication: An introduction, 6. Ausgabe, New York 2017.

Ölmezer-Öztürk, Elçin; Aydın, Belgin: Voices of EFL teachers as assessors: Their opinions and needs regarding language assessment, in: Journal of Qualitative Research in Education (2019), Nr. 7/1.

Porter-Ladousse, Gillian: Role play, Oxford 1987.

Ross, John A.: The validity, reliability, and utility of self-assessment. Practical Assessment, in: Research & Evaluation (2006), Nr. 11.

Schulz, Renate A.: The challenge of assessing cultural understanding in the context of foreign language instruction, in: Foreign Language Annals (2007), Nr. 40.

Stakhnevich, Julia: Using critical incidents to teach cross-cultural sensitivity. The Internet TESL Journal (2002), Nr. 8/3, http://iteslj.org/Lessons/Stakhnevich-Critical.html [abgerufen am 20.02.2023].

Wigglesworth, Gillian: Task and performance based assessment, in: Encyclopedia of language and education, 2. Ausgabe, Bd. 7: Language testing and assessment, hg. von Elana Shohamy und Nancy H. Hornberger, Boston 2008.

Autorinnen und Autoren

Asgari, Marjan, Dr., verfasste den Beitrag „Metaphernfelder und Metonymie im interkulturellen DaF-Unterricht". Sie ist Juniorprofessorin ohne tenure-track (RTD-a) an der Freien Universität Bozen und arbeitet im Bereich DaF/DaZ, Schriftspracherwerb in plurilingualen Settings.

Balfanz, Antonina, Dr., verfasste den Beitrag „Interkulturalität in der Lehre – how to manage differences?". Sie ist Mitarbeiterin im Viadrina College der Europa-Universität Viadrina Frankfurt (Oder) und interessiert sich für didaktische Arbeit mit kulturell heterogenen Gruppen, speziell in der Sprach- und Literaturvermittlung.

Chudak, Sebastian, Dr., verfasste den Beitrag „Politische Reden als Stimulus für Reflexionsprozesse über den eigenkulturellen Hintergrund". Er ist wissenschaftlicher Mitarbeiter an der Adam-Mickiewicz-Universität in Poznań und arbeitet in den Bereichen Fremdsprachendidaktik und -methodik (Gestaltung und Evaluation von Lehr- und Lernmaterialien für DaF, Lernerautonomie und Selbstregulation, Medienkompetenz, interkulturelle Kompetenz, Medieneinsatz im Unterricht DaF und in der DaF-Lehrerausbildung und -fortbildung).

Claußen, Tina, Dr.; verfasste gemeinsam mit Agnieszka Pawłowska-Balcerska den Beitrag „Potenzial und Schwierigkeiten interkulturellen Lernens in internationalen Seminarprojekten – ein Erfahrungsbericht". Sie ist wissenschaftliche Mitarbeiterin im Studienfach Deutsch als Fremd- und Zweitsprache und beschäftigt sich vor allem mit fachdidaktischen Themen, insbesondere mit der Unterstützung individueller Lernprozesse, Heterogenität und Binnendifferenzierung, Schreiben in der L2 und Projektarbeit.

Ecke, Peter, Ph.D., verfasste den Beitrag „Evaluation kulturellen Lernens und interkultureller Kompetenz". Er ist Professor an der University of Arizona in Tucson, USA, und arbeitet in den Bereichen Zweitsprachenerwerbsforschung, Mehrsprachigkeit, Deutsch als Fremdsprache und Interkulturelle Kommunikation.

Giessen, Hans, Prof. Dr. habil., verfasste den Beitrag „Professioneller mediengestützter Sprachen- und Kulturen-Kontakt – ein Projekt. Theoretische Vorüberlegungen und Präsentation des Vorgehens". Er ist Professor an der Jan-Kochanowski-Universität in Kielce und arbeitet unter anderem in den Bereichen Deutsch als Fremdsprache und interkulturelle Kommunikation.

Huang, Zichun verfasste den Beitrag „Das Konzept der Erinnerungsorte als Impuls für interkulturelles Lernen im DaF-/ DaZ-Unterricht". Sie ist wissenschaftliche Mitarbeiterin an der Universität Passau und der Friedrich-Schiller-Universität Jena. Sie arbeitet im

Bereich interkulturelles und mehrsprachiges Lehren und Lernen und promoviert über die Professionalisierung von Lehrkräften.

Janicka, Monika, Dr., verfasste den Beitrag „Das Konzept der DACH-Landeskunde im interkulturellen Deutschunterricht". Sie ist wissenschaftliche Mitarbeiterin an der Maria-Curie-Skłodowska-Universität in Lublin und arbeitet in den Bereichen Methodik und Didaktik der Fremdsprachen, Lehrkräfteausbildung und Fremdsprachenunterricht für Lernende mit besonderen Förderbedürfnissen.

Li, Yuan, Dr., verfasste mit Zekun Wu den Beitrag „Globale Kompetenz, Diskurskompetenz und digitale Kompetenz: neue Komponenten der integrativen Landeskunde für Kulturstudien im chinesischen Deutschstudium". Sie ist Professorin an der Zhejiang Universität in Hangzhou und arbeitet in den Bereichen Deutsch als Fremdsprache, Lernersprache, Korpuslinguistik und interkulturelle Studien. Zur Zeit baut sie gerade das chinesische Deutschlernerkorpus auf (CDLK).

Mackiewicz, Maciej, Dr. habil., verfasste die Beiträge „Interkulturelle DaF-, DaZ- und Literaturdidaktik – theoretische Überlegungen, Ansätze und Konzepte für die Praxis. Zur Einleitung" und „Internetbasierte interkulturelle Planspiele im akademischen DaF-Unterricht. Konzeptionelle Grundlagen und Potenzial für interkulturelles Lernen in kulturdiversen Teams". Er ist Professor an der Adam-Mickiewicz-Universität in Poznań und arbeitet in den Bereichen Didaktik und Methodik Deutsch als Fremdsprache, L2-Motivationsforschung für Deutsch als Fremdsprache und Interkulturelle Kommunikation.

Masiakowska-Osses, Dorota, Dr., verfasste den Beitrag „Didaktisches Potenzial der interkulturellen Migrationsliteratur im DaF-Unterricht". Sie ist wissenschaftliche Mitarbeiterin an der Adam-Mickiewicz-Universität in Poznań und arbeitet in den Bereichen deutschsprachige interkulturelle Migrationsliteratur (insbesondere deutsch-türkische und deutsch-polnische) sowie Geschichte und kulturelles Gedächtnis in der Literatur.

Matuszak-Loose, Bernadetta, Dr., verfasste den Beitrag „Ein Raum als ein Zwischenraum. Über Interpretationsmöglichkeiten des Romans Das Mädchen, der Koch und der Drache von Luo Lingyuan im interkulturellen Kontext". Sie ist wissenschaftliche Mitarbeiterin an der Adam-Mickiewicz-Universität in Poznań und arbeitet in den Bereichen deutschsprachige Literaturwissenschaft, interkulturelle Literatur und Theorie der visuellen Kultur.

Pawłowska-Balcerska, Agnieszka, Dr. habil., verfasste mit Tina Claußen den Beitrag „Potential und Schwierigkeiten interkulturellen Lernens in internationalen Seminarprojekten – ein Erfahrungsbericht". Sie ist Professorin an der Adam-Mickiewicz-Universität in Poznań und arbeitet in den Bereichen Didaktik und Methodik Deutsch als Fremdsprache, Sprachenlernen im Tandem, Förderung der Schreibfertigkeit in der L2 und Interkulturelle Kommunikation.

Pieklarz-Thien, Magdalena, Dr. habil., verfasste den Beitrag „Jeder kann Walerian sein… Über den Mehrwert der autobiographisch gespeisten Migrationsliteratur für eine kultursensitiven DaF-Unterricht am Beispiel der Schelmengeschichte von Radek Knapp Der Mann, der Luft zum Frühstück aß". Sie ist Professorin an der Universität in Białystok und arbeitet in den Bereichen Linguistik im Fach DaF, Didaktik und Methodik DaF und Interkulturelle Kommunikation.

Roche, Jörg-Matthias, Dr. habil., verfasste den Beitrag „Das Prinzip der vollständigen Handlung im DaF-Unterricht: Linguistische, didaktische und lerntheoretische Grundlagen der Szenariendidaktik". Er ist Professor em. für Deutsch als Fremdsprache an der Ludwig-Maximilians-Universität München, Assoziierter Professor an der Deutsch-Jordanischen Hochschule Amman und arbeitet in den Bereichen Sprachenerwerb, Mehrsprachigkeit, Interkulturelle Kommunikation, Wissenschaftssprache und die Didaktiken von Deutsch als Fremd- und Zweitsprache.

Sobek, Adam, Dr., veröffentlichte den Beitrag „Interkulturelle Begegnungen in den Erzähltexten der Deutschschweizer Autorinnen". Er ist didaktischer Mitarbeiter an der Adam-Mickiewicz-Universität in Poznań und arbeitet in den Bereichen Didaktik Deutsch als Fremdsprache, Migrantenliteratur und neuere Deutschschweizer Prosa.

Wolting, Monika, Prof. Dr. habil., verfasste den Beitrag „Bilder multikultureller Gesellschaften und neue Identitätsentwürfe in deutschsprachiger Gegenwartsliteratur". Sie ist ordentliche Professorin an der Universität Wrocław und arbeitet in den Bereichen Kriegsforschung, Intellektuellenforschung, Engagierte Literatur, Ästhetik und Politik, Kulturpolitik, Realismusforschung.

Wolting, Stephan, Prof. Dr. habil., verfasste den Beitrag „Interkulturelles Lernen als Co-Konstruktion von Lernenden und Lehrenden im akademischen DaF-Unterricht. Facetten eines möglichen Aufgabenprofils kultureller MittlerInnen". Er ist ordentlicher Professor an der Adam-Mickiewicz-Universität in Poznań und arbeitet in den Bereichen literarische Thanatologie, inter- und fremdkulturelle Hermeneutik, internationale akademische Kulturen sowie kreatives und literarisches Schreiben.

Wu, Zekun verfasste mi Yuan Li den Beitrag „Globale Kompetenz, Diskurskompetenz und digitale Kompetenz: neue Komponenten der integrativen Landeskunde für Kulturstudien im chinesischen Deutschstudium". Sie ist Doktorandin an der Zhejiang Universität in Hangzhou und arbeitet in den Bereichen Deutsch als Fremdsprache, Lernersprache und Korpuslinguistik.